# Bretagne – Der Westen

## Côte d’Armor, Finistère



*interconnections*

# Bretagne – Der Westen

## Côte d'Armor, Finistère

*interconnections*

*Georg Beckmann*

## Impressum

*interconnections reiseführer,* Bd. 7/1
**Bretagne – Der Westen, Côte d'Armor, Finistère**

Philippe Gloaguen, Le Guide du Routard

Umschlagentwurf Anja Semling, Oberrotweil

*interconnections*, 79102 Freiburg i.Br. 1995, 1996
Schillerstr. 44, T. 0761/700 650, Fax 700 688

ISBN 3-86040-056-8

# INHALT

## COTES-D'ARMOR



### COTE D'ÉMERAUDE



### ARGOAT

### GOELO-KÜSTE



### DAS TRÉGOR



### ROSA-GRANIT-KÜSTE



## FINISTERE



### FINISTERISCHES TRÉGOR UND LÉON

## BRETONISCHE PFARRBEZIRKE



## MONTS D'ARRÉE



## MONTAGNES NOIRES



## BREST UND ABER-REGION

### IM PAYS BIGOUDEN



### QUIMPER UND UMGEBUNG

# DIE BRETAGNE

»Die Bretagne ist der zäheste Teil Frankreichs.« – schrieb nicht zu Unrecht im 19. Jh. der Historiker Michelet: seit Jahrhunderten trotzen Mensch und Boden dem furchtbaren Ansturm der Natur, dem Auf und Ab der Geschichte. Dieser einzigartige Dreizack, zerschnitten und zerklüftet wie keine andere Gegend Frankreichs, dieses windgepeitschte Kap aus Schiefer und Granit, zermürbt durch den Sprühregen, bedroht von Unwettern, hieß einst das »Alte Land«, und mancher Bretone nennt es noch heute so.
Wer sich das Armorikanische Massiv in einem Atlas ansieht, findet es von drei Meeren umgeben: dem Atlantik, dem Ärmelkanal und von beiden gemeinsam.
»Hier hat vor langer Zeit ein unermeßlicher Dialog zwischen Meer und Erde begonnen, der die Menschen zutiefst prägte« schreibt der Schriftsteller Michel le Bris, fasziniert von dieser zum Träumen anregenden und dennoch realen Bretagne.
Das Meer verleiht ihr dieses unkonventionelles Profil. Hier Klippen aus rosa Sandstein wie am Kap Frehel, bedeckt mit Stechginster und Heidekraut. Dort, Richtung Ploumanac'h, rosa Granitfelsen, surrealistische Steinhaufen bildend. Im äußersten Westen sind es die Felswände Crozons, hinter denen sich weite feinsandige Strände verbergen.
Erde und Meer durchdringen sich überall auf eigenartige Weise. So auch in den bretonischen Fjords – überflutete ehemalige Flußtäler, hier *»aber«* genannt – in denen die Flut zweimal am Tage aufsteigt, so z.B. in Lannilis oder Aber-Ildut; aber auch im Pays Bigouden und im Golf du Morbihan, bei den sandigen Landzungen von Mousterlin (Fouesnant), den tiefen Furchen Talberts (Pleubian) und Quibérons. Nicht zu vergessen die Inseln: Sein, Bréhat, Groix, Ouessant usw., wo nur Leuchtturm, Boje und Gezeiten das Verstreichen der Zeit anzeigen.

*Für Hinweise, die wir in späteren Auflagen verwerten, bedanken wir uns mit einem Buch aus unserem Programm*

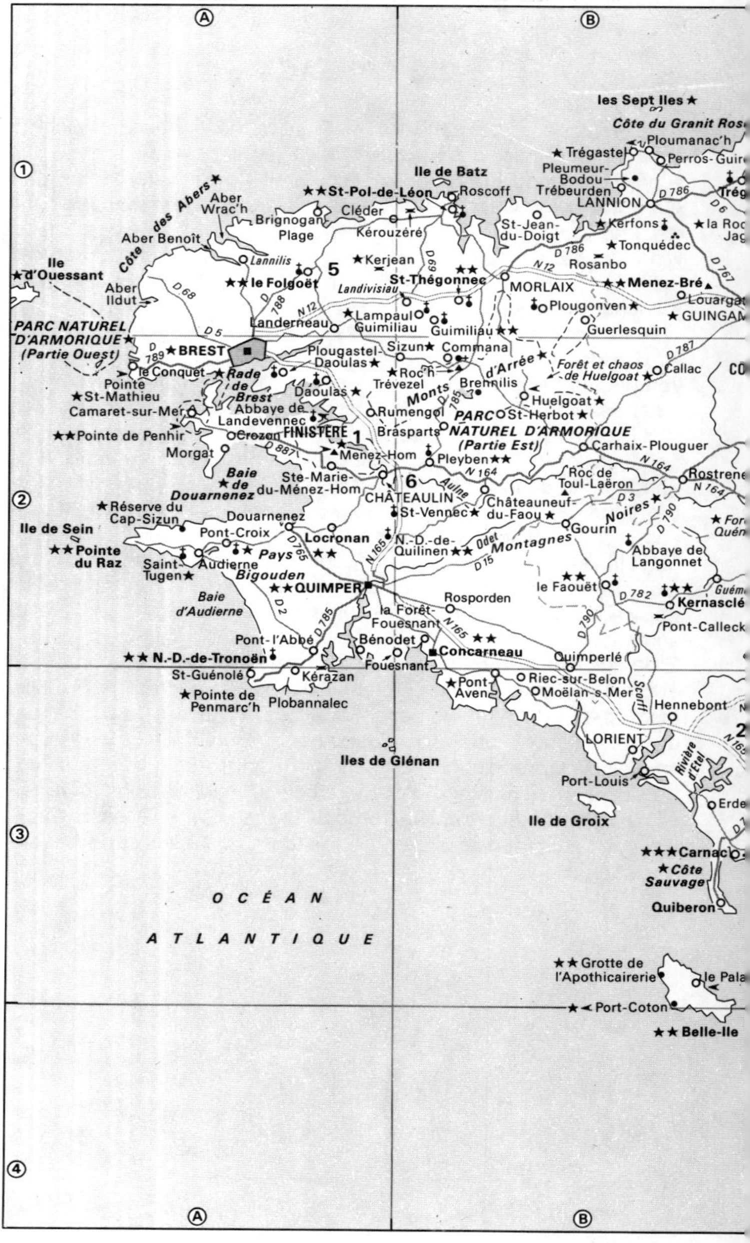
A
B
1
2
3
4
les Sept Iles ★
Côte du Granit Ros
Ploumanac'h
★ Trégastel
Perros-Guir
Pleumeur-Bodou
Trébeurden
LANNION
D 786
Ile de Batz
★★St-Pol-de-Léon
Roscoff
Côte des Abers ★
Aber Wrac'h
Brignogan Plage
Cléder
Kérouzéré
St-Jean-du-Doigt
★Kerfons
★la Roc
★Tonquédec
Aber Benoît
Lannilis
★Kerjean
D 786
Rosanbo
Ile d'Ouessant
★★le Folgoët
5
★★St-Thégonnec
N 12
★★Menez-Bré
Aber Ildut
D 68
Landivisiau
MORLAIX
Louargat
D 788
N 12
Plougonven★
★ GUINGAM
PARC NATUREL D'ARMORIQUE★ (Partie Ouest)
Landerneau
★Lampaul Guimiliau
Guimiliau★★
Guerlesquin
D 5
★BREST
D 789
Plougastel-Daoulas★
Sizun★
Commana
D 787
le Conquet
★Rade de Brest
★Roc'h Trévezel
Monts d'Arrée★
Forêt et chaos de Huelgoat★
Callac
Pointe ★St-Mathieu
Daoulas★
Brennilis
Huelgoat★
Camaret-sur-Mer
Abbaye de Landevennec
Rumengol
PARC NATUREL D'ARMORIQUE (Partie Est)
St-Herbot★
★★Pointe de Penhir
Crozon
FINISTÈRE
1
Brasparts
Morgat
D 887
Menez-Hom
Pleyben★★
Carhaix-Plouguer
N 164
N 164
Baie de Douarnenez ★
Ste-Marie-du-Ménez-Hom
6
Roc de Toul-Laëron
Rostrene
Aulne
CHÂTEAULIN
Châteauneuf-du-Faou★
D 3
★Réserve du Cap-Sizun
St-Vennec★
Noires★
Ile de Sein
Douarnenez
Gourin
D 790
★ For Quén
★★Pointe du Raz
Pont-Croix
Locronan
N.-D.-de-Quilinen★★
Odet
Montagnes
Abbaye de Langonnet
Saint-Tugen★
Audierne
★ Pays Bigouden
D 765
N 165
D 15
★★
Baie d'Audierne
★★QUIMPER
le Faouët
★★★
D 782
Kernasclé
D 2
Rosporden
la Forêt-Fouesnant
N 165
★★
D 790
Pont-Calleck
Pont-l'Abbé
D 785
Bénodet
★★ N.-D.-de-Tronoën
Concarneau
Quimperlé
Fouesnant
St-Guénolé
Kérazan
★Pont-Aven
Riec-sur-Belon
Moëlan-s-Mer
★ Pointe de Penmarc'h
Plobannalec
Scorff
Hennebont
Iles de Glénan
LORIENT
Rivière d'Etel
Port-Louis
Erde
Ile de Groix
★★★Carnac
★ Côte Sauvage
OCÉAN
ATLANTIQUE
Quiberon
★★ Grotte de l'Apothicairerie
le Pala
★ Port-Coton
★★ Belle-Ile

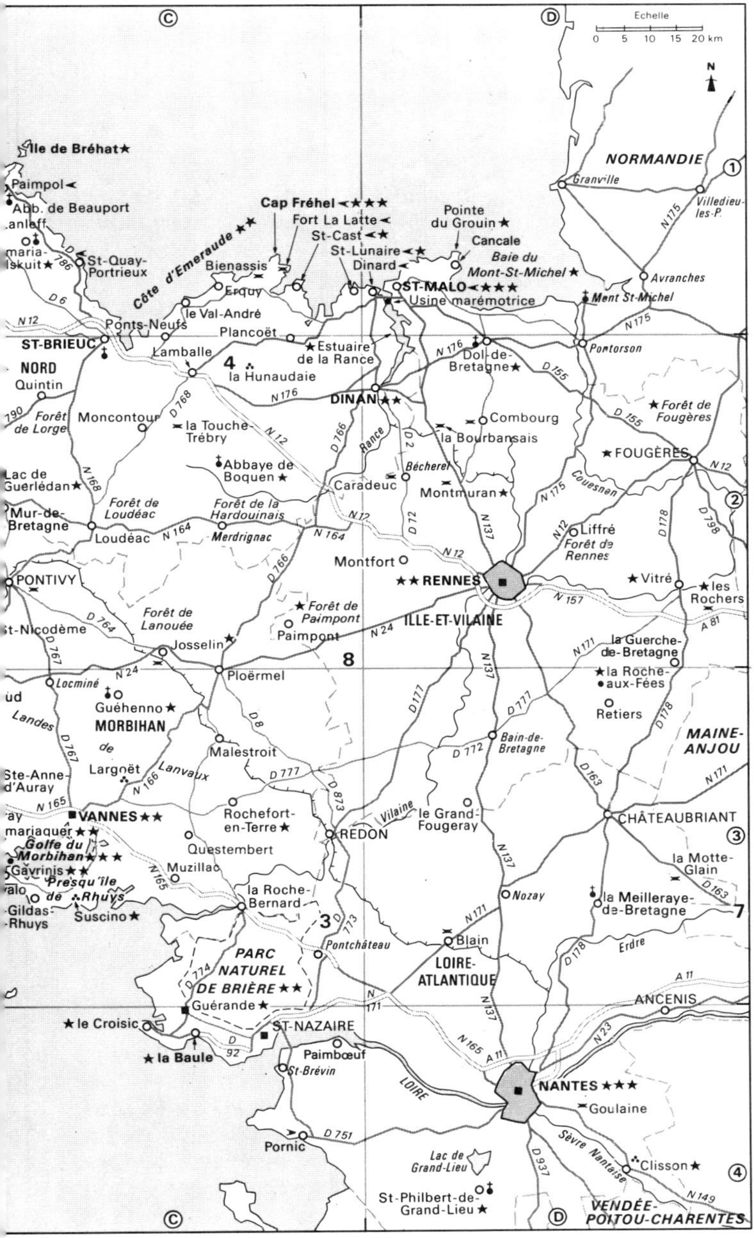
Echelle
0 5 10 15 20 km
NORMANDIE
Granville
Villedieu-les-P.
Avranches
Mont St-Michel
Pontorson
Ile de Bréhat★
Paimpol
Abb. de Beauport
St-Quay-Portrieux
Côte d'Emeraude ★★
Cap Fréhel ★★★
Fort La Latte
St-Cast ★
St-Lunaire ★
Dinard
Pointe du Grouin ★
Cancale
Baie du Mont-St-Michel ★
ST-MALO ★★★
Usine marémotrice
Bienassis
Erquy
le Val-André
Ponts-Neufs
Plancoët
ST-BRIEUC
Lamballe
Estuaire de la Rance
Dol-de-Bretagne ★
NORD
Quintin
la Hunaudaie
DINAN ★★
Forêt de Lorge
Moncontour
la Touche-Trébry
Combourg
la Bourbansais
★ Forêt de Fougères
★ FOUGÈRES
Lac de Guerlédan ★
Abbaye de Boquen ★
Caradeuc
Bécherel
Montmuran ★
Mur-de-Bretagne
Forêt de Loudéac
Forêt de la Hardouinais
Loudéac
Merdrignac
Liffré
Forêt de Rennes
Montfort
★★ RENNES
★ Vitré
★ les Rochers
PONTIVY
St-Nicodème
Forêt de Lanouée
★ Forêt de Paimpont
Paimpont
ILLE-ET-VILAINE
Josselin ★
la Guerche-de-Bretagne
Locminé
Ploërmel
★ la Roche-aux-Fées
Guéhenno ★
MORBIHAN
Landes de Lanvaux
Retiers
Malestroit
Bain-de-Bretagne
MAINE-ANJOU
Ste-Anne-d'Auray
Largoët
VANNES ★★
Rochefort-en-Terre ★
le Grand-Fougeray
CHÂTEAUBRIANT
Golfe du Morbihan ★★★
Gavrinis ★
Presqu'île de Rhuys
Questembert
REDON
Vilaine
la Motte-Glain
Muzillac
Suscino ★
la Roche-Bernard
Nozay
la Meilleraye-de-Bretagne
PARC NATUREL DE BRIÈRE ★★
Pontchâteau
Blain
LOIRE-ATLANTIQUE
Erdre
Guérande ★
ANCENIS
★ le Croisic
ST-NAZAIRE
★ la Baule
Paimbœuf
St-Brévin
LOIRE
NANTES ★★★
Goulaine
Pornic
Lac de Grand-Lieu
Sèvre Nantaise
Clisson ★
St-Philbert-de-Grand-Lieu ★
VENDÉE-POITOU-CHARENTES

# ANREISE

## Einreiseformalitäten

Für die Einreise ins Nachbarland Frankreich sind ggf. folgende **Dokumente** vorzulegen – noch sind die Grenzkontrollen ja nicht völlig abgeschafft:

– ein gültiger *Personalausweis* oder *Reisepaß*
– *Führerschein*, *Kraftfahrzeugpapiere* und *grüne Versicherungskarte*
– bei der Mitnahme von Haustieren: ein *Internationaler Impfpaß* mit Nachweis einer Tollwutschutzimpfung.
– **Zoll-** und **Devisenbestimmungen** sind seit Einführung des europäischen Binnenmarktes weggefallen. Dies gilt allerdings nur für vom gewerblichen Verkehr zu unterscheidende Waren des persönlichen Bedarfs. Mit den Höchstmengen wird aber so schnell niemand in Konflikt kommen: was soll man unterwegs schon mit 90 l Rheinwein und 800 Zigaretten anfangen?

Als nützlich – im Sinne von budgetschonend – erweisen sich auch *Studentenausweis* und ...

● ***Deutsch-französischer Sozialausweis***

Deutsche Studenten können während ihres Frankreichaufenthalts von vergünstigten Tarifen in – von den CROUS unterhaltenen – Mensen und Studentenwohnheimen profitieren, sofern sie im Besitz eines »Deutsch-Französischen Sozialausweises der Studentenwerke« sind. Den ein Kalenderjahr gültigen Sozialausweis (1. Januar bis 31. Dezember) erhält man gegen eine geringe Gebühr bei den örtlichen Studentenwerken zu Hause, nicht jedoch in Frankreich.

– Näheres beim örtlichen Studentenwerk oder beim
**Deutschen Studentenwerk** (DSW): Weberstr. 55, D-53113 Bonn,
T. 02 28/26 90 60

## MIT DEM ZUG

Die Bahnanreise führt unweigerlich über den Pariser Bahnhof Montparnasse. Fast glaubt man sich schon am Ziel: in einem Einkaufszentrum informiert das *Maison de la Bretagne* über unser Reiseziel; nebenan verkauft ein Buchhändler alle nötigen Bücher über die Bretagne; der Zeitungskiosk breitet ganz selbstverständlich alle zweiundzwanzig regionalen Zeitungen Westfrankreichs aus; ein Laden heißt *Dolmen* und bietet heiße Croissants feil. An manchen Tagen treten sogar *Biniou-* (Dudelsack) und Bombardenspieler auf, beschuht mit *Boutou-coat*, das sind Holzschuhe, drapiert mit einem *Gwen-ha-du,* der bretonischen schwarzweißen Flagge.

– **Zugauskunft** *(Gare Montparnasse):*
T. 45 82 50 50. Minitel 36 15, code SNCF.

## Bahnreise ab Paris

● ***Paris-Rennes:*** der TGV »Atlantique« rauscht in zwei bis zweieinhalb Stunden von Paris nach Rennes.
● ***Paris-Nantes:*** von der französischen Hauptstadt bis nach Nantes zwei Stunden.
● ***Paris-Brest:*** die klassische Strecke; sogar ein Gebäck (Windbeutel mit Cremefüllung und Mandelhäubchen) trägt diesen Namen. Der TGV Atlantique bewältigt die Strecke in vier Stunden. Der Klassiker der Eisenbahngeschichte rauscht durch Rennes, Lamballe, St. Brieuc, Guingamp, Plouaret-Trégor, Morlaix, Landivisiau, Landerneau. Endstation Brest, am Rand des Festlands: *Pen ar bed.*

● ***Paris-Quimper:*** die Fahrtzeit hat sich auf viereinhalb Stunden verkürzt. Der Zug hält nur in Redon und Auray, Liegewagen mit Autotransport. In Rennes umsteigen in den TGV (nur mit Reservierung!).

● ***Paris-St. Malo:*** schade, daß Chateaubriand nicht mehr unter uns weilt, um diese herrliche Reise zu kommentieren. Ohne Umsteigen über Rennes; Abfahrt mehrmals täglich. Etwa dreieinhalb Stunden Fahrtdauer.

● ***Paris-Le Croisic:*** es ist soweit: mit dem TGV ist man nach drei Fahrtstunden am Meer!

● ***Paris-Quiberon:*** nur im Sommer. Hält in Auray. Ungewöhnlich ist die Strecke über den schmalen, sandigen Streifen schon, der das Festland mit der Halbinsel verbindet. Das Stück Düne ist gerade so breit, um ein paar Schienen und eine Straße durchzulassen. Die Landenge mißt an einigen Stellen nur ein paar Meter – wie auf Helgoland.

● ***Paris-Roscoff:*** ohne umzusteigen bis Morlaix. Dort weiter in einem kleineren Zug Richtung Roscoff, wo auch die Fähren nach Irland (Cork) und England (Plymouth) ablegen. Busverbindung von Roscoff nach Morlaix.

## Innerbretonische Bahnstrecken

Man wird sich verloren und fremd vorkommen, denn irgendwie ist hier alles anders. Quimper-Brest ist eine eingleisige, das Finistère von Süd nach Nord durchquerende Strecke voller Überraschungen: durch Berg und Tal, von Bahnhof zu Bahnhof.

● ***Guingamp-Carhaix:*** die charmanteste Einladung zu Reisen – und man sollte sie nutzen, bevor die SNCF diese alten, kleinen, wild überwucherten Strecken aufläßt.

- ***St. Brieuc-Pontivy:*** über Loudéac; durch Dörfer und Hügellandschaften, so richtig romantisch.

**Bahn & Fahrrad, Bahn & Auto, Bahn & Bus**

– **Train + Vélo, Train Auto-couchette + Wagon-Lit, Train + autocar:** alle Kombinationen sind möglich, mit oder ohne Liege- bzw. Schlafwagenabteil. Auskünfte im autorisierten Reisebüro zu Hause oder im Pariser Bahnhof Montparnasse, T. 45 82 50 50. Rund fünfzehn Bahnhöfe in der Bretagne vermieten Fahrräder halb- oder ganztags. Nach der Bahnfahrt mit dem Auto weiter? Kein Problem, seit immer mehr große Autovermietungen ihre Dienste anbieten, wie z.B. *Budget* oder *Hertz*. Ein anderer Vorschlag: sein eigenes Auto per Bahn mitreisen lassen. Am besten besorgt man sich die aktuellen Angaben bei der Kommerziellen Vertretung Personenverkehr der *SNCF*-(Adresse s. unten).

– Wer überall hin will, auch in die entleg ensten Winkel an der Küste, dem empfehlen wir, sich per **Bus** fortzubewegen. Durchaus kein Ding der Unmöglichkeit.

**Ermäßigungen**

Bahnfahrer bewahren nicht nur ihre Mitmenschen vor Lärm und Abgasen, sie können auch ihrer Reisekasse einiges ersparen. Abgesehen von den bekannten Angeboten der Deutschen Bahn AG, der SBB und der Österreichischen Bundesbahn – BIGE, Interrail, Eurodomino usw.; Auskünfte bei *Wasteels*, am Bahnschalter und bei jedem autorisierten DER-Reisebüro – hält die französische SNCF gerade für junge Reisende verlockende Sondertarife bereit: je nach Alter, Reisezeit und Reisedauer lassen sich deutliche Nachlässe erzielen (z.B. *Billet de Séjour,* Familienreisen in Frankreich für Inhaber der BahnCardF, *Carte Kiwi* usw.). Da wir niemanden mit trockenen Tarifsystemen langweilen möchten, hier Anschrift und Telefonummer der französischen Eisenbahnvertretungen, wo die aktuellsten Tarifübersichten angefordert werden können:

– **SNCF-Französische Eisenbahnen:** Kommerzielle Vertretung Personenverkehr, Westendstr. 24, D-60325 Frankfurt/M., T. 069/72 84 45-46, Fax: 72 74 68; in der Schweiz: Hauptbahnhof, CH-4002 Basel, T. 061/271 50 32, Fax: 271 42 73.

- ***Weitere Auskunftsquellen zu Hause***

– **Wasteels:** Buchungszentrale Köln, Bahnhofsvorplatz 7, T. 02 21/12 10 33-36; Preisvergünstigungen im europäischen Schienenverkehr *(BIGE)*. Buchungen sind nicht nur über die Hauptagenturen möglich, sondern auch über zahlreiche Reisebüros und Mitfahrzentralen. *Büro Wien:* Wiedner Hauptstr. 5/10, T. 02 22/50 50 808; *Büro Zürich:* Militärstr. 85, T. 01/242 16 15

– **Touristik Union International** (TUI): D-30620 Hannover, Postfach 61 02 80; T. 05 11/567-0, Fax: -13 01 *(Eurotrain twen tickets* für junge Leute unter 26 Jahren).
– **SSR-Studenten- und Schülerreisen:** Rothenbaumchaussee 61, D-20148 Hamburg, T. 040/410 20 81, Fax: 410 73 88.
– **Club 7-Deutschland:** Luxemburger Str. 124, D-50939 Köln, T. 02 21/42 14 46, Fax: 42 19 48.

### Autoreisezüge (Urlaubsexpreß)

Eine Alternative zur nervenaufreibenden Anfahrt mit dem Auto besteht in der Benutzung von Autoreisezügen, die teilweise von Deutschand und der Schweiz (Lausanne, Zürich) aus eingesetzt weren. Derzeit verkehren Autoreisezüge ab Düsseldorf Hbf., Hamburg-Altona, Hannover Hbf. und Neu-Isenburg bei Frankfurt, und zwar in der Urlaubszeit von April bis Oktober, nach Nantes. Näheres am Bahnschalter (Broschüre »Autoreisezug«) oder unmittelbar bei den Verladestationen.

## MIT DEM AUTO

Das französische Straßennetz ist mindestens so zentralisiert wie die Verwaltung. Alle Fäden laufen in Paris zusammen, einer Stadt also, die auch von Deutschland, Österreich und der Schweiz unschwer zu finden sein dürfte. Und so beginnen wir meist auch ab hier mit unseren Routentips. Nicht unterschätzen sollte man die Entfernungen bis in den Westzipfel Frankreichs: Berlin-Brest 1750 km, Aachen-Quimper 1035 km, Dresden-Brest 1680 km und Straßburg-Quimper immerhin noch 1100 km!

### Autobahn A 11 »l'Océane«

Ein treffender Name für die vierspurige Autobahn: sie stürzt sich schnurstracks in Richtung Ozean und Strand. Von Paris nach Rennes sind höchstens vier Stunden zu rechnen, auch mit der lahmsten Ente und lobenswerten Tempo-Hundert-Vorsätzen. Die Autobahn zerschneidet wundervolle Landstriche: die Getreidefelder von La Beauce, die Hügel von Perche, die Kiefernwälder rund um Le Mans und die Region Mayenne. Schließlich gelangt man zur unausweichlichen Mautstelle *(Péage)* 15 km vor der Ausfahrt Vitré und blecht für die eben zurückgelegten Kilometer. An sich ist die Mautstelle eher das Symbol für die nun folgende Bretagne, denn sie liegt genau an der Grenze des einstigen Fürstentums. Übereifrige Separatisten sehen die Zahlstelle schon als Zollgrenze, falls die Bretagne doch noch mal unabhängig werden sollte. Und das, wo die EU doch so bemüht ist, die Grenzen abzuschaffen. Nach Passieren der »Grenze« befindet man sich jedenfalls auf bretonischem Boden. Die Autoahn nennt sich nun *Voie express*, immer noch vierspurig und ist im gesamten bretonischen Bereich kostenlos. Nun ist der direkte Weg nicht auch gleich der ersprießlichste, daher ...

## Die ruhigen Schleichwege

- ***In die Nordbretagne:*** Mont-St. Michel – das Tragische ist, daß er noch in der Normandie liegt! – St. Malo, Dinard. Die N 12 ist eine gut ausgebaute, gemütliche Straße. Einst befuhren sie Kutschen, heute kutschieren dort Autos. Fahrt durch Verneuil, L'Aigle, Alençon, Domfront. Zeit für ein Päuschen! Hier schrieb Chrétien de Troyes seien Romanzyklus über König Arthur, Lanzelot vom See und die übrien Ritter der Tafelrunde. Sollte man gelesen haben, bevor man seine Füße auf bretonischen Boden setzt. Einen dicken Schmöker mit den wichtigsten Artusromanen findet man bei Reclam: König Artus und seine Tafelrunde, UB 9945. Ein aufregender Wälzer über die historischen Wurzeln der Sage ist Norma Lorre Goodrichs »Die Riter von Camelot«, Beck-Verlag München 1994. Die Spitze des Mont-St. Michel zeichnet sich derweil schon gegen den Horizont ab.

- ***In die Obere Bretagne*** *(Haute Bretagne):* Ille-et-Vilaine, Pays Fouères. Von Paris kommend, verläßt man die Autobahn bei Laval und setzt auf der D (Départementale) 798, einem geschichtsträchtigen Sträßchen, das schon Victor Hugo und Honoré de Balzac im 19. Jh. benutzten, seinen Weg fort. Die Ereignisse der *Chouannerie,* eines royalistischen Aufstands, vergleichbar dem in der Vendée zur gleihen Zeit und aus denselben Gründen – wirtschaftliche Schwierigeiten, antireligiöser Kampf der Pariser Revolutionäre, Zwangsrekruierung von Soldaten – inspirierten die beiden französischen Literaurpäpste. Und so entstanden die Romane: »Quatre-vingt-treize« (»Das Jahr Dreiundneunzig«) und »Les Chouans« (dt. »Die Chouans«). Geschichtlicher Hintergrund: im November 1793 zogen Zehntausende hungrige, von den Rebublikanern verfolgte und von Jean Chouan angeführte »Vendéens« – wie man die Aufständischen aus den Gebieten südlich der Loire unpassend nannte – durch das Land, u.a. auch durch Ernie im Norden Mayennes, um über den Ärmelkanal zu entkommen. Das war die berühmte dramatische *Virée de Galerne*, wo inmitten der Wälder dieser Region *Jean Chouan* und seine katholisch-royalistischen Mannen gegen die »Blauen«, die Republikaner, fochten. Die Kämpfe arteten später in einen richtigen Partisanenkrieg aus.

- ***Nach Redon und ins Pays Gallo:*** vor der Ankunft unbedingt einen Zwischenhalt in Anjou einlegen, wo man am deutlichsten den Gegensatz zwischen den lieblichen hellen Dörfern im Einflußbereich der Loire und den stolzen, harten Granit- und Schieferfelsen hinter Châteaubriand und dem Pays de la Mée spürt. Ein halb in Vergessenheit geratenes Landsträßchen führt über Guéméné-Penfao – nicht zu verwechseln mit Guéméné-sur-Scorff, der Heimat der Gekrösewurst *(Andouille)!* – nach Redon.

● ***Über Vannes, Lorient, Quiberon, Carnac und die gesamte Südküste:*** am einfachsten und schnellsten ist die Schnellstraße *(Voie Express)* Nantes-Quimper, die das gesamte Küstengebiet durchquert und mit zahlreichen Seitenstraßen überall hinführt. Reizvoller ist die zentralbretonische Route ab Rennes über die Wälder von Brocéliande, die unbedingt sehenswert sind, und Ploërmel.

● ***Ins Finistère:*** Eilige nehmen die *Voie Express* Rennes-Brest-St. Brieux. Wer lieber die Landschaft bewundert, rollt über die Landstraße: Loudéac, Mur-de-Bretagne, Huelgoat. Breit, zweispurig, ohne gefährliche Kurven; vor allen Dingen genießt man wundervolle Aussichten über das Argoat, Land der Wälder und lachsreichen Flüsse.

● ***Nach Nantes und ins Département Loire-Atlantique:*** Autobahn A 11 *(l'Océane)* von Paris nach Le Mans, dann auf die N 23 zwischen Le Mans und Durtal (Maine-et-Loire), schließlich wieder auf die A 11 bis zur alten Hauptstadt der bretonischen Fürsten. 1989 wurde das letzte Teilstück Autobahn zwischen Paris und Nantes fertiggestellt.
Eine andere, landschaftlich reizvollere Möglichkeit, die Stadt der Anne de Bretagne zu erreichen, wäre es, gemächlich an den Ufern der Loire entlangzubummeln. Dazu sollte man bei Angers raus, über die Corniche Angevine, Chalonnes, Ingrandes (an der Grenze zwischen dem Anjou und der Bretagne), St. Florent-le-Vieil, Liré, dann über die D 751 via Champtoceaux. Noch besser wäre freilich, die Loire wie die Fürsten in der guten alten Zeit per Schiff runterzuschippern.

## Allgemeine Hinweise für Frankreichfahrten

– **Reisezeit:** für Fahrten durch Frankreich gilt nach wie vor: wenn irgendwie machbar, dann sollte man das erste Juli- und das erste Augustwochenende für die Anreise meiden, denn zu diesem Zeitpunkt ist jeweils halb Frankreich auf Achse. Allgemein gilt auch, daß man zwischen 12 und 15h mit wesentlich weniger Straßenverkehr rechnen kann, da in dieser Zeit ein Großteil der Franzosen am Mittagstisch platzgenommen hat. Das ist eben *Savoir vivre ...*
– Die **Benzinpreise** liegen mittlerweile kaum über den deutschen. Diesel *(Gazole)* ist allerdings um einiges billiger. Bleifrei tanken *(sans plomp)* ist auch in entlegenen Landstrichen kein Problem. Allerdings gilt nach wie vor: wer nachts durchfahren will (um nur ja nichts von den Kilometern dazwischen mitzubekommen), sollte am späten Abend den Tank auffüllen, denn selbst an den großen Nationalstraßen machen zahlreiche Tankstellen nachts dicht.

– Zu den beliebten Nachfahrten bleibt noch anzumerken, daß die Fälle von **Straßenräuberei** in den letzten Jahren rapide zugenommen haben. Waren es früher noch überwiegend Touristen in Wagen der Mittel- bzw. oberen Preisklasse, die angehalten wurden, so haben sich die »Banditen« mittlerweile auch der Touristen in Kleinwagen angenommen. Aus diesem Grund sollte man auch abgelegene Plätze für nächtliche Pausen meiden. Aus Sicherheitsgründen niemals im Auto übernachten: von lautem Klopfen am Seitenfenster jäh aus seinen süßen Urlaubsträumen aufgeschreckt und von einer Taschenlampe geblendet, hat sich schon manch einer wie eine Gans ausnehmen lassen. Vereinzelt wurden Wagen auch auf den Randstreifen oder in den Graben abgedrängt bzw. es wurden Auffahrunfälle verursacht, um die so Geschädigten dann auszunehmen.

– **Autobahngebühren:** die Benutzung der französischen Autobahnen ist mit Ausnahme weniger Teilstücke um die Städte herum gebührenpflichtig *(Péage)*. Deshalb weichen viele Franzosen auf die gut ausgebauten Nationalstraßen aus, deren Verkehrsbelastung außerhalb der Ballungsräume dennoch nicht mit deutschen Verhältnissen zu vergleichen ist.

– In ganz Frankreich gelten folgende **Geschwindigkeitsbeschränkungen:** innerorts – 50 km/h; Landstraße – 90 km/h (bie Regen 80 km/h); Autobahn – 130 km/h (bei Regen 110 km/h). Es herrscht Gurtanlegepflicht, und die Promillegrenze von 0,8 sollte man auch im Land des »bon petit rouge« gar nicht erst erproben. Aufgepaßt: für alles Mögliche ungewöhnlich hohe Geldstrafen!

– Beim beliebten **Kreisverkehr** ist in Frankreich zu beachten, daß der im Kreis befindliche Verkehrsteilnehmer Vorfahrt genießt. Ansonsten gilt, solange durch Beschilderung keine andere Regelung getroffen ist, rechts vor links.

## Mitfahrzentralen *(Allostop)*

–Fahr' mit, spar' Sprit! In dritter, überarbeiteter Auflage ist im Verlag interconnections, Freiburg, ein nützlicher Reisebegleiter für Selbstfahrer und für alle Mitfahrer erschienen: »Mitfahrzentralen in Europa«. Darin eine detaillierte Beschreibung aller Mitfahrzentralen – auch in Frankreich, z.B. in Nantes – mit Angaben zur Arbeitsweise, den Öffnungszeiten, zum Versicherungsschutz, Vermittlungsbedingungen, Preisen etc. sowie mit Lageplänen und einer Auflistung günstiger Übernachtungsmöglichkeiten.
Ein Großteil der französischen Zentralen nennt sich *Allostop.* Das MFZ-Netz ist in Frankreich allerdings merklich weitmaschiger als bei uns.

## Nützliche Anschriften für Selbstfahrer

### ● Französische Automobilclubs

– **Automobile-Club de France:** 8, place de la Concorde, F-75008 Paris, T. 00 33/1/42 65 34 70; *Association des Automobilistes,* 9, Av. de la Forge, F-75017 Paris, T. 00 33/1/42 27 82 00.

- ***Verkehrs- und Automomobilclubs zu Hause***

Alle Fragen bezüglich Pannenhilfe *(Dépannage)*, Staustrecken, Benzinkosten, Notruftelefone usw. beantworten die Verkehrs- und Automobilclubs:

– **VCD:** Eifelstr. 2, D-53119 Bonn, T. 02 28/985 85-0; Mitglieder mit Schutzbrief wenden sich an die rund um die Uhr besetzte *Notrufzentrale* in München, T. 19 49/89/55 98 71 73.
– **ACE:** Notruf in Stuttgart: T. 19 49/711/530 31 11, /19 216, Zentrale 19 49/711/530 30
– **ADAC-Euronotruf:** von Frankreich aus T. 19 49/89/22 22 22. Der Autofahrerclub unterhält eine zusätzliche *Auslands-Notrufstation* in Lyon (T. 72 17 12 22). Diese steht *allen* Hilfesuchenden werktags von 9-17h und sonn- und feiertags von 9-13h zur Seite.

– **Verkehrsclub Österreich** (VCÖ):
Dingelstedtgasse 15, A-1150 Wien, Notruf über München:
T. 1949/89/50 10 55, Zentrale 1943/1/89 32 69 70
– **ÖAMTC:** in Wien T. 01/729 90.
*Euronotruf* von Frankreich aus: T. 19 43/22 22 45.
– **Verkehrsclub Schweiz** (VCS): Lagerstr. 18, CH-3360 Herzogenbuchsee, T. 063/61 51 51; Fax: 61 60 17, Mitglieder mit Schutzbrief wählen die Notrufnummer der europäischen Reiseversicherung 1941/1/833 15 55
– **Touring Club der Schweiz** (TCS): Hauptverwaltung Genf, 9, rue Pierre Fatio, T. 022/737 12 12, Fax: 786 09 99; Notruf von Frankreich aus: T. 19 41/22/736 44 44.
– **Automobilclub der Schweiz** (ACS): Wasserwerkgasse 39,
CH-3000 Bern 13, T. 031/311 77 22; Notruf: 052/213 21 22

## PER BUS

*Europabus* (Deutsche Touring) und *Eurolines-Continentbus* bedienen mit ihren Linienbussen nur Paris bzw. Südfrankreich.

- ***Euro-Fahrradbus***

Frankreichs gut ausgebautes Netz an teils nur schwach ausgelasteten Nationalstraßen bietet nämlich ideale Voraussetzungen für die Erkundung reizvoller Landstriche per Pedale. Was bisher mit einigen Umständen verbunden war – die An- und Abreise mit dem Drahtesel im Urlaubsgepäck nämlich – ist mit einer Idee des *ADFC* gut gelöst worden: dem Euro-Fahrradbus, der u.a. von Osnabrück, Köln und Dortmund nach Morlaix verkehrt. Näheres dazu und zum Radurlaub in Frankreich allgemein bei:

– **ADFC-Velomobil:** Pf. 10 77 47, D-28077 Bremen

# MIT DEM FLUGZEUG

## Air Inter

Tochtergesellschaft der *Air France* für den französischen Binnenflugverkehr. Abflug in Orly Ouest/Paris. Verschiedene Ziele: Brest, Quimper, Lorient, Nantes und Rennes (jeweils eine Stunde Flug). Entweder mit internationalem Linienflug nach Paris und von dort aus mit *Air Inter* weiter, oder gleich ab Straßburg bzw. Basel-Mülhausen-Freiburg mit *Air Inter.*

– *»Super Tarif Jeunes«:* für Jugendliche von 12-25 Jahren und für Studenten unter 27 Jahren.
– *Tarif »Super loisir«:* gültig auf Flügen nach Brest, Lorient, Quimper und Nantes. Bedingungen: nur Hin- und Rückflug auf bestimmten Flügen; Reservierung, Ausstellung des Flugscheins und Bezahlung auf einmal; zwischen Hin- und Rückflug muß mindestens eine Nacht von Samstag auf Sonntag liegen.
– *Carte »Évasion«:* erlaubt auf blauen Flügen täglich und auf weißen von Freitag mittags bis Sonntag Mitternacht zu reisen.
– Neu: das ein Jahr gültige Ticket *»Fréquence Jeune«* für alle Vielflieger; kostet 95 F im Jahr. Jeder siebte Flug ist gratis.

● ***Auskünfte und Buchung***

– *In Paris:* T. 1/45 46 90 00.
– *In Brest, Lorient und Quimper:* T. 98 84 73 33.
– *In Nantes und Rennes:* T. 51 88 31 08.
– *Minitel:* 36 15 oder 36 16, code AIRINTER.

## TAT

Flugverbindung von Paris nach Vannes und Lannion (Nantes wird von der TAT nur von französischen Provinzflughäfen angeflogen). Sonderangebote für Hin- und Rückflüge, wenn der Aufenthalt mindestens zwei Wochentage dauert oder eine Übernachtung von Samstag auf Sonntag geplant ist. Die Dauer des Aufenthaltes darf einen Monat nicht überschreiten. Ansonsten bietet die Gesellschaft verbilligte Flugscheine für junge Leute unter 27, für Frauen (ohne Altersbeschränkung, sieh da!) und für die ältere Generation ab 65 Jahren.

● ***Auskünfte***

– *In Paris:* unter T. 1/42 79 05 05
– *In Nantes:* unter T. 40 84 82 82
– *Minitel:* 36-15 code TAT.

## Brit Air

Regionale Fluggesellschaft, die sich symbolisch mit dem bretonischen Wappen schmückt. Hat ihren Sitz am Flughafen Molaix-Ploujean (F-29600 Morlaix). T. 98 62 10 22. Die *Brit Air* fliegt Großbritannien an (London, Plymouth), Irland (Cork), und einige französische Städte (Lyon, Caen, Le Havre). Mit dem ATR 42, ATR 72 und SAAB 340 kommt man von Düsseldorf nach Nantes.

● **Auskunft und Reservierung**

– **JET AIR:** Liesegangstraße 18,
D-40211 Düsseldorf, T. 02 11/16 10 22, Fax: 16 49 386.

## Insul-Air

Kleine, vor wenigen Jahren erst gegründete Flugesellschaft, die das Festland mit den bretonischen Inseln verbindet. *Lorient-Belle-Ile* T. 97 31 41 14; *Brest-Ile-d'Ouessant,* T. 98 84 64 87. Ideal zum Erkunden der bretonischen Küste. Die Flugzeuge haben nur sechs oder neun Sitze. Erschwingliche Preise.

**Bretone**

# WISSENSWERTES

## NÜTZLICHE ADRESSEN

### Französische Verkehrsämter zu Hause *(Maison de France)*

Sicher nützlich für eine erste Orientierung und zusätzliches – kostenloses! – Informationsmaterial.

– **Maison de France:** Westendstr. 47, D-60325 Frankfurt/M.; oder Postfach 10 01 28, D-60001 Frankfurt/M.; T. 069/75 60 83-0, Fax: 75 21 87. Entweder vorbeischauen, telefonieren oder eine Postkarte schreiben: Fr. Armelle Guérinet und ihre Mitarbeiter beraten ausführlich alle Bretagneurlauber und versenden gezielt auf Reisegebiet und Art des Aufenthalts abgestimmte Broschüren (z.B. »Tour de Bretagne«).
– **Büro Berlin:**
Keithstr. 2-4, D-10787 Berlin, T. 030/218 20 64, Fax: 214 12 38.
– **Auskunftsbüro Österreich:** Landstrasser Hauptstr. 2, Hilton Center, Pf. 11, A-1033 Wien, T. 01/715 70 61-62, Fax: 71 57 06 110
– **Auskunftsbüro Schweiz:**
Löwenstr. 59, 1. Stock, Pf. 7226, CH-8023 Zürich, T. 01/221 30 85-86 (Auskünfte), 221 35 61 (Geschäftsleitung); Fax: 212 16 44.
– 2, rue Thalberg, CH-1201 Genf, T. 022/732 86 10 oder 731 58 73.

### Übergeordnete Verkehrsämter im Reisegebiet

Kostenloser und unverbindlicher Versand teils deutschsprachiger Broschüren.

– **Bretagne Info:** 74b, rue de Paris, F-35069 Rennes Cedex. Fax: 00 33/99 28 44 40. Broschüren zu Hotels, Campingplätzen, Gästezimmern, Kanälen, Bauernhofferien und vielem mehr.

– **Maison du Tourisme des Côtes d'Armor:** 29, rue des Promenades, BP 4339, F-22043 Saint-Brieuc Cedex 2, T. 96 62 72 00, Fax: 96 33 59 10; zuständig für das Département Côtes d'Armor (22).
– **Comité départementale du Tourisme de Finistère:** 11, rue Théodore Le Hars, BP 125, F-29104 Quimper Cedex, T. 98 53 09 00, Fax: 98 52 19 19; zuständig für das Département Finistère (29).
– **Comité départementale du Tourisme d'Ille-et-Vilaine:** 1, rue Martenot, F-35000 Rennes, T. 99 02 97 43, Fax: 99 78 33 24; zuständig für das Département Ille-et-Vilaine (35).
– **Comité départementale du Tourisme du Morbihan:** Hôtel du Département, BP 400, F-56009 Vannes Cedex, T. 97 54 06 56, Fax: 97 42 71 02; zuständig für das Département Morbihan (56).

– **Comité départementale du Tourisme/Maison du Tourisme en Loire-Atlantique:** Place du Commerce, F-44000 Nantes, T. 40 89 50 77, Fax: 40 08 07 10; zuständig für das Département Loire-Atlantique (44).

– **Hinweis:** die örtlichen bretonischen Verkehrsämter *(Syndicats d'initiatives)* sind unter den jeweiligen Ortschaften im Adreßteil gesondert aufgeführt.

## Französische Kulturinstitute

Auch die französischen Kulturinstitute *(Instituts Français, Centres Culturels* bzw. das *Institut Culturel franco-allemand)* sind bei der Reisevorbereitung hilfreich, denn sie verfügen über Bibliotheken und führen kulturelle Veranstaltungen zu französischen Themen durch. Vielleicht vermag der eine oder andere Mitarbeiter ja Auskünfte über das Reisegebiet zu erteilen?

- 52062 **Aachen,** Theaterstr. 67, T. 02 41/332 74, Fax: 40 31 45
- 10719 **Berlin**, Kurfürstendamm 211, T. 030/885 90 20, Fax: 882 12 87
- 10117 **Berlin,** Unter den Linden 40, T. 030/229 10 10, Fax: 229 30 06
- 53113 **Bonn,** Adenauerallee 35, T. 02 28/73 76 09, Fax: 21 94 58
- 28203 **Bremen,** Contrescarpe 19, T. 04 21/32 67 22, Fax: 32 69 67
- 01067 **Dresden,** Kreuzstr. 4, T. 03 51/495 14 78, Fax: 495 41 08
- 40213 **Düsseldorf,** Bilker Str. 7-9, Palais Wittgenstein, T. 02 11/32 06 54, Fax: 13 25 64
- 91054 **Erlangen,** Marktplatz 1, T. 0 91 31/240 48, Fax: 287 10
- 45130 **Essen,** Brittastr. 34, T. 02 01/77 63 89, 77 35 88
- 60486 **Frankfurt/M.**, Jordanstr. 7, T. 069/77 80 01, -02, Fax: 77 90 74
- 79098 **Freiburg i.Br.**, Werderring 11, T. 07 61/399 37, Fax: 393 51
- 20148 **Hamburg,** Heimhuderstr. 55, T. 040/45 56 60, Fax: 410 18 32
- 30159 **Hannover,** Theaterstr. 14, T. 05 11/32 23 33, Fax: 368 11 06
- 69117 **Heidelberg,** Seminarstr. 3, T. 0 62 21/252 88 , Fax: 255 29
- 76133 **Karlsruhe,** Karl-Friedrich-Str. 24, T. 07 21/206 58, Fax: 206 13
- 24105 **Kiel,** Hardenbergstr. 9-11, T. 04 31/80 49 65, Fax: 80 49 25
- 50677 **Köln,** Sachsenring 77, T. 02 21/32 70 45, Fax: 32 69 67
- 04155 **Leipzig,** Lumumbastr. 11-13, T. 03 41/564 22 39, Fax: 564 22 56
- 55116 **Mainz,** Schillerstr. 11, T. 061 31/23 17 26, Fax: 23 51 94
- 80539 **München,** Kaulbachstr. 13, T. 089/28 66 28-0, 28 66 28 66
- 18055 **Rostock,** Stephanstr. 7, T. 03 81/45 52 91, Fax: 45 50 08
- 66123 **Saarbrücken,** Univ. des Saarlandes, T. 06 81/362 65, Fax: 390 47 58

- 70184 **Stuttgart,** Diemershaldenstr. 11, T. 07 11/24 59 81, Fax: 236 41 55
- 72074 **Tübingen,** Doblerstr. 25, T. 0 70 71/232 93, Fax: 233 85

- A-1090 **Wien,** Palais Clam Gallas, Währingerstr. 32, T. 02 22/31 96 776
- A-6020 **Innsbruck,** Rennweg 13, T. 05 12/58 13 92
- A-5020 **Salzburg,** Georg Trakl Haus, Waagplatz 1a, T. 06 62/84 53 70
- A-8010 **Graz,** Gemaltes Haus/Herzoghof, Herrengasse 3/II, T. 03 16/82 93 96

In der Schweiz obliegt die Kulturarbeit der französischen Botschaft in Bern. Weitere Institute:

– **Les Amis de la Culture Française:**
Tannenrauchstr. 98, CH-8036 Zürich, T. 01/482 59 56
– **Alliance Française:**
Toblerstr. 37, CH-8044 Zürich, T. 01/252 21 29

## Diplomatische Vertretungen

Für den Fall, daß doch mal etwas schiefgehen sollte:

– **Deutsche Botschaft Paris:** 13-15 Av. Franklin D. Roosevelt, F-75008 Paris, T. 1/42 99 78 00. Zuständig für Auskünfte zu Rechtsfragen, Visa- und Aufenthaltsrecht, Arbeitsvermittlung u.a. ist das *Rechts- und Konsularreferat:* 34, Av. d'Iéna, F-75116 Paris, T. 1/42 99 78 00
– **Österreichische Botschaft Paris:** 6, rue Fabert, F-75007 Paris, T. 1/95 55 95 66, Fax: 45 55 63 65; *Konsulat:* 12, rue Edmont Valentin, F-75007 Paris, T. 1/47 05 27 17, 47 05 93 40, Fax: 45 55 91 50.
– **Botschaft der Schweiz:** 142, rue de Grenelle, F-75007 Paris, T. 1/49 55 67 00, Fax: 45 51 01 49.
– **Deutsche Honorarkonsulate:**
... *in Brest:* 9, square Commandant L'Herminier, 29200 Brest, T. 98 44 35 59; zuständig für das Finistère
... *in Lorient:* 13/15 rue Auguste-Nayel, 56103 Lorient, T. 97 21 26 75, Fax: 97 21 90 13; zuständig für das Morbihan
... *in Nantes:* 22, rue Crébillon, 44000 Nantes, T. 40 71 01 30, Fax: 40 71 01 34; u.a. zuständig für die Départements Loire-Atlantique und Vendée.

## Vermischtes

– **Deutsch-Französisches Jugendwerk** (DFJW):
Rhöndorfer Str. 23, D-53604 Bad Honnef, T. 0 22 24/18 08-0
Hier erfährt man alles über Begegnungen, Sprache, Schule, Studium, Arbeit, Ausbildung, Reise und Kultur; Anlaufstelle für französische und deutsche Jugendliche.
– **Médiathèque Française:**
Adenauerallee 35, D-53113 Bonn, T. 02 28/21 45 42

Verleih von landeskundlichen Filmen über Frankreich und von französischen Spielfilmen.

## PRAKTISCHE VORBEMERKUNGEN (A-Z)

Allgemeine Auskünfte zum Reiseland Frankreich (Zollbestimmungen, Öffnungszeiten, Stromspannung, Mehrwertsteuer, Geldwechsel, Währung usf.) versenden die französischen Verkehrsämter auf Anfrage, weshalb wir uns diesbezüglich kurz fassen möchten.

### Apotheken *(Pharmacies)*

Sind in Frankreich an einem (blinkenden) grünen Kreuz zu erkennen. Nacht- und Notdienste sind wie zu Hause üblich am Eingang der entsprechenden Apotheke vermerkt oder der örtlichen Presse zu entnehmen.

### Eß- und Lebensgewohnheiten

Die Hauptmahlzeiten in Frankreich heißen *Petit déjeuner* (Frühstück), *Déjeuner* (Mittagessen) und *Dîner* (Abendessen); *Souper* bezeichnet dagegen einen Imbiß zu vorgerückter Stunde. Hauptunterschied zu deutschen Ernährungsgewohnheiten: es werden täglich zwei warme Mahlzeiten gereicht (mittags und abends), bestehend aus mehreren Gängen, wenn zeitlich machbar; und das Frühstück setzt sich zumeist nur aus einem Croissant und/oder etwas Weißbrot, Butter, Marmelade und einem warmen Getränk *(Café au lait, Café crème,* Milch etc.) zusammen. Gefrühstückt wird übrigens häufiger als bei uns im Hotelzimmer, doch meist gibt's auch einen Frühstücksraum. Restaurants bieten Mittagessen normalerweise in der Zeit von 12.30 und 14.30h an, das Abendessen zwischen 19.30 und 21.30h. Zu den Hauptmahlzeiten trinken Franzosen verbreitet Wein. Gleichwohl scheint der Bier bei den jungen Leuten auf dem Vormarsch.

### Feiertage

*1. Januar* – Neujahr; *März/April* – Ostern (Ostermontag ist offizieller Feiertag); *1. Mai* – Tag der Arbeit; *8. Mai* – *Armistice* 1945 (Jahrestag der deutschen Kapitulation 1945 in Reims); *Mai* – Christi Himmelfahrt *(Ascension); Mai* – Pfingsten (Pfingstmontag ist in ganz Frankreich offizieller Feiertag); *14. Juli* – Nationalfeiertag (Erstürmung der Bastille 1789); *15. August* – Mariä Himmelfahrt; *1. November* – Allerheiligen; *11. November* – *Fête de la Victoire* (Waffenstillstand 1918); *25. Dezember* – wissen wir nicht mehr.
Karfreitag ist in Frankreich – von regionalen Ausnahmen abgesehen – übrigens *kein* arbeitsfreier Tag.

## Im Krankheitsfall

Nicht vergessen, sich vor Reiseantritt von der Krankenkasse einen Auslandskrankenschein (Anspruchsbescheinigung E 111) ausstellen zu lassen. Dessen Vorlage ändert allerdings nichts daran, daß man in Frankreich für jeden Arztbesuch sofort zur Kasse gebeten wird, was auch für Medikamente gilt.

**Notruf** in ganz Frankreich
**Feuerwehr: 18**
**Polizei: 17**

## Landkarten

Als besonders zuverlässige und detaillierte Straßenkarten erweisen sich die in Reiseabteilungen der Buchhandlungen erhältlichen neusten Michelin-Regionalausgaben (z.B. die *Carte Michelin* Nr. 230). Wer einen Wander- oder Fahrradurlaub plant, dürfte mit Karten des Nationalen Geographischen Instituts *(IGN)* gut bedient sein (»Série bleue« oder Série Verte« und »Top 25«).

– **ign-France** (Zentrale in Paris): 107 rue de la Boetie, F-75008 Paris; T. 00 33/1/42 56 06 68, Fax: 43 88 85 05; Metrostation »Franklin-Roosevelt«, hinter Prisunic-Champs-Elysées.
– **Éditions Chiron:**
40, rue de Seine, F-75006 Paris, T. 00 33/1/43 26 47 56
– Alle nur lieferbaren Karten führt auch das **Internationale Landkartenhaus** in Stuttgart (s. Anzeige).

## Öffnungszeiten

– **Banken:** Schalter normalerweise ab 9.30h geöffnet, Mittagspause von 12-14h. Französische Banken schließen spätestens um 16 bzw. 16.30h und nehmen nur dann ausländische Währungen und Schecks entgegen, wenn dies an der Tür oder im Fenster vermerkt ist. Abweichende Geschäftszeiten gelten in abgelegenen Regionen und in Großstädten: Wechselstuben an großen Bahnhöfen und Flughäfen – in Paris z.B. am *Gare de Lyon* – bleiben teilweise bis 23h geöffnet. Daneben gibt es vor allem in Paris (66, Champs-Elysées), Nantes, Rennes usw. Wechselautomaten, die Tag und Nacht Bares ausspucken.

– **Läden:** die Geschäftszeiten (werktags meist 9.00 bzw. 9.30-12h und 14.30-18.30h bzw. 19h) werden in Frankreich flexibler gehandhabt als man es von zu Hause gewöhnt ist. Ein Ladenschlußgesetz gibt es ja nicht. Manche Geschäfte scheinen nicht einmal nachts zu schließen; und bei anderen dauert's unglaublich lange, bis sie end-

lich öffnen. Mittagspause in Einzelhandelsläden meist zwischen 12 und 15h.
Fest geregelt sind die Ladenöffnungszeiten *(Heures d'ouverture)* von **Bäckereien,** die sonntags geöffnet, dafür aber montags zumeist geschlossen sind. Sie beginnen den Verkauf morgens schon früher, pausieren dafür aber nachmittags ziemlich lange (teilweise von 12-16h). Auch die meisten Lebensmitteleinzelhändler stehen sonntagsvormittags im Laden. Der Samstag gilt ohnehin als normaler Werktag.

– **Postämter** *(PTT):* werktags von 8-18.30h, samstags vormittags bis 12h. Eine Ausnahme machen kleine Landpostämter (9-12h und 15-18h) und das Hauptpostamt in Paris, 52, rue du Louvre, 1. Arr. (Metrostation »Louvre« oder »Sentier«): die Schalter in letzerem bleiben an 365 Tagen im Jahr rund um die Uhr geöffnet.
Wichtiger Hinweis für alle, die ihr **Postsparbuch** als Reisekasse verwenden: nur dort, wo auch das Postbanklogo prangt, kommt man an Bargeld in der Landeswährung. Wer z.B. im ländlichen Raum kein Risiko eingehen möchte, besorgt sich am Schalter zu Hause die Broschüre mit allen französischen Postämtern, wo man mit dem Postbank-Sparbuch Geld abheben kann. Auszahlungen sind erst ab DM 200 möglich; Höchstbetrag innerhalb von dreißig Tagen: Francs im Gegenwert von DM 2000. Also: *Je désire retirer de l'argent de mon compte* (»Ich möchte Geld abheben«).

## Telefonieren

Telefonzellen findet man auch in Frankreich überall, nur sind die meisten inzwischen nur noch mit der *Télécard* – zu vierzig oder hundertzwanzig Einheiten; erhältlich bei der Post, im *Tabac* um die Ecke und bei manchen Banken – und nicht mehr mit Münzgeld zu benutzen. Das ist insofern nicht tragisch, als die meisten Münzfernsprecher ohnehin ständig defekt waren. Öffentliche Apparate in Postämtern oder Bistros funktionieren allerdings noch mit Münzen oder *Jetons.*

– **Gespräche nach Frankreich:** Länderkennzahl 00 33 + Teilnehmer-Rufnummer
– ... **von Frankreich nach Deutschland:** Auslandsvorwahl 19 (Wählton abwarten) + Ländernetzkennzahl 49 + Ortsnetzkennzahl ohne die erste Null (z.B. »761« für Freiburg) + Teilnehmer-Rufnummer
– ... **von Frankreich nach Österreich:** Auslandsvorwahl 19 (Wählton abwarten) + Ländernetzkennzahl 43 + Ortsnetzkennzahl ohne die erste Null (z.B. »512« für Innsbruck) + Teilnehmer-Rufnummer
– ... **und von Frankreich in die Schweiz:** Auslandsvorwahl 19 (Wählton abwarten) + Ländernetzkennzahl 41 + Ortsnetzkennzahl ohne die erste Null (z.B. »61« für Basel) + Teilnehmerrufnummer.

Abends und nachts (21.30-8h) gilt werktags der günstigere **Nachtarif,** der auch bei Gesprächen am Wochenende – samstags allerdings erst ab 14h! – berechnet wird.

DIE GANZE WELT
Reiseführer
und Karten
für Ihr Reiseziel.
Katalog anfordern
ILH
GeoCenter
Internationales Landkartenhaus
Postfach 80 08 30
D-70508 Stuttgart
SCHNELL ZUR HAND

Eine **Vorwahl** (»1«) existiert nur für Paris samt Vororten. Wer allerdings aus der französischen Hauptstadt in die »Provinz« telefonieren möchte, muß dazu die »16« vorwählen.

### Zeitungen

Wer auf heimische Nachrichten während des Urlaubs nicht verzichten möchte, wird an Flughäfen, Bahnhofskiosken in größeren Städten und internationalen Großhotels fündig. Es lohnt sich aber, sein Schulfranzösisch zusammenzukratzen und einen Blick auf die Veranstaltungsseiten in der regionalen Presse zu werfen.

## UNTERKUNFT

### Ferienhäuser und -wohnungen

Es folgt ein buntes Sammelsurium von Reservierungszentralen und sonstigen Stelle für alle, denen die »Rucksackmethode« zu mühsam ist und die sich statt dessen lieber ein Standquartier im Land schaffen möchten.

● ***Gîtes de France & Gîtes ruraux***

– **Gîtes de France** (Deutsche Buchungsszentrale):
Sachsenhäuser Landwehrweg 108, D-60598 Frankfurt/M. 70,
T. 069/68 35 99, Fax: 68 62 36
Die Bretagne im Gästerzimmer erleben – Bed & Breakfast à la française! Wer bretonische Gastfreundschaft und Kochkunst hautnah, zu Hause bei Bretonen nämlich, erleben möchte, wende sich an die *Gîtes de France*-Buchungszentrale in Frankfurt oder an folgende Regionalbüros:

– **Gîtes de France Côtes d'Armor:** 21 + 23, rue des Promenades, BP 4536, F-22045 St. Brieuc Cedex, T. 96 61 82 79, Fax: 96 61 20 16; hier erhält man auch nähere Angaben zu dem vielfältigen Ferienprogramm der *Gîtes* (Reiten, Camping, Segeln, Töpfern usf.)
– **Gîtes de France Finistère:** 5, allée Sully, F-29322 Quimper Cedex, T. 98 52 48 00, Fax: 98 52 48 44
– **Gîtes de France Ille-et-Vilaine:** 1, rue Martenot, BP 5093, F-35061 Rennes Cedex, T. 99 02 97 41 oder 42, Fax: 99 02 97 38
– **Gîtes de France Morbihan:** 2, rue du Château, BP 318, F-56400 Auray Cedex, T. 97 56 48 12, Fax: 97 50 70 07

*Gîte rural* dürfen sich nur auf dem Land gelegene, für die Gegend besonders typische und häufig hübsch renovierte Ferienwohnungen nennen.

- **Logis de France**

– **Logis de France** *(Fédération Nationale):* 83, av. d'Italie, F-75013 Paris, T. 00 33/1/45 84 70 00, Fax: 45 83 59 66

Unter dem Dach von *Logis de France* haben sich familiäre Unterkünfte mit regionaler Küche außerhalb der städtischen Zentren zusammengeschlossen. Zu erkennen sind sie an einem, zwei oder drei kleinen Kaminen, die Aufschluß über die Kategorie der Unterkunft geben. Der Hotelführer »Logis de France« mit ausführlichem Kartenteil wird bei Bezug über die Fremdenverkehrsämter in Frankfurt, Zürich und Wien kostenlos zugesandt (kostet in Frankreich rund 70 FF!). Auskunft notfalls auch über die Zentrale in Paris oder deren Regionalbüros:

– **Logis du Finistère:** 2, rue F. le Guyader, F-29000 Quimper
– **Logis des Côtes d'Armor:** BP 28, F-22130 Plancoet
– **Logis du Morbihan:** 1, rue Thiers, F-56000 Vannes
– **Logis d'Ille-et-Vilaine:** 4, quai Thomas, F-35260 Cancale

- ***Sonstige Anbieter***

Hier eine Auswahl gewerblicher Anbieter, bunt gemischt (Postkarte genügt):

– **Agence Breiz-Armor:** Pf. 76, D-79239 Ihringen,
T. 0 76 68/603, Fax 17 60; Ansprechpartnerin: Fr. Christine Strecker.
– **Wolters Reisen:** Pf. 1151, D-28801 Stuhr/Bremen,
T. 04 21/89 99 290; Ferienhauskatalog Frankreich, inklusive Bretagne, mit Booten und Radwandertouren.
– **FEWOROPA-Ferienwohnungen:** Simanowizstr. 24,
D-71640 Ludwigsburg, T. 0 71 41/55 071, Fax: 55 072
– **Reiseagentur Lagrange:** Schwabstr. 47, D-70197 Stuttgart,
T. 07 11/61 11 18, Fax: 61 04 11
– **Madame Margit Sinquin:**
Ziehltstr. 19, D-77855 Achern-Önsbach T. 0 78 41/264 64,
Fax: 292 13; Ferienhäuser in der Südbretagne und am Atlantik.
– **Ursula Neukirchen GmbH:** Bökenkamp 5, D-48161 Münster
(oder Pf. 42 01 47, D-48068 Münster); T. 0 25 33/521, Fax: 45 38
– **Jean Jacq Ferien GmbH:**
Pf. 1607, D-77676 Kehl, T. 0 78 51/7 30 01, Fax: 4060
– **Interchalet:** Kaiser-Joseph-Str. 263, D-79098 Freiburg, Pf. 5420, D-79021 Freiburg, T. 07 61/21 00-0, -77, Fax: -154
– **Voyages Sud-Soleil:** Günterstalstr. 17, D-79102 Freiburg/Br.,
T. 07 61/70 870-0, Fax: -26 und:
Hauptstr. 11, CH-4102 Binningen/Basel,
T. 0 61/47 96 56, Fax: 421 96 54
– **La Maison:** Hindenburgstr. 20a, D-79102 Freiburg, T. 07 61/28 88 66, Fax: 27 33 23; individuelle Urlaubsdomizile unter dem Motto »Bretagne entspannt«.
– **Vacances Parveau:** Ferienhausvermittlung Jacques Parveau, Oberstr. 25, D-53844 Troisdorf, T. 02 28/45 33 96, Fax 45 44 08
– **France Reisen:**
Theresienstr. 19, D-80333 München, T. 089/28 62 40, Fax 28 48 57
– **Cherdo Armoric:**
Oststr. 22, D-40211 Düsseldorf, T. 02 11/164 90 51, Fax 164 96 92
– **Polar-Reisen:**
Pf. 100, D-84361 Bad Birnbach, T. 0 85 63/15-30, Fax: 544

## Jugendherbergen

Das bretonische Jugendherbergsnetz ist dichter geknüpft, als man es von Frankreich her gewohnt ist. Deshalb stellt die *Auberge de jeunesse* eine preiswerte Alternative zu Ferienwohnung und Hotel dar, auch für »Senioren« und Familien. In den Gästehäusern auf der Belle Ile, in Brest, Cap Frehel, Choucan-en-Brocéliande, Concarneau, Dinan, Douarnenez, auf der Ile-de-Batz, auf der Ile-de-Groix, in Inzinzac Lochrist, Lannion, Lorient, Morlaix, Nantes, Paimpol, Plouguernevel, Quiberon, Quimper, Redon, Rennes, Saint Malo, St. Brieuc, St. Guen und in Trébeurden findet man obendrein leicht Kontakt und erhält Tips zu Besichtigungen oder Freizeitgestaltung.

Französische Jugendherbergen sind normalerweise von 7-10h und von 17-22h geöffnet, im Sommer länger. Die Übernachtungspreise liegen je nach Ort zwischen 30 und 70 F zuzüglich der Mietgebühr für Bettwäsche und ggf. einer »Wohnsteuer«. Einrichtungen für Selbstversorger sind in den meisten Häusern vorhanden.

● ***Anschriften***

– **Deutscher Jugendherbergsverband** (DJH):
Bismarckstr. 8, D-32756 Detmold, T. 0 52 31/74 01-0 (Zentrale), 74 01-22/24/70 (Mitgliederdienst)
– **Österreichischer Jugendherbergsverband:**
Schottenring 28, A-1010 Wien, T. 01/533 53 53 oder
– **Österreichisches Jugendherbergswerk:**
Helferstorferstr. 4, A-1010 Wien, T. 01/533 18 33.
– **Schweizer Bund für Jugendherbergen:**
Mitgliederverwaltung Zürich, Mutschällenstr. 116, Pf. 80 38, CH-8000 Zürich, T. 01/482 45 61, Fax: 482 45 78
– **Fédération Unie des Auberges de Jeunesse** (FUAJ): 27, rue Pajol, F-75018 Paris, T. 00 33/1/44 89 87 27, Fax: 46 07 93 10. Auskünfte über die landesweit ca. 220 Jugendherbergen – mit einer bis vier Fichtensymbolen kategorisiert – für die ein Internationaler Jugendherbergsausweis erforderlich ist.
– **Ligue française pour les Auberges de Jeunesse:** 38, bd Raspail, F-75007 Paris, T. 00 33/1/45 48 69 84, Fax 45 44 57 47.

## Zeltplätze

– **Fédération Française de Camping et Caravaning:** 78, rue de Rivoli, F-75004 Paris, T. 00 33/1/42 72 84 08, Fax: 42 72 70 21; erteilt alle gewünschten Auskünfte über Zeltplätze im Reisegebiet. Alle Zelt- und Caravanplätze sind einer der drei Kategorien zugeordnet:

– *PRL* (Parc Résidentiel de Loisirs)
– *Camp de Loisirs* (Komfort- bis Luxusklasse)
– *Camp de Tourisme* (Kategorien * bis ****)

Hilfreich bei der Auswahl des geeigneten Campingplatzes ist der jährlich überarbeitete ADAC-Campingführer bzw. der in Frankreich im Supermarkt oder am Kiosk erhältliche »Guide du Camping« von *Michelin.* Auf jene Plätze, die *uns* am ehesten zugesagt haben, weisen wir selbstverständlich wie immer in der Rubrik »Übernachten« hin.

## Hotels

Ein regionaler *Hotelzimmernachweis* ist bei den französischen Fremdenverkehrsämtern erhältlich. Zu unterscheiden sind folgende **Kategorien:**

| | |
|---|---|
| - ****L: | Luxushotel, Palace-Hotel ersten Ranges |
| - ****: | Luxushotel |
| - ***: | Hotel des gehobenen Komforts |
| - **: | Hotel mit gutem Komfort |
| - *: | gutbürgerliches Hotel |
| - ohne Stern: | kleines, gutbürgerliches Hotel |

# REISEN

## Fahrradreisen

Die Bretagne verfügt über ein ausgedehntes Netz kleiner und kleinster Nebenstraßen, so daß entspanntes, erholsames Radfahren abseits der Magistralen möglich ist und sich jeder Punkt des Landes erreichen läßt: langsam genug, um die Landschaft bewußt zu erleben, und schnell genug, um den Wechsel wahrzunehmen. Ein Radwanderführer (z.B. »Nordwest-Frankreich per Rad« aus der Reihe Cyklos-Fahrradreiseführer im Verlag Wolfgang Kettler) leistet gute Dienste für die etappenweise Erkundung der Bretagne. Aber auch mit einer kleinmaßstäblichen Straßenkarte (möglichst 1 : 25.000) oder den Radwanderkarten des *ADFC*, des *Bicyclub* oder des *Institut Géographique National* wird man sicher ans Ziel kommen.

### ● Auskünfte und Karten

– **Ligue de Bretagne de Cyclotourisme:** 5, lotissement Belle-Vue, F-56250 Saint-Nolff. T. 97 45 42 54. Ansprechperson ist Jean-François Meaude; der Verein ist der *Fédération Française de Cyclotourisme* angeschlossen (Anschrift s.u.).
– **Fédération Française de Cyclotourisme** *(FFCT):* 8, rue Jean-Marie Jégo, F-75013 Paris, T. 00 33/1/45 80 30 21, Fax 45 88 02 41.
– **Bicyclub:** 8, place de la Porte-Champerret, F-75017 Paris, T. 00 33-1-47 66 55 92; Fax 43 80 35 68.
– **IGN** *(Institut Géographique National):* s. Kapitel »Landkarten«.
– **ADFC** *(Allgemeiner Deutscher Fahrradclub):* Postfach 10 77 47, D-28077 Bremen, T. 04 21/346 29 02, Fax: 346 29 50. Hier erfährt man auch alles über Mitnahmemöglichkeiten von Fahrrädern in französischen Zügen.

### ● *Radreiseveranstalter*

Hier noch einige Adressen für furchtsame Pedalritter, die nicht auf eigene Faust losziehen möchten:

– **Ameropa Reisen:** Hewlett-Packard-Str. 4
D-61352 Bad Homburg, T. 0 61 72/109-0, Fax: -110
– **Amphitrek:** Sandbergweg 28, 24943 Flensburg
T. 04 61/637 90, Fax: 637 89
– **Schimmel-Reisen:** Daimlerstr. 4, 67141 Neuhofen
T. 0 62 36/555 55, Fax: 555 45
– **Rotalis Sport:** Alte Poststr. 19, D-85598 Baldham bei München
T. 0 81 06/71 75, Fax: 341 75
– **Aktiv-Reisen Velotours:** Mainaustr. 34, 78464 Konstanz
T. 0 75 31/98 28-0, Fax: 500 25

## Auf Schusters Rappen durch die Bretagne

Im Mittelalter konnte sich jeder Bretone, der den *Tro-Breizh*, den Fußweg durch die Bretagne machte, darauf verlassen, in den Himmel zu kommen. Er mußte nur dem Pilgerweg zu den Sieben Heiligen Brieuc, Malo, Sanson (Dol), Patern (Vannes), Corentin (Quimper), Pol (de Léon) und Tugdual (Tréguier) folgen.
Die Bretagne besitzt ein 2500 km langes Wanderwegenetz. Man unterscheidet zwischen drei Streckentypen: Küstenweg, Fernwanderweg und Treidelweg.

– **Küsten- bzw. Zollweg** *(Sentier côtier/Sentier douanier):* ein Gesetz von 1791 wurde am 31.12.1976 wieder in Kraft gesetzt, das die Küsten- und Flußanwohner zwingt, drei Meter Abstand zwischen ihrem Besitz und der Wasserlinie bei Flut zu halten. Von 66 Gemeinden im Morbihan mit 800 km Küstenstreifen haben so zwanzig 180 km Küstenwanderwege ausgewiesen (s. Inseln, La Trinité-sur-Mer, Guidel, Quiberon, Carnac, Arradon, Arzon, Penestin usw.).
– **Fernwanderwege** *(GR – Grandes Randonnées):* werden jährlich von mehreren tausend Franzosen genutzt und führen teils über Privat-, teils über Gemeindeland. Waldwege, Treidelpfade ... – die Möglichkeiten sind schier unerschöpflich. Außerdem sind sie ausgezeichnet beschildert, so daß man sich gut zurechtfindet. Beispiele: die *Tour des Chouans* ab Vitré, die *Tour du pays gallo* rund um Loudéac, die *Tour des montagnes Noires* ab Gourin usw.
– **Treidelwege** *(Sentiers de halage):* säumen die Kanäle von Nantes nach Brest, den Kanal Ille-et-Rance und den Canal de Blavet auf einer Länge von insgesamt 360 km. In Kriegszeiten mußten die Treidelpfade den ungehinderten Durchgang für Pferde ermöglichen, welche Schlepper zur Versorgung der Marine zogen, beschloß Condorcet 1786. Der Staudamm von Guerlédan, 1930 fertiggestellt, setzte achtzehn Schleusen unter Wasser; das Aus für die wirtschaftliche Bedeutung des Kanals, der nurmehr von touristischem Reiz ist. Diese Wanderroute ist einfach wunderschön, besonders zwischen Malestroit und Châteaulin, genauso auch das Blavet-Tal. Auf Treidelwegen das Innere der Bretagen zu erkunden, ist ungewöhnlich reizvoll.

### ● *Nützliche Adressen*

– Die **alten Römerstraßen** sind nicht immer leicht zu finden, es gibt aber doch noch einige schöne Wegstrecken. Freunde alter Steine können so einen ungewöhnlichen Wanderweg einschlagen, auf dem sie die örtlichen Gesellschaften für Geschichte und Archäologie gerne beraten. **Henri Guillou,** 95, vieille route de Rosporden in Quimper, hat einen Wanderführer (VIA-*Topoguide)* herausgebracht: »Condate-civitas Aquilonia« (Rennes-Quimper über Castennec in Bieuzy-les-Eaux im Morbihan).
– Unterwegs ermöglichen 130 Rasthäuser der *Association Bretonne des relais et itinéraires* einen gastronomischen Halt. Der Verein gibt Wanderführer zu den Fernwanderwegen (GR), Küstenwegen und Wasserstraßen heraus. Auskünfte beim **Maison de la ran-**

**donné ABRI**, 9, rue des Portes-Mordelaises, F-35200 Rennes, T. 99 31 59 44.

– Für Wanderer außerdem von Bedeutung: die von den *Amis des chemins de ronde* herausgegebenen Routenvorschläge und Wanderführer für das Gebiet von Olérons bis Mont-Saint-Michel. Erhältlich bei **Arc 56,** Le Lomer, F-56760 Pénestin. T. 99 90 36 80.

## Reiterferien

Da es in der Bretagne weder verboten noch in der Mehrzahl der Fälle unmöglich ist, dort entlangzureiten, wo andere Leute zu Fuß vordringen, sind im folgenden einige Adressen für Pferdefreunde aufgeführt.

– **Ligue Équestre de Bretagne:**
rue Georges-Collier, F-56100 Lorient, T. 97 65 03 62
– **Poney Club de Bretagne:**
P.C. de Fenicat, F-35170 Bruz. T. 99 57 16 30
– **Ligue de Tourisme Équestre de Bretagne:**
8, rue de la Carrière, F-56120 Josselin. T. 97 22 22 62
– **Comité Breton d'Endurance Équestre:**
Le Stang, F-29112 Edern. T. 98 57 34 61
– **Association des Cavaliers des Côtes d'Armor**:
Saint Blaise, F-22170 Plelo. T. 96 92 41 67
– **ARTEB** *(Association Régionale pour le Tourisme Équestre en Bretagne):* 1, rue Gambetta, F-56000 Pontivy
– **UROSHR** (was sich hinter dieser Mammutabkürzung verbirgt, wissen wir auch nicht): 22, av. Janvier, F-35000 Rennes

– **Pferd und Reiter:** Internationale Reiterreisen, Rader Weg 30a, D-22889 Tangstedt, T. 040/607 19 99, Fax: 607 19 80
– **Das Urlaubspferd:** Internationale Reiterreisen, Wiesenstr. 25, D-67331 Weiterstadt, T. 0 61 51/89 56 38, Fax: 89 38 91

## Hausbootferien auf bretonischen Kanälen

Hat jemand Asphaltpisten und überfüllte Züge satt? Es soll ja Freizeitkapitäne geben, die lieber mit 4 Knoten pro Stunde (oder 8 km/h, für alle Landratten) im Hausboot durch bretonische Kanäle schippern. Nicht einmal Bussole, Kompaß, Bordfunk oder einen Bootsführerschein braucht man dazu; vielmehr erweisen sich ein geländetüchtiges Fahrrad, ein Paar Wanderstiefel und ein gutes Fernrohr als nützlich. An Bord erklärt ein Handbuch die technischen Einzelheiten des schwimmenden Heims und wie man die Schleusen problemlos durchfährt.
Zehn Bootsvereine, über 660 km bretonische Binnenwasserstraßen verteilt, vermieten vom Frühjahr bis in den Herbst ihre komfortablen *Pénichettes*. Die Nord-Süd-Verbindung vom Ärmelkanal zum Atlantik beispielsweise führt von Dinan über Rennes, Redon und La Roche-Bernard an die bretonische Südküste. Der östliche Kanalkurs führt von Nantes über Blain, Redon, Malestroit, Josselin, Rohan und

Saint-Nicolas-des-Eaux nach Pontivy. Flüsse und Kanäle bahnen sich ihren Weg duch Granit, rosa Gneis und Schiefer. Um so reizvoller der Kontrast zu den blumenbestandenen Schleusen.
Näheres erfährt beim *Maison de France* oder bei einschlägigen Hausbootreiseveranstaltern zu Hause.

● ***Nützliche Adressen***

- **Paris Canal-Quiztour:** Bassin de La Villette, 19-21, quai de la Loire, F-79019 Paris. T. 00 33/1/42 40 81 60. Fax: 42 40 77 30. M. Jaurès. Vermietet in Messac an der Vilaine ein Schiff für zwei bis zwölf Personen.
- **Locaboat plaisance:** Ludwigstr. 1, D-79104 Freiburg i.Br., T. 07 61/38 10 85, Fax: 38 11 56
- **Vacances Parveau:** Oberstr. 25, D-53844 Troisdorf, T. 02 28/45 33 96, Fax: 45 44 08

## Autovermieter in Frankreich

Kostenlose Rufnummern in ganz Frankreich:

- **Citer:** 05 05 10 11.
- **Avis:** 05 05 22 11.
- **Hertz:** 05 05 33 11; in Paris: T. 1/47 88 51 51
- **Euro Rent:** 05 33 22 10.
- **Europcar:** 05 10 05 05.

# LANDESKUNDE, GESCHICHTE & KULTUR

## Geographie

Die bretonische Halbinsel ist ungefähr so groß wie Belgien: 34.200 $km^2$ . Der *Tuchen Gador* ist mit 384 m der höchste Punkt des Gebirgszuges, der sich von Brest bis Lamballe erstreckt. Im Süden fallen die parallel zur Küste verlaufenden Schwarzen Berge allmählich von Locronan nach Malestroit ab. Zwischen beiden liegen die Becken von Châteaulin, Loudéac und Rennes.
Das armorikanische Massiv ist so alt wie Vogesen oder Ardennen. Zwei Drittel der Oberfläche bestehen aus Schiefer. Granit und Gneis, Halbschiefer und Quarzit bilden die übrigen Bodenformationen, deren abgerundete Gestalt immer noch markant genug bleibt. Die schmalen, gewundenen Straßen im Argoat sind eine Folge davon. Selbst im Binnenland ist man nie weiter als hundert Kilometer vom Meer entfernt, dessen Einfluß überall spürbar ist (s. nachstehendes Kapitel »Klima«).
Die sturmgepeitsche Küste ist am Ärmelkanal einem Tidenhub von zehn bis zwölf Metern ausgesetzt, am Atlantik immerhin noch von fünf bis sechs Metern. Im Lauf der Erdgeschichte hat sich der Meeresspiegel mehrfach geändert. Der letzte prähistorische, der sogenannte flandrische Meeresvorstoß, ist gar nicht so lange her, da er bereits menschliche Ansiedlungen wie den Cromlec'h von Er Lanic im Golf von Morbihan oder das Quai du Conquet bei Brest unter Wasser setzte. Das Schwemmland in der Brière und am Mont-Saint-Michel wurde ebenso ein Raub der Wogen wie die legendäre Stadt Ys in der Bucht von Douarnenez. Das Meer drang in die Flußläufe ein und grub sich tief ins Land hinein, so daß regelrechte Fjorde entstanden. Die zerklüftete bretonische Küste ist deshalb eine abwechslungsreiche Abfolge aus Kaps und Stränden. Allgemein verhält es sich so, daß die europäische Küste sich von der Ostsee bis zum Atlantik senkt, während Skandinavien weiterhin aufsteigt. So verschwanden auch immer wieder in den Niederlanden und in Norddeutschland ganze Städte, z.B. brach bei der Großen Manntränke im 14 Jahrhundert das Gebiet des IJsselmeeres ein, und das sagenhafte Rungholt, erst 1994 nördlich der Hallig Südfall und südlich von Sylt aufgefunden, wurde ausradiert.

## Das Klima der Bretagne ...

... ist berüchtigt für seine Unberechenbarkeit; vielleicht ist das bretonische Wort dafür, *an amzer,* deshalb weiblich? Nirgendwo sonst in Frankreich ändert sich das Wetter derart häufig und plötzlich wie in der Bretagne: grau und wolkig an einem Tag, strahlend blau am nächsten, diesig in den Morgenstunden, klar am Mittag, strahlend am Abend. Hier leuchtet der Himmel in den herrlichsten Farben. Das

Wetter wechselt im Rhythmus von Ebbe und Flut und je nach Mondphase. »Es regnet doch immer in der Bretagne« heißt es. Na, und im Münsterland? Alles nur dumme Vorurteile. Die Bretagne ist (im Normalfall) kein halb überschwemmtes Land. Kaum zu glauben: es regnet in Rennes weniger als in Toulouse, in Carnac weniger als in Nizza, in Brest weniger als in Biarritz. Aber: verschweigen wollen wir nicht, daß es einfach mehr Regentage gibt. Während andernorts die Niederschläge in ergiebigen (Gewitter-)Schauern niederprasseln, fallen sie hier, wie auch in Westengland, häufig als Nieselregen, und genau das erweckt den Eindruck, es regne auch mengenmäßig mehr. Eingebettet zwischen Ärmelkanal und Atlantik, profitiert die Bretagne von einem ozeanisch ausgeglichenen Klima: mild und belebend, nie zu kalt oder zu heiß. Die Luft ist reich an Jod, allein das Atmen ist schon eine Gesundheitskur – wenn man vom radioaktiven Jod mal absieht. Die Bretagne besitzt die höchste Atomkraftwerksdichte Frankreichs, war aber dafür als einzige Region Frankreichs nicht von der Tschernobylwolke betroffen. Wir raten, Frankreichs Nordwestzipfel möglichst im Spätherbst zu besuchen. Zu dieser Jahreszeit herrscht oft wahres Bilderbuchwetter. Die heftigsten Stürme brausen im Winter über das Land. Aufgrund der geographischen Lage sind in der Bretagne die Sommertage länger als anderswo: je weiter nördlich man fährt, desto länger werden die Tage, und da die Normalzeit in Paris festgelegt wird, gewährt die westliche Länge gut eine Stunde mehr Tageslicht.

- ***Nordküste:*** keine zwei Wochen Frost im Jahr. Der Wind weht hauptsächlich von Nordwest über die Küste Finistères. Einige windgeschützte Gebiete sind Roscoff und die Insel Bréhat (an 163 Regentagen 639 mm Niederschläge, in Toulouse an 139 Regentagen 665 mm!), umspült vom warmen Golfstrom. Der begünstigt auch die Entstehung des ausgesprochenen Kleinklimas in verschiedenen Gegenden.

- ***Südküste:*** insgesamt sonniger, wärmer und trockener. In Carnac, im Morbihan, zählt man 128 Regentage und 2055 Stunden Sonne im Jahr. Zum Vergleich: Biarritz zählt 177 Regentage. Die Durchschnittstemperatur im Morbihan beträgt 18° Celsius im Sommer. Die Südküste Morbihans profitiert von den Vorzügen lokaler Mikroklimata, was insbesondere um Fouesnant und im Pays bigouden spürbar wird. In der Gegend um La Baule regnet es am wenigsten.

– **Wetteransagedienste:** diese Dienstleistung gilt immer noch als große Neuheit. Für jeden Ort im Département bekommt man eine Auskunft bezüglich des Wetters. Die Vorhersagungen für das Finistère erhält man unter T. 36 65 02 *29*, für den Morbihan unter T. 36 65 02 *56* und für die Côtes-d 'Armor wählt man T. 36 65 02 22 usw. (die beiden letzten Ziffern sind jeweils die Nummer des Départements). Wasserstandsmeldungen o.ä. können unter T. 36 65 08 08 erfragt werden. Wassersportler erfahren hier auch, wie es sich mit

Wetter und Wind im Bereich von bis zu zwanzig Meilen ab der Küste verhält.

● ***Anerkannte Erholungsorte***

Perros-Guirec, Sables-d'Or-les-Pins, Saint-Quay-Portrieux, Le Val-André, Dinard, Paramé, Saint-Briac-sur-Mer, Saint-Lunaire, Saint-Malo, Carnac, Quiberon.

## Der Bretone und das Meer

So seltsam es klingen mag, aber die Eingeborenen hatten mit dem Meer lange so wenig im Sinn wie die Schweizer. Nur wenige Inseln widmeten sich dem Fischfang: auf der Ile de Batz ist die einzige traditionelle Beschäftigung die Landwirtschaft. Ein guter Teil der Bewohner des nördlichen Finistère wagten sich nur dann ins Wasser, wenn es ein Wrack zu plündern oder Tang als Dünger zu sammeln galt. Für viele Bretonen ist das Meer nur eine Quelle von Unheil, und um in Frieden mit ihm zu leben, wendet man ihm am besten den Rücken zu. Saint-Malo, Camaret, Cancale, Groix und Concarneau sind eben die berühmten Ausnahmen von der Regel.
Als zu Beginn dieses Jahrhunderts die Wassersportarten aufkamen, insbesondere das Segeln, waren sie alles andere als populär. Nur die gutbürgerlichen Familien mit Zweitwohnsitz an der Küste konnten sich das leisten. Die Volksfront änderte nichts daran. Auch als in den fünfziger Jahren bei den Gutbetuchten Segeln und Schwertboot in Mode kommen und die jungen Leute sich zwischen Carnac und Saint-Malo den Wind um die Ohren blasen lassen, bleibt das bretonische Volk davon unberührt. Erst 1964 kommt ein junger Marineoffizier auf die verrückte Idee, den Erzfeind England bei der berühmten Transatatlantik-Regatta zu schlagen. Der junge Bretone *Eric Tabarly* wird zum Stolz der Nation und verkörpert in den Medien die bretonische Identität. Auf einmal beginnen die Bretonen, sich dem Meer zuzuwenden. Weitere Segler wie Kersauzon, Poupon, Riguidel, Caradec, Morvan und Peyron sind in den siebziger und achtziger Jahren die Vorbilder der sportbegeisterten Jugend und brechen allerlei Rekorde, unter anderem den von Jules Vernes' Phileas Fogg.
Seitdem hat auch das kleinste Kaff im hintersten Winkel Finistères seine Segelschule. Mitten im Winter, bei Regen, Wind und Sonnenschein, wagen sie sich hinaus aufs Meer und träumen von olympischem Gold. Der Mythos Ozean hat sie gepackt.

## Bevölkerungsentwicklung

Die Bretonen machen fünf Prozent der französischen Bevölkerung aus. Damit rangiert die Bretagne mit ihren 2,8 Mio. Einwohnern unter den Regionen an sechster Stelle. Nach einem starken Bevölkerungsschwund in den Jahren zwischen 1911 und 1936 nimmt die Bevölkerung seit 1968 wieder zu: + 6,3 % in den Côtes-d'Armor mit 537.700 Einwohnern, + 9 % im Finistère mit 838.200 E., + 22,3 % in

Ille-et-Vilaine mit 800.000 E., + 14,5 % im Morbihan mit 620.000 E., + 22 % im Département Loire-Atlantique mit 1,05 Mio. E.
Die letzte Volkszählung ergab eine Verlangsamung des zwischen 1962 und 1982 beobachteten Wachstums. Fünfunddreißig Städte haben über 10.000 Einwohner. Während noch 1982 nur 56 % der Bretonen in der Stadt lebten (im übrigen Frankreich 73 %), betrug die Urbanisierungsrate 1990 67 %. Die Geburtenhäufigkeit ist hinter Irland die zweithöchste in Europa, dennoch fehlen jährlich siebentausend Geburten, um Sterberate und Wanderungsverluste auf natürliche Weise auszugleichen. Wie andere Regionen kämpft auch die Bretagne mit der Arbeitslosigkeit. Der Frauenanteil an der erwerbstätigen Bevölkerung erhöhte sich von 35 auf 41 %.

## Wirtschaft

Wirtschaftlich ist die Bretagne in zwei Teile gespalten: seit 1985 hält sich die Region in einem labilen Gleichgewicht, wobei vor allem der westliche Teil mit Morlaix, Guingamp oder Carhaix mit Einbrüchen zu kämpfen hat, während Rennes, Vitré, Ploërmel, Redon und Auray-Vannes florieren. Der Osten boomt, der Westen stagniert.

### ● *Landwirtschaft*

Obwohl der Anteil der Beschäftigten 14 % nicht übersteigt, bleibt die Landwirtschaft das wirtschaftliche Rückgrat der Region. Fragt sich, wie lange noch. Der Getreideanbau bedeckt ein Drittel der Anbaufläche, aber Futtermais und andere Pflanzen gewinnen an Boden. Einige Gegenden mit guten Böden und günstigem Klima wie das Clos Poulet zwischen Saint-Malo und Cancale oder der »goldene Gürtel« um Roscoff liefern vorzügliches Gemüse: 87 % der französischen Artischocken, 76 % des Blumenkohls, 30 % der Kartoffeln und 28 % der Grünbohnen kommen aus dieser Gegend.

### ● *Viehzucht und Fischerei*

Die Viehzucht hat in den letzten dreißig Jahren beträchtliche »Fortschritte« gemacht, wobei man von der freien Weidung zur technisierten Stallhaltung übergegangen ist. Die Bretagne ist das (manchmal nicht zu überriechende) Paradies der Schweine- und Geflügelzüchter: 75 Mio. Hühner und 12 Mio. Truthähne machen eben auch Mist. Der niedersächsische Hühner- und Eierfabrikant Pohlmann, von Aldi wegen des Erstickens von 60.000 Stück Federvieh im Sommer 1994 aus dem Sortiment geworfen, unterhält übrigens auch in Frankreich Riesenbetriebe. Auch Schlachtrinder, Hasen und Tauben kommen nicht zu kurz. Butter, Eier und einige Käsesorten werden innerhalb der EU ausgeführt. Die Bretagne trägt 11,5 % zur französischen landwirtschaftlichen Erzeugung bei, davon 21 % zur Tierproduktion. Verhungern muß also keiner.
Die wichtigsten Fischereihäfen sind Lorient, Concarneau und Saint-Malo. Der lukrative, stark diversifizierte handwerkliche Fischfang beschäftigt zahlreiche kleinere Häfen längs der Küste, so daß die Bretagne 45 % des französischen Fischverbrauchs liefert. Auch die

Austern-, Fisch- und Muschelzucht findet geeignete Plätze, die aber oft vom Fremdenverkehr bedroht sind.

### ● *Industrie*

Die Nahrungsmittelindustrie (Pökelei, Molkereien, Konservenfabriken) herrscht vor. Die Bretagne steht innerhalb Frankreichs bei der Nahrungsmittelerzeugung an erster Stelle. Die Konsumgüterproduktion erreicht nirgends größere Ausmaße. Die einzige Ausnahme bildet das Automobilwerk von Citroën in Rennes. Die Industrie beschäftigt nur 20 % der Erwerbstätigen. Hochspezialisierte Industriestandorte sind Lannion (Telekommunikation), Brest (Elektronik), Saint-Nazaire (Schiffbau) und La Gacilly (Kosmetik).
Bauwesen und Bauarbeiten der öffentlichen Hand tragen 8 % zur Beschäftigungszahl im sekundären Sektor bei. In der Bretagne wird viel und gut gebaut. Der Hafen von Nantes und das bretonische Straßenbauprogramm verbrauchen jede Menge Beton. An der Küste gibt es dennoch keine riesigen Betonburgen. Die bretonische Architektur kann sich durchaus sehen lassen, selbst in Neubauvierteln wie le Colombier in Rennes. Nur das kriegszerstörte Brest wurde in den fünfziger Jahren scheußlich wiederaufgebaut.

### ● *Dienstleistungsbereich*

60 % der Beschäftigten sind im tertiären Sektor tätig, in Verwaltung, Armee, Handel, Verkehrswesen und im Fremdenverkehr. Die überfüllten Universitäten entlassen jede Menge begabter Absolventen. Die Banken, allen voran der *Crédit Mutuel de Bretagne* zeigen sich überaus unternehmungslustig. Sie raten den Bretonen, ihr Geld lieber in der Bretagne als in der Schweiz anzulegen. Einzelhändler wie die Lebensmittelhändler Cam in Gousnou, Leclerc in Landerneau oder Le Roch *(Intermarché)* in Sené, das Bekleidungshaus Guy Cotten in Concarneau, die Fleischer Gad in Landivisau und Bigar in Quimperlé sowie die Bäcker Le Duff in Rennes haben sich in ganz Frankreich einen Namen gemacht.
Der Fremdenverkehr läuft auf vollen Touren, so daß die Bretagne bei den Sommeraufenthalten in Frankreich an zweiter Stelle steht. Die Hotels haben rechtzeitig renoviert und in den Badeorten werden abends noch lange nicht die Bürgersteige hochgeklappt. Vater Staat sorgte mit den entsprechenden Finanzspritzen dafür, daß die bekannteren Badeorte neu hergerichtet wurden. Aber auf das Thema werden wir auf den nächsten dreihundert Seiten ohnehin noch zu sprechen kommen. Technologieparks mit den entsprechenden Zulieferern haben sich in Rennes, Nantes, Vannes, Lannion und Brest niedergelassen.

## Tang und Tangsammler

Erster Akt am Strand bei Ebbe: ein alter Holzkarren, voller glibbriger, klebriger, triefender Algen, gezogen von einem müden Klepper. An seiner Seite der Tangsammler mit der unumgänglichen Schirmmütze. Mit einer besonderen Forke lädt er alle Algen, ohne Ausnahmen, auf den Karren. Es folgt ein mühsamer Weg über den nassen Strand, der Aufstieg auf die Dünen, wo der Tangsammler die Algen ausbreitet, trocknen läßt und aufhäuft. Einst ein typisches Bild an dem Küstenstrich zwischen Conquet und Roscoff.

Dieses alte Handwerk ist leider im Aussterben begriffen. Nur noch selten sieht man die alten Tangsammler. Dafür erschien eine neue Generation Algenaufleser auf der Bildfläche, die mit Traktor und Schleppkahn zu Werke gehen. An der Küste Léons, einer der felsenreichsten Gegenden, werden 80% der französischen »Ernte« eingebracht. Der Tang selbst (Fucus vesiculosus) hat sich nicht verändert: er ist immer noch glitschig und voller Bläschen, welche die kleinen Bengel/Mädels zwischen ihren Fingern platzen lassen. Er ist der Hauptdünger und somit auch das wichtigste für eine satte Ernte. Die braune Meeralge (Laminaire) ist eine Algensorte, die bis zu fünf Metern lang wird. Aus dem Meer gehievt wird sie mit einer Art hydraulischen Zange, vergleichbar einem Kran an Bord eines Schiffes. Einst verbrannten die Tangsammler die Algen auf den Dünen, kompostierten die Asche und schlugen sie an die Industriellen zur Jodgewinnung los. Heute kümmern sich Fabriken um die Verbrennung, wodurch das Ganze vielleicht an Romantik verliert, aber an Rentabilität gewinnt. Man braucht hundert Tonnen Soda zur Herstellung einer Tonne Jod, und gewaltige Pflanzenmassen sind nötig. Die Fabrikdirektoren reiben sich die Hände angesichts der Zukunftsperspektiven. Jod macht Furore: hat nicht jeder inzwischen seine Jodtabletten im Nachttisch, für den Fall, daß einer unseren todsicheren Atommeiler durchschmort und »Fenster und Türen schließen« nix mehr hilft? Daß das gewonnene Jod so einige radioaktive Isotope enthalten dürfte, erscheint uns mehr als wahrscheinlich, wird der Ärmelkanal doch fleißig durch die Wiederaufbereitungsanlage in La Hague verpestet, genauso wie die Irische See durch Sellafield, Ex-Windscale. Gesundheitsapostel werden sich also tunlichst erkundigen, ob ihr jodversetztes Brot aus Steinsalz stammt oder aus anderen Quellen.

Nachdem braune, grüne und rote Algen bereits als Grundstoff für die Herstellung von Dünger und Algenbädern dienen, werden nun auch Lebensmittel daraus fabriziert, unter anderem Brot, Nudeln, Würstchen und Tellergerichte. Sozusagen frisch aus europäischen Verklappungsgewässern. Das Algenzentrum in Pleubian jedenfalls, in enger Zusammenarbeit mit dem INRA in Quimper, hat bei entsprechenden Verfahren große Fortschritte erzielt. Ein »Algenkochbuch« dürfte den meisten Franzosen aber noch lange nicht geheuer sein.

## Tücken der Verwaltungsgliederung

Die heutige Verwaltungseinteilung der Bretagne, für die Behörden und Zentralregierung im fernen Paris verantwortlich zeichnen, zeugt eher von bürokratischen Planspielen als von Vernunft. Der Beweis: Nantes und das Département Loire Atlantique wurden dem Pays de Loire zugesprochen, einer künstlich geschaffenen Verwaltungsre-

gion. Das Schloß der Herzöge der Bretagne, Symbol des bretonischen Reiches vor seiner Angliederung an Frankreich, liegt heute demnach *außerhalb* der Bretagne. Ebenso St. Nazaire, obwohl Dreiviertel der Werftarbeiter dort Bretonen sind. Zu guter Letzt noch Le Croisic, trotz des urtypischen Namens, La Turballe, die prächtige Festungsstadt Guérande, die Sümpfe der Grande Brière und, zum Süden hin, Clisson. Kein Wunder, daß man z.B. in Rennes immer mal wieder Aufkleber zu Gesicht bekommt, auf denen zu lesen steht: »Nantes gehört zur Bretagne!«
Das Département Loire Atlantique außerhalb der Bretagne zu plazieren, heißt, die entscheidende Rolle der Loire – Drehscheibe der Kultur und von den Franzosen oft dazu benutzt, Nantes zu erreichen – außer acht zu lassen. Diese ungeheuerliche verwaltungstechnische Zerstückelung, Ausgeburt technokratischer Verirrungen, verletzt und verleugnet Geschichte und Kultur eines Landes, das im Laufe der Jahrzehnte immer wieder um seiner Grenzen willen zu den Waffen gegriffen hat. Wir haben peinlich darauf geachtet, daß die Bretagne in diesem Reiseführer ganz dargestellt wird und nicht etwa in ihrer verstümmelten Form: von Ancenis bis zum Mont-Saint-Michel.

## Wichtige historische Daten

### ● Die Anfänge

– **Rund 2200 v.Chr.:** Jungsteinzeit; das bis heute noch weitgehend unerforschte Volk der Meghalithbauer errichtet Menhire, Dolmen, Alignements und Cromlechs; Artefaktfunde.
– **4. bis 1. Jh. v.Chr.:** Beginn der Eisenzeit. Verbreitung der Kelten in Armorika (Bezeichnung für das Gebiet der heutigen Bretagne vor dem 7. Jh.). Das Land wird von mehreren Stämmen besiedelt: im Norden von Osismern und Curisoliten, im Süden von Venetern, Redonen und Namneten.
– **56 v.Chr.:** Julius Cäsar und seine Soldaten schlagen die Veneter und besetzen Armorika. Gallien wird romanisiert.

### ● *Aus Armorika wird die Bretagne*

– **Etwa 460 n.Chr.:** von den Angelsachsen vertrieben, flüchten keltische Briten über den Ärmelkanal nach »Klein-Britannien«, siedeln sich dort an und bringen Sprache und Christianisierung ins Land. Bis ins 7. Jh. dauert die Einwanderungswelle an. Keltische Missionare gründen Einsiedeleien, die den Grundstock der späteren Pfarreien bilden. Viele von ihnen werden noch heute als (offiziell nie kanonisierte) bretonische Heilige verehrt, ihre Legenden sind überaus poetisch und märchenhaft.
– **um 600:** in der Cornouaille besteht ein bretonisches Königreich unter König Gradlon. Untergang der sagenhaften Stadt Ys.
– **799:** Karl der Große reißt sich die gesamte Bretagne unter den Nagel. Seine Herrschaft bleibt aber eher nominell.

● ***Das unabhängige Herzogtum***

– **826:** Ludwig I. ernennt den bretonischen Fürsten Nominoë zum Herzog der Bretagne.
– **831:** Wido, Graf von Vannes, wird abgesetzt. An seine Stelle tritt Nominoë.
– **846:** Gründung der bretonischen Monarchie. Karl der Kahle erkennt die Unabhängigkeit der Bretagne und Nominoë als deren unabhängigen Herrscher an.
– **851:** Sieg der Bretonen über die Westfranken. Karl der Kahle erkennt Nominoës Sohn Erispoë als König an und tritt Rennes, Nantes und Retz ab.
– **919:** Beginn der Normanneneinfälle. Verlust der Kanalinseln.
– **937:** Alain Barbe-Torte (Alan Varvek) gebietet den Normannen Einhalt.
– **992-1148:** Herrschaft der bretonischen Herzöge. Enge Beziehungen zu England, um den französischen Einfluß zu beschränken.
– **1341-1365:** der bretonische Erbfolgekrieg zwischen Charles de Blois und Jean de Montfort verwüstet die Bretagne und endet schließlich mit der Thronbesteigung eines Montforts: Jean IV.
– **1399-1442:** Regentschaft des Herzogs Jean V., Inbegriff des Goldenen Zeitalters der Bretagne. In Rennes gekrönt, leitet er die Geschicke des Landes von seinem prächtigen Schloß in Nantes. Er schlägt Münzen, ernennt Botschafter beim Papst, gründet eine eigene Armee und ermöglicht seinem Land einen großartigen Aufschwung. Seine Sommerresidenz ist die Festung von Suscinio im Morbihan. Es folgen Franz I., Pierre II., Arthur III. und Richmond.
– **1406:** Geburt des »Blaubartes« Gilles de Rais in Machecoul, der in Wirklichkeit keine sieben Frauen auf dem Gewissen hatte – seine Spezialität war eher das Kinderschänden.
– **1488:** die bretonische Armee verzeichnet eine klägliche Niederlage in St. Aubin-du-Cormier (Ille-et-Vilaine). Unterzeichnung des folgenschweren Abkommens von Verger *(Traité du Verger)*, das die Bretagne unter die Knute ihres östlichen Nachbarn zwingt. Der Hundertjährige Krieg hat die Kräfte Frankreichs indes vollkommen aufgezehrt.

● ***Die autonome Bretagne***

– **1491:** Anne de Bretagne heiratet König Karl VIII. und wird so Königin von Frankreich.
– **1498:** als letzterer stirbt – er rennt in seinem Schloß an der Loire gegen einen Türbalken – heiratet sie Ludwig XII.
– **1514:** die Tochter von Anne, Claude de France, ehelicht den späteren Franz I., zum damaligen Zeitpunkt erst Graf von Angoulème und Herzog von Valois.
– **1532:** ein schicksalhaftes Datum für die Bretagne. Im August unterzeichnen in Vannes die bretonischen Stände ein Abkommen, welches die Angliederung der Bretagne an Frankreich vorsieht. Die Bretagne soll dennoch auf juristischem, fiskalischem und militäri-

schem Gebiet unabhängig bleiben. Frankreich sichert dies zwar zu, hält sein Versprechen jedoch oftmals nicht ein.

– **1675:** Revolte der »Bonnets Rouges« (Rotmützen) gegen den Erlaß des Finanzfachmannes Colbert, alle Rechtsgeschäfte nur noch auf zu versteuerndem Stempelpapier *(Papier timbré)* anfertigen zu dürfen. Brutale Niederschlagung durch den Herzog von Chaulnes, den Gouverneur der Provinz.

– **16., 17. und 18. Jh.:** Höhepunkt der religiösen und volkstümlichen Kunst. Unzählige Kirchen, Kapellen, Kalvarienberge, Beinhäuser, Kreuze, Banner und Brunnen aus Granit werden errichtet.

– **1718:** der Marquis de Pontcallec nimmt an der Verschwörung für die »Verteidigung der bretonischen Freiheit« teil und wird 1720 dafür enthauptet.

– **1764:** das Parlament in Rennes widersetzt sich König Ludwig XV., was eine Staatskrise heraufbeschwört.

– **1768:** Geburt des Schriftstellers, Diplomaten und Ministers Chateaubriand in Saint-Malo.

● ***Die französische Bretagne***

– **1789:** die Französische Revolution begeistert auch die Bretonen. Ihre Abgesandten gründen den *Club Breton*, der später zum *Club der Jacobiner* wird.

– **1793-1799:** die Bewegung der Chouans *(Chouannerie)* – konterrevolutionäre königstreue Partisanen – entwickelt sich um seine historischen Führer Cadoudal, La Rouërie und du Boisguy. Die dramatische Erhebung der königstreuen Vendée gegen die revolutionären Republikaner endet mit dem Massaker von Savenay, nahe Pontchâteau.

– **1828:** Geburt Jules Vernes in Nantes.

– **1919-1939:** Wiedergeburt der bretonischen Nationalistenbewegung mit der Gründung der Zeitung *Breiz Atao*. 1927 wird die Partei der bretonischen Autonomisten ins Leben gerufen sowie 1932 die Partei der bretonischen Nationalisten. Erste autonomistische Attentate des Geheimbundes *Gwenn ha Du*.

– **1940-1945:** etwa hundertfünfzig Männer von der Ile de Sein folgen dem Ruf General de Gaulles vom 18. Juni zu den französischen Widerstandstruppen und erreichen London an Bord ihrer Fischerboote. Als die deutschen Besatzer auf der Insel eintreffen, finden sie nur noch Frauen, Kinder, Greise, den Bürgermeister und den Pfarrer vor.

– **1945:** nach der Befreiung Frankreichs vom Joch der deutschen Besatzungstruppen *(Libération)* liegen die Häfen St. Nazaire, Lorient und Brest in Schutt und Asche.

– **1957:** *Mouvement pour l'Organisation de la Bretagne (MOB)*, Bildung eines Komitees zur Vertretung bretonischer Interessen.

– **1959:** in der Comic-Zeitschrift »Pilote« erscheint das erste Asterix-Abenteuer.

– **1966-69:** Attentate der bretonischen Befreiungsfront (FLB) in St. Brieuc und Paris.

– **1970-1980:** kulturelle und wirtschaftliche Renaissance dank der bretonischen Autonomiebewegung CELIB. Alan Stivell und Per-Jakez Helias machen weltweit Furore.
– **1972:** umstrittene Angliederung des Départements Loire-Atlantique an die künstlich geschaffene Verwaltungsregion »Pays de Loire«.
– **1978:** Ölpest nach der Havarie der »Amoco Cadiz« vor Portsall.
– **7. Mai 1989:** Explosion des *Hôtel de la Région* in Nantes.
– **März 1992:** bei den bretonischen Regionalwahlen schaffen die Grünen den Sprung in den Regionalrat. Ihre Politik verbindet Umweltschutzgedanken mit der Betonung kultureller Selbstbestimmung.
– **Februar 1994:** bei einer tumultartigen Demonstration bretonischer Landwirte in Rennes setzt Leuchtspurmunition das Parlamentsgebäude in Brand. Der Dachstuhl mit der wertvollen Kassettenecke aus dem 17. Jh. brennt vollständig aus.
– **Juni 1994:** Schreckensnachricht für alle Comicfreunde: Asterix-Zeichner Albert Uderzo kündigt an, den Zeichenstift endgültig niederlegen zu wollen.
– **Januar 1995:** wie weite Teile West- und Mitteleuropas wird auch die Bretagne von schweren Überschwemmungen und orkanartigen Stürmen heimgesucht. Ganze Dörfer sind von der Außenwelt abgeschnitten.

## Bretonischer Nationalismus

Straßenschlachten mit der Polizei, Kampf um die Bewahrung der bretonischen Sprache und Kultur, beschmierte Straßenschilder, Bombenanschläge auf Finanzämter und Strommasten – alles unter dem Zeichen des *gwenn ha du*, der schwarzweißen bretonischen Flagge, deren fünf schwarze Felder die Bistümer der oberen Bretagne symbolisieren, während die vier weißen für die untere Bretagne stehen (Cornouaille, Léon, Trégor, Vannetais). Am 30. Juli 1937 wehte diese Fahne zum ersten Mal über dem *Maison de Bretagne* in Paris. Bei Umzügen trägt man sie mit ausgestrecktem Arm über dem Kopf.
Ungern kommen die Bretonen auf die Kollaboration der bretonischen Autonomiebewegung *Breizh Atao* (Bretagne für immer) mit der deutschen Besatzungsmacht zwischen 1940-44 zu sprechen. Die Wissenschaftsabteilung »Ahnenerbe« der SS und einige deutsche Sprachwissenschaftler von der Uni Bonn hegten nämlich eine gewisse Sympathie für die Bretagne, weil sie die Kelten für ein rassisch wertvolles Brudervolk der alten Germanen hielten.
Die bretonische Autonomie-Bewegung ist heute stark zersplittert und besteht aus kurzlebigen Grüppchen, die sich untereinander heftig befehden. Die Demokratische Bretonische Union (UDB) vertritt die Legalisten und hat lange Zeit mit den Sozialisten geliebäugelt. Die offiziell aufgelöste Bretonisch-revolutionäre Armee (ARB) bleibt das Bollwerk des bewaffneten Kampfes. Um eine bretonische Schule bemüht sich *Diwan, Stourm-ar-Brezhoneg* predigt die offi-

zielle Zweisprachigkeit, *Emgann* vereint die Reformer, *Kendalc'h* widmet sich mehr der Pflege von Volksmusik und Brauchtum. Fernsehen und Radio strahlen Sendungen auf Bretonisch aus. Im Finistère und den Côtes-d'Armor sind die Verkehrsschilder längst zweisprachig, über einigen Rathäusern weht die bretonische Fahne und auf zahlreichen Autos prangt das Nationalitätenkennzeichen BZH für *Breizh*, Bretagne. Der bretonische Nationalismus hat somit seine mehr oder weniger politisch engagierte Literatur, Presse und Kulturbewegung. Es ist manchmal nicht leicht, zwischen harmlosem Brauchtum und politischem Fanatismus zu unterscheiden.

## Die Druiden

Tradition und Geschichte – Mirakulix unter einer Eiche, an einen Hinkelstein gelehnt. Das Bild entlockt manchem ein Schmunzeln, könnte jedoch zu falschen Schlüssen führen. Daher zunächst einige Klarstellungen. In Gallien, auf der Insel Anglesey, ehemals Mona, hielt sich der Heilige der Heiligen des antiken Druidentums auf. Julius Cäsar sprach davon schon in seinem – geplagten Lateinschülern bestens bekanntem – »Gallischen Krieg«, was ihn nicht daran hinderte, die dort ansässigen Druiden zu massakrieren. Druiden, Barden und Seher fand man in allen gälisch- und keltischsprachigen Ländern: in Irland, Devon, auf der Insel Man, in Schottland, Cornwall und natürlich in unserer geliebten Bretagne.
Die Druiden rangierten in der sozialen Skala ganz oben, noch vor dem König. Sie füllten gleichzeitig die Ämter des Priesters, Richters und des Lehrers aus. Daher auch die Herkunft ihrer »Berufsbezeichnung«: *Druwi-des* bedeutet »die Sehenden«, »die Weisen«. Sie legten den Willen der Götter aus und opferten diesen. Esus, Teutates, Taramis, Belenus – der Gott der Sonne, daher auch die häufig vorkommenden Bel-Airs auf der Landkarte – waren die wichtigsten Gottheiten im Pantheon der Druiden.
Sie sprachen der Natur, den Pflanzen und Bäumen Zauberkräfte zu. Aus der Eberesche wurde so ein magischer Baum und der Weißdorn in Irland zur heiligen Pflanze. Dornengestrüpp verkörperte gleichsam übernatürliche Barrieren. Die Eiche, Königin unter den Bäumen, wurde von den Druiden als keltische Verkörperung des Zeus verehrt. Mit einer goldenen Sichel bewaffnet, in ein weißes Leinentuch gekleidet, kletterte der Druide auf den Baum, pflückte Misteln und sammelte sie in einem großen Tuch ein. Alles geschah stets äußerst zeremoniell und streng nach Kalender:
Lange Zeit nahm man an, die Druiden hätten die Menhire und Dolmen errichtet. Irrtum! Diese Megalithen standen schon vor Ankunft der Kelten da. Die Druiden benutzten sie lediglich für ihre Rituale, wenn überhaupt. Den Druiden von heute begegnet man nicht so einfach. Sie arbeiten höchst diskret und wünschen, ungestört zu bleiben. Dennoch existieren sie. Eine Million soll es in Großbritannien geben, 60.000 immerhin in Frankreich. In diesen Zahlen sind natürlich alle Tendenzen und Gruppierungen mit eingeschlossen, unter denen sich mit Sicherheit jede Menge Spinner befinden.

**Imbolc:** symbolisches Frühlingsfest am 1. Februar; **Beltaine:** man feiert die neuen Feuer des Sommers, am 1. Mai; **Lugnasard:** Königsfest am 1. August; schließlich und endlich **Samain,** die Totenfeier – unser Allerheiligen – am 1. November. Im Kreis der Druiden lebten Barden und Dichter. Sie waren damit beauftragt – vergleichbar unserem heutigen Regierungssprecher – die Heldentaten der Häuptlinge sowie Brauchtum und bretonische Geschichte zu besingen. Alle miteinander glaubten sie an die Seelenwanderung (Metempsychose) und, Voraussetzung dafür, an die Unsterblichkeit der Seele.

Da gibt es noch den Zweig der traditionellen *Gorsedd Breton*, einem Kollegium der Druiden, Barden, und Ovaten – in der druidischen Hierarchie zwischen Druiden und Barden angesiedelte Priester – in der Bretagne. Dieses Gorsedd Breton, im September 1900 von Intellektuellen gegründet, soll eine Art spirituelle Filiale von Wales gewesen sein, der historischen Wiege des Druidentums. Man trifft sich einmal im Jahr, allerdings ausschließlich in Friedenszeiten. Weiß gekleidete Druiden ziehen vorbei, gefolgt von Barden in Blau und den Ovaten (Weißsagern), Priestern, die zwischen Druiden und Barden stehen. Die etwa fünfzigköpfige Gruppe formt einen Kreis (Sonnenrund), der um keinen Preis gestört werden darf! Die stets gleichbleibende Zeremonie verwendet sonderbare Symbole: Wiederherstellung des zerbrochenen Schwertes der Kelten, Nominierung eines neuen Barden, Liste der Toten des Jahres, bretonische Hymnen, Verteilung von Buchsbaum an Besucher ... Um die Ecke gebracht wird niemand, Gott sei's gedankt! Gäste verlassen reichlich verwirrt die geweihte Lichtung, *Nemeton* genannt. Neben dieser echten Folklore tun Druiden noch so einiges den lieben langen Tag lang: sie schreiben, veröffentlichen, singen und sprechen im Radio, fliegen in Boeings, fahren Auto wie jeder andere auch. Dabei ist es ihr Ziel, die zweitausend Jahre währende Überlieferung nicht in Vergessenheit geraten zu lassen.
Welche Voraussetzungen man als Druide braucht: von der Pike auf dienen und fließend Bretonisch sprechen. Nur einem bereitet das Treiben Kopfzerbrechen: der katholischen Kirche, die mit ihrem Latein nichts gegen das »heidnische Treiben« auszurichten vermag, was uns nun wieder irgendwie freut.

Mehr über die Kelten bei: *Gerhard Herms*, »Die Kelten«, Econ-Verlag; *Murry Hope*, »Magie und Mythologie der Kelten«, Heyne-Tb.; *Lexikon der keltischen Mythologie* – Mythen, Sagen und Legenden, Heyne-Tb.

## »Pardons«: Prozessionen auf bretonisch

In keinem Land Europas hielten sich derart viele religiöse Baudenkmäler wie in der Bretagne. Lange Zeit trübte kein Wölkchen das Verhältnis zwischen Gott und den Bretonen. Kirchen wurden errichtet, deren Glockentürme wahre Meisterwerke bilden. In Unmengen schnitzten, meißelten, türmten fromme Künstler Kalvarienberge und Kreuze auf. Oh heiliges bretonisches Land, Wohnstatt von Göttern und Geistern ... Wie schreibt doch Ernest Renan, der große Religionswissenschaftler aus dem 19. Jh.: »Der bezeichnendste Zug der bretonischen Rasse in allen ihren Schichten ist der Idealismus, die Verfolgung eines bestimmten ethischen oder geistigen Zieles, das oft falsch, immer aber selbstlos ist. Vornehme Berufe sind jene, die nichts einbringen: Soldat, Seemann, Priester, Richter, Denker.« Die Religion rumorte immer schon stark in den Köpfen der Bretonen. Von diesem jahrhundertealten geistigen und religiösen Hintergrund rühren die vielen Gebete und Bittgaben her. Jährlich ehren die Menschen gemeinsam ihre Götter. Die Bretagne huldigt Hunderten von Heiligen: jedem Einwohner seinen Heiligen, oder zumindest fast. Und jedem Dörfchen seinen lokalen Schutzpatron, Schaltstelle zwischen Menschen und Transzendenz. Die Patronatsfeste zu Ehren der Ortsheiligen sind reich an der Zahl und vielgestaltig. Üblicherweise finden sie im Sommer statt. Kreuze und Banner werden herausgekramt, es wird zur Messe gegangen, auf Bretonisch gesungen und nachher gefeiert: um die Kirche herum, in einer Art Kirmes, Überbleibsel aus heidnischer Zeit. Ob krächzende Hobbybarden immer noch geknebelt werden, entzieht sich unserer Kenntnis.

### ● Übersicht über bedeutende religiöse Feste

Aus der Menge bretonischer *Pardons* sind die hier – in ihrer zeitlichen Reihenfolge – aufgelisteten wegen ihres typischen Verlaufs, der Originalität, des beim Feiern zu Tage tretenden Glaubenseifers oder einfach durch die jahrhundertealte Überlieferung in besonderem Maße sehens- und erlebenswert (in Klammern die Nummer des Départements):

– **Gründonnerstag:** Notre-Dame-de-Délivrance, Quintin (22).
– **Dritter Sonntag im Mai:** »Pardon des Chevaux«, Saint-Herbot (29); »Grand Pardon (international) de la Fête de Saint Yves«, Tréguier (22).
– **Ostersonntag und Ostermontag:** Saint-Mathurin, Moncontour (22).
– **Ostermontag:** »Fête des Oiseaux de la Forêt de Toulfouën«, Quimperlé (29).
– **Sonntag Trinitatis:** »Notre-Dame-de-Callot«, Carantec (29); »Notre-Dame-de-Tout-Remède«, Remungol (29).
– **Letzter Junisonntag:** »Pardon de Saint-Pierre-Saint-Paul«, Plouguerneau (29).
– **Erster Sonntag im Juli:** »Sainte-Barbe«, »Pardon du Feu«, »Fête des Pompiers«, Le Faouet (56).
– **13., 14., 15. Juli:** Pardon auf der Ile de Goudelin (22), »Baden der Pferde».
– **Zweiter Sonntag im Juli:** »Notre-Dame-de-Bon-Secours«, Guingamp (22); »Petite Troménie«, Locronan (29).
– **Dritter Sonntag im Juli:** »Saint-Carantec«, Carantec (29).

Pardon de Ste Anne de Palue

– **26. Juli:** »Grand Pardon de Sainte-Anne«, Sainte-Anne-d'Auray (56).
– **Vierten Sonntag im Juli:** »Pardon islamo-chrétien«, Le Vieux-Marché (22).
– **Erster Sonntag im August:** »Notre-Dame-de-Penety«, Persquen (56).

– **15. August:** »Notre-Dame-de-la-Clarté«, Perros-Guirec (22); »Pardon de la Madone des Motards«, Porcaro (56); »Notre-Dame-du-Roncier«, Rostrenen (22); »Notre-Dame-de-Quelven«, Guern (56); »Notre-Dame-de-Roscudon«, Pont-Croix (29).
– **Sonntag nach dem 15. August:** »Notre-Dame-de-Crénénan«, Ploërdut (56).
– **Letzter Augustsonntag:** »Pardon de Sainte-Anne-la-Palud« (29).
– **Erster Sonntag im September:** »Notre-Dame-de-Rocamadour«, »Bénédiction de la Mer à Camaret« (29); »Notre-Dame-de-Penhors«, die bekannteste Feierlichkeit im Bigoudenland, Saint-Guénolé-Pouldreuzic (29); »Grand Pardon du Folgoat« (29) – fällt dieser Sonntag auf den 8. September, verschiebt sich das Fest auf das darauf folgende Wochenende.
– **Dritter Sonntag im September:** »Notre-Dame-du-Roncier«, Josselin (56).
– **Letzter Septembersonntag:** »Pardon de la Saint-Michel«, Plouguerneau (29).

## Kurzporträt der bretonischen Musik

Es ist schwierig, die bretonische Musik von der bretonischen Geschichte zu trennen. Je nachdem, welche Revolte gerade stattfand, ob es im jeweiligen Moment aufwärts ging oder abwärts, entstanden im Lauf der Jahrhunderte Lobeshymnen oder Klagelieder. Um 1960 ereignet sich das Comeback der *Festou-noz,* der traditionellen bretonischen Feste. Die Schwestern Goadec werden wiederentdeckt und die *Bagadou,* Musikformationen mit alten, herkömmlichen Instrumenten, machen sich in keltischen Kreisen breit. Die Tradition der Barden lebt auf mit Glenmor und anderen Sängern. Blutjunge Interpreten tauchen auf: Servat, Kirjuhel, Gweldaz ar fur. Zur gleichen Zeit betritt *Alan Stivell* die Bühne, nachdem er einige Zeit in Glasgow Dudelsackspielen gelernt hatte. Er gründet die »Bagad Bleimor«, begeistert sich ebenso für den Rock & Roll wie für den Folksong. Er nimmt ein paar Platten auf und gibt Konzerte; z.B. im *Olympia* und im mittlerweile abgerissenen traditionsträchtigen *Bobino* bei Montparnasse 1972. Die keltische Popmusik kommt groß raus.
Im August '72 stieg das erste Festival in Kertalg. Traditionelle, aber auch ganz neue Gruppen traten auf, die sich zum Teil auf dem Festival selbst erst zusammenfanden: Diaouled ar Menez, Sonerien Du, An Triskell, Kerguiduff, Youen Gwernig. Gleichzeitig diente die neue Musik der Unterstützung verschiedenster sozialer Bewegungen, von Streiks, Revolten und Straßenkämpfen in den späten Sechzigern. Und natürlich der Verbreitung der bretonischen Sprache in einem Staat, der es sprachlichen Minderheiten nicht nur nicht immer leicht machte, sondern der im Gegenteil mit Macht alle Regionalsprachen nach Kräften unterdrückte oder sogar auszumerzen suchte. Die Lieder berichten von allem, was sich so im Lande abspielte. Das eindrucksvollste Beispiel ist sicherlich die gewaltige

Anti-Atomkraftdemonstration in Plogoff, wo sich über 100.000 Teilnehmer zu einem unvergeßlichen Pfingsttreffen einfanden.
Nur vereinzelt haben bretonische Sänger Zugang zum internationalen Show-Biz gefunden. Eigentlich trägt außer Alan Stivell niemand die kulturelle Botschaft über die Grenzen der Bretagne hinaus. Die keltische Harfe erlebte mit ihm eine Wiedergeburt, volkstümliche Melodien wurden plötzlich wieder populär, die Massen tanzten dazu wie elektrisiert. In den letzten Jahren flaut die Kreativität allerdings etwas ab.

## Musikhören in der Bretagne

Während der großen Folkwelle Mitte der siebziger Jahre entstehen die *Bistrofolks*. Immer häufiger finden dort Auftritte statt, wie in den irischen Pubs, oder angekündigte Konzerte. Auf immer mehr Festivals spielt man neben der bretonischen Musik auch die der keltischen Nachbarn. Das wohl bekannteste Festival steigt in Lorient in der ersten Augustwoche.
Weiteres Festival, das zwar nicht nur typisch »bretonisch« ist, aber jedes Jahr regelmäßig in den ersten zwei Augustwochen in der Bretagne gefeiert wird: *La Fête du Chant-Marin*. Drei Tage und Nächte lang treten Musikgruppen aus allen Landesteilen – besser gesagt: von allen Meeren der Welt – auf den allgegenwärtigen Bühnen und den im Hafen vor Anker liegenden »Musikschiffen« auf. Die Gelegenheit ist günstig, sich eine der vielen, der Segelschiffahrt gewidmeten, Ausstellungen oder Vorführungen anzusehen. Auskünfte im Büro der Zeitschrift *Chasse-Marée* in Douarnenez ab Januar. T. 93 92 66 33.
Also los und fleißig mittanzen, nur Mut! Die Erfahreneren werden nichts dagegen haben, Ungeübten ein wenig Nachhilfe zu erteilen. Von Schuhen mit hohen Absätzen sei jedoch dringend abgeraten!

## Instrumente und Musiker

– **Biniou-Koz:** das repräsentativste Instrument in der bretonischen Musik, bestehend aus einem Beutel mit zwei Schläuchen. Der eine dient zum Aufblasen, der andere hat sechs Löcher zum Spielen.
– **Biniou-Kraz:** dem schottischen Dudelsack sehr ähnlich, erst in den vierziger Jahren populär geworden.
– **Bombarde:** ein Vorfahr der Oboe mit sechs Löchern und mehreren Klappen. Ziemlich anstrengend zu spielen, da man zugleich die Lippen zum Blasen und zum Festkneifen des Mundstückes braucht.
– **Trommeln und Pauken:** braucht man wohl kaum zu erklären; es sei nur gesagt, daß sie allgemein die *Bagadous* begleiten.
– **Geige:** nach langer Abwesenheit wieder in Mode.
– Die **keltische Harfe** feierte ihre Wiederkehr in den Siebzigern mit Alan Stivell.
– **Treujenn-gaol:** die Klarinette wird seit dem 18. Jh. in der Bretagne gespielt.

– Ein Bläserduo setzt sich gemeinhin zusammen aus einem Biniou-Koz-Spieler und einem **Tabalarder**, der die Bombarde bläst. Bisweilen auch zwei Tabalarder.
– **Bagad** (Mehrzahl Bagadou): setzt sich aus Spielern der Bombarde, des Biniou-koz und aus Schlagzeugern zusammen.
– **Keltischer Kreis:** Tänzer, Sänger und Musiker gestalten ihn.
– **Kan-ha-Diskan:** Gesang und Refrain. Drei Sänger singen abwechselnd die Strophen und gemeinsam den Refrain.
– **Orgel:** wird oft von einer Bombarde begleitet.

## Tanzen in der Bretagne

Ursprünglich tanzte man zu zweierlei Anlässen: bei einer Hochzeit oder einer Wallfahrt (Pardon). Dazu kamen noch die lokalen Feste und die *Festou-noz* (Mehrzahl von »fest-noz«, Nachtfeste). Das sind nächtliche Ansammlungen, wo Hunderte, ja gar Tausende von Menschen zu Musik und Rhythmen der *Kan-ha-Diskan*-Sänger tanzen. Eine günstige Gelegenheit, gemütlich ein Glas zu trinken, sind diese Feste natürlich auch. Es tut dem Reiz keinen Abbruch, wenn Alte und Junge Arm in Arm tanzen, im Gegenteil. Ein guter Fest-noz fängt am Abend an und hört erst im Morgengrauen auf. Die Tänze unterscheiden sich je nach Gegend. Am geläufigsten: *en dro*, *gavotte, plinn*, *kost ar hoat* und der *fisel*-Tanz. In den meisten Fällen gliedert sich der Tanz in drei Teile: einen Tanz, einen Ball und einen Reigen. Die Reigen werden geschlossen oder offen getanzt. Im letzten Fall führt eine Person die Tänzer an. Der Ball wird grundsätzlich von mehreren Pärchen im Kreis getanzt. Die schon weiter oben erwähnten geläufigsten Tänze sind:

– **Gavotte:** obere Cornouaille und Pays de Pontivy (Morbihan).
– **Laride, Endro:** im Morbihan, im Süden Pontivys und Guéménés.
– **Fisel, Plinn:** in der Mitte der Bretagne, rund um Carhaix, Callac und im Süden Guingamps.

Französischkundige, die mehr darüber wissen möchten, werden die Bibel aller Tänzer zu Rate ziehen: »La tradition populaire de danse en basse Bretagne« von J.M. Guilcher, Verlag Mouton.

## Die bretonische Sprache

Wird strenggenommen nur im äußersten Westen der Bretagne gesprochen, im Osten hört man die seltsame Mischsprache *Gallo*. Unseren Lesern zum Trost: selbst für Franzosen klingt sie völlig fremd, dank einer vollkommen anderen Syntax und Grammatik. Sie ist halt eine keltische Sprache, verwandt mit dem Gälischen, Irischen und Schottischen und – soweit noch vorhanden – mit den keltischen Dialekten in Cornwall und Devon. So kommt's, daß ein walisischer Bergarbeiter aus Cardiff einen Zwiebelverkäufer aus Roscoff versteht. Im 5. Jh. flüchteten ganze Kolonien von Inselkelten vor den Angelsachsen in England über den Kanal nach »Kleinbritannien«. In dieser Epoche entstanden die Orts- und Familiennamen, deren Originalität bis heute erhalten blieb: Le Goff, Morvan, Briand, Tanguy usw. Unzählige Ortsnamen fangen mit Loc-, Plou-, Tre-, Lab-, und vor allen Dingen Ker- an. 1464 verfaßt Jehan Lagadeuc das erste bretonische Wörterbuch auf Bretonisch, Lateinisch und Französisch. In Rennes und Nantes wurde nie Bretonisch gesprochen. Eigenartig, wo sie doch die historischen Hauptstädte des Fürstentums waren. Dafür wurde westlich der Linie Mont-Saint-Michel-Pornic vom 9. bis ins 11. Jh. überhaupt nichts anderes gesprochen. Bretonische Sprachinseln gab es in der Mayenne, der Normandie und auf der Insel Jersey.

Eine weitere Verständigungsmöglichkeit bot das »Gallo« (von *gallec* = der Fremde, d.h. der Franzose), wie die altfranzösischen Dialekte eine Tochter des Vulgärlateins. Schriftlich taucht es erst 1371 in Urkunden von Herzog Jean IV. auf.

Seit der Dritten Französischen Republik sind die Schullehrer darauf bedacht, ihren Schäfchen »richtiges« Französisch einzutrichtern; Bretonisch und *Gallo* verlieren an Boden, was nicht nur geographisch zu verstehen ist, sondern auch die schwindende Zahl der aktiven Sprecher meint. Offizielle französische Zahlen sprechen heute von 665.000 Personen, vornehmlich westlich einer Linie Paimpol bzw. Plouha (28 km von Saint-Brieuc) – Vannes (Morbihan), die nach eigenen Angaben Bretonisch verstehen. Daß der typische Bretonischsprecher über vierzig Jahre alt, Bauer oder Rentner ist und im Département Finistère oder Côtes-d'Armor wohnt, wird von Nichtbretonen gerne behauptet, um dem für sie unverständlichen Idiom den Makel der Antiquiertheit anzuheften.

Im Lauf der Jahrhunderte wich also die bretonische Sprache der französischen allmählich. Insbesondere nach 1870 verschwand sie fast ganz. Ernest Renan hatte die These aufgestellt, die Preußen hätten den Deutsch-Französischen Krieg gewonnen, weil das deutsche Schulsystem dem französischen überlegen sei. Folglich fand eine durchgreifende Schulreform statt, die alle regionalen Besonderheiten ausmerzen sollte, um alle Franzosen zu glühenden Patrioten zu bilden. Die Obrigkeit erklärte dem »vulgären Dialekt« den Krieg. »Es ist verboten, auf den Boden zu spucken und bretonisch zu sprechen«, hieß es zum Beispiel. Wehe dem Schüler, der einen Fehler beging! Er wurde schwer bestraft, vor seinen Mitschülern gedemütigt und lächerlich gemacht. Genauso erging es übriges auch dem Flämischen im Pas de Calais, dem Baskischen usw., sowie natürlich auch dem Deutschen im Elsaß. Dort lehnten die Pfaffen nach 1945 es selbst ab, die Messe auf Deutsch bzw. im elsässischen Dialekt zu halten, was uns wundert, waren sie doch Angehörige desselben Vereins, der gerade jenseits der Staatsgrenze .... Gibt es denn zwei römische-katholische Kirchen?

Die bretonische Sprache erholte sich erst nach zwei Jahrhunderten, in den siebziger Jahren, was mit dem kulturellen Erwachen der Bretagne einherging. Mittlerweile existieren zweisprachige Schulen, und eine Umfrage von Radio Bretagne-Ouest ergab, daß heute nahezu 800.000 Menschen bretonisch sprechen! In Rennes und Brest unterrichten bretonischen Akademien. Das Abitur auf Bretonisch legen

von 32.700 Schülern jährlich tausend Schüler ab, in Gallo dagegen nur achthundert. Auch die zweisprachigen Straßenschilder kamen bei den Bretonen gut an. Die Diwan-Privatschulen genießen staatliche Unterstützung. Es gibt Zeitungen und Rocksongs auf Bretonisch. Die klassische Volksliedsammlung *Barsaz Breizh* von *Hersart de La Villemarqué* liefert Stoff für Radio- und Fernsehsendungen. Dürfen wir Bretonisch also aus der Roten Liste gefährdeter Sprachen streichen?
Bretonisch klingt übrigens eher rauh, wie Schottisch oder Norwegisch. Grammatik und Wortschatz haben mit dem Französischen überhaupt nichts zu tun.

● ***Urbretonische Worte***

| | |
|---|---|
| *Aber:* | Ästuar oder kleiner Fjord, der zweimal täglich in den Atlantikfluten des versinkt |
| *Avel:* | Wind |
| *Bihan:* | klein |
| *Braz:* | groß |
| *Coat:* | Wald |
| *Coz:* | alt |
| *Enez:* | Insel |
| *Feunteun:* | Springbrunnen |
| *Gast!:* | wörtlich »Hure« (weitverbreitetes Schimpfwort) |
| *Hir:* | lang (Menhir: langer Stein) |
| *Huel:* | hoch |
| *Iliz:* | Kirche |
| *Izel:* | niedrig |
| *Ker:* | Dorf, Häusergruppe, Weiler |
| *Lan:* | geweihter Ort, Einsiedelei, Abtei |
| *Lann:* | Heidekraut, Stechginster |
| *Loc:* | Einsiedelei, einsamer Ort |
| *Men:* | Stein, Fels |
| *Menez:* | abgerundeter Hügel |
| *Meur:* | groß, weit |
| *Mor:* | Meer |
| *Nevez:* | neu |
| *Penn:* | Kopf |
| *Plou, pleu, plo, plu:* | Pfarrei; nach Ker am weitesten verbreiteter Ortsname. Bezeichnet die kleinste territoriale Einheit umfaßt also mehrere, über das Land verstreute Weiler. |
| *Roc'h:* | Schiefer, Fels, Bergkamm |
| *Taol, tol dol:* | Tisch (Dolmen: Steintisch) |
| *Tref, trev, tre:* | Burgfried |
| *Trez:* | Sand |
| *Ty, ti:* | Eigenheim |

● ***Eigennamen***

| | |
|---|---|
| *Briand:* | bedeutet »Privileg«, »Erhöhung«; in der Bretagne weit verbreitet. |
| *Le Gall:* | von Gallus, Gallier; die französische Sprache heißt auf Bretonisch übrigens »galleg«. |
| *Le Goff:* | Schmied, Mann mit magischen Kräften |
| *Morvan:* | von Meur man, »Großer Geist«, »großer Gedanken« |

● ***Französische Ausdrücke bretonischen Ursprungs***

– **Bande de ploucs:** Idiotenbande, Deppenhaufen. Das Wort »plouc« kommt von »plou«, was soviel wie Pfarrei heißt und in unzähligen Ortsnamen auftaucht. Das Schimpfwort Plouc haben natürlich nicht die Bretonen ersonnen, sondern die Franzosen, und es bedeutet soviel wie Dummkopf, Depp, Zurückgebliebener; also durch die Bank negative Attribute. Daher bitte keinen Bretonen mit Plouc beschimpfen! Lange genug haben sie den Sarkasmus und den Spott der Franzosen über sich ergehen lassen müssen. Paysan (Bauer) hören sie natürlich auch gar nicht gern.
– **Baragouiner** (zusammenfaseln, kauderwelschen): der Ausdruck stammt aus dem Ersten Weltkrieg, wo Soldaten aus der Bretagne zwar kein Französisch sprachen, aber dennoch immer Hunger und Durst hatten. Sie verlangten Bara! Gwin!, also *Bara,* Brot und *Gwin,* Wein, woraus die Franzosen dann schließlich das Verb *baragouiner* formten.
– **Y voir que dalle:** nix sehen, nicht durchblicken, nur Bahnhof verstehen. »Dall« bedeutet auf Bretonisch »blind«.

## Namhafte bretonische Zeitgenossen

Zu diesem illustren Kreis gehören *Anne de Bretagne*, die berühmteste Bretonin aller Zeiten, *Dugay-Trouin, Surcouf, Lamennais, Chateaubriand, Broussais, Laënnec, Aristide Briand* uva. Der Amerikaner *Jack Kérouac*, Dichter und Schriftsteller der Beat-Generation in den fünfziger Jahren, war übrigens auch bretonischer Abstammung. Unsere Liste erhebt natürlich keinerlei Anspruch auf Vollständigkeit, ist der Fairness halber alphabethisch geordnet und die Objektivität gerät, wie gewohnt, hoffnungslos ins Hintertreffen:

► ***Gérard d'Aboville:*** überquerte Atlantik und Pazifik allein im Ruderboot. Wenn er nicht gerade dabei ist, Abenteuer zu bestehen, lebt er in seinem Schloß in Crac'h bei Auray, wo er 1945 auch das Licht der Welt erblickte.
► ***Alain Bellec,*** alias Barrière: 1935 in La Trinité-sur-Mer geboren. Nach Erhalt des Ingenieursdiploms der Technischen Hochschule strebte er andere Würden an und wurde Sänger. Zu diesem Zweck verließ er Carnac und sein Theatercafé und ging nach Montreal.
► ***Bernard Besret:*** geboren in Loudéac 1935, Klostervorsteher mit 29 Jahren. Zur Zeit des Zweiten Vatikanischen Konzils krempelt er die Ärmel seiner Kutte hoch und macht sich an die Renovierung der

Abtei von Boquen. Dennoch wurde er fünf Jahre später wegen »Häresie« von seinem Posten suspendiert. Besret kümmert sich seitdem um das Seelenheil der Mitarbeiter in der Pariser *Cité des sciences de la Villette*.

► ***Vincent Bolloré:*** mit 29 Jahren war er schon Geschäftsführer eines hundertjährigen Zigarettenpapierunternehmens in Ergué-Gabéric, das er für symbolische zwei Franken an Land zog. Östlich des Rheins wechseln ja bekanntermaßen gemeinnützige Wohnungsbauunternehmen auf diese Weise den Besitzer. Noch vor seinem vierzigsten Lebensjahr ist Bolloré Kopf der *Bolloré Technologies*, an der Börse hoch im Kurs; mit über fünfzehntausend Menschen und Hunderten von Gesellschaften, u.a. der SCAC, französische Nummer eins im Import-Export Geschäft. 1987 wurde er in Frankreich zum Arbeitgeber des Jahres gekürt.

► ***Fulgence Bienvenuë:*** hat in Uzel das Licht der Welt erblickt. Schöpfer und Planer der Pariser Métro. Übrigens ist er der einzige, der miterleben durfte, daß eine Métrostation auf seinen Namen getauft wurde.

► ***Hervé Bourges:*** Geschäftsführer der französischen Fernsehsender *France 2* und *France 3*, geboren 1933 in Rennes. Wie sein Vorname vermuten läßt, ein waschechter Bretone.

► ***Claire Bretécher:*** geboren 1943 in Nantes. Ihre »frustrierten« Frauen sind auch im deutschsprachigen Raum bestens bekannt.

► ***Jean Cam:*** betreibt seit 1945 in seiner Heimatstadt Brest einen kleinen Stoffladen. 1965 besucht er die USA und überlegt sich, daß man eigentlich auch in Frankreich einen Supermarkt aufmachen könnte. Er gründet die Supermarktkette Rallye, die in Frankreich so bekannt ist wie bei uns Tengelmann.

► ***Jacques Chazot:*** geboren in Locmiquélic; weltweit einziger Tänzer, der sich auf den Spitzentanz verstand.

► ***Jean-Loup Chrétien:*** geboren 1938 in Morlaix; dank russischer Hilfe der erste Franzose im All.

► ***Hervé Claude:*** Journalist bei *France 2,* 48 Jahre, geboren in Auray; verbringt seine Ferien regelmäßig in Auray und hat schon zwei Romane veröffentlicht.

► **Yves Coppens:** vor knapp sechzig Jahren in Vannes zur Welt gekommen. Der Paläontologe, dem wir die Entdeckung von »Lucies« Gebeinen 1974 in der äthiopischen Wüste verdanken. Es handelt sich dabei um die zweitältesten Funde von Hominidenresten, die bislang gemacht wurden. Erst 1994 barg der Anthropologe *Tim White* in Äthiopien weitere Reste von Menschen, die mit 4,4 Millionen Jahren um eine Million Jahre älter sind als Lucie, seinerseit eine etwa dreißig Kilo leichte Dame, und deren Verwandte, die auch erst 1994 in Australien gefunden wurden. »Ramidus«, nach dem Wort »ramid« für »Wurzel« in der Sprache der Eingeborenen, heißt der nur wenige Kilometer von Lucie gefundene Mensch.

► ***Étienne Daho:*** geboren am 14. Januar 1957; der Student aus Rennes ist über Nacht ins Showgeschäft eingestiegen, soll aber, nach Ansicht seiner ehemaligen Kommilitonen, ganz »der Alte geblieben« sein. Vielleicht nur eine nette Eintagsfliege, denn nach ein, zwei guten Stücken nervt sein ewig gleiches Gehauche.

▸ ***Kardinal Jean Daniélou:*** Mitglied der *Académie Française*. Der Jesuit aus dem Finistère hat die kirchenväterliche Theologie erneuert.

▸ ***Patrick Dupond:*** stammt aus Rennes, ist selbst Tänzer und für den Tanz zuständiger Direktor an der Pariser Oper.

▸ ***Maryvonne Dupureur:*** Läuferin aus Saint-Brieuc; Silbermedaille über 800 m bei den Olympischen Spielen in Tokio; bis heute Sportlehrerin in ihrer Heimatstadt.

▸ ***Irène Frain:*** aus Lorient; promovierte mit 22 Jahren im Fach Literaturwissenschaft. Sie begann, Märchen zu schreiben, hat ihren ersten größeren Erfolg mit dem Werk *Le Nabab* im Jahre 1982, einer historischen Freske in Romanform. Die Autorin veröffentlicht heutzutage Romane im Stil Balzacs.

▸ ***Glenmor*** *(Emile Le Scanv):* der Name bedeutet »Erde-Meer«; der Mensch ist ein moderner Troubadour, und das bereits seit dreißig Jahren. 1931 wurde Emile Le Scan in Maël-Carhaix geboren. Mutig folklorisierte er die bretonische Musik; tatsächlich ist er auch einer der ersten *Folksänger* der Bretagne – im amerikanischen Sinne. Dieser diplomierte Philosoph, gebürtig aus Glomel, war erst ein »Mann Gottes«, bis er zur Politik wechselte. Immer aber blieb er ein Barde, der seine *patrie*, also sein Land, und seine Mutter besingt und fest an seine Freiheit glaubt. Gewiß hätte er an der Spitze der *Chouans* gefochten, wäre er nur ein paar Jährchen früher geboren worden!

▸ ***Alexis Gourvennec:*** blaue Augen, trotzende Stirn, Stiernacken: Alexis Gouvernec, geboren in Léon. Sein Lebenslauf hat es in sich. 1961 stürmt er zusammen mit unzufriedenen Bauern die Unterpräfektur Quimpers, wird verhaftet; rein ins Gefängnis, raus aus dem Gefängnis. In den siebziger Jahren avanciert er zum bedeutendsten Schweinezüchter, erklimmt die Vorstandsspitze des *Crédit Agricole*, der landwirtschaftlichen Genossenschaftsbank, gründet schließlich noch die *Brittany Ferries Company*, womit er stark am Nationalstolz der Engländer kratzt, die sich ihres Fährenmonopols zwischen Großbritannien und der Bretagne sicher wähnten. Sein Traum erfüllt sich: die Bretagne entwickelt sich zur Drehscheibe Westeuropas, wie in den Goldenen Zeiten des 15. und 16. Jahrhunderts.

▸ ***Paul Guimard:*** geboren 1921 in Saint-Mars-la-Jaille bei Nantes; seines Zeichens Journalist und Schriftsteller.

▸ ***Jean Guyomarc'h:*** geboren in Vannes 1923. Dreißigjährig kehrt er der väterlichen Mühle den Rücken und baut eine Viehfutterfabrik auf. Inzwischen beschäftigt sein Firmenimperium über fünftausend Angestellte ... und fünfundfünfzig Hunde: als Vorkoster für Hundefutter der Marke *Royal Canin*.

▸ ***Claude Haley:*** geboren in Lehon bei Dinan; Bildhauer und »Vater« von über sechshundert Briefmarken in dreiundzwanzig Ländern.

► ***Jean-Edern Hallier:*** ein gewisser literarischer Genius beflügelt den Geist dieses zeitlosen Bretonen, Schloßbesitzer in Briec. Romantischer Chaot, Provokateur, der sein letztes Wort noch nicht gesprochen hat. Er ist der Sohn eines Generals und sein Stammbaum reicht in graue Vorzeiten. Gute, aber auch weniger gute Bücher hat er veröffentlicht. Die Besten: »La cause des peuples«; »Le premier qui dort réveille l'autre« (Prix Bretagne); »Fin de siècle«. Hoffentlich rüttelt er mal seine müden Kollegen in der *Académie Française* auf! Angeblich wurde er Mitte der achtziger Jahre von irgendwelchen Banditen verschleppt. Nach drei Tagen ominöser Entführung tauchte er plötzlich wieder auf. Viel Aufsehen in der Presse, aber die Sache wurde nie aufgeklärt. Wer ihn kennt, konnte über den Publicitygag nur lachen. Hallier hatte übrigens schon seit Jahren versucht, der Presse die Geschichte über Mitterrands uneheliche Tochter anzudienen, aber keiner bis auf Le Pens »Minute« hatte sie veröffentlicht. Kein Wunder: hängt die gesamte – willfährige – Presse doch mit Riesenzuschüssen am Tropf der Pariser Regierung. Wer aus dem Rahmen fällt, muß mit Strafmaßnahmen rechen. Die Tageszeitung »Le Monde«, die besagte Geschichte 1994 einem größeren Publikum bekannt machte, kürzte Mitterrand I. kurzum die Abonnements des Parlaments von 120 auf zweiundzwanzig zusammen.

► ***Pierre Jakez Hélias:*** aus Pouldreuzic. Berühmt geworden durch sein Buch »Cheval d'Orgueil«. Diese Chronik der verschlafenzurückgebliebenen Bretagne um die Jahrhundertwende fand über zwei Millionen Käufer.

► ***Jean-Jacques Henaff:*** hat sich zwanzig Prozent des französischen Dosenpastetenmarktes unter den Nagel gerissen; Henaffs Ehegesponst ist Beraterin im Pariser Außenhandelsministerium.

► ***Sylvette Herry:*** ist dem Kinopublikum besser bekannt als *Miou-Miou;* geboren am 22.2.1950 in Plouenan bei Morlaix, brillierte zuletzt in »Die Vorleserin«.

► ***Bernard Hinault:*** die Bretagne bescherte Frankreich einige namhafte Radrennfahrer, darunter den schon genannten Louison Bobet, Jean Robic und eben Bernard Hinault, 1954 in Yffiniac geboren. In den siebziger und achtziger Jahren *der* Star im gelben Trikot! Und heute? Trotz seines Problemknies hat er das Pedaltreten noch erstaunlich gut drauf. Ansonsten verdient er seine Brötchen in der bretonischen Industrie.

► ***Père Jaouen S.J.:*** geboren in Ouessant, Anstaltsgeistlicher in Fresnes; schifft sich alljährlich zusammen mit jungen Drogenabhängigen auf der *Bel Espoir* in Richtung Kleine Antillen ein.

► ***Max Jakob:*** wie ein von Jean Cocteau gefertigtes Schild an seinem ehemaligen Wohnhaus in Quimper belegt, ist Max Jakob auch der Maler und Dichter bretonischer Herkunft (geb. 1876). Es zog ihn aber bald schon nach Paris, wo er mit den Künstlerfreunden vom *Bateau-Lavoir* das Leben von seinen schönen Seiten genoß.

► ***Alfred Jarry:*** Schriftsteller und Schauspieler, der seine Jugend in Laval und Saint-Brieuc verbrachte.

► ***Pierre-Yves Jourda:*** steckte sechzehn Jahre lang in einer Mönchskutte, zog sich dann als Eremit auf eine Insel im Golf von Morbihan zurück. Der Austernzüchter und registrierte Seemann meldete sich freiwillig zum Pfarrer von Houat und Hoëdic.

► ***Louis Jouvet:*** aus Crozon. Ein wahrhaft wackerer, humorvoller Mann! Schauspiellehrer von schon vielen Künstlergenerationen.

► ***Jack Kerouac:*** Kultautor der *Beat generation*. Mit vollem Namen Jacques Lebris de Kerouac. Entstammt einer nach Kanada ausgewanderten Familie und schrieb in den Fünfzigern das auch bei Rowohlt veröffentlichte Kultbuch »On the Road«.

► ***Yann Kersale:*** geboren 1955; widmet sich in Quimper der Kunst, gerät über die Fotografie zur aufblasbaren Skulptur und hantiert schließlich mit teuflischer Genialität mit Projektoren herum.

► ***Olivier de Kersauzon de Pennendreff:*** 1944 bei Morlaix geboren; finisterischer Vicomte, Ex-Fotograf, Verkaufsfahrer usw. Gelangte als Segler zu großer Meisterschaft, weshalb man ihn auch den »Admiral« nennt. Eine Persönlichkeit, kein Zweifel: große Schnauze, Gourmand und Spaßvogel.

► ***Denys de La Patellière:*** aus Nantes; drehte langweilige Filme für Intellektuelle.

► ***Dominique Lavanant:*** aus Morlaix. Schauspielerin und Autorin, die an ihrer Heimat hängt.

► **Auguste Le Breton:** hat nichts gemeinsam mit Jean-Edern Hallier, es sei denn einen gewissen Antikonformismus im Stil. »Pionier des literarischen Argot«, den er vor allem in seinen Kriminalromanen einsetzt. Papst des »Verlan« noch vor Coluche, dem berühmten Komiker. »Verlan« ist die Umkehrung von »l'envers«, was »umgekehrt« heißt, und bezieht sich auf die bei den Franzosen so beliebten Wortspielereien, bei denen die Wörter verdreht werden. Beispiel: »laisse béton« statt »laisse tomber«.
1915 in Lesneven (Finistère) geboren, hütete er in seiner Jugend Kühe, kam in ein Waisenhaus und büchste mit elf von dort aus. Mit achtzehn tauchte er in Paris wieder auf, bzw. tauchte ab, in die Unterwelt der Gauner und Gaukler nämlich. Das Schreiben rettet ihn vor dem Untergang. Nahezu vierzig Bücher hat er fertiggestellt und die denkwürdige Krimiserie »Rififi« ins Leben gerufen. Einige seiner Bücher wurden zu berühmten Kinofilmen: die Gaunergeschichte »Le Clan des Siciliens« (Clan der Sizilianer), »Razzia sur la chnouf« (Razzia in Paris) im Milieu der Rauschgifthändler u.a. Ein Genie, ein König seines Genres.

► ***Michel-Édouard Leclerc:*** über vierzig inzwischen, Meister der Kommunikation. Trieb sich in kryptomarxistischen Kreisen der Pariser Sorbonne herum, was ihn aber nicht daran hinderte, drei akademische Abschlüsse zu erwerben: in Philologie, Umweltwissenschaften und Politik!

► ***Edouard Leclerc:*** in der Stadt Landerneau nahm 1949 seine Karriere ihren Anfang, und zwar in einem Schuppen. Heute wiegt der Pionier des französischen Großhandels über sechzig Milliarden Franken, regiert über fünfhundertzwanzig Geschäfte und 32.000 Angestellte, spielt immer wieder Preisbrecher bei Kosmetik, Brillen, Arzneien, Büchern, ja selbst bei Autos und Särgen. Erinnert an die Brüder Albrecht (Aldi), deren Mutter einst in Essen-Katernberg einen Kramladen führte.

► ***Xavier Leclerc:*** geboren vor einem halben Jahrhundert in Douarnenez. Der begeisterte Hobbypilot hat sich zum Gründungsvorsitzenden und Geschäftsführer der Fluggesellschaft *Brit Air* emporgearbeitet.

► ***Jean-Marie Le Clézio:*** geboren 1940 in Nizza, aber der Name verrät die bretonische Herkunft. Lektor bei Gallimard, einer der wichtigsten zeitgenössischen Autoren Frankreichs.

► ***Loïk Le Floch-Prigent:*** geboren 1943 in Brest; seine Familie stammte aber aus Guingamp. Derzeit Generaldirektor der Französischen Gasgesellschaft GDF, nachdem er seine Tätigkeit beim Chemiekonzern Rhône-Poulenc niedergelegt hatte.

► ***Pierre Le Gris:*** erfolgreiche Unternehmerpersönlichkeit aus der Gegend um Rennes; Branche: Armaturen u.a. Beschäftigt 5600 Mitarbeiter und bringt es auf einen Umsatz von 5,6 Milliarden F. Sponsor des Seglers *France* beim American Cup.

► ***Patrick Le Lay:*** aus Saint-Brieuc. Leiter des Fernsehsenders TF1 und Generalsekretär des Baukonzerns Bouygues. Es lebe die Konzentration!

► ***Jean-Pierre Le Roch:*** Nummer eins bei der französischen Supermarktkette *Intermarché* mit zweitausend Filialen. Der Konkurrent des *Hypermarché*-Königs Leclerc wurde in Arzon (Morbihan) geboren.

► ***Michèle Malgorn:*** herrscht als Bürgermeister über die tausend Seelen von Ouessant; Verfechter der matriachalischen Tradition auf der Insel.

► ***Niagara:*** setzt sich zusammen aus der rassigen Rothaarigen **Murielle Moreno** und dem Musikgenie **Daniel Chenevez**. Ein sehr erfolgreiches Duo, das 1982 in Rennes erstmals auf sich aufmerksam machte.

► ***Alain-Dominique Perrin:*** geboren in Nantes; Generaldirektor bei *Cartier* – schon mal was von den netten Ührchen gehört? – der seine Mäzenatenherz für Künstler und Literaten entdeckt hat.

► ***Jean Picollec:*** passionierter Verleger alles Keltischen: Mythologie, Geschichte, Legenden, Dichtung, Übersetzungen irische Bücher usw.

► ***François Pinault:*** geboren in Évran, vor fast sechzig Jahren. Fing 1963 mit nichts an und herrscht inzwischen über ein Imperium holzverarbeitender Maschinen. Ihm ist auch die Aufforstung des Waldes von Brocéliande nach einem Waldbrand im Sommer 1990 zu verdanken – hat Herrn Pinault da etwa das schlechte Gewissen geplagt?

► ***Patrick Poivre d'Arvor:*** genannt PPdA, der französische Peter Voss, bekannter TV-Nachrichtensprecher, der neuerdings auch die Literatursendung »Ex Libris« moderiert, welche zunächst der ebenfalls über Jahre äußerst populären Sendung »Apostrophe« von Bernard Pivot Konkurrenz machte. Die einen schimpfen Poivre d'Arvor einen widerlichen Schleimer, die anderen finden ihn ganz nett. Beide Parteien tun damit ganz nebenbei ihre Kulturbeflissenheit kund. »PPdA« war in die Affäre um Pierre Botton, Schwiegersohn v. Michel Noir und Bürgermeister v. Lyon, verstrickt. Botton hatte fleißig diverse Firmen zugunsten von Noir und seiner Partei ausgeplündert und PPDA Vergünstigungen im Wert von 580.000 F zukommen lassen. Dafür sollte dieser angeblich für schönes Wetter bei der Presse sorgen. Wer sich selbst ein Urteil bilden möchte: man kann ihn während der Ferien beim Krabbenfang in Trégastel überraschen.

► ***Henri Queffélec:*** 1910 in Brest geboren. Er schrieb den Roman »Un Recteur de l'île de Sein«, verfilmt unter dem Titel »Dieu a besoin des Hommes«. Sein Sohn Yann erhielt den *Prix Goncourt* für »Noces Barbares« und seine Tochter ist auf dem besten Wege, eine gefeierte Konzertpianistin zu werden.

► ***Alain Resnais:*** ebenfalls aus Vannes gebürtig. Weltberühmter Regisseur, der seine Heimat häufig zum Gegenstand seiner Filme macht.

► **Alain Robbe-Grillet:** Vater des *Nouveau Roman*, 1922 in Brest geboren; brach radikal mit den traditionellen Formen des Romans (was heißt hier »langweilig« – Hauptsache modern!).

► ***Yves Rocher:*** produziert in dem 2.000-Seelen-Dorf La Gacilly Kosmetika auf Pflanzenbasis. Sein Markenzeichen: eine stilisierte grüne Blume, die alle Erzeugnisse in weltweit über hundert Verkaufs- und Versandläden ziert. Geboren wurde der kleine Yves in La Gacilly, einem Zweitausend-Seelen-Dorf im hintersten Morbihan, wo er jetzt selbstverständlich Bürgermeister ist (und auch schon mal den Wohltäter spielt). Eine alte Bäuerin aus der Gegend hat dem Knaben wohl die geheimen Kräfte der Pflanzen anvertraut.

► ***Soldat Louis:*** die sechs Rockspezialisten aus Lorient kultivieren einen ganz eigenen Stil. Lieben die Mädels, den Rum und die Musik.

► ***Alan Stivell:*** Alan Cochevelou alias Stivell, in Langonnet (Morbihan) geboren, seit zwanzig Jahren Doyen der bretonischen Musik. Fünfzehn Erfolgsalben sprechen für sich. Der einzige bretonische Musiker, der es in die Top 50 geschafft hat. Die guten Feen legten ihm bei seiner Geburt eine Menge brauchbarer Eigenschaften in die Wiege: Musikalität, Stimme, Kreativität ... Sein Vater lehrte ihn die keltische Harfe, er selbst brachte sich das Dudelsackspiel bei, nahm an den *Bagad-blei-Mor* als Pen Soner-Spieler teil, bis ihm der Gedanke kam, die bretonische Musik vor großem Publikum »explodieren« zu lassen. Die traditionelle Musik wurde mit anderen Musikrichtungen und Stilen gemixt. Olympia 1969: Stivell inspiriert, treibt an, reißt mit! Dutzende neuer Gruppen entstehen. Aus einer Abfolge von Triumph und Durststrecken geht Stivell jedesmal mit einem neuen musikalischen Oeuvre hervor. Über seine »Keltische Symphonie« *(Symphonie celtique)* sagt er: »Auch wenn diese Symphonie weit über alles hinausgeht, was ich bisher komponiert habe, auch wenn ich jetzt seit zwanzig Jahren daran arbeite, so erwarte doch niemand ein perfektes Werk von mir! Wahrscheinlich bleiben mir noch einige Leben auf dieser Erde zu leben.«

► ***Eric Tabarly:*** 1931 in Nantes geboren. Findet sehr bald seinen Hafen in Trinitée-sur-Mer im Morbihan. Von dort aus unternimmt er seine waghalsigen, rekordträchtigen Meeresüberquerungen und Rennen an Bord der *Pen-Duick*. Ein Champion mit eisernem Willen, aus jenem Stoff, aus dem die Helden sind; Pionier der neuen Navigation, Vorbild und Meister im Segeln für eine ganze Generation. Tabarly gewann 1964 die erste *Transat anglaise* und sorgte zuletzt in Brest 1992 für eine Überraschung.

► **Tri Yann:** die sechs Herren scheinen zeitlos zu sein. Ihr »Vol 007 pour Ploupensec et Kersauce« entpuppt sich als freundlich-surrealistisches Delirium, meilenweit von bretonischer Folklore entfernt.

## Bretonische Karikaturen

– **Asterix und Obelix:** die halbe Welt lacht über diese Gallier, oder vielmehr Armorikaner, die dem Geist Goscinnys und dem Pinsel Uderzos entsprangen. Sie prügeln, feiern, vertilgen Wildschweine, trinken Cervisia (Bier), streiten andauernd und sind auf Römer gar nicht gut zu sprechen. Kurz, tapfere Krieger mit einer erklecklichen Portion Gemütlichkeit. Das kleine unbesiegbare Dorf ... wie wahr. Die Römer eroberten zwar die Bretagne, behielten das Land allerdings nie ganz unter der Fuchtel. Des Bretonen Wahlspruch: Freiheit, Widerstand und ein großes Maul.

– **Bécassine:** bekannte Comic-Figur, die infamste Karikatur der Bretonen, gemein und niederträchtig. Caumery und Pichon schufen sie 1905. In der Nähe Quimpers, in einem fiktiven Dorf namens Clocher-les-Bécassine, wohnt die Kleine mit dem Mondgesicht, den roten Bäckchen, den neugierigen Augen, der siegessicheren Miene und dem tolpatschigen, grotesken Gang. In den dreißiger und vierziger Jahren entzückte sie Millionen Abonnenten der »Semaine de Suzette«. Nun stellte sie aber eine völlig zurückgebliebene, unterentwickelte Bretagne dar. Paris nahm das ernst, bediente sich, holte sich von dort Zimmermädchen, Dienstboten, Nutten. Die erbitterten Bretonen beruhigten sich erst nach Ende des Zweiten Weltkriegs. Als der schimpfliche Comic auch noch verfilmt werden sollte, erhitzten sich die Gemüter wieder, verlangten das Verbot des Films, drohten mit Sprengung der Kinos, und einige Fanatiker bewarfen sogar die Filmemacher mit Steinen.

## Die Bretonen vom Montparnasse

Montparnasse! Endstation! Alles aussteigen! Alle Bretonen, die nach Paris fuhren, warfen hier auch Anker und machten das Viertel zu dem ihren. Sie kamen Anfang des Jahrhunderts, arme Auswan-

derer auf Landflucht. Bald bildeten sie ihre Klans, eröffneten Cafés mit den Namen ihrer Heimatstadt, gründeten Kultur- und Heimatvereine, Verbände und Gesellschaften, wandten alles daran, ihr Brauchtum zu erhalten. Die Jugend suchte das große Abenteuer. Für viele junge Mädchen, in die Fänge von Zuhältern mit finsteren Blicken geraten, wurden es eher unheilvolle Erfahrungen.
Montparnasse: Endstation. Symbol für Ankunft und Abfahrt. Wie die Rue du Départ und die Rue de l'Arrivée, die sich an der Tour Montparnasse treffen. Der Wolkenkratzer ist für die Bretonen, die hauptsächlich das 14. und 15. Arrondissement bevölkern, ein regelrechter Leuchtturm. Die Métrostation darunter trägt gar den Namen eines Bretonen: Fulgence Bienvenüe, »Vater der Métro«.

- ***Nützliche Adressen in Paris***

– Größte und aktivste Vereinigung in Paris ist die **Ti-Ar-Vretoned** (ehemals: *Mission Bretonne)* 22, rue Delambre, 75014 Paris (U-Bahn: Montparnasse, Vavin oder Edgar Quinet). Sprach-, Tanz-, und Musikkurse werden geboten; Veranstaltungen wie Filme, Konzerte, Festou-deiz (Tagfeste) gibt es, und donnerstags treffen sich die Iren.
– Unbedingt die Buchhandlung **Breiz** besuchen: 10, rue du Maine, 75014 Paris. Riesenauswahl an Büchern, Platten, Zeitungen, Zeitschriften aus und über die Bretagne, Irland und Schottland. Außerdem gibt's noch Postkarten und andere reizende Souvenirs. Empfangen wird man, das versteht sich von selbst, ausgesprochen nett.
– Im *Centre Commercial de Montparnasse* befindet sich das **Maison de la Bretagne** (17, rue de l'Arrivée, 75015 Paris, T. 45 38 73 15). Auskünfte für Touristen und jährliche Vergabe des »Prix de Bretagne« an den besten bretonischen Schriftsteller durch die *Association Pilhaouer*. Ausgezeichnete Buchhandlung im Hause.
– Wer das Kanalnetz der Bretagne erkunden will, erkundige sich beim **Ministère des Transports, Direction des Ports Maritimes et des Voies Navigables**: 244, bd Saint-Germain, 75007 Paris. T. 45 49 61 62. M. Solférino.

## Bretonische Gaumenfreuden

Ländlich-deftig, das war einmal. Inzwischen bietet die Küche für jeden Gaumen etwas. Die Küchenchefs vermehren sich, immer mehr Feinschmecker, Gourmets und Esser entdecken die schmackhafte kulinarische Vielfalt des Landes. Ein Universum an Meeresfrüchten, die Welt des Geflügels und des Fleisches im allgemeinen. Eine Weile wurde Zucker stark vernachlässigt. Als ihn die Bretonen wiederentdeckten, entstanden die köstlichsten Nachspeisen. Die Küche hat sich weiterentwickelt, während die Preise angemessen und erschwinglich blieben.
In bretonischen Häfen bekommt man fangfrische Fische: vom Netz gleich in die Pfanne. Die Jakobsmuschel wird nur im Winter gefischt, der Sommer ist die Zeit der Langusten. Auf dem Land bieten zunehmend Bauerngasthäuser mitten im Grünen herzhafte Speisen.

– **Meeresfrüchte:** was geht über eine Platte frischer Meeresfrüchte, mit Krabben und Muscheln natürlich, Garnelen und Langusten aus Guilvinec, Venusmuscheln aus Locquémeau, Austern aus Bélon und Cancale, aus den *Aber* und dem Golf von Morbihan? Nicht zu vergessen die berühmten Jakobsmuscheln von Erquy, die Muscheln aus Vivier-sur-Mer, die Seeohren *(auris maris)* aus der Bucht von Quiberon und die *Pousse-pied* aus Belle-Ile. Na, und der Hummer, König der Krustentiere und Krustentier der Könige.

– **Éclade und Mouclade:** die Muschelaufzucht nimmt in der Bretagne den gleichen Stellenwert ein wie die Austernzucht. Es gibt verschiedene Zubereitungsarten, entweder »à la marinière« (im eigenen Saft mit Zwiebeln gekocht), »en éclade«, oder »en mouclade«.
Unter Éclade versteht der Eingeweihte ein Sommergericht. Auf einer Schieferplatte werden die Muscheln mit dem »Bauch« nach unten eng nebeneinandergelegt. Anschließend bedeckt man sie mit Pinienzweigen, die angezündet werden. Sobald das Holz abgebrannt ist, pustet man die Asche beiseite und findet nun die köstlichen Muscheln, fertig zubereitet vor einem liegend. Das Mouclade-Rezept ist da schon etwas verzwickter: hierbei köcheln die Muscheln auf kleiner Flamme in einem Sud aus trockenem Weißwein, Petersilie, Thymian und Lorbeerblättern, bis sie sich öffnen. Die Schalen werden entfernt, der beim Kochen entstandene Saft wird weiterverarbeitet zu einer Mehlschwitze mit einem Eigelb und einer Prise Curry – niemals Safran! Nun können die Muscheln serviert und mit der Soße übergossen werden. Daneben gibt's natürlich auch noch Muscheln »à la provençale«, also mit in einer würzigen Tomatensoße. Das ist die Rache für die vielen Creperien, die sich u.a. in der Provence ja auch allenthalben breitgemacht haben.

– **Fisch:** von der Sardine zum Thunfisch über die Seebarbe, den Rochen, die Makrele und den Seeaal, ist alles vertreten, was der Gaumen begehrt.

– **Crêpes und Kuchen:** was dem Italiener die Pizzeria, ist dem Bretonen die allgegenwärtige Crêperie. Ein wütender Streit tobt zwischen den Gralshütern der echt bretonischen Crêpes und jenen Anbietern, die den Crêpes-Hunger der Urlauber schamlos auszunutzen trachten. Leider, leider beachtet der Großteil der Crêperien die Regeln der Kunst nicht, sondern setzt den Leuten ordinäre Pfannkuchen vor, wie es sie andernorts auch gibt. Eigentlich müßten diese Buden unter der Bezeichnung »Galetteries« laufen. Ihre Erzeugnisse erkennt man an ihrer labberigen, gummiartigen Beschaffenheit. Die einzig wahren Crêperien sind die, welche sich streng an die Überlieferung halten, die im 19. Jh. in Roudouallec bei Gourin in den Montagnes Noires ihren Ursprung hatte. Die echten Crêpes erfordern eine langwierige, liebevolle Zubereitung und bestehen aus frischer Butter, Milch und dem eifersüchtig gehüteten Rezept. Das Ergebnis ist bei beiden Arten von Crêpes – den normalen Weizenmehlpfannkuchen und den dunklen Weizenmehlcrêpes – ein knuspriges, feines. Kenner beginnen mit einer Crêpe nature, um ihre Geschmacksnerven auf den leckeren Teig einzustimmen, und gehen dann zu den traditionellen Beilagen über: Speck, Wurst, Ei, Lachs usw. Die echten Crêperien finden sich überwiegend im Westteil der Bretagne, vor allem in der Gegend von Gourin, wo alljährlich im Juli das Crêpe-Fest stattfindet. Wer in Roudouallec vorbeikommt, sollte unbedingt in der *Crêperie de la Ferme* in der Route de Quimper einkehren, wo die einzig wahre Methode der Crêpe-Zubereitung hochgehalten wird.

– **Bretonischer Pudding** *(Far):* in Léon (Nord-Finistère) wird er noch hergestellt, der *Pouloudig*, ein dicker Kuchen aus dunklem Weizen, Butter und aromatisierter Milch. Diese Nachspeise besitzt die gleichen Eigenschaften wie der britische Plumpudding, ist außerdem der meistgegessene in der Bretagne und der sättigendste dazu. Es gibt ihn mit getrockneten Pflaumen, *prunadz farz,* Speck, *kig a farz* oder auch mit Blutwurst, *farz gwad,* aus Ouessant. Als Krönung erscheint er bei Tisch in einer Gemüse- oder Fleischbrühe, in Kugelform zum Beispiel, als Beilage zu Speck und Kohl oder in Butter fritiert zum Apfelmus. Äußerst vielfältig also und Grundlage der bretonischen Hausmannsküche, die zu unserem Leidwesen immer mehr ins Hintertreffen zu geraten droht.

– **Die Wahrheit über den Hummer »à l'armoricaine«**: auch wenn es noch so sehr den kulinarischen Stolz der Bretonen verletzen sollte: das »bretonische« Rezept – es schreibt vor, den Hummer zu tranchieren, in Olivenöl zu braten und mit einer pikanten Tomatensoße zu übergießen – kreierte der Pariser Pierre Fraise 1860 in seinem Restaurant *Le Peter's, 24, passage des Prince*. Die Franzosen vermuten eben hinter jedem Gericht, das mit einer besonders gewürzten Tomatensoße gekocht worden ist, etwas Bretonisches. Nur weil einmal ein Apotheker aus Lorient – seinerzeit bei der Ostindischen Handesgesellschaft in Diensten – eine Würzmischung, die **Curry gosse**, zusammenstellte, welche Tomaten, Peperoni, Chili, schwarzen Pfeffer, Muskatnuß, Zimt, Koriander, Nelke, Ingwer, Kurkumama (Gelbwurzel) und Muraya koenigii, ein asiatisches Currygewürz, beinhaltet. Der Geschmack des Currys ändert sich je nach Dosierung der Gewürze. Apotheker Pison aus Lorient hütet die genaue Zusammensetzung wie seinen Augapfel – jedenfalls hat er nicht mal uns sein Geheimnis anvertraut.

### ● *Bretonische Spezialitäten und Erzeugnisse*

– **Fleisch, Geflügel:** Nantaiser Ente, *Guiborée* oder Rosinenblutwurst aus Jugon, Schlackwurst aus Guéméné-sur-Scorff, Lamm aus Ouessant oder Cherrueix, Gänseleber aus Péaule, weiße Blutwurst aus Bannalec, *Saucisses briochines* und Masthühner aus Plouay.
– **Gemüse:** Frühgemüse aus Plouhinec, Iffiniac, Cancale, St. Pol-de-Léon und von den Gemüsegärtnern rund um Nantes; Blumenkohl und Artischocken aus dem »goldenen Gürtel« um Roscoff; Queller aus Tour-du-Parc; Zwiebeln aus Erdeven; Endivien aus Châteaulin.

– **Eßbare Algen:** *Laminaria digitata* und *hyperborea*, geerntet in Pleubian und Plouguerneau an der bretonischen Nordküste.
– **Obst:** Kirschen aus Fouesnant, Erdbeeren aus Plougastel und Colpo, Melonen aus dem Pays Nantais und Marronis aus Redon, Kiwis aus Plouay und dem Bono.
– **Käse:** Schafskäse aus dem Morbihan, Bretonischer Trappistenkäse aus Campénéac und Timadeuc, Curé Nantais (kleiner milder Weichkäse), Crémet nantais (Frischkäse), Saint-Gildas-des-Bois.
– **Konditoreiwaren:** *Crêpes dentelles* aus Quimper, *Fouaces*-Kuchen aus der Gegend um Nantes, *Craquelins* aus Plumaudan, *Kouing aman* aus Douarnenez – aus dem Ofen ein Genuß! – bretonische *Galettes* aus Roudouallec und Pont-Aven.
– **Getränke:** Cidre aus Fouesnant und Messac; Likör aus Plougastel; Muscadet-Wein und *Gros-plant* aus dem Pays Nantais; Cidre-Apfelschnaps *(Lambic)* usw. In der Bretagne fließt das Geheimnissvoll-mythische auch aus dem Glas: man denke nur an den *Couchenn,* bretonischen Met aus Rosporden – ein alkoholisches Getränk aus Honig also, wie er auch den Germanen bekannt war – und das *Cervoise* (Bier) aus Morlaix (Marke *Coreff)* oder Saint-Servant-sur-Oust. An dergleichen haben sich schon die Ritter der Tafelrunde gelabt.
– **Lokale Spezialitäten:** *Côtriade* (Art Fischragout) von der Belle-Ile, aus Concarneau und aus Gâvres: die bretonische Bouillabaisse; Butteraal *(Anguille au beurre)* serviert man in Lamballe, paniert am Spieß in Ploërmel, in Cidre gegart in La Roche-Bernard; Frischlingfrikassee *(Fricassée de marcassin)* in Paimpont; Kutteln *(Tripes)* in Saint-Malo; Miesmuschelsuppe in Saint-Jacut-de-la-Mer; Stockfisch aus Paimpol und Cancale; *Kig a farz*, der Speckkuchen aus Carhaix.

## Wasser- und Gleitsport

Der Wind treibt kaum mehr die Windmühlen im Land an, außer in Erdeven, Ambon und einigen anderen abgelegenen Orten. Dafür lockt er haufenweise neuartige Vehikel aufs Wasser. Die weiten Strände bei Ebbe, die Bucht von St. Brieuc, der Golf Normand-Breton oder die kleinen Buchten, wo der Wind nicht mal die Zeit hat, Wellen zu schlagen, bieten einmalige Voraussetzungen für die neuen Wasser- und Gleitsportarten. Strandsegeln *(Char-à-voile)* in Cherrueix oder St.-Pierre-Quiberon, Strandsurfen auf Lufträdern *(Planche à voile sur roulottes)* in Fort Bloqué (Ploëmeur). Das große Fest des Funboards findet in La Torche, einer Gemeinde Penmarc'hs, statt. Strandsegeln und Surfen ist auf der Belle-Ile möglich, in Plouescat. Auf den folgenden Seiten weisen wir auf die besten *spots* an der Küste mit *shove break* oder *peak* hin. Patrice Belbeoc'h, Anne Herbert, Hervé Piegelin, die bretonischen Stars des Fun-board erwarten einen schon. Also nix wie auf nach La Torche, Saint-Colomban-en-Carnac oder La Baule zum »Großen Dreieck« *(Grand Triangle)*, mit der weltweit höchsten Dichte an Surfbrettern!

Tauziehen

## Traditionelle bretonische Sportarten

– **Wagenachsenheben** *(Essieu de charette):* eine Wagenachse mit einem Gewicht von 47 kg muß innerhalb von zwei Minuten so oft wie möglich über den Kopf gestemmt werden. Zwischen jedem Heben muß der Athlet das Gewicht auf die beiden Rundhölzer oder gleichgroßen Steine links und rechts von ihm absetzen, ohne mit den Händen loszulassen.
– **Steinweitwurf** *(Lancer de la pierre lourde):* eigentlich ein 20 kg schweres Gewicht, wie es früher in Mühlen Verwendung fand. Die Spieler nehmen einen Anlauf von 2,13 m – Überschreiten der Marke macht den Wurf ungültig – und werfen den Stein mit einer Hand oder beiden soweit wie möglich. Jeder Spieler hat drei Versuche.
– **»Breistange«** *(Bâton de bouillie):* zwei per Los ermittelte Partner sitzen sich gegenüber. Der Stock ist ein zylindrisch zugeschnittenes Holzstück von 50 bis 60 cm Länge. Das am Boden befestigte Brett ist zwei Meter lang und 20 cm hoch. Die Spieler sitzen sich links und rechts des Bretts frontal gegenüber, die Füße gegen das Holz

gedrückt. Eine Partie besteht aus zwei Handgriffen sowie eventuell einer Zusatzpartie. Gewonnen hat, wer den Gegner über das Brett zieht oder ihn dazu bringt, den Stock loszulassen.
– **Stockheben** *(Lever de la perche):* der gußeiserne, zylindrische Stock ist 6 m lang und hat einen 23 cm langen Schieber oder Läufer *(Curseur).* Das Spiel besteht darin, den Stock in die Vertikale zu heben und ihn mindestens drei Sekunden in dieser Position zu halten, damit das untere Ende leicht in den Boden stößt. Wenn das untere Ende den Boden berührt, ist der Versuch beendet, der Spieler ergreift den Stock und legt ihn ab. Jeder Bewerber hat drei Versuche pro Curseurpunkt. Nach jedem gelungenem Versuch wird der Curseur vom Schiedsrichter verschoben.
– **Tauziehen** *(Tir à la corde)*: das 25-32 m lange Tau von 4,5 cm Stärke weist in der Mitte einen dreißig Zentimeter langen gelben Streifen auf. Je 3,50 m von dieser Markierung gehen die Mannschaften mit jeweils sechs Ziehern, einem Ersatzmann und einem Anfeuerer, in Position. Letzterer darf das Seil während des Wettkampfes weder berühren noch als Ersatzmann eingreifen. Die Zieher sind barfuß, dürfen nicht im Sitzen oder Liegen ziehen und keine Löcher in den Boden stampfen. Ferner darf sich der hinterste Spieler das Seil nicht um den Leib schlingen.
– **50 kg-Staffellauf** *(Relais avec charge):* jede Mannschaft besteht aus sechs Spielern; kein Ersatzmann. Hundertzwanzig Meter muß jeder mit dem Fünfzig-Sack zurücklegen, bevor er ihn weitergibt. Auf keinen Fall darf er den Sack werfen oder sich helfen lassen, wenn dieser zu Boden fällt, während die Teilnehmer überwinden ihr Hindernis überwinden. An der Zielmarke ist er aufrecht hinzustellen.

## Unsere Auswahl an Museen

Ein wenig Kultur nach diesen Hinweisen für Kraftprotze kann nicht schaden. Daher im folgenden eine Auswahl der besten bretonischen Museen:

– **Rennes-Sud:** *Écomusée La Bintinais*, route de Châtillon-sur-Seiche. Heimatmuseum über das Landleben, einfühlsam und poetisch gestaltet.
– **Rennes:** Museum der Bretagne *(Musée de Bretagne).* Früh- und Regionalgeschichte; Möbel, Kostüme, Gemälde und sonstige Gebrauchsgegenstände aus der damaligen Zeit. Wurde unlängst modernisiert.
– **Montfort-sur-Meu:** ausgesprochen bunt zusammengewürfeltes Heimatmuseum; von der Mineralogie bis zur Architektur bleibt keine Frage unbeantwortet.
– **Concarneau:** Fischereimuseum *(Musée de la Pêche);* zeigt sämliche Techniken aus aller Herren Länder und aus allen Epochen.
– **Groix:** Heimatmuseum; Völkerkunde und Geschichte der Halbinsel. Besonders lehrreich, wenn man die Siedlungsverhältnisse besser verstehen und kennenlernen will.

– **Carnac:** Vorgeschichtliches Museum *(Musée Préhistorique)* mit fünftausend Ausstellungsstücken von der Altsteinzeit bis zum Mittelalter. Modern und didaktisch sinnvoll eingerichtet.
– **Port-Louis:** Atlantikmuseum und Museum der Ostindischen Handelsgesellschaft *(Compagnie des Indes Orientales).* Französische Meeres- und Kolonialgeschichte.
– **Landevennec:** moderner Museumsbau in prächtiger Lage; schildert die keltische Besiedlung der Halbinsel.
– **Dinan:** Bergfried einer Burg. Der schöne Blick und das Mobiliar lohnen sich, ebenso die Begegnung mit der historischen Gestalt der Anne de Bretagne.
– **Pleumeur-Bodou:** Techno-Tourismus auf hohem Niveau; thematisiert die Geschichte von *France-Telecom* und des Radars.
– **Douarnenez:** Schiffahrtsmuseum *(Musée du bateau)* mit über hundert Exponaten in einer ehemaligen Konservenfabrik. Bald soll auch ein großes Becken für »schwimmende« Ausstellungen angelegt werden.
– **Brest:** *Océanopolis*, ein beeindruckendes Aquarium und das Zentrum für Meeresforschung versprechen einen interessanten Aufenthalt.

## Stätten der Kunst und der Geschichte

Auray (Morbihan), Dinan (Côtes-d'Armor), Fougères (Ille-et-Villaine), Quimper (Kemper, Finistère), Rennes (Ille-et-Vilaine), Saint Malo (Ille-et-Vilaine), Vannes (Morbihan), Vitré (Ille-et-Vilaine).

## Städtchen mit besonderem Charakter

Bécherel (Ille-et-Vilaine), Châteaugiron (Ille-et-Vilaine), Châtelaudren (Côtes-d'Armor), Combourg (Ille-et-Vilaine), Guerlesquin (Finistère), Josselin (Morbihan), Jugon-les-Lacs (Côtes-d'Armor), La Roche-Bernard (Morbihan), Fe Faou (Finistère), Lizio (Morbihan), Locronan (Finistère), Malestroit (Morbihan), Montcourt de Bretagne (Côtes-d'Armor), Pontrieux (Côtes-d'Armor), Quintin (Côtes-d'Armor), Rochefort-en-Terre (Morbihan), Roscoff (Finistère) und Tréguier (Côtes-d'Armor).

## Typische bretonische Dörfer

Folgende Gemeinden wurden für ihr Ortsbild, den Zustand der historischen Bausubstanz und für ihr dörfliches Leben ausgezeichnet *(Communes du patrimoine rural):* **Saint-Juvat** und **Tonquédec** (Côtes-d'Armor), **Plouvin-les-Morlaix**, **Commana**, **Plougonven** (im Finistère), **Paimpont** (Ille-et-Vilaine) sowie **Ploërdut** und **Guéhenno** (im Morbihan).

# COTES-D'ARMOR

Das Département *Côtes-d'Armor* bietet eine Riesenvielfalt an Landschaftstypen, Höhenunterschieden und Baustilen. Hier wechseln überlaufene Badeorte mit kleinen versteckten Häfen ab, berühmte Städte mit gottverlassenen Winkeln. Kurzum, etwas für jeden Geschmack und jeden Spleen. Die ursprüngliche Naturlandschaft ist geprägt von der Nähe der wildromantischen Küste. Zahllose Wanderwege sowie Herbergen oder Unterkünfte auf Bauernhöfen laden zum Erkunden der Côtes-d'Armor auf Schusters Rappen ein. An der Küste wie an den Binnenseen besteht Gelegenheit zu allen möglichen Wassersportarten. Abends setzt man das Vergnügen fort, reiht sich doch ein irisch-bretonischer Pub an den anderen. Wer behauptet da noch, die Bretonen seien phlegmatisch?
Die finisterische Hügellandschaft der *Monts d'Arrée* und der *Montagnes Noires* führen unmerklich in das Département Côtes-d'Armor über – die geographische Grenze ist also eine willkürliche. Dagegen teilt eine deutlich hörbare Sprachgrenze das Département. Sie verläuft, grob gesagt, von Plouha, nordwestlich von Saint-Brieuc, im Westen an Loudéac vorbei – eindeutig ändern sich die Laute von einer Seite auf die andere – und scheidet die obere, bretonischsprachige von der unteren Bretagne, dem *Pays Gallo.*

Unsere Reiseroute durch die Côtes-d'Armor beginnt in Dinan, folgt der Côte d'Émeraude, führt uns dann ins geheimnisvolle Landesinnere und endet im Trégor und an der Rosa-Granit-Küste, die schon zum Finistère überleitet.

## Nützliche Adressen

– **Comité Départemental du Tourisme:** 29, rue des Promenades, 22000 Saint-Brieuc. T. 96 62 72 00. Buchungszentrale: T. 96 62 72 15 oder Minitel 36-15, Code ARMOR. Schriftliche Auskünfte jeder Art über das Urlaubsdépartement Côtes-d'Armor. Gut bestückt mit Prospekten u.a.
– **Loisirs-Accueil Côtes-d'Armor:** 29, rue des Promenades, 22000 Saint-Brieuc. T. 96 62 72 11 und -72 12. Angelwochen im Ein-Stern-Hotel mit Vollpension; weitere touristische Pauschalangebote.
– **Relais Départemental des Gîtes de France:**
23, rue des Promenades, 22000 Saint-Brieuc. T. 96 61 82 79.

● ***Bootsvermietung***

– **Dinan:** *Blue Line,* Auskunft in Paris:
12, rue du Helder, F-75009 Paris. T. 00 33/1/42 46 29 50.
– **Lanvallay:** Hotel *L'Harlequin,* 8 quai Talard. T. 96 39 50 30.
– **Lézardrieux:** *Loc'Océan,* T. 96 20 17 76.

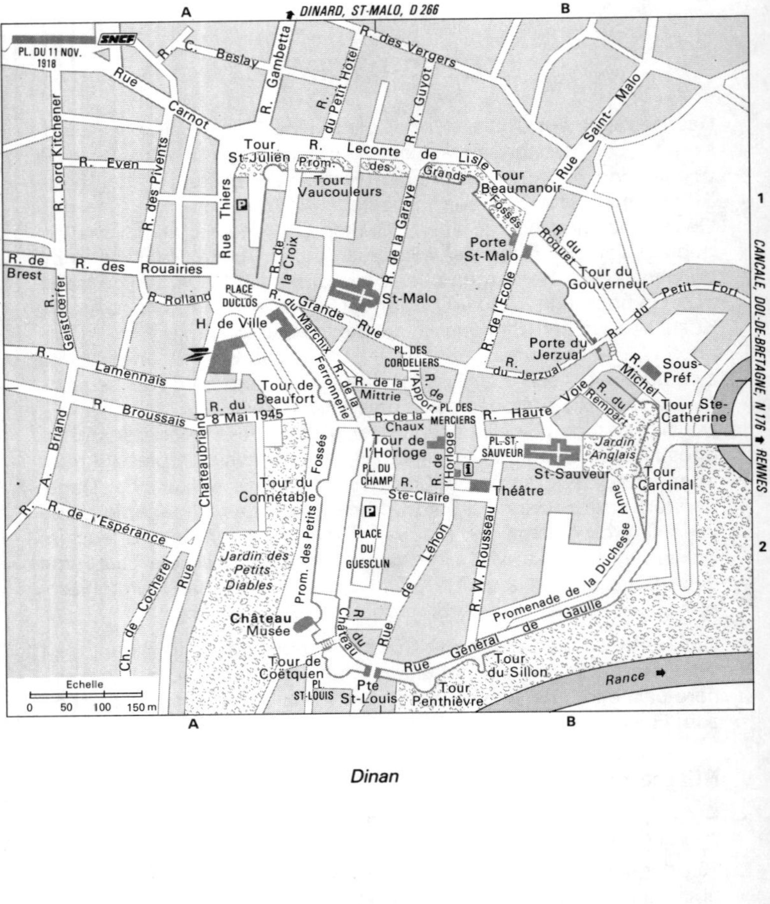


*Dinan*

– **Perros-Guirec:**
*Loc'Océan.* T. 96 91 24 21. Wochen- oder tageweise.
Alle Auskünfte erteilt **Loc'Océan,** Terrain du Prostern, F-22740 Lézardrieux.

## DINAN (22100)

Dinan zählt zu den schönsten bretonischen Städten und ist eine der besterhaltenen mittelalterlichen Gründungen. Vor Zeiten war es eine mächtige Handelsstadt, deren Held *Bertrand du Guesclin* bis heute wohlbekannt ist. Auf der *Place du Champ,* die heute seinen Namen trägt, focht er einst ein berühmtes Duell gegen einen Engländer aus, womit er – wir haben's geahnt! – zugleich das Herz einer Dame eroberte. Tja, Geschichte ist eben was Schönes. Natürlich muß Dinan per pedes besichtigt werden. Es ist wirklich bezaubernd, so daß hier niemand als einziger auf Achse ist – weit gefehlt! Besonders gerne finden sich Engländer hier ein – sicher nicht nur, um in der anglikanischen Kirche zu beten. Man eifere uns deshalb nach und fahre im Juni oder erst wieder im September nach Dinan. Wir versprechen einen traumhaften Aufenthalt!

## Wichtige Informationsquellen

– **Verkehrsamt:** Hôtel Kératry, 6, rue de l'Horloge (Plan B2). T. 96 39 75 40. Im Sommer täglich von 9-19h; winters von 8.30-12.30h und von 14-18h. Sonntags zu. Prospekt und Stadtplan für 10 F. Stadtführungen ganzjährig auf Anfrage; Führungen über die Stadtmauer im Juli-August um 10 und 15h.
– **SNCF-Bahnhof:** Verbindungen nach Saint-Brieuc, Rennes und Caen. T. 96 39 22 39.
– **Busbahnhof:** T. 96 39 21 05 (CAT).
– **Pays d'Accueil de Dinan:** im Grand-Clos in Quévert, westlich von Dinan. T. 96 39 62 64.
– **Gebührenfreier Parkplatz:** im Sommer im Hof der Schulaufsichtsbehörde des Départements in der Innenstadt, Rue Victor-Basch (Parallelstraße zur Rue R.-W. Rousseau).

## Zimmer- und Zeltplatzsuche

▪ **Städtischer Zeltplatz:** 103, rue de Chateaubriand. T. 96 39 11 96. Nur 300 M außerhalb der Innenstadt, von März bis November geöffnet. Zwei-Sterne-Komfort, rund fünfzig Stellplätze.
▪ **Jugendherberge:** in der Moulin du Méen, im Tal von Fontaine-des-Eaux. T. 96 39 10 83. Fax: 96 30 10 62. Ganzjährig geöffnet. Von Dinan kommend, unweit vom Hafen. Dort folgt man der Straße nach Plouher und biegt dann zur Jugendherberge nach links ab, wo das Hinweisschild steht. Bahnreisende überqueren die Gleise und halten sich dann rechts. Der Weg ist mehr schlecht als recht ausgeschildert, jedenfalls 2 km lang. Campingmöglichkeit und verschiedene Freizeitangebote. Darunter Wanderungen, Fahrradvermietung sowie Foto-, Gitarren- und Straßentheaterkurse. Preis pro Übernachtung rund 60 F, Frühstück 30 F.

● ***Bezahlbar***

▪ **Hôtel du Théâtre:** 2, rue Sainte-Claire. T. 96 39 06 91. Mittwochs nachmittags geschlossen, preiswertestes Haus am Platz. In der Nähe des Fremdenverkehrsamts. Schlichte, aber anständige Zimmer zu 130-180 F, auch mit Dusche und WC. Schlüssel an der Theke verlangen.
▪ **Gästezimmer:** bei Mme Dodinot, 7 rue de la Poissonerie, in der Innenstadt, 2. Stock. T. 96 39 82 40. Gebäude aus dem 18. Jh. Zimmer mit Einzeldusche für 170 F, mit WC dazu 200 F. Kein Frühstück, aber eine nette Wirtin. Ist ja auch was wert.

● *Mittlere Preislage*

▪ **Hôtel des Remparts:** 6, rue du Château. T. 96 39 10 16. Charakteristisches, schönes Haus gleich dem Burgturm gegenüber. Netter Empfang, Zimmer mit Waschbecken 160 F, mit Dusche und WC 255 F, mit Bad und WC 282 F. Privatgarage.
▪ **Hôtel de la Porte Saint-Malo:** 35, rue Saint-Malo; stark befahrene Straße Richtung Innenstadt, deshalb nichts für Ruhebedürftige. T. 96 39 19 76. Mittwochs nachmittags geschlossen. Vor den Stadtmauern, wenige Schritte vom Saint-Malo-Tor und knapp fünf Minuten von der Innenstadt. Stilvolles, ruhiges Hotel. Einwandfreie Zimmer mit allem Annehmlichkeiten und Fernseher. Doppelzimmer 160-330 F, alle mit Telefon und die meisten auch mit Dusche und Fernseher. Freundliche Wirte, keine Beanstandungen.
▪ **Hôtel de la Gare:** Place de la Gare. T. 96 39 04 57. Macht äußerlich und im Eingangsbereich nicht viel her, aber die modernen Zimmer ab 140 F mit Dusche, WC und TV sind hell und bequem. Freundlicher Empfang.

● *Ein Quentchen nobler*

▪ **Hôtel Arvor:** 5, rue A.-Pavie (mitten in der Stadt, gegenüber vom Verkehrsamt). T. 96 39 21 22. Fax: 96 39 83 09. Elegantes, neu hergerichtetes Hotel in einem Bau aus dem 18. Jh. mit älterem Renaissanceportal. Früher führten an diesem Ort Jakobinermönche ein frommes Leben. Der heutige Gast muß hingegen auf nichts verzichten. Angesichts des Gebotenen noch erschwingliche Zimmer mit Bad oder Dusche, WC, Fernsehen und Telefon zwischen 280 und 400 F. Nur der Empfang könnte etwas weniger frostig ausfallen.

## Gastronomie

♦ **Boulangerie Recorda:** 82, rue du Petit-Fort, Ecke der Rue du Jerzual, am Hafen. T. 96 85 03 12. Mittwochs Ruhetag. Köstliches bretonisches Buttergebäck, Brot und Baguettes. Die Bäckerin portioniert die Kuchenstücke je nach Appetit des Kunden; kein Wunder, denn bezahlt wird nach Gewicht.
♦ **Pâtissier Patrick Mazoyer:** 4, rue de l'École (Ecke rue de Jerzual). Montags Ruhetag. Seine Spezialität ist der *Flor'ig*, ein mit drei Füllungen nach Wahl gefülltes Buttergebäck. Führt aber auch weitere regionale Spezialitäten und Eigenkreationen wie die *Corbelets*.
♦ **Für alle Schlemmer:** die berühmten bretonischen *Gavottes*, beliebte Crêpes, die als Nachtisch auf den Tisch kommen, findet man bei allen Lebensmittelgeschäften oder gleich »ab Werk« an der Straße nach Dinard hinter der Jugendherberge, wenn man vom Hafen kommt.

● ***Preiswert***

♦ **Crêperie des Artisans:** 6, rue du Petit-Fort. T. 96 39 44 10. Montags zu. Schönes altes Haus mit rustikaler Einrichtung. In der beliebten Altstadtstraße herrschen Touristen- und Restaurants vor. Entspannte Atmosphäre, die Betreiber stehen schließlich noch in der Blüte der Jugend. Preiswerte Crêpes, Cidre vom Faß und Milch vom Hof. Gute Musik. Im Sommer großer Holztisch auf der Straße.

♦ **Crêperie Ahna:** 7, rue de la Poissonnerie. T. 96 39 09 13. Montags außerhalb der Ferienzeit und sonntags nachmittags geschlossen. Die preiswerten Crêpes schmeckten hier so lecker wie kaum anderswo in der Stadt. Mal Birne mit Himbeersoße versuchen. Bietet auch Fleisch vom Grill an. Reizende Wirte, helle, ausgefeilte Einrichtung.

♦ **Crêperie Les Jardins du Jerzual:** 15, rue du Petit-Fort. T. 96 85 28 75. Donnerstags außerhalb der Saison Ruhetag. Steinernes Haus mit einem höchst ungewöhnlichen äußeren Rahmen aus dem 15. Jh. in einer reizvollen Seitengasse. Klassische Musik, gute Crêpes.

● ***Mittlere Preislage***

♦ **Le Saint-Louis:** 9 und 11, rue de Léhon. T. 96 39 89 50. Zählt zu den bekanntesten Restaurants Dinans. Sonntags abends und mittwochs geschlossen. Günstiges Preis-/Leistungsverhältnis. Menüs zu 65 F (nur unter der Woche) und ab 100 F. Büffet 80 F. Vorbestellung ist ratsam.

♦ **La Lumachelle:** 80, rue du Petit-Fort. 96 39 38 13. Außerhalb der Urlaubszeit montags geschlossen. Im unteren Teil der alten Rue du Jerzual. Leckere Pizzen und Nudelgerichte in mittelalterlicher Umgebung, wo Liebespärchen im traulichen Schein der Öllampe Süßholz raspeln. Junge, lockere Bedienung, zivile Preise. Draußen vor der Tür einige Tische.

● ***Nicht übel***

♦ **Le Relais des Corsaires:** 3, rue du Quai, am Hafenbecken. T. 96 32 40 17. Während der Vor- und Nachsaison sonntags abends und mittwochs geschlossen. Stilvolles Haus, hauptsächlich für Fisch- und Meeresfrüchte. Menüs auch auf der Terrasse ab 110 F.

♦ **La Mère Pourcel:** 3, place des Merciers. T. 96 39 03 80. In der Nachsaison sonntags abends und montags geschlossen. Eine echte Institution am Vorzeigeplatz von Dinan, in einem vornehmen Gemäuer aus dem 15. Jh. Hochnobler Speisesaal, klassische Speisekarte und Menüs zu 100 (unter der Woche) und 170 F (am Wochenende). Mit Terrasse.

● ***Höchst edel***

♦ **La Caravelle:** 14, place Duclos. T. 96 39 00 11. Im Winter mittwochs und sonntags abends geschlossen. An der großen Kreuzung. Taktvoll über die herkömmlich-rustikale Einrichtung hinwegsehen und sich lieber dem fantasievoll zubereiteten Essen zuwenden.

Preiswürdige Menüs zu 130 F und zu 180 F. A la Carte kommt der Spaß natürlich wieder teurer. Vermietet drei Zimmer ab 220 F.

## Abendliche Unternehmungen

Die Ruelle de la Cordonnerie, die an der Place des Merciers ihren Anfang nimmt, ist Haupttreffpunkt der Jugendlichen von Dinan, die sich hier in den Cafés, Kneipen und Clubs versammeln. Im Sommer sonnt sich alles auf den Terrassen.

♦ **Bar Au Prélude:** 20, rue Haute-Voie. T. 96 39 06 95. Im Herzen der Altstadt. Täglich herrscht außer sonntags (Ruhetag!) von 18-3h Betrieb. Geführt von einem sympathischen Team junger Leute. Gemütlich eingerichtet, allabendlich Musikveranstaltungen. Gerichte vom Holzkohlengrill oder preiswertes *Chili con carne*. In der Urlaubszeit abends Salonmusik.

♦ **A la Truye qui File:** 14, rue de la Cordonnerie (allgemeinhin bekannt unter dem Namen: »Rue de la Soif«, s.o.). T. 96 39 72 29. Denkmalgeschütztes Anwesen aus dem 15. Jh. Montags außerhalb der Ferienzeit geschlossen. Barbesitzer Alain, auch »Nounours« – Teddybär – genannt, greift in der Urlaubszeit gegen 21h täglich selbst zur Gitarre, um die Stimmung anzuheizen. Das ist so ganz nach dem Geschmack der Jugend, die den Großteil der Gäste stellt.

## Ausgehen und Musikhören in der Umgebung

♦ **Café de la Gare Jean Le Marec:** in Pleslin. T. 96 27 80 04. Von 17 bis 1h geöffnet, am Wochenende bis 3h. Donnerstags zu. Rund 12 km nördlich von Dinan, an der Straße nach Dinan. Im Juli/August steigen samstags gegen 22.30h Jazzkonzerte. Außerhalb der Ferienzeit finden die Konzerte alle vierzehn Tage statt. Tolle Stimmung, Einrichtung im Stil der dreißiger Jahre. Drei französische Billardtische für Profis und Amateure. Auch Speisen im Angebot.

## Unterkünfte und Restaurants in der Umgebung

▪ **Gästezimmer La Corbinais:** 22980 Saint-Michel-de-Plélan. T. 96 27 64 81. Zwischen Dinan und Plancoët (D 794), auf der Höhe von Corseul ausgeschildert. Zimmer mit Dusche für zwei Personen ab 230 F. Abendessen nach Bauernart am Gästetisch und über dem Feuer gekochten Eintopf 80 F. Das Wirtspaar nimmt uns in dem geschmackvoll hergerichteten bretonischen Bauernhof freundlich auf. Hier lebt man noch in Einklang mit der Natur. Die Hausherrin beweist künstlerischen Ehrgeiz. Gelegenheit zum Reiten und Golfspielen. Vorzügliche Adresse.

▪ **Ferme-Auberge La Priquetais:** einen Kilometer außerhalb von Trévron. T. 96 83 56 89. Dienstag Ruhetag. Mitten im Grünen heißt uns eine alte Bretonin auf ihrem stattlichen Bauernhof willkommen. Maßvolle Preise, die Halbpension rund 200 F. Vorher Bescheid geben, wenn man nur zu Abend essen möchte. Gereicht wird ein bodenständig-ländliches Mahl mit gefülltem Geflügel oder Hasen in Cidre, Gartengemüse, Gebäck usw. ab 70 F. Stellplätze für Zelte; auch Wanderherberge.

▪ **Manoir du Pont-de-Cieux:** 2 km hinter Pleudihen-sur-Rance, an der D 29 in Richtung Saint-Malo. T. 96 83 36 61. Schönes Steinhaus aus dem 18. Jh.; weiß gestrichene, renovierte Zimmer mit Dusche und WC ab 250 F (Frühstück für 35 F). Garten.

♦ **Relais de la Blanche-Hermine:** Lourmel, 22980 Plélan-le-Petit. T. 96 27 62 19. Dienstags geschlossen. Etwa 15 km von Dinan in Richtung Jugon-les-Lacs (N 176). Langgezogenes Steinhaus am Straßenrand, mit einem geräumigen, lärmerfüllten Speisesaal. Erfreut sich eines guten Rufs. Drei Menüs ab 70 F mit zwölf Austern, Lammkeule, Lachsschnitzel usw., Käse und Nachtisch. Für 170 F mit Meeresfrüchten. Schmackhafte Fleischgerichte à la Carte.

## Sehenswertes in Dinan

► **Saint-Sauveur-Basilika:** place Saint-Sauveur. Meisterwerk der Romanik, im 12. Jh. nach dem Gelübde eines Kreuzritters errichtet. Von daher wohl die orientalischen, byzantinischen und venezianischen Einflüsse. Wundervolle *Fassade*. Die Statuen besitzen wie so oft seit der Französischen Revolution keine Köpfe mehr; stattdessen lohnt es sich, alle Details der prächtigen *Kapitelle* zu studieren. Obenauf die Symbole der Heiligen Lukas und Markus: Stier und geflügelter Löwe. Nur das häßliche Giebelfeld aus dem 19. Jh. stört die Harmonie. Der Innenraum ist teils romanisch, teils gotisch. Wertvolles Mobiliar: Altäre, Altarblätter, Taufbecken usw. Links ein Ehrengrab (Zenotaph) mit dem Herzen des bretonischen Ritters und Englandhassers *Du Guesclin*. In der vierten Kapelle des linken Seitenschiffs ein schmuckes *Kirchenfenster* aus dem 15. Jh. mit u.a. einer Darstellung der Heiligen Ivo und Brieuc. Außerdem einige geschmackvolle moderne Fenster.

► **Um die Place des Merciers und die Place des Cordeliers:** mittelalterliches Viertel von nahezu vollkommener baulicher Geschlossenheit. In der *Rue de la Mittrie* Nr. 10 kam der französische Chansonnier *Théodore Botrel* zur Welt. Haus Nr. 1 in der *Rue Haute-Voie* ist das *Hôtel Beaumanoir* aus dem 16. Jh. Das Portal schmücken Darstellungen der französischen Kronprinzen (Dauphins). In der *Rue de l'Horloge* ein Glockenturm aus dem 15. Jh. Die Glocke war ein Geschenk Anne de Bretagnes. Von oben die Stadt aus der Vogelperspektive (während der Sommermonate). In der *Rue Léhon* befindet sich das Gymnasium, wo *Chateaubriand* und *Broussais* die Schulbank drückten. Eigentlich sollte man sich in jedem Sträßchen und Gäßchen umsehen. Die *Grande-Rue* säumen Patrizierhäuser, und die *Église Saint-Malo* schmückt sich mit einem Renaissanceeingang und einer eleganten englischen Orgel aus dem 19. Jh. mit farbigen Pfeifen. Das vormalige Kloster der Franziskanermönche von 1241 dient heute als Privatschule und ist nur während der Schulferien zu besichtigen.

► **Rue du Jerzual:** wohl die mittelalterlichste aller bretonischen Straßen – obwohl, wenn wir an Vitré, Rennes, Morlaix, Quimper oder Auray denken ... Auf jeden Fall sollte man frühmorgens oder irgendwann außerhalb der Urlaubszeit allein und gemächlich diese Straße hinabschreiten: ein erhebendes Gefühl. Kunsthandwerker haben heute den Platz der Krämer in den hübschen, holzverkleideten Häusern aus dem 15. und 16. Jh. eingenommen. Hinter dem gotischen Jerzual-Tor schlagen wir die *Rue du Petit-Fort* ein: Nr. 24 ist das *Haus des Gouverneurs*, beispielhaft für eine gelungene Restaurierung. Dagegen verblüfft – das ist das mindeste, was man sagen kann! – einige Hausnummern weiter oben eine hypermoderne Rekonstruktion im »neo-mittelalterlichen« Stil!
Zuunterst der bescheidene Hafen an der Rance mit seinem gotischen Brücklein. Kehren wir nun zum Jerzualtor zurück und folgen der Gasse nach links bis zum Englischen Garten. Eine große Terrasse, vormals der Stadtfriedhof, überragt die Rance-Ebene. Unbeschreibliches Panorama. Weiter auf der Promenade Anne de Bretagne bis zur Burg.

► **Burgmuseum:** T. 96 39 45 20. Täglich vom 1. Juni bis zum 15. Oktober von 10-18.30, im Winter von 13.30-17.30h geöffnet. Letzter Einlaß eine Dreiviertelstunde vor Toresschluß. In der Nachsaison dienstags geschlossen. Eintritt: 20 F. Elegantes, wohlproportioniertes Festungsbauwerk aus dem 16. Jh. mit wuchtigen Türmen. Der 34 m hohe Burgfried ist mit eindrucksvollen Pecherkern bewehrt. Er birgt heute ein Museum für Regionalgeschichte. Prähistorische Sammlungen unten, dann führt eine Wendeltreppe zu den gallo-romanischen und mittelalterlichen Ausstellungsstücken. Zum Abschluß finden sich Möbel, Trachten und religiöse Kunstwerke. Die Terrasse bietet noch einen erhebenden Blick über die Ebene – mit der Zeit wird's langweilig. Zu Füßen des Schlosses verläuft die einladende *Promenade des Petits Fossés*, die – ausnahmsweise – keinen Ausblick mehr auf die Stadt gewährt.

► **Stadtmauern:** im 13. und 15. Jh. erbaut, erstrecken sich über drei Kilometer und zählen fünfzehn Türme und vier Stadttore. Alle zwei Jahre im September halten sie als Kulisse beim symphonischen Feuerwerksspektakel anläßlich des*Stadtmauernfestes* her, bei dem dreihundert Darsteller in mittelalterlichen Kostümen auftreten.

► **Musée du Rail:** im Bahnhof. T. 96 39 53 48. Von Juli bis September täglich von 14-18h. Eisenbahnmuseum mit Modellen, kleine Zügen usw.

## Schiffsausflüge

Auf der Rance verkehren regelmäßig Schiffe von Saint-Malo nach Dinard, und zwar zwischen dem 18. April und Ende September. Ein erholsamer Ausflug von ungefähr zweieinhalb Stunden. Die einfache Fahrt kostet 90 F, die Hin- und Rückfahrt 120 F. Ermäßigung für Kinder. Seekranke können auch mit dem Bus zurückfahren, was schneller geht. Auskunft in Dinan:

– **Vedettes Blanches:** T. 96 39 18 04.
– **Bootsvermietung:**
*Chemins Nautiques Bretons,* La Vicomté-sur-Rance. T. 96 83 28 71.

## Sehenswertes in der Umgebung

### *SÜDLICH VON DINAN*

► **Saint-Juvat:** 3 km von Trévron. Unmittelbar aus Dinan gelangt man auf der D 2 dorthin, weiter auf der D 39 über Évran. Besucher erwartet ein Blumenmeer. Häuser und Straßenschilder verschwinden beinahe unter der bunten Pracht. Sehr fotogen meinen die einen, a bisserl arg hübsch die anderen.
Die hiesige *Kirche* besteht halb aus romanischen, halb aus gotischen Elementen. Ihre Geschichte kann der Besucher von einem Tonband abhören und anhand der an den Säulen angebrachten Hinweise nachvollziehen.

► **Quevert:** Nachbardörflein, dessen Bürgermeister den Fußballplatz in einen botanischen Garten mit 2.600 Blumenarten umgewandelt hat. Recht so! Jedes Jahr »Fest der Wohlgerüche« *(Fête des Senteurs)*.

► **Schloß von Hac:** zwischen Tréfumel und Le Quiou, an der D 39. Im 14. Jh. erbaut. Das Äußere mit seinen schlanken Türmen, den Dachluken und den hohen Dächern verströmt Erhabenheit. Vom Stil her eher ein Herrenhaus denn ein Schloß, zählt es zu den elegantesten, aus dem Hundertjährigen Krieg noch erhaltenen Bauwerken. Leider keine Besichtigung mehr.

● ***Tréfumel:*** wartet mit einem ergreifenden *Kirchlein* auf, dem ältesten weit und breit. Daneben steht eine Eibe, die nicht weniger Jährchen auf dem Buckel haben dürfte. Außerdem zahlreiche Behausungen aus dem 17. Jh.
– **Freizeitgelände Bétineuc:** in unmittelbarer Nachbarschaft Évrans bietet ein großer See Gelegenheit für alle möglichen Wassersportarten: Segeln, Surfen, Rudern usw.

► **Caulnes:** sowohl in Couëllan als auch in La Perchais lohnt sich der Besuch des stattlichen Landschlosses, wiederaufgebaut im 17. bzw. 18. Jh.

► **Schloß Caradeuc:** unweit von Plouasne, 22 km von Dinan über die D 68, dann die D 20, zu erreichen. Von Ostern bis Allerheiligen täglich von 9-20h geöffnet; in der Nachsaison an Wochenenden und Feiertagen von 14-18h. Trägt wegen seiner noblen Fassade im Régence-Stil (1715-23), hauptsächlich aber wegen des riesigen (denkmalgeschützten) Parks den Spitznamen »bretonisches Versailles«. Die Terrasse beschert uns einen wundervollen Ausblick. Unter anderem wird man der fünf Meter hohen Statue Ludwigs XVI. gewahr, die erstaunlicherweise die Revolutionswirren unbeschadet überdauert hat.

## *SEHENSWÜRDIGKEITEN IM NORDEN DINANS*

► ***Apfel- und Cidre-Museum*** *(Musée de la Pomme et du Cidre):* in Pleudihen-sur-Rance. T. 96 83 20 78. Etwa 10 km hinter Dinan, an der Straße nach Saint-Malo. Tägliche Öffnungszeiten: im April, Mai und September von 14-19h; von Juni bis August von 10-19h. Eintritt 18 F, Ermäßigungen für Jugendliche und Kinder. In dem ehemaligen, heute wiederhergestellten Bauernhof erfahren Besucher alles über den bretonischen Apfelmost und seine Herstellung. Zu besichtigen sind die Werkstatt des Küfers und des Faßbinders sowie alte Pressen. Ein Diavortrag sowie eine Apfelweinprobe – wer mag, kann mit dem Cidre auch seinen Koffer vollstopfen – vervollständigen das Programm.

► **Pont Chateaubriand:** imposantes Brückenbauwerk über der Rance mit moderner Statik, da es ohne Pfeiler im Flußbett und besondere Gewölbesteine auskommt. Der 265 m lange, zweispurige Brückenbogen schwebt luftige 30 m hoch über dem Wasser; Gesamtlänge der Fahrbahn: 424 m. Eine technische »Heldentat«, wie die neue Brücke von Nantes *(Pont de Chevíré)* 1991 eingeweiht. Die Franzosen sind mächtig stolz drauf, was vielleicht ein Zeichen dafür ist, daß es mit dem Selbstbewußtsein der *Grande Nation* nicht mehr weit her ist.

## ***DIE COTE D'ÉMERAUDE*** (Smaragdküste)

Dieser Küstenabschnitt mit seinen zerklüfteten Kaps Fréhel und Erquy und den kilometerlangen Sandstränden bietet reichlich Gelegenheit für ausgedehnte Wanderungen. Gutbürgerliche Familien aus der französischen Hauptstadt verbringen hier seit Jahrzehnten ihre Ferien, erinnern die Badeorte aus der Zeit um 1900 doch verblüffend an Deauville. Zwar finden wir hier nicht die urtümliche Bretagne, bleiben dafür aber weitgehend vom Massentourismus verschont.

## **SAINT-JACUT-DE-LA-MER** (22750)

Langgezogene Halbinsel zwischen den Buchten von *Arguenon* und *Lancieux*. Rabelais' Romanheld Gargantua soll hier unter den ersten Touristen gewesen sein. Bei Ebbe läßt sich gut im Watt fischen. Die Ortschaft nimmt den größten Teil der Halbinsel ein und wird von den Alten noch immer Saint-Jégu genannt. Ein irischer Mönch gründete sie im 10. Jh. Saint-Jacut schaut heute nicht viel anders aus als im 19. Jh. Die Häuser drängen sich zum Schutz vor dem Nordwind in Fünfer- und Sechsergruppen aneinander. Ihre Giebel weisen zur Straße hin. Im Winter leben hier etwa sechshundert Seelen, im Sommer zwanzigmal mehr.

Die Einheimischen fühlen sich durchaus als besonderer Menschenschlag und bezeichnen sich selbst als eigensinnig und streitsüchtig. Vor allem haben sie eine eigene Sprache, das *Jégui*. Dabei handelt es sich nicht etwa um eine degenerierte Sprachform oder um einen bäurischen Dialekt. Vielmehr versteht sich *Jégui* als Erbe der gesprochenen französischen Sprache vor der Zentralisation durch die Monarchie, in der einige »reine« Sprachformen überliefert sind, die das moderne Französisch völlig vergessen hat. Freilich beherrscht kaum noch einer der Jungen das *Jégui*. Aber die »Freunde des alten Saint-Jacut« haben es sich zur lobenswerten Aufgabe gemacht, ihr Idiom zu erhalten. Jahrhundertelang heirateten die Bewohner von Saint-Jacut nur untereinander, so daß zahlreiche Familien denselben Namen trugen und nur noch durch ihre Hausnamen auseinanderzuhalten waren. Der Steuereintreiber von Ploubalay sah sich jedenfalls gezwungen, die inoffiziellen Namen auf seiner Liste aufzuführen, um den Überblick zu behalten. Lange Zeit lebten die Inselbewohner ausschließlich vom Fischfang, namentlich von der Makrele.
Kurzum, Saint-Jacut hat etwas Besonderes an sich; im Vergleich zur übrigen *Haute Bretagne* und einaml ganz abgesehen von seinen elf Stränden.

– **Verkehrsamt:** im Ort neben dem Postamt. T. 96 27 71 91. Von 10-12h und von 15-17h. Sonntags geschlossen. Verteilt nützliche Broschüren.
– **Bus nach Saint-Malo:** die *Cie des Transports d'Ille-et-Vilaine* verkehrt täglich, T. 99 82 26 26.

## Kost & Logis

▪ **Gemeindezeltplatz:** am Strand von *la Manchette*. T. 96 27 70 33. Von Palmsonntag bis Ende September geöffnet.
▪ **Hôtel-Restaurant Le Vieux Moulin:** T. 96 27 71 02. In einem Mühlenturm mit Labyrinth-Garten aus dem 16. Jh.; besonders ruhige Lage im Inneren der Halbinsel, unweit von Strand und Hafen. Eine Wendeltreppe führt zu den runden, bequemen und hübschen Zimmern zum Preis von 220 und 350 F. In Zimmer Nr. 17 für 250 F haben wir uns sogar verliebt. Nette Inhaber, Küche ohne Mikrowelle und Tiefkühlkost. Der Chef feierte vor kurzem sein fünfzigjähriges Berufsjubiläum. Von April bis Oktober Halbpension.
♦ **Restaurant la Presqu'île:** 164, Grande-Rue. T. 96 27 76 47. Fax: 96 27 76 47. Täglich, nur nicht im Januar und Februar und montags außerhalb der Urlaubszeit, über Mittag und abends geöffnet. Chef Jacky segelte früher auf den sieben Weltmeeren umher und versteht es nun wirklich, Fisch nach allen erdenklichen Rezepten zuzubereiten. Was dabei heraus kommt? Heilbutt mit grüner Zitrone, frischer Lachs auf holländische Art, in Fenchelbutter gebratener Wolfsbarsch usw. Ein Essen à la Carte mit Nachtisch beläuft sich auf ungefähr 130 F.

## Sehenswertes

► Ausflug zur malerischen **Pointe du Chevet,** einem grünenden Vorgebirge im Meer, mit Blick auf die Insel *Hébihens* und ihren Vauban-Turm sowie auf Saint-Briac und Saint-Cast. Gleich nebenan der einladende Strand von *Rougeret* im Schutz des Felsmassivs La Houle-Causseule; dort auch ein Fischerhafen.

► Weiterer Strand im Fischer- und Jachthafen von **Le Châtelet,** dahinter der Strand von la Pissotte, dann jener des Zeltplatzes. In Saint-Jacut wird Baden also niemals langweilig.

## Sonstige Sehenswürdigkeiten in der Region

● ***Plancoët:*** nitratarmes Mineralwasser gratis, gleich von der Quelle. Man kann auch bei der Abfüllung zugucken. Es handelt sich um die einzige Mineralquelle der Bretagne. Bekannt ist der Ort auch wegen seiner Fliesen und Kacheln.
♦ **La Source:** günstiges Restaurant mit Bar, wo für fünf Menüs zwischen 80 und 170 F verlangt werden. In der Unterstadt, am Kreisverkehr unweit der Kais, die Straße nach rechts in Richtung Dinan einschlagen.

► **Château de Hunaudaye:** südwestlich von Plancoët, am Rande der D 28. Im Juli/August täglich außer dienstags von 10-13 und 14.30-19h zu besichtigen, von Ostern bis zum 30. Mai und im September nur nachmittags von 14.30-18h, im Juni sonntags ganztägig. Schon vor dem Eingangstor wird der Besucher von stilecht gekleideten Rittern empfangen, welche der Besichtigung erst den richtigen Pfiff geben, denn die verkleideten Museumsführer interagieren (wenn schon ein Fremdwort, dann wenigstens ein schönes!)und beziehen auch das Publikum in ihre Spielchen mit ein. Die fünf mächtigen Türme der Burgruine aus dem 13. Jh. spiegeln sich noch immer im Burggraben. Ein wildromantisches Plätzchen, idealer Schauplatz für die Ritterspiele unserer Kindheit. Im Innern wird man den Renaissance-Treppenaufgang bewundern. Die Ritterdarsteller von Mac'htien ziehen ihre Show im Sommer täglich außer dienstags von 10-12 und 14-18h ab. Buchung: T. 96 34 82 10.

► **La Ferme d'Antan:** in Saint-Esprit-des-Bois, 2 km von Hunaudaye, von dort aus gut ausgeschildert. T. 96 34 14 92. Im Juli-August täglich von 14-19h geöffnet, von April bis Ende Oktober nur sonntags. Erwachsene 18 F Eintritt. Besuchenswertes Heimatmuseum, das mit Hilfe zahlreicher Werkzeuge und Erinnerungsstücke das Landleben von anno dazumal wieder aufleben läßt. Ein dreißigminütiger Dokumentarfilm von 1924 zeigt den Alltag einer bretonischen Bauernfamilie.

► **Jugon-les-Lacs:** hübsches Dorf am Ufer eines Stausees, mit allerhand ehrwürdigen Wohngebäuden wie dem *Maison Sevoy* aus dem Jahre 1634. Den weiten Platz säumen Herrenhäuser aus derselben Zeit, darunter auch das *Hôtel de l'Écu*. Bademöglichkeit und

**Alte Männer**

Zeltplatz vorhanden. Im Sommer findet zwei Tage lang ein nicht ganz ernst gemeinter Anglerwettstreit statt.
Auf der Weiterfahrt nach Lamballe sollte man Rast in der *Abtei von Boquen* einlegen (s. Kapitel »Umgebung von Lamballe«).

## SAINT-CAST-LE-GUILDO (22380)

Bekannter Badeort mit sieben Stränden, deren größter sich 2 km lang zwischen den Landzungen von *Saint-Cast* (sprich: Saint-Ka) und *la Garde* erstreckt. Seit 1900 tummeln sich hier die Baderatten. Nachdem sich einige Künstler in Saint-Cast niedergelassen hatten, entdeckte das vermögende Bürgertum den Ort, was ihm den Spitznamen »Neuilly-sur-Mer« eintrug, in Anlehnung an Neuilly, einen der feinsten Vororte im Pariser Westen. Man trifft sich in der Konditorei *La Belle Meu,* im Segelverein und nach der Sonntagsmesse.
Ruhig mal den Berg am Ende des Strands hochklettern: ermöglicht den Gang durchs Fischerviertel und zur Orientierungstafel. Von hier aus dann das Panorama – es umfaßt die Bucht von Fresnaye, das Fort La Latte und das Kap Fréhel – in vollen Zügen genießen. Bei Sonnenuntergang einmalig.
Von der Pointe Saint-Cast führt ein etwa 6 km langer Weg nach *Port-Saint-Jean*. Hübsch modellierte Felsen, die immer wieder von kleinen Tälern unterbrochen werden. Der Küstenweg beginnt beim Leuchtturm. Unterwegs passieren wir einige Strände. Lohnend ist auch ein Fußmarsch zur *Pointe de la Garde*, schon allein wegen der

Aussicht. Bei Ebbe gelangt man über einen *Tombolo* (Küstenstreifen) zu den Ebiens-Inseln, die sich in Privatbesitz befinden. Länger als drei Stunden sollte man dort nicht verweilen, sonst schneidet uns die Flut den Rückweg ab.

## Nützliche Adressen

– **Verkehrsamt:** place Charles-de-Gaulle. T. 96 41 81 52. Fax: 96 41 76 19. Im Juli-August täglich von 9-19h geöffnet; in der übrigen Zeit nur unter der Woche von 9-12 und 14-18h.
– **Bootsausflüge:** Anglerpromenade le Dragous. T. 96 41 86 42.
– **Centre Nautique** (Segelschule): am Hafen. T. 96 41 86 42.
– **Tauchen:** T. 96 41 81 40.
– **Städtisches Schwimmbad:** Bd de la Mer, T. 96 41 87 05. Beheiztes Meerwasser-Hallenschwimmbad, ideal bei schlechtem Wetter.
– **Golf:** Pen-Guen-Strand, T. 96 41 91 20. Achtzehn Loch.
– **Tennis:** Bd des Tennis (what else?), T. 96 41 88 16; oder Rue du Chêne-Vert, T. 96 41 83 04.

## Unterkunft

▪ Ein halbes Dutzend **Zeltplätze**, von denen *Le Châtelet* an der Bucht von Fresnaye am besten ausgestattet (vier Sterne) und am teuersten ist. T. 96 41 96 33. Fax: 96 41 97 99. Öffnungsperiode: von Ostern bis zum 20. September. Blick auf die Bucht von La Fresnaye; zum Strand sind es nur 150 m. Mit Crêperie, Schwimmbad, Tennisplatz, Volleyballfeld und einer Wasserstrecke für Kanufahrer.

### ● *Mittlere Preislage*

▪ **Hôtel Ker-Louis:** 15, rue Du-Guesclin. T. 96 41 80 77 und 96 39 95 56 (in der Nachsaison). Gar nicht weit vom Rathaus. Bis zum Strand und zur Innenstadt sind es nur zwei Minuten. Gutes Preis/-Leistungsverhältnis und netter Empfang. Tadellose Zimmer, in der Urlaubszeit 200-300 F. Garten mit Tischtennis, Bar, reservierter Tennisplatz.
▪ **Hôtel Les Mielles:** T. 96 41 80 95. Fax: 96 41 77 34. Nur von April bis Ende September geöffnet. Dreißig Meter vom Strand, in der Fußgängerzone. Junge, nette Inhaber. Modern und gut geführt, Zimmer in der Saison zwischen 180 und 320 F. Betreibt auch ein Restaurant.
▪ **Hôtel-Restaurant Le Chrisflo:** 19, rue du Port, auf der Anhöhe. T. 96 41 88 08. Von November bis Januar geschlossen. Ordentliche Zimmer ab 220 F, einige mit Fernblick.

### ● *Vornehmer*

▪ **Hôtel-Restaurant Les Dunes:** rue Primauquet, in der Innenstadt, 200 m vom Strand. T. 96 41 80 31, Fax: 96 41 85 34. Von Ostern bis November geöffnet. Gemütlich und pfiffig; typische Unterkunft aus den dreißiger Jahren, aber noch bestens in Schuß. Alle Zimmer mit Dusche, WC und Fernseher, 320 bis 360 F. Während der Schulferien nur mit Halbpension. Im renommierten Restaurant ab 115 F pro Menü Fisch- und Meeresspezialitäten.

## Einkehren

♦ **Crêperie Le Bretan'or:** 8, place Anatole-Le-Braz, auf der Höhe. T. 96 41 92 45. Mittwochs in der Nachsaison geschlossen. Ferien-Crêperie, deren aufmerksame Wirtin leckere Crêpes zu erschwinglichen Preisen auf den Tisch zaubert.
♦ **Hôtel-Restaurant L'Étoile des Mers:** Rue du Port (auf der Höhe). T. 96 41 85 36 oder -81 84. Im Sommer täglich geöffnet. Vom Speisesaal aus blickt man hinaus aufs Meer, während man vor Meeresfrüchten oder dem Menü 1 ab 100 F sitzt. Ab und zu nimmt der Wirt seine Kunden sogar mit hinaus zum Fischfang.

● ***Nobler***

♦ **Hôtel-Restaurant Les Dunes:** siehe »Unterkunft«.

## Nächtigen und Essen in der Umgebung

▪ **Château du Val d'Arguenon:** 22380 Notre-Dame-du-Guildo. T. 96 41 07 03. Fax: 96 41 02 67. Nach 200 m, wenn man von der Straße, die St.-Cast mit Saint-Jacut-de-la-Mer verbindet, abbiegt. Inhaber des Anwesens aus dem 16. Jh., in dessen Mauern schon Chateaubriand logierte, sind Monsieur und Madame De la Blanchardière. Acht geräumige Zimmer mit Stilmöbeln ab 430 F, einschließlich Frühstücks. Tennisspieler und andere Sportler kommen auf ihre Kosten. Im Park sind weitere Häuschen für vier bis sechs Personen zu mieten: in der Nachsaison rund 1100 F.
▪ **Restaurant Le Gilles de Bretagne:** an der Ortsausfahrt von Notre-Dame-du-Guildo, an der Straße nach Saint-Jacut-de-la-Mer, rechts vor dem Hafen. T. 96 41 07 08. Dienstags außerhalb der Urlaubszeit geschlossen. Schlichtes, qualitätsbewußtes Restaurant. Fünf Menüs ab 80 F (Fischsuppe, Miesmuscheln mit Pommes, Kuchen) bis 550 F (mit gegrilltem Hummer, für zwei Personen).

## Wo gibt's den besten Kuchen?

♦ **La Belle Meunière:** 18, rue du Duc-d'Aiguillon (Geschäftsstraße in Strandnähe). Außerhalb der Ferienzeit montags geschlossen. Wird von den Stammgästen allgemein nur *La Belle Meu* genannt, die sich hier bei Kaffee und Kuchen vom anstrengenden Sonnenbad erholen. Die örtliche Spezialität *Castin* und den Windsurfer-Eisbecher probieren.

## In der Umgebung

► **Hafen von Guildo:** an der Straße von Matignon nach Ploubalay. Unserer Meinung nach *das* Postkartenmotiv schlechthin in dieser Gegend. Von Matignon aus bietet sich links hinter der großen Brücke der Blick über eine harmonische Ansammlung von Fischerhäusern aus Granit. Bei Ebbe nimmt die Mündung faszinierende Formen und Farben an. Burgruine aus dem 14. Jh. Bei Notre-Dame-du-Guildo, am Ortseingang, liefert die *Bäckerei Miriel* Gebäck und Brot vom Holzkohlenfeuer.

► **Plage des Quatre-Vaux:** zwischen Saint-Cast und Notre-Dame-du-Guildo. Fast noch ein Geheimtip!

## KAP FRÉHEL UND FORT LA LATTE

Gewiß einer der beeindruckendsten Plätze an der Küste. Hier toben oft urgewaltige Meeresstürme. Bei klarem Wetter schweift der Blick bis Cotentin, Jersey und die Insel Bréhat. Den 70 m tief abfallenden Felsen krönt ein Leuchtturm. Die karge Flora besteht hauptsächlich aus Heidekraut. Sechs Kilometer vor dem Kap, in Pléhérel, lädt ein Dünenstrand zum Verweilen ein. Hier färbt sich das Meer an manchen Tagen smaragdgrün – der Küstenstreifen hat seinen Namen voll und ganz verdient *(émeraude* = Smaragd). Auf halbem Wege zwischen Fréhel und den Guette-Stränden treffen sich die Nacktbadefreunde, der Strand heißt *Port du Sud-Est*.
Zum Glück kümmert sich die Gemeinde um die Wander- und Spazierwege von rund 70 km Länge. Einen davon möchten wir besonders hervorheben: der Fußmarsch vom Kap zum Fort La Latte wird zum unvergeßlichen Erlebnis. Der Küstenpfad verläuft an hohen Felsen entlang, die ständig neue Farbnuancen annehmen. Genaugenommen handelt es sich um den Fernwanderweg GR 34, der sich bis nach Port-à-la-Duc fortsetzt, hinten in der Bucht. Vom *Vogelschutzgebiet* ist leider – oder Gott sei dank? – wenig zu bemerken.

### Übernachtung

▪ In Pléhérel-Plage bietet der **Camping du Pont de l'étang** in den Dünen Unterschlupf. T. 96 41 40 45. Von Mai bis Mitte September.
▪ **JH am Cap Fréhel:** in La Ville-Hardieux und Kerivet-en-Fréhel (von der Straße aus ausgeschildert). T. 96 41 48 98. Nur vom 15. April bis zum 30. September geöffnet. Übernachtung rund 50 F. Stellplätze für Zelte, auch Mahlzeiten – selbst für nur für drei Personen wird sogar gekocht – und Mountainbikevermietung.
▪ **Le Relais de Fréhel:** T. 96 41 43 02. Bei Mme Lemercier. Von Ende März bis November geöffnet. Bis zum Cap Fréhel fahren, dann umkehren Richtung Plévenon und den Wegweisern folgen. Mme Lemercier nimmt uns in ihrem Einfamilienhaus im pinienumstandenen Garten mit großmütterlicher Fürsorge in Empfang. Weiche Betten, hausgemachte Marmelade ... Die idyllische Unterkunft ist Ausgangspunkt zahlreicher Wanderwege. Zimmer 240-280 F, erstes Menü rund 100 F. Spezialitäten des Hauses sind Fischgerichte und Gegrilltes. Vorausbuchung dringend angeraten, denn die Adresse ist bekannt.

▪ **Le Fanal:** 100 m vom vorigen. T. 96 41 43 19. Vom 1. April bis zum 30. September geöffnet. Gehört der Tochter von Mme Lemercier. Das Chalet vereint auf gelungene Weise Tradition und Moderne, eine Mischung, die auch in dieser Ecke selten zu finden ist. Das *Relais de Fréhel* ist natürlich reizvoller, aber gegen die komfortablen Zimmer zu 240-340 F läßt sich wirklich nichts einwenden.

## Sehenswert

► **Leuchtturm** *(Phare):* eintrittspflichtig. Im Sommer täglich von 14-18h zu besichtigen. Der sympathische Wärter erläutert, wie genau der Leuchtturm funktioniert, dessen Lichtstrahl bei schönem Wetter 120 km weit zu sehen sind. Backsteinbau aus dem fünfziger Jahren. Wer die 145 Stufen emporkraxelt, wird mit einem atemberaubenden Rundblick auf die Smaragdküste und die Heidelandschaft belohnt. Bei günstiger Witterung erkennt man sogar die Insel Jersey. Warme Pullover einpacken, denn hier bläst ein rauher Wind.

► **Fort La Latte:** Besichtigung ganzjährig sonntags und während der Schulferien von 14.30-17.30h; während der Osterferien und von Juni bis September von 10-12.30 und 14.30-18.30h. Die Führung dauert eine Dreiviertelstunde und kostet Eintritt. Die Feste aus dem 14. Jh. wurde im 17. Jh. auf den letzten Stand gebracht und diente einst der Verteidigung der Bucht von Fresnaye. Du Guesclin belagerte sie 1379. In malerischer Lage beherrscht sie eine der idyllischsten bretonischen Buchten. Lohnt den Spaziergang, obwohl im Inneren nicht viel zu sehen ist.

## SABLES-D'OR-LES-PINS (22240)

Wurde in den zwanziger Jahren aus dem Boden gestampft, um dem Nobelbad Deauville Paroli zu bieten. Geldschwierigkeiten und der Zweite Weltkrieg durchkreuzten die ehrgeizigen Pläne, die niemals bis zu Ende ausgeführt wurden. Übriggeblieben sind eine Handvoll Hotels mit falschen normannischen Fassaden sowie mehrere protzige Villen an breiten, überflüssigen Straßen. Beileibe nicht spektakulär, eher etwas surrealistisch, da alles eine Nummer zu klotzig ausfällt. Abgesehen davon gefällt es uns hier nicht schlecht, vor allem wegen des 3 km langen Sandstrandes.

– **Fremdenverkehrsbüro:** am Strand, T. T. 96 41 51 97 im Sommer; 96 41 53 81 in der Nachsaison (in Fréhel). Vom 15. Juni bis zum 15. September besetzt.
– **Casino:** am Strand. Winzig, hat aber genug Daddelautomaten, um sein Geld loszuwerden.

## Quartiere und leibliches Wohl

▪ **Gemeinde-Zeltplatz:** von Erquy kommend, am Ortseingang links. Belegt einen grünen Hügel mit Beschlag. Gemütliche Stellplätze, Strand in rund 500 m Enfernung.
▪ **Hôtel des Pins:** einige hundert Meter hinter dem Strand. T. 96 41 42 20. Vom 1. Oktober bis zum 1. April geschlossen. Gepflegtes und sympathisches Hotel mit freundlichen Inhabern. Zimmer mit Dusche ab 225 F, mit Dusche und WC ab 270 F. Halbpension ab 275 F pro Person. Billigstes Menü ab 80 F. Im Garten Minigolf für alle Wasserscheuen.
♦ **Les Embruns:** am Meer, T. 96 41 54 45. Im Sommer täglich geöffnet, außerhalb der Urlaubszeit nur am Wochenende. Eignet sich vor allem für eine Erfrischung zwischendurch. Hungrige bestellen sich eine Pizza oder etwas vom Grill. Junges, quirliges Publikum; im Untergeschoß ein Pub.

● ***Eine Idee schicker***

▪ **Le Manoir Saint-Michel:** in La Carquois, 22240 Fréhel, 1,5 km von Sables-d'Or, an der Straße zum Cap Fréhel. T. 96 41 48 87, Fax: 96 41 41 55. Geöffnet von Ostern bis Allerheiligen. Wie der Name verrät, handelt es sich um ein Herrenhaus auf der Höhe mit Innenhof und viel Atmosphäre, das bereits von der Straße zum Kap aus zu sehen ist. Tolle Lage, außergewöhnlich günstiges Preis-Leistungsverhältnis. Auf dem verwunschenen Teich im parkartigen, gepflegten Garten tummeln sich Schwäne und Wildenten. Das geschmackvoll restaurierte steinerne Haus stammt aus dem 16. Jh. Im großen Salon fühlt man sich unter den unverputzten Balken und vor dem Kamin mit Stilmöbeln in die gute (?) alte Zeit zurückversetzt. Zuvorkommender Empfang. Die Zimmer – rund 320 F für zwei Personen in der Hauptsaison (Nachsaison: 230 F) – sind einfach traumhaft, manche sogar mit einem Himmelbett. Bad, WC, Telefon und Satellitenfernsehen sind Ehrensache. Hoffentlich bleibt's auch künftig bezahlbar!
▪ **La Voile d'Or:** am Ortseingang. T. 96 41 42 49. Montags und dienstags mittags in der Nachsaison zu, zusätzlich vom 15. November bis 15. März. Zimmer zum Wohlfühlen mit Dusche und WC für zwei Personen ab 320 F. Einige blicken auf die Lagune. Der luxuriöse Eingangsbereich verspricht allerdings mehr, als gehalten wird. Eher steife Atmosphäre in diesem vielgerühmten Restaurant mit seinem gediegenen Speisesaal. Aufmerksame Bedienung. Menüs ab 100 F und gutes Preis-/Leistungsverhältnis. Große Auswahl an Fisch und Krustengetier.

## Übernachtung in der Umgebung

▪ **Manoir de la Salle:** Rue du Lac, 22240 Plurien. Zwei Kilometer von Sables-d'Or-les-Pins, auf dem Festland, ein gutes Stück vor Fréhel. T. 96 72 38 29. Fax: 96 72 00 57. Das neueröffnete Hotel hat sich in einem herrschaftlichen Steinbau aus dem 16. Jh. niederge

**Colette**

lassen. Das scheint hier richtig Mode zu sein. Durch ein gotisches Portal aus dem 15. Jh. gelangen wir zu modernen Zimmern mit Teppichboden, Badezimmer und Telefon, die mit Dusche und WC ab 330 F zu haben sind. Erfreulicherweise sind auch einige Gästezimmer mit Gemeinschaftsdusche ab 170 F im Angebot. Vor Ort Billard, Tischtennis und Solarium. in der Nähe ein Golfplatz. Gute Adresse, gehört einem jungen, lockeren Ehepaar.

## ERQUY (22430)

Betriebsamer Fischerhafen, »Hauptstadt« der Jakobsmuschel. Im Sommer touristischer Hochbetrieb; trotzdem blieb der Ort von häßlichen Hotels verschont und hat sich seine Eigenart bewahrt.
Das Kap von Erquy ist bekannt fürs Drachenfliegen und Wattfischen – letzters ist in Colettes Roman »Le Blé en Herbe« gekonnt beschrieben.
Die Gemeinde hat ein altes Schiff namens »Sainte-Jeanne« aufgemöbelt. Im Juli steigt am Hafen ein Malerflohmarkt.

### Wissenswertes

– **Fremdenverkehrsamt:** Bd de la Mer. T. 96 72 30 12. Fax: 96 72 02 88. Während der Hochsaison von 9.30-12.30h und von 14-19h, außerhalb der Urlaubszeit nur vormittags geöffnet, montags geschlossen.
– **Segelschule:** neben dem Verkehrsamt. T. 96 72 32 62.
– **Tauchschule:** T. 96 72 49 67.
– **Quincaillerie Morgan:** Laden gegenüber vom Rathaus. Verkauft alles und weiß alles über die Gegend.
– **Pâtisserie Gaudin:** rue Clemenceau. Verkauft die Leckerei der Gegend, die Noix de Saint-Jacques (Jakobsnuß).

### Kost & Logis

▪ **Camping Les Pins:** T. 96 72 31 12. Fax: 96 28 65 91. Von Juni bis Mitte September geöffnet. In einem Pinienwäldchen auf den Klippen. Für diejenigen geeignet, die eher Ruhe als Strandnähe suchen. Mit Schwimmbad und Tennisplatz, insgesamt Drei-Sterne-Komfort.
▪ **Camping de la Plage de Saint-Pabu:** T. 96 72 24 65 und 96 32 18 54. Von April bis Oktober. Gleich am Meer, mit schöner Aussicht und ebensolcher Ausstattung: ebenfalls drei Sterne.
▪ **Camping Le Vieux Moulin:** rue des Moulins. T. 96 72 34 23. Rund 250 Stellplätze, die dito drei Sterne verdienen. Das beheizte Schwimmbad und der Tennisplatz sind uns gleichfalls eine Empfehlung wert.

● ***Untere bis mittlere Kategorie***

▪ **Hôtel-Restaurant Beauregard:** bd de la Mer. T. 96 72 30 39. In bester Lage, schlicht und mit nostalgischem Charme, für den allein schon die Blümchentapete, die alte Treppe und die familiäre Atmosphäre sorgen. Anständige Doppelzimmer mit Dusche auf dem Gang ab 160 F.
▪ **Hôtel Beauséjour:** 21, rue de la Corniche. 100 m vom Hafen, T. 96 72 30 39. Sonntags abends und außerhalb der Urlaubszeit montags geschlossen. Traditionelles Ferienhotel in ruhiger Lage. Freundlicher Empfang und gepflegte Zimmer von 240 bis 300 F, letztere mit Meerblick. Im Restaurant gelten maßvolle Preise. Menüs

ab 80 F: Muscheln in Sahnesoße, ein Dutzend Schnecken, Lachs mit Sauerampfer, Kaninchen mit Pflaumen usw.
♦ **Restaurant Le Nelumbo:** 5, rue de l Église. T. 96 72 31 31, Fax: 96 72 38 12. Mitten im Ort. Trotz abschreckender Einrichtung wegen der der freundlichen Bewirtung und der leckeren Kost eine gute Adresse. Unter der Woche Mittagsmenü für rund 60 F, zwei weitere Menüs zu 80 F.

● ***Schon 'was besser***

▪ **Le Brigantin:** am Rathausplatz, gegenüber der Post. T. 96 72 32 14. Fax: 96 72 30 44. Einwandfreie Zimmer ab 300 F, beheiztes Schwimmbad. Den Speisesaal aus rosa Granit zieren Nippes und Stilmöbel. Menüs ab 95 F: besondere Gaumenfreuden sind normannische Seezunge und Jakobsmuscheln.

## Übernachten und einkehren in der Umgebung

♦ **Auberge La Bonnaie:** unweit von La Bouillie, an der Straße nach Pléneuf-Val-André. T. 96 31 51 71. Ehemaliger Bauernhof mitten auf freiem Feld, der sich zu einem beliebten Ausflugslokal gemausert hat. Nach Tischvorbestellung kommt man in den Genuß von Eintopf, Perlhuhn oder auf Holzfeuer gebratenem Zwischenrippenstück. Reichhaltiges Menü ab 90 F. Auch Gästezimmer ab 170 F, Frühstück für 25 F, Halbpension 190 F. Herzlicher Empfang.
♦ **Relais Saint-Aubin:** 3 km von Erquy, an der D 68 in Richtung La Bouillie. Von der Hauptstraße (D 34) ebenfalls ausgeschildert. T. 96 72 13 22. Montags und dienstags mittags geschlossen sowie von Mitte November bis Anfang März. Unverwechselbares Lokal mit Garten in einem kleinen Weiler, romantisch und ruhig gelegen, mit einem entzückenden Gastraum – klar, die zuvorkommenden Wirtsleute betreiben auch ein Antiquitätengeschäft. Das ehemalige Pfarrhaus stammt aus dem 17. Jh. Im Sommer wird auf der Terrasse getafelt. Unter der Woche Menüs ab 80 F, für jeden Geldbeutel und jeden Appetit etwas.

## Auf einen Schluck

♦ **Pub-Pizzeria Les Salines:** innerorts, an der Nationalstraße. T. 96 72 31 73. Junge Kneipe mit moderner Einrichtung, die mit leckeren, großzügig bemessenen Salatportionen lockt. Billardtisch und Videospiele.

## Zum Anschauen in der Umgebung

► **Cap d'Erquy:** hier sind seit dem Verkauf der »Garenne d'Erquy« schöne Wanderungen möglich. Felsiges Vorgebirge mit rosafarbenem Sandstein und Heidekrautpolstern. Der Sandstein von Erquy lieferte übrigens das Material für den *Arc de Triomphe* in Paris, ja man findet ihn sogar im Pflaster Lissabons. Das 170 ha große Kap ist Eigentum der Küstenschutzbehörde. Es bleibt jedem selbst über-

lassen, die Küstenpfade zu den versteckten wilden Stränden zu erkunden – unter Beachtung der naturschonenden Spielregeln, versteht sich. Auf der Landspitze *Pointe des Trois-Pierres*, die zusammen mit dem Kap die Bucht von *Port-Blanc* bildet, sind die Überreste eines Kanonenkugelofens aus dem 18. Jh. zu finden. Es handelte sich dabei um eine Vorrichtung zum Anwärmen der Kanonenkugeln, bevor sie auf die feindlichen Schiffe abgefeuert wurden. Ein Zollweg führt zu den Stränden von *Lourtuais* – Mekka der Nudisten – und *Portuais*. Bei Ebbe kann man über den Strand bis *Sables-d'Or* laufen.
– Im Sommer finden **Führungen** auf dem Cap d'Erquy statt. Auskunft beim Verkehrsamt, T. 96 72 30 12.

▸ **Schloß von Bien-Assis:** an der D 34 zwischen Erquy und Pléneuf-Val-André. Führungen von Juni bis Mitte September um 10.30-12.30h und um 14-18.30h; von Ostern bis zum 9. Juni und vom 10. September bis zum 1. Oktober nur sonn- und feiertags von 14-18.30h. T. 96 72 22 03. Festung aus dem 15. und 17. Jh. mit Französischen Gärten. Innen edle bretonische Renaissancemöbel. Am 15. August »Jagd- und Hundefest«.

## PLÉNEUF-VAL-ANDRÉ (22370)

Badeort von 1880 mit dem morbiden Charme der Jahrhundertwende. Entlang des weiten feinsandigen Strandes führt nunmehr 2,5 km lange Deichpromenade nach Val-André, Zugeständnis an die Bedürfnisse des neuzeitlichen Fremdenverkehrs. Im Umkreis des Segelhafens von Pléneuf liegen der einstige Islandfischerhafen *Dahouët* und der Bade- und Segelort *Val-André* für Leute mit gut gepolsterter Brieftasche. Der Jachthafen von Dahouët erinnert von seiner Form her an eine bauchige Armagnac-Flasche, dermaßen wölbt sich das Hafenbecken ins Landesinnere. Die dort vertäuten Boote sind vor der anrennenden Brandung geschützt wie in Abrahams Schoß. Die vierhundert Ponton-Liegeplätze haben sich Freizeitkapitäne allerdings mit der Fangflotte zu teilen.

### Nützliche Adressen

– **Verkehrsamt:**
cours Winston-Churchill, dem Strand gegenüber. T. 96 72 20 55. Fax: 96 63 00 34. In der Nachsaison sonntags geschlossen.
– **Centre nautique de Dahouët:**
T. 96 72 95 28 und -91 20. Unterkunft für Kursteilnehmer.
– **Golfplatz:** Plage des Vallées. T. 96 63 01 12. Neuer Platz mit achtzehn Loch in hübscher Lage.
– **Schiffsausflug:** mit dem alten Kahn *La Pauline*, 100 F für zwei Stunden. Buchung im Verkehrsamt, T. 96 60 10 99.
– **Spielcasino:** an der Strandpromenade, hinter dem Verkehrsamt. T. 96 72 85 06. Täglich ab 15h ist die winzige Automatenspielhölle für Jedermann geöffnet. Mindesteinsatz nur 1 F!

## Tisch & Bett

▪ Die **drei Zeltplätze** verdienen jeder drei Sterne; der von *La Ville-Berneuf* ist dem Meer am nächsten. T. 96 72 28 20. Von Ostern bis Ende September geöffnet.

▪ **Hôtel de la Mer:** 63, rue Amiral-Charner; parallel zum Meer verlaufende Straße in der Stadtmitte von Val-André. T. 96 72 20 44. Fax: 96 72 85 72. Einfaches Ein-Stern-Hotel mit gepflegten Zimmern und freundlicher Begrüßung. Doppelzimmer ab 180 F. Die Inhaber betreiben auch das anspruchsvollere *Motel Nuit et Jour*. Im beliebten Restaurant kommt traditionelle Kost zu ehrenwerten Preisen auf den Tisch.

▪ **Le Printania:** 34, rue Charles-Cotard. T. 96 72 20 51. Von Mai bis Mitte Oktober geöffnet. Großbürgerliche Villa aus der Zeit um 1900 oberhalb vom Strand und ganz dem Stil des Ortes entsprechend. einfache Zimmer ab 180 F; mit Dusche, WC und Balkon mit Seeblick ab 240 F.

▪ **Gästezimmer Le Pré Mancel:** T. 96 72 95 12. Auf dem Land, einen Kilometer vom Strand entfernt, an der Straße nach Erquy, vier Kilometer vor Pléneuf. Tadellose Zimmer mit Bad und Frühstück ab 250 F. Netter Empfang.

▪ **La Ferme de Malido:** in Saint-Alban. T. 96 32 94 74. Fax: 96 32 92 67. Der Straße nach Saint-Brieuc folgen. Der Bauernhof ist links ausgeschildert. M. und Mme Le Grand haben ihren Hof modern und bequem als Ferienunterkunft hergerichtet. Garten, Spiele, Kochnische. Rund 330 F, Frühstück inbegriffen.

▪ **Le Zef:** am Hafen von Dahouët. Für alle, die sich unter die Seeleute und Fischer mischen wollen. Die stadtbekannte Wirtin ist eine auffallende Erscheinung und serviert Muscheln, Crêpes und Rippenstücke. Preislich günstig.

♦ **Restaurant Le Biniou:** 121, rue Clemenceau, in der Nähe des Val-André-Strandes. T. 96 72 24 35. Im Winter und donnerstags in der Nachsaison geschlossen. Menüs ab 100 F. Traditionelles Restaurant mit moderner Einrichtung und bekannt für Meeresfrüchte.

♦ An **Kneipen**, wo ordentlich was los ist, herrscht sommers in Val-André kein Mangel: man denke nur an die *Bar du Casino* und den *Gatsby Club* neben dem *Biniou.* Während der Urlaubszeit Konzerte und Happy Hour.

## Anschauen und unternehmen

► Wer in Pléneuf zum Zeitpunkt einer Springflut (ab Koeffizient 95) vorbeikommt, sollte das **Vogelschutzgebiet von Verdelet** besichtigen. Der einstündige Spaziergang führt durch den Lebensraum tausender heimischer Vögel. Im Verkehrsamt nachfragen.

► **Bauernhof von Vaumadeuc:** an der D 786 in Richtung Saint-Brieuc. T. 96 72 85 82. Besuche täglich auf Voranmeldung. Führung mit Kuhmelkung um 18h, Verkauf und Verkostung der Hoferzeugnisse, darunter Rohmilch, Cidre und Apfelsaft.

## LAMBALLE (22400)

Die Handels- und Hauptstadt im *Pays de Penthièvre* steht hinter dem Reiz von Moncontour zurück, weil sie ihren mittelalterlichen Charakter großteils eingebüßt hat und außerdem stark unter dem Durchgangsverkehr ächzt. Gleichwohl ist hier einiges zu sehen. Die Stadt ist dem Andenken an die Hofdame *Madame de Lamballe* verbunden, die zwanzig Jahre lang im Dienste der Königin Marie-Antoinette stand und nach Ausbruch der Französischen Revolution dem Massaker vom September 1792 – in Zusammenhang mit der Ausrufung der Ersten Republik und konterrevolutionärer Umtriebe des Adels – zum Opfer fiel. Ihr Haupt wurde auf einem Stecken durch die Stadt getragen.

– **Verkehrsamt:** maison du Bourreau, 2, place du Martray. T. 96 31 05 38. Während der Urlaubszeit von 10-12h und von 14.30-18h geöffnet; im Winter nur dienstags und freitags nachmittags. Nettes, kompetenes Personal.
– **SNCF:** bd Jobert. T. 96 31 00 56.
– **Cars CAT:** Busse zwischen Lamballe, Saint-Brieuc und den Stränden. T. 96 33 36 60.

### Übernachtung und Tafelfreuden

▪ **Gästezimmer:** M. und Mme Le Teno, 14, rue Notre-Dame (hinter der Place du Martray). T. 96 31 00 41. In dem Haus aus dem 18. Jh. kam der in der Bretagne bekannte Maler *Mathurin Méheut* zur Welt. Freundlicher Zimmerwirt; Inneres mit dem gewissen Etwas. Übernachtung ab 200 F. Einige Zimmer mit Bad, Küche zur freien Verfügung. Garten und Tischtennis.

♦ **Crêperie Ty-Coz:** 35, place du Champ-de-Foire. T. 96 31 03 58. Mittwochs sowie in der ersten Woche im Juli, im September und während der letzten Juniwoche geschlossen. Seit ihre Sprößlinge den Kinderschuhen entwachsen sind, erfreut die Familienmutter Feriengäste mit ihren leckeren Crêpes. Einheimische und Urlauber kehren gleichermaßen hier ein. Preislich günstig; die *Crêpe campagnarde* versuchen (Apfelfüllung mit Schokolade und Sahne).
♦ **Le Boeuf d'Or:** 12, rue du Docteur-Calmette. T. 96 31 31 31. Sonntags abends und mittwochs geschlossen. Typisch bretonisches Restaurant ohne Besonderheiten, das die Einheimischen jedoch empfehlen. Menüs ab 60 F.

### Kost & Logis in der Umgebung

▪ **Château de la Ville-Heleuc:** bei Hénanbihen, 14 km nördlich von Lamballe. T. 96 31 56 85. In einem große Park mit Teich. Gästezimmer ab 200 F (mit Waschbecken) und 380 F (mit Bad), Frühstück inbegriffen. Vor Ort Gelegenheit zum Fischen und Golfen, in der Nähe ein Tennisplatz.

▪ **Manoir des Portes:** La Poterie, vier Kilometer östlich von Lamballe. T. 96 31 13 62. Fax: 96 31 20 53. Nobel, aber wahrlich nicht geschenkt. Ruhige Herberge in einem denkmalgeschützten Anwesen aus dem 16. Jh., das mit einem gemeißelten Steinportal auf sich aufmerksam macht. Der große Innenhof, um den sich die meisten Zimmer gruppieren, ist geschmackvoll geschmückt. Höfliche Begrüßung, wie sich das gehört. Die geräumigen, gemütlichen Zimmer sind ab 420 F zu haben. Hat sich als Meeresfrüchterestaurant einen Namen gemacht.

## Sehenswürdigkeiten

▸ **Place du Martray:** umgeben von mehreren ehrwürdigen Wohngebäuden. Das ansehnlichste ist das Haus des Scharfrichters *(Maison du Bourreau)* mit seinen zwei Museen und dem Verkehrsamt. Keine Angst, die abgetrennten Schädel modern längst in bretonischer Erde! Das **Musée du Vieux Lamballe et du Penthièvre** zeigt volkstümliche Bräuche und Kunsthandwerk, Werkzeuge, Trachten, Tongeschirr und Hausrat. Vom 1. Juni bis zum 30. September, 10-12h und 14.30-18h zu besichtigen. Das **Musée Mathurin Méheut** (selbe Eintrittskarte, selbe Öffnungszeiten) stellt die Werke des aus Lamballe gebürtigen Malers Méheut aus. Dieser hinterließ zahlreiche Zeichnungen und Gemälde, die ein getreues Abbild des gesellschaftlichen und kulturellen Lebens der Bretonen in der ersten Hälfte unseres Jahrhunderts geben.

▸ **Stiftskirche Notre-Dame:** im oberen Teil der Rue Notre-Dame. Gotische Kirche mit Festungsallüren, aber auch romanische Bauteile wie das Eingangsportal links (an der Nordseite). Im Kirchenschiff bis auf den Pflanzenfries tief herabgezogene gotische Bögen. Rechts eine Kuriosität: die Kombination eines spätgotischen Lettners aus dem 15. Jh. mit einem zierlich gearbeiteten Orgelgehäuse.

▸ **Kirche Saint-Jean:** in einer Ecke der Place du Matray, mit drei Altarblättern in der Apsis.

▸ **Kirche Saint-Martin:** am Ende der Rue Saint-Martin, die an der Place du Champ-de-Foire ihren Anfang nimmt. Eigenwilliger, schiefergedeckter, romanischer Portalvorbau aus dem 16. Jh., dessen Form an einen Samuraihelm erinnert. Der Kirchenschlüssel liegt bei der Nachbarin abholbereit.

▸ **Nationalgestüt** *(Haras national):* Place du Champ-de-Foire, in der Innenstadt. T. 96 31 00 40. Führungen 14-16.30h vom 15. Juli bis zum 30. September, in der übrigen Zeit auf Voranmeldung. Zweitgrößtes Gestüt in Frankreich, *das* Ereignis für alle Pferdenarren. Zu besichtigen sind Ställe, Reithalle, Schmiede, Sattelkammer usw.

## In der Umgebung

► **Abtei von Boquen:** 20 km südlich von Lamballe. Besichtigungen täglich von 8.30-11h und 15-19h, sonntags morgens von 11-12.30h. Freunde Klostermauern werden begeistert sein. Auch diese ehemalige Zisterzienserabtei aus dem 12. Jh. wurde während der Französischen Revolution zum Steinbruch umfunktioniert. In den dreißiger Jahren begannen einige Mönche mit den Instandsetzungsarbeiten. Wegen theologischer Auseinandersetzungen mit den kirchlichen Autoritäten machte Boquen in den sechziger Jahren von sich reden. Schöne, 72 m lange Abteikirche, deren Gebälk von den *Compagnons du Devoir et du Tour de France*, umherziehenden Handwerksgesellen, errichtet wurde. Im Chor eine liebliche *Madonna mit Kind*, die man auf das 15. Jh. datiert.

## SAINT-BRIEUC (22000)

Auf den ersten Blick wirkt die Verwaltungshauptstadt des Départements Côtes-d'Armor nicht gerade einladend, da sie mit baudenkmälern und Kunstwerken geizt. Saint-Brieuc ist in erster Linie eine Verwaltungs-, Industrie- und Handelsstadt. Der Verkehr ist ziemlich chaotisch und nimmt zeitweise beängstigende Ausmaße an. Dennoch hat die Stadt bei näherem Hinsehen außer ihrer Kathedrale doch einiges auf Lager, beispielsweise ein putzmunteres kulturelles Leben. Der Dramatiker *Alfred Jarry* (»Ubu Roi«, als »König Ubu«, bei Luchterhand erschienen), der Dichter *Tristan Corbière* (»Les Amour Jaunes«, »Vergilbte Liebe«) und der bretonische Geschichtsschreiber *Anatole Le Braz* (»Légende de la Mort en Basse Bretagne«) drückten hier die Schulbank auf dem Gymnasium. *Villiers de l'Isle-Adam* und *Louis Guilloux* wurden in Saint-Brieuc geboren. Die Stadt blickt somit auf eine lange literarische Tradition zurück, zu der sich die Erinnerung an das Saint-Brieuc der Arbeiter gesellt.
Möglicherweise kommt »Saint-Broc« (wie die einheimischen Jugendlichen sagen) manch einem zu ruhig vor. Nun, es leben hier etliche Leute, die einigen Wirbel erzeugen, vor allem mit dem *Festival Art Rock* und der Programmgestaltung im Kulturzentrum *(Centre d'action culturelle)*. Nur wenige französische Provinzstädte dieser Größenordnung verfügen über eine vergleichbare kulturelle Infrastruktur.

### Wichtige Adressen

– **Verkehrsamt:** 7, rue Saint-Gouéno (Plan A1-2). T. 96 33 32 50. Fax: 96 61 42 16. Täglich geöffnet von 9-12.30h und von 13.30-19h; im Juli-August von 9-12 und von 14-18.30h. In der Altstadt, nur einen Katzensprung von der Kathedrale.
– **Comité Départemental du Tourisme:** 29, rue des Promenades. T. 96 62 72 00. Auskünfte über die Côtes-d'Armor auf schriftliche Anfrage. Gut bestückt mit Material und auf Zack.

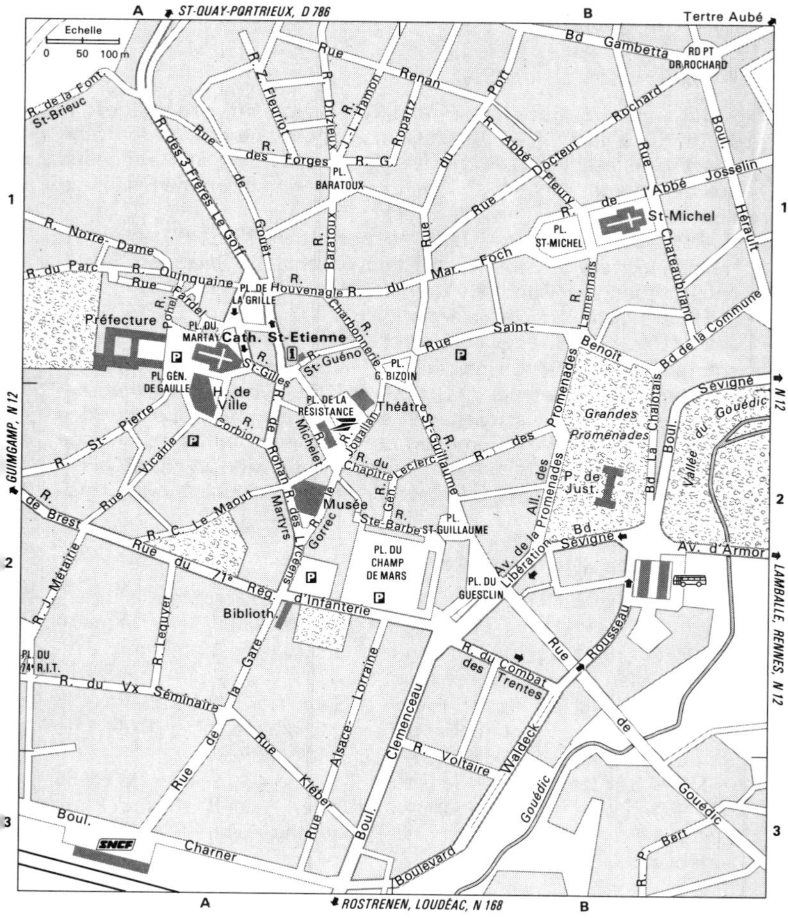


Saint-Brieuc

– **SNCF-Bahnhof:** Paris-Brest. T. 96 94 50 50. Der TGV braucht bis Paris nur knapp drei Stunden.

– **Flughafen:**
T. 96 94 95 00. Die Flugzeit nach Paris beträgt eineinviertel Stunden.

– **Busbahnhof:** *CAT,* Parkplatz neben dem Bahnhof. Regelmäßige Verbindungen zwischen Lamballe, Saint-Brieuc und den Stränden. T. 96 33 36 60.

– **Autovermietung:** *Hertz,* 53, rue de la Gare. T. 96 94 25 89. Ideal für alle Zugreisenden, die etwas von der Gegend sehen wollen.

– **Markt:** Place de la Poste, samstags morgens.

## Eine Hängematte

### ● *Für schmale Geldbeutel*

▪ **Jugendherberge:** Manoir de la Ville-Guyomard, Les Villages. T. 96 78 70 70. Fax: 96 78 27 47. Ganzjährige Aufnahme. In der Nähe des Einkaufszentrums Rallye. In einem bretonischen Herrenhaus aus dem 15. Jh. Unterbringung in Ein- bis Vierbettzimmern, letztere rund 75 F pro Nacht (inkl. Frühstück).
▪ **Hôtel du Parc:** 8, rue Jean-Mermoz. T. 96 33 51 02. In einem ruhigen Viertel im Südosten der Stadt, unschlagbar preiswert. Herzlicher Empfang, einwandfreie Zimmer mit Dusche ab 170 F.
▪ **Hôtel-Restaurant de la Paix:** 5, rue A.-Le Bail, le Légué-Plérin (am Hafen von Saint-Brieuc, rund zwei Kilometer von der Innenstadt). T. 96 33 33 24. Unauffälliges Haus, dessen gemütliche Zimmerchen alten Stils tiptop in Schuß sind. Die nette Wirtin achtet darauf, die Schuhe auszuziehen, bevor sie die mit Teppichboden belegte Treppe zu den Zimmern betritt. Doppelzimmer mit Dusche um die 200 F, Toilette auf dem Gang. Halbpension ist Pflicht, bleibt aber preiswert: etwa 340 F für zwei Personen. Bodenständiges Restaurant.

### ● *Mittelklasse und schicker*

▪ **Le Champ de Mars:** 13, rue du Général-Leclerc, in der Innenstadt. T. 96 33 60 99. Fax: 96 33 60 05. Über einer Bierschwemme (s. »Wenn der Magen knurrt«), bietet erstklassige Unterkunft. Zimmer mit allen Annehmlichkeiten um die 300 F.
▪ **Le Quai des Étoiles:** 51, rue de la Gare. T. 96 78 69 96. Fax: 96 78 69 90. Neuling ohne besonderes Charisma, aber helle und gemütliche Zimmer um die 300 F. Frühstücksbüffet.
▪ **Hôtel Ker Izel:** 20, rue de Gouët. T. 96 33 46 29. Fax: 96 61 86 12. Neben einem der reizvollsten Altbauten Saint-Brieucs, in einer verkehrsarmen Innenstadtstraße. Behagliche Zimmer ab 330 F. Videovermietung.

### ● *Zeltplätze*

▪ Im Nordosten Saint-Brieucs, auf der Gemarkung Plérin (in Saint-Laurent, Martin-Plage, Ville-Hery usw.) mindestens fünf weitere Zeltplätze. Der *Camping des Vallées* ist der nächstgelegene. T. 96 94 05 05.

## Wenn der Magen knurrt

### ● *Preiswert bis mittlere Kategorie*

♦ **Crêperie La Fée Morgane:** 4, rue Houvenagle. T. 96 52 09 11. Sonntags geschlossen. Neueröffnete Crêperie, deren Trumpf nicht zu vernachlässigen ist: der Küchenchef kommt aus einem »echten« Feinschmeckerlokal, was den Einfallsreichtum der hier servierten *Galettes* erklärt. Sie tragen alle die Namen von Feen und schmecken unverfälscht bretonisch: Banshee, Bawen, Boudica usw. Auf deutsch Blumenkohl, Roquefort, Saint-Jacques und Artischocke – führwahr sehr deutsch, die drei letzten. Gerichte ab 35 F. Flinke Bedienung, keltische Musik und elegante Einrichtung.

♦ **Crêperie Le Ribeault:** rue Fardel, 30 m von der Place du Martray. T. 96 33 44 79. Sonntags mittags geschlossen. Kleiner Speisesaal mit gemütlicher Atmosphäre, leckere Crêpes. Menüs ab 52 F.

♦ **Le Madure:** 14, rue Quinquaine, in der Altstadt, unweit der Kathedrale. T. 96 61 21 07. Sonntags und montags sowie zwei Wochen Ende September zu. Auf angenehme Art ländlich eingerichtetes Lokal. Tagesgericht ab 55 F. Schmackhafte Pasteten und gemischte Salate, vor allem aber Fleischgerichte vom Holzkohlengrill, zart und saftig. Besonders empfehlenswert.

♦ **Le Chaudron:** 19, rue Fardel. T. 96 33 01 72. Sonntags und mittwochs über Mittag geschlossen. Savoyardische, burgundische und bretonische Käsefondues (letzteres auf Anfrage), Raclette und auf heißen Steinen Gegrilltes. Erfreut sich wegen der gemütlichen Stimmung großer Beliebtheit.

♦ **Brasserie du Champ-de-Mars:** T. 96 33 91 58. Sonntags und montags mittags geschlossen. Die gastronomische Institution in der Innenstadt hat ihre alte Haut abgestreift, was die Qualität der Speisen nicht geschmälert hat. Tagesgericht um die 60 F. Carpaccio-Spezialist.

♦ **Le Manguier:** 10, rue Jules-Ferry. T. 96 94 05 34. Gediegene traditionelle Kost aus dem Meer und freundliche Begrüßung bis spät abends. Menüs ab 90 F.

● ***Gehobener***

♦ **La Vieille Tour:** 75, rue de la Tour, in Plérin (hinter dem Hafen). T. 96 33 10 30. Montags ganztägig sowie sonntags abends geschlossen (außer feiertags). Erfreut sich eines soliden Rufs. Elegant und raffiniert eingerichtet; am Herd waltet ein echter Küchenmeister seines Amtes. Unter der Woche Menü ab 125 F, am Wochenende übersteigt die Rechnung leicht 200 F. Raffinierte Leckerbissen.

♦ **L'Amadeus:** 22, rue du Gouet (in der Altstadt). T. 96 33 92 44. Verschwiegener Speisesaal, gutbürgerliches Publikum, das die einfallsreiche Kost schätzt (vor allem Fischgerichte). Unter der Woche Menüs um 100 F.

## Absteigen und einkehren in der Umgebung

▪ **Maison de la Baie:** site de l'Étoile, 22120 Hillion. T. 96 32 27 98. Das alte Pfarrhaus ist jetzt in Gemeindebesitz. Übernachtung in einem Appartement (mit oder ohne Küche) ab 150 F pro Person, Bettwäsche 12 F zusätzlich. Wer möchte, kann eine Ausfahrt aufs Meer wagen oder an einer Entdeckungswanderung teilnehmen.

▪ **Chambres d'hôte Le Pré Péan:** in Pordic (neun Kilometer nördlich von Saint-Brieuc) bei Mme Gaubert. T. 96 79 00 32. Drei Zimmer ab 220 F, Frühstück inbegriffen. Alter Hof aus dem 14. Jh., auf dem flachen Land. Gefrühstückt wird am großen Tisch in der Küche, während der Geruch warmer Milch aus dem Kuhstall dringt.

▪ **Le Buchon:** in Trémuson, fünf Kilometer von Saint-Brieuc, Richtung Guingamp. T. 96 94 85 84. Montags und dienstags abends geschlossen. Kleine unscheinbare Herberge am Straßenrand, die aber frisches Meeresgetier auf den Tisch zaubert: Fisch, Hummer, Krabben usw. Mittagsmenü ab 90 F zu einem unschlagbaren Preis/-Leistungsverhältnis. Weitere Gerichte bis 350 F.

▪ **Ferme-Auberge de l'Étang:** zwei Kilometer von Trégueux, etwas vor Yffiniac (sechs Kilometer östlich von Saint-Brieuc). Am großen Kreisverkehr der Nationalstraße ausgeschildert (Richtung Quimper, dann rechts). T. 96 71 23 19. In der Hauptsaison täglich außer montags geöffnet, in der Nachsaison nur am Wochenende. Tischvorbestellung unumgänglich. Renoviertes Haus, herzliche Begrüßung. Die großzügige Hachse bringt 600 g auf die Waage. Menüs ab 70 F. Vermietet im Sommer auch Appartements für rund 1.300 F die Woche.

♦ **Crêperie des Grèves:** rue des Grèves in Langueux (6 km östlich von Saint-Brieuc). T. 96 72 56 96. Gute Adresse im »Marais« (Sumpf), die Crêpes und Galettes aus heimischer Produktion sowie Cidre und Würstchen bereithält. Inhaber ist der heimatverbundene Gilles Allano.

## Ausgehen

Ehrlich gesagt: mit dem Nachtleben in Saint-Brieuc ist kein Blumentopf zu gewinnen. Dennoch gibt's ein paar Plätzchen, wo sich was rührt. Es gilt nur, sie aufzuspüren, und dafür sind wir schließlich da, oder?

♦ **Kulturzentrum** *(CAC):* place de la Résistance (Plan A1-2). T. 96 33 77 50. Die originelle Plastik aus rosa Neonröhren, eine Schöpfung des Künstlers Kapéza, erlischt als letztes Licht in Saint-Brieuc. Dies weist darauf hin, daß hier auch nachts noch etwas los ist: Theater, Musik, Tanz und Filmvorführungen stehen von September bis Juni auf dem Programm der beiden Veranstaltungssäle. Einer der Räume ist ein hundertjähriges Theater im italienischen Stil, mit rotem Samt und Kronleuchtern und allein schon deshalb sehenswert. An Regentagen – die natürlich in der Bretagne selten vorkommen – gibt es nichts Besseres zu tun, als die Ausstellungen zeitgenössischer Kunst in der Galerie im Untergeschoß anzusehen. Ganzjährig geöffnet, Führungen auf Anfrage.

♦ **Place du Chai:** neben der Kathedrale. Farbenfroher, sehenswerter Fußgängerplatz, dessen moderne Herrichtung nicht so recht zum historischen Umfeld paßt. Topmodische Boutiquen und Restaurants stehen neben den alten Granitbauten. Auf der Terrasse läßt man über Mittag oder abends den lieben Gott bei einem Glas einen guten Mann sein. Besonders belebt ist der Platz vormittags an den Markttagen Mittwoch und Samstag.

♦ **Chez Rollais:** 26, rue du Général-Leclerc (in der Innenstadt). Steht mit seinem Schaufenster und dem Weinkeller immer hoch im Kurs. Alt und Jung sitzen einträchtig vor ihrem Schoppen.
♦ **Le Piano Bleu:** 4, rue Fardel (unweit der Kathedrale). T. 96 33 41 62. Sonntags Ruhetag. Fideles Café-Concert, wo sich schon Mouloudji, Kent, Graeme Allright und Paco Ibañez die Ehre gaben. Im Sommer finden die Veranstaltungen unter freiem Himmel statt. Auch Schauplatz des Humorfestivals von Saint-Brieuc im Juli, das hoffentlich nicht so grauenvoll ist wie unser »Gaudimax« vom bäurischen Rindfunk.
♦ **L'Iliade:** 5, rue du Légué (nördlich der Altstadt vor dem Hafen). T. 96 33 46 99. Bis 20.30h geöffnet, sonntags und im August geschlossen. Rockmusik und aufgeheizte Stimmung.
♦ Im Sommer haben in Binic (12 km nördlich) jede Menge muntere Kneipen auf, darunter das **Miramar** und das **Le Radeau**, der älteste Schuppen an der Côtes-d'Armor.

## Kulturelles

► **Kathedrale Saint-Étienne** (Plan A1): um 1350 vom bischöflichen Fürsten (und großen Krieger) der Stadt errichtet, was ihre Ähnlichkeit mit einer Festung erklärt. Während der Französischen Revolution diente sie als Pferdestall und Waffendepot. Innen offenbart sie harmonische Proportionen. Im Kirchenschiff ist das Gewölbe romanisch, im Chor gotisch. Elegantes Triforium. Höhepunkt in der Kathedrale ist sicher das Altarblatt *Mariä Verkündigung* von Yves Corlay aus dem Jahre 1745. Es überstand die Revolutionswirren gut versteckt in einem Heuhaufen. Die Pracht des Barockkunstwerks entfaltet sich am schönsten frühnachmittags, wenn die Sonne im Zenith steht.
Zu sehen ist ferner ein *Orgelgehäuse* aus dem 16. Jh. Zwischen den Sitzreihen alte Grabsteine von Domherren. Im südlichen Querschiff ein spätgotisches *Kirchenfenster*. Außerdem ein sehenswerter moderner Kreuzweg.

► **Place du Martray** (Plan A1): der »Markt« also ... Was hält unsere Leserschaft von diesem metallischen Einkaufszentrum, das einem so bunt entgegenschillert und in seinem Inneren das Marktgeschehen verbirgt? Ein provinzieller Abglanz des *Centre Pompidou* in Paris, finden wir.

► **Altstadt** (Plan A1): auf engem Raum mehrere gelungene Beispiele mittelalterlicher Baukunst. Man findet sie in den Straßen Quinquaine, Pohel und Fardel *(Maison Ribault)* sowie an der Place Louis-Guilloux und der Place au Lin usw. Es macht auch Laune, durch die belebte Einkaufsstraße Saint-Guillaume zu bummeln (»faire la Sainte-Gui«). In der Rue Notre-Dame plätschert Wasser im Brunnen von Saint-Brieuc unter einem Portalvorbau aus dem 15. Jh. Hier hatte *Brieuc*, der gallische Mönchsprediger, im 6. Jh. seine erste Kapelle etabliert.

► **Historisches Museum der Côtes-d'Armor:** rue des Lycéens-Martyrs. T. 96 62 65 20. Öffnungszeiten: 9.30-11.45h und 13.30-17.45h. Montags bleiben die Museumspforten geschlossen. Das neue Museum ist in einer ehemaligen Polizeiwache untergebracht – worüber wir uns freuen, denn normalerweise läuft die Sache ja eher umgekehrt. Hier ist alles über die Geschichte des Départements seit der Französischen Revolution zu finden, nach Sachgebieten geordnet: Fischfang, Schiffahrt, Leben im Hafen, Landwirtschaft, Industrialisierung, Gesellschaft, Religion. Obendrein spannende ethnographische Ausstellungen: Möbel, Kleidung, Hausrat, Werkzeug usw.

### In der Umgebung

► **Maison de la Baie:** rue Étoile-Hillion, in Hillion (15 km östlich von Saint-Brieuc). T. 96 32 27 98. Das Empfangsbüro des Naturschutzzentrums bietet Gelegenheit, die natürliche und wirtschaftliche Umgebung der Bucht zu erkunden. Ganzjährig Veranstaltungen und Ausstellungen über die heimische Meeresfauna und -flora; mit Marinarium.

► **Plérin:** die *Plage des Rosaires* wird hauptsächlich von den Briochins besucht, den Bewohnern von Saint-Brieuc. Der Badeort wurde in den zwanziger Jahren von dem französischen Autokönig *Lucien Rosengart* ins Leben gerufen. Bekannte Segelschule. Das Meer zieht sich an dieser Stelle weniger weit zurück als anderswo in der Bucht von Saint-Brieuc. Ein Strandspaziergang ist wegen der prachtvollen Villen aus der Vorkriegszeit eine Augenweide. Am Ende des Strandes, nach Saint-Laurent hin, haben die FKK-Freunde ein Plätzchen gefunden. Allerdings weht meist ein scharfer Wind.

## RICHTUNG ARGOAT

### QUINTIN (22800)

Malerisches Städtchen im Schatten eines stolzen Schlosses, 19 km südwestlich von Saint-Brieuc. Im 17. und 18. Jh. bedeutend wegen seiner Leintuchherstellung. Aus dieser Zeit hat der Ort eine Reihe stolzer Herrenhäuser, Fachwerkhäuser und Stadtpalais geerbt. Seit der traditionelle Tuchhandel darniederliegt, hat sich dort das bunte Völkchen der Kleingewerbetreibenden eingenistet. Am Fuß des Schlosses ein schöner See. Rund um Quintin entdecken wir eine liebliche Landschaft, ideal zum Fahrradfahren.

– **Fremdenverkehrsamt:** place 1830. T. 96 74 01 51 und 96 74 84 01. Von Ostern bis Ende Oktober täglich besetzt; außerhalb der Urlaubszeit nur dienstags und freitags vormittags. Mme de Bagneux, eine echte Schloßherrin, hält den Laden auf Trab und steckt den Besucher mit ihrer Begeisterung für die Region an.

## Kost & Logis

▪ **Hôtel du Commerce:** 2, rue Rochenen. T. 96 74 94 67. Außerhalb der Ferienzeit sonntags abends und montags mittags sowie vom 15. Dezember bis 15. Januar geschlossen. Efeubewachsenes, ruhiges Hotel in der Altstadt. Einwandfreie Zimmer ab 200 F. Ordentliches Restaurant mit mittelalterlichem Speisesaal, Menüs ab 80 F. In der alten Mauer sind einige Flaschen eingelassen, die der Maurer entweder vergessen oder dankbar zurückgelassen hat.

▪ **Hôtel de la Gare:** 8, rue de la Gare, in Saint-Brandan (1 km). T. 96 74 84 27. In Quintin die Straße nach Saint-Brieuc einschlagen und rechts in Richtung Saint-Brandan abbiegen. Winziges, heimeliges Hotel. Betriebsruhe freitags abends und samstags mittags. Anständige Gemächer ab 150 F. Menüs ab 55 F.

▪ **Gemeinde-Zeltplatz:** neben dem Velodrom. T. 96 74 92 54. Geöffnet von Ostern bis zum 31. Oktober.

♦ Hungrigen Mägen empfehlen wir das *Schloß* (s. nächsten Abschnitt).

## Sehenswürdigkeiten

► **Schloß:** Eingang an der Place 1830. T. 96 74 04 63 und 96 74 94 79. Von Juni bis Ende Oktober täglich 10-19h Besuchszeit; vom 15. März bis Ende Mai täglich außer dienstags von 10-12 und 14-17h; in der übrigen Zeit auf Voranmeldung. Von November bis Anfang März geschlossen.

Der große Schloßpavillon datiert von 1645, die Gebäude im Norden des Hofs von 1775. Seit Jahrhunderten Eigentum der Familie de Bagneux, die umfangreiche Renovierungsarbeiten ausgeführt und ein kleines Geschichtsmuseum eingerichtet hat, das allerdings Eintritt kostet (30 F). Dafür gibt es aber auch eine Führung und, mit jährlich wechselndem Thema, eine Ausstellung. Hier sind alle möglichen Nippsachen und Ziergegenstände zu sehen wie Miniaturen, Silbergeschirr, Porzellan, Fächer usw. Ein anderer Raum birgt Originalmanuskripte von unschätzbarem Wert: Briefe von Franz I. und Ludwig XIV., Haftbefehle des bretonischen Parlaments, ein Dokument des Konsuls Bonaparte, eine Papstbulle von 1655 und uralte Kassenbücher, das älteste davon aus dem Jahre 1322. Weitere Exponate sind ein Webstuhl – Quintin war eine Stadt der Tuchhändler! – sowie ein Backofen aus Granit. Neuerdings wird ein zehnminütiger Film über die Geschichte des Schlosses und der Region vorgeführt.

♦ Verköstigung auf dem Schloß ist von Juli bis September täglich mittags und abends möglich; im Winter allerdings nur nach Voranmel-dung und für Gruppen. Menü ab 80 F, Imbiß von der Karte.

► **Altstadt:** in der Grand-Rue, die von der Place 1830 abgeht, fallen mehrere Fachwerkhäuser auf, vor allem aber elegante Granitgemäuer. Auf der Place du Matray erheben sich die prächtige *Maison du Changeur* (Wechslerstube) von 1728 und das Rathaus von 1740. Zwei fotogene Erkerhäuser am Anfang der Rue au Lait – eins davon beherbergt das Verkehrsamt. Man sollte auch durch die malerische *Rue des Degrés* schlendern.

► **Rue de la Basilique:** gemeißelte Portalvorbauten am Haus der Kanoniker. Gegenüber ist ein Springbrunnen angebracht, der, ebenso wie die bunte, leicht abgeblätterte Holzfigur der »Heiligen Mutter der Tugenden«, aus der Krypta der Kapelle Notre-Dame-d'Entre-les-Portes stammt.

► **Basilika Notre-Dame-de-Délivrance:** wurde im Jahre 1887 vollendet: an der Stelle einer Burg, wo jahrhundertelang, nämlich seit 1250, eine Marienreliquie – in Form eines Gürtelfetzens – aufbewahrt wurde. Das Bauwerk im neugotischen Stil ist 76 m lang und 28 m breit. Das Gewölbe befindet sich in 16 m Höhe und dem Wetterhahn müßte in 75 m Höhe eigentlich schwindlig werden. Im Inneren der Basilika birgt der silberne Reliquienschrein feinmaschiges Gewebe aus Linnen.

– **Wallfahrt** *(Pardon)* am ersten Sonntag im Mai; vor allem bei Schwangeren beliebt.

## Quintins Umgebung

► **Lanfains:** Marktflecken im Süden Quintins, am Hang eines 325 m hohen Hügels, just an der Wasserscheide zwischen Ärmelkanal und Atlantischem Ozean. Auf das Herrenhaus *Porte-Fraboulet* mit dem wunderschönen, gewölbten Portalvorbau achten. Mehrere typische Bauernhöfe: Sainte-Marie, la Moinerie usw.

♦ **Le Petit Village:** den Schildern ab Lanfains folgen. T. 96 32 44 39. In einem ehemaligen Kuhstall eingerichtete Bar, wo samstags abends in der Nach- und Vorsaison regelmäßig Rock- und Folkkonzerte steigen – in den vergangenen fünf Jahren bereits einhundert. Die Landwirte Christiane und Noël versuchen auf diese Weise, Beruf und Liebe zur Musik miteinander zu vereinbaren. Sie wollen gleichzeitig ihre bäuerliche Isolierung überwinden, Leute kennenlernen, der Routine entrinnen, kurzum etwas Leben in eine Gegend bringen, die stark von der Landflucht gebeutelt ist. *Le Petit Village* ist also eine förderungswürdige Initiative. Kostenlose Zeltmöglichkeit für Tramper, Motorrad- und Radfahrer. Alljährlich Ende August großes *Fest-Noz* mit keltischer Musik.

► **Boqueho:** abgeschiedener Weiler »in den Bergen«, wo die Templer einen großen Pferdemarkt abzuhalten pflegten. Vier Gestüte und ein Hufschmied halten die Tradition wach. *Pardon de Notre-Dame de la Pitié* am 15. August.

## MONCONTOUR-DE-BRETAGNE (22510)

Zählte im Mittelalter zu den wichtigsten bretonischen Städten, ja besaß im 14. Jh. sogar eine eigene Münze. Die hoch auf dem Berg gelegene Stadt reizte manchen Eroberer. Später fiel Montcontour in

Vergessenheit. Die einzige Veränderung während der folgenden fünf Jahrhunderte war der teilweise Abriß der Stadtmauern auf Anordnung Richelieus. Übriggeblieben ist ein Städtchen voller Zauber und unversehrter historischer Bausubstanz, dessen uralte Gäßchen zu romantischen Irrgängen auffordern. Den schönsten Blick auf Moncontour hat man bei der Anreise aus Richtung Quessoy (auf der D 1). Im Sommer veranstaltet Montcontour ein Fest nach dem anderen: Mittelalter-Fest, Ritterturnier, Konzerte usw. Auf daß sich niemand langweile ...

– **Verkehrsamt:** 4, place de la Carrière. T. 96 73 50 50 oder -41 05. Von Mitte Juni bis Mitte September täglich von 10-12.30 und 14.30-18.30h geöffnet. Freundliches Team, das uns die Hotelliste und das Veranstaltungsprogramm für den Sommer überreicht. Im ersten Stock das Museum (s. unten).

## Quartier machen

▪ **Gemeinde-Zeltplatz:** 100 m von der Stadtmauer, in Moulin-Saint-Michel. Nur zwanzig Stellplätze; Zwei-Sterne-Komfort. Buchung auf dem Verkehrsamt.

▪ Das einzige **Hotel** der Stadt in der Rue Saint-Jean dürfte seine Tore wieder geöffnet haben. T. 96 73 49 80.

▪ **Gästezimmer:** bei *Mme Rouillé,* nach anderthalb Kilometern an der Straße nach Saint-Brieuc, gegenüber der Renaultwerkstatt (T. 96 73 40 82); bei *Mme Henaff* in Grands-Moulins (T. 96 73 57 58); bei *Mme Gouélou* in La Vallée (T. 96 73 55 12); oder Ferienwohnung und Mahlzeiten in der Orangerie von *Schloß Bogard* in Quessoy, acht Kilometer nördlich (T. 96 42 38 25 oder -30 02).

## Kost & Logis in der Umgebung

▪ **Hôtel du Commerce:** am Hauptplatz von Ploeuc-sur-Lié, zehn Kilometer westlich von Moncontour. T. 96 42 10 36. Nur ein Stern, der aber hell strahlt. Und das mit gutem Grund: das verschwiegene Haus hat für seinen Blumenschmuck den ersten Preis des Départements gewonnen. Die Fassade ist aber auch sehenswert. Netter Wirt, schlichte, aber propere Zimmer ab 160 F. Restaurant nicht übel.

▪ Nicht zu vergessen die **Gästezimmer** in *Schloß Plouguenast*, elf Kilometer südlich von Moncontour (s. unten »Umgebung von Loudéac«).

## Sehenswertes in Moncontour

► **Kirche Saint-Mathurin** (16. Jh.): der Kirchturm wurde 1902 durch einen ungewöhnlichen Glockenstuhl ergänzt, der gut zur Architektur der Stadt paßt und ihr eine originelle Note verleiht. Barockfassade aus dem 18. Jh. Wer sich für Kirchenfenster begeistern kann, erlebt hier einen Höhepunkt seiner Reise, entdeckt er doch eines der drei faszinierendsten Kunstwerke in der Bretagne: drei Fenster auf der linken Seite des Kirchenschiffs, zwei rechts, und das große Chorfenster – alle aus dem 16. Jh. Das zweite von rechts mit dem *Stammbaum Jesse* leuchtet in wunderbar frischen Farben und herrlichen Blautönen. Das Chorfenster schildert die Kindheit Jesu. Zu sehen sind ferner ein Taufbecken aus Granit, eine prächtige Pietà aus dem 16. Jh., die in Vaublanc geschmiedete Chorbalustrade und der Hauptaltar aus farbigem Marmor (1768).

► **Burg:** die unter Ludwig XIII. geschleiften Überreste der mittelalterlichen Festung sind während der Schulferien kostenlos zu besichtigen. Wälle, Verließe, Kerker und dergleichen.

► **Maison de la Chouannerie:** im Verkehrsamt. Selbe Öffnungszeiten. Eintritt 20 F. Auf drei Etagen wird der royalistische Volksaufstand gegen die Französische Revolution dargestellt. Zahlreiche Schriftstücke und einige historische Kostüme. Filmvorführung zum Thema Moncontour und Umgebung.

► **Stadtbummel:** Fachwerkhäuser wo man hinschaut, Herrenhäuser aus Granit, Überreste von Stadttoren, Renaissance-Portalvorbauten, Marienfigürchen in Mauernischen. Hübsch die treppenförmige *Rue des Hautes-Folies* (Zugang von der Rue de la Pompe). Man findet sogar ein weiteres Gäßchen mit witzigem Namen, die Rue Hors-Voie.

– **Grand pardon de Saint-Mathurin:** an Pfingsten pilgern die Gläubigen zu *Saint-Mathurin,* dem Schutzpatron der Kranken. Samstags nachmittags wallfahren die Kranken. Abends gegen 21h findet eine Lichterprozession statt; am Sonntag werden Reliquien durch die Stadt getragen, und montags schließlich steigt ein Radrennen.

– **Mittelalter-Fest:** am letzten Sonntag im August. Höhepunkt der Feierlichkeiten im Sommer, mit Kostüm- und Folkloregruppen, Troubadouren, Ständen mit regionalen Erzeugnissen, Musik, Tanz und allerlei anderem Zeitvertreib.

## In der Umgebung ...

► ... sind jede Menge **Schlösser** zu besichtigen. Das bedeutendste ist sicherlich **Touche-Trébry** fünf Kilometer weiter östlich. Besichtigung im Juli-August täglich außer sonntags von 14-18h. Schöner Festungsbau aus dem 16. Jh. von großer architektonischer Geschlossenheit und repräsentatives Beispiel für bretonische Renaissance.

► Im Süden Moncontours erhebt sich der heiligen Hügel von **Bel-Air** an der Wasserscheide. Sagenhafte Aussicht.

***ARGOAT*** (innerbretonisches Waldland)

Von Moncontour aus geht es hinein ins unverfälschte Innere der Bretagne, deren rauhe Oberfläche und Felskämme von der Erosion in Jahrtausenden abgeschliffen wurden. Die vielfältige Landschaft wartet mit grünen Tälern, Erika- und Ginsterheiden auf. Das verwunschene Land der Legenden um die Fee Morgana bietet sich an für Wanderungen, Badeferien am See und Fischen. Unterwegs kommen wir in *Saint-Gilles-du-Méné* Gemeinde Collinée, in der Nähe der *Landes du Menez* (schöne Wanderwege, s. »In der Umgebung Loudéacs«), oder an der Abtei von Boquen vorbei (Kapitel »Umgebung von Lamballe«) . Auskünfte über das *Pays de Méné* unter T. 96 34 47 58. Dann wieder zurück nach Loudéac. Wer den Anblick des Ozeans nicht missen möchte, düse durch bis zur Küste von Goëlo.

## LOUDÉAC (22600)

Umtriebiger Marktflecken, der von Handel und Industrie lebt: produziert werden in Loudéac Fischköder, Löffel und ... Maschinenpistolen. Kirche aus dem 18. Jh., die abends angestrahlt wird.
Gar nicht weit von hier der *Wald von Loudéac* (2800 ha) und die *Landes du Menez*. Seit 1914 »spielen« die Bewohner jährlich an den vier Sonntagen vor Ostern vor Tausenden von Besuchern die Leidensgeschichte Christi nach.

### Nützliche Adressen

– **Verkehrsamt:** place du Général-de-Gaulle. T. 96 28 25 17. Auskünfte von Mitte Juni bis Mitte September täglich außer sonntags.
– **Pays d'accueil de Loudéac:** 1, rue Pasteur. T. 96 28 28 77. Fax: 96 28 09 94. »Empfängt« keine Besucher, wie man meinen könnte, versendet aber Auskunftsmaterial.
– **Busse:** Auskünfte am Bahnhof. T. 96 28 00 29. Nach Rennes, Carhaix, Pontivy-Auray, Rohan-Bréhan.

### Übernachtung und Tafelfreuden

▪ **Hôtel-Restaurant des Voyageurs:** 10, rue de Cadélac, bei der Kirche. T. 96 28 00 47. Fax: 96 28 22 30. Samstags geschlossen. Modernes, gut geführtes und komfortables Hotel mit Zimmern ab 210 F und günstigem Restaurant (Menüpreise ab 90 F.)
▪ **Motel d'Armor-Restaurant Le Boléro:** 22210 La Prénessaye. An der N 164, acht Kilometer vor Loudéac in Richtung Rennes. T. 96 25 90 87 und 96 25 64 85. Fax: 96 25 76 72. Daniel und Madeleine lieben ihren Beruf, was man schon bei der Begrüßung spürt. Zimmer

mit Gartenblick und Dusche oder Bad ab 270 F. Das hausgemachte Frühstück nehmen wir im hübschen Speisesaal ein. Gutes Restaurant mit Menüs ab 90 F aus eigenen Erzeugnissen. Sonntags abends und montags geschlossen.

▪ **Auberge du Cheval Blanc:** place de l'Église. T. 96 28 00 31. Fax: 96 28 23 96. Sonntags und montags abends geschlossen. Charaktervolles Gebäude aus dem 16. Jh., ältestes Haus am Platz. Im Sommer ist die große Terrasse geöffnet. Die Küche genießt wegen ihrer Fischgerichte und Meeresfrüchte einen vorzüglichen Ruf. Menüs zu 80 (nur über Mittag), 130, 160, 220 und 330 F: bretonischer Hummer, eingelegte Gänseleber *(Foie gras),* Nougat mit Nüssen und Fischeintopf mit dampferhitzten Algen. Mal was anderes, nicht wahr?

♦ **Crêperie-Pizzeria La Belle Époque:** 16, rue de Pontivy. T. 96 28 34 98. Sonntags abends geöffnet. Überdrehte Einrichtung, aber Bedienung aber erstklassiges Preis-Leistungsverhältnis. Leckere »Ozean-Pizza« und große Fleischportionen.

## Unterkunft im Umkreis

▪ **Zeltplatz Val de l'Androuët:** le Gué-Plat, 22230 Merdrignac. T. 96 28 47 98. Fax: 96 26 55 44. Von Juni bis Mitte September geöffnet. Vorausbuchung ratsam. Zwei Sterne; idyllische Lage mitten im Grünen an einem See. Nagelneue Sanitäranlagen.

▪ **Château de Pontgamp:** rue des Frères-Bourges in Plougenast (mitten im Dorf auf der Anhöhe). Zehn Kilometer nördlich von Loudéac. T. 96 28 72 32. Herrensitz aus dem 18. Jh., dessen junger Geschäftsführer als Druide (!) praktiziert und gern über Land und Leute plaudert. Im Salon schöne alte Bücher, in die man sogar einen Blick werfen darf, und persönliche Erinnerungen an den französischen Korsaren *Robert Surcouf*, von dem der Besitzer angeblich abstammt. Kuriose Sammlung ausgestopfter Eulen. Die vornehmen Zimmer mit Stilmöbeln erwecken eher den Anschein einzelner Appartements, denn ein jedes hat einen eigenen Salon und und ein Bad. Preise 260 und 320 F; Frühstück inbegriffen. Verlangt Mindestübernachtungsdauer von zwei Nächten. Spitzenadresse für alle Ruhesuchenden und Wandervögel.

## Sehenswertes in der Umgebung

● ***La Chèze:*** 10 km südöstlich von Loudéac. Sehenswert sind die Burgruine aus dem 13. Jh. und das *Handwerksmuseum (Musée régional des Métiers)*, T. 96 26 63 16. Im Juli/August von 9-12 und 14-19h geöffnet; im Juni und September nur nachmittags; außerhalb der Urlaubszeit nur auf Anfrage. Hier werden bretonische Handwerksberufe anhand von originalgetreuen Werkstätten, Filmen und Sonderausstellungen vorgestellt. Im ersten Stock die Praxis eines Landtierarztes.

► Zur Abrundung des Besuchs einen Blick auf die Holzschuhe in der **Schuhhandlung** von M. Aubry, 54, rue de la Madeleine (Hauptstraße), werfen. Dienstags im August führt er durch seine Werkstatt hinter dem Geschäft.

► Am letzten Samstag im September wird der malerische **Pferdemarkt** abgehalten. Feststimmung und typische Gerichte.

▪ **Zeltplatz:** zwischen See und Fluß. Zwei Sterne, die wunderliche Strohhütte namens »Taodion« hat übrigens ein alter Handwerker gebaut.

♦ **Crêperie Sarrasine** *(chez Marcelle):* in der Rue de la Madeleine.

► **Landes du Menez:** für alle, die Zeit haben; Heidelandschaft südöstlich des Waldes von Loudéac. Auf dem Weg durch die hügelige, malerische Landschaft – eine Hochburg der *Chouans* – kommt man immer wieder durch alte Dörfer wie das komplett unter Denkmalschutz stehende *Saint-Lubin* (16. Jh.). Den besten Gesamteindruck von den Bauernhöfen aus Sandstein und der gedrungenen Kirche gewinnt man von der Route de la Prénessaye aus. An der Chaussée von Vaublanc ein gemeißelter Brunnen.

► **Le Vaublanc** ist ein ehemaliges Hüttenwerk in einem kesselförmigen Tal, am Rande des Waldes von Loudéac, samt entzückendem Dorf. Die architektonisch bemerkenswerten Schmieden waren von 1672-1871 in Betrieb. Heute haust hier eine Ordensgemeinschaft. Gegenüber vom See erheben sich Kornspeicher aus dem 17. Jh., mit bis zum Boden reichenden Dächern.

► **See von Bosméléac:** 76 ha groß, gehört zu einem ganzen Netz von Wasserflächen und fischreichen Flüssen.

► **Rigole de Hilvern:** westlich von Loudéac, längs der Oust. Schmaler Kanal von 62 km Länge, der sich für romantische Ausflüge zu Fuß und zu Pferd anbietet.

► **Oberes Oust-Tal:** Hauptsehenswürdigkeit sind die Granithäuser mit Werkstatt der Tuchhändler aus dem 17. und 18. Jh. Man findet sie vor allem in den Dörfern Uzel, Le Quilio und Merléac.

► **Le Quilio:** 10 km nordwestlich von Loudéac. Denkmalgeschützter Pfarrbezirk. In Dorfnähe befindet sich die Kirche *Notre-Dame-de-Lorette*, von der aus man an schönen Tagen sogar bis Vannes blickt.

## RUND UM GUERLÉDAN UND KORONG

### GUERLÉDAN-SEE UND WALD VON QUÉNÉCAN

Rings um den 400 ha großen Stausee erstreckt sich ein grünes Paradies für Wanderfreunde. Die 3.000 ha Privatwald sind öffentlich zugänglich. Einige der verstreut liegenden bretonischen Häuschen sind Wanderherbergen *(Gîtes d'Étape).* Mitten im Wald steht das Kapellchen *Saint-Ignace*. Weiter südlich geht die Landschaft in die urtümliche *Heide von Gouvello* über.

Ein Verzeichnis der weitverzweigten Wanderwege, Mountainbikestrecken und Gestüte verteilt das Verkehrsamt in Mur-de-Bretagne. In Cavrel legen die Ausflugsboote für eine Seerundfahrt ab.

– **Pays d'Accueil de Guerlédan et du Korong:** in Gouarec. T. 96 24 85 83.

► Glücksritter spielen darf man in der Bucht von Daoulas. Ein professioneller **Goldsucher** bietet Praktika von zwei bis drei Tagen an. Von samstags 9 h bis sonntags 16 h ab 850 F Vollpension. Arbeitsmaterial wird gestellt. Originelle Idee fürs Wochenende. Bisweilen fördert man sogar wirklich ein kleines Stückchen Gold zutage. Auskunft und Buchung beim Verkehrsamt des Départements in Saint-Brieuc (T. 96 62 72 00).

## MUR-DE-BRETAGNE (22530)

Städtchen am Rande des Guerlédan-Sees und des Forstes von Quénécan. Von Norden her folge man der D 63 durch die Schlucht von Poulancre. Im Norden der Stadt die Kapelle *Sainte-Suzanne* aus dem 15. Jh.; der Glockenturm ist dreihundert Jahre jünger. Im Innenraum bemalte Wandverkleidungen und Retabel mit figürlichen Darstellungen.
Zwei Kilometer außerhalb von Mur liegt am Rond-point du Lac (Kreisverkehr) das Wassersportzentrum, an dem man auch ohne Überwachung baden kann.

### Nützliche Adressen

– **Tourismus-Pavillon:** place de l'Église. T. 96 28 51 41 oder 96 26 08 99, Rathaus. Von Ostern bis Ende Juni täglich außer sonntags nachmittags von 10.30-12.30h und von 14.30-17.30h geöffnet, im Juli-August bis 19h.
– **Sportliche Aktivitäten am See:** Auskunft im Sport- und Freizeitzentrum *(Base de Plein Air)* des Départements am Rond-point-du-Lac. T. 96 66 82 22. Nur im Sommer besetzt.
– **Vermietung von Segelbooten, Surfbrettern, Kanus und Mountainbikes:** am Strand von Caurel.
– **Vermietung von Kanus und Kajaks:** am Strand von Mur. T. 96 28 56 81.
– **Mountainbike-Vermietung:** rue de la Vallée. T. 96 26 05 34.
– **Reiterhöfe:** einer in Kermenguy (nördlich von Plussulien), T. 96 29 42 62; ein anderer in Plélauff-Kerjean, T. 96 24 86 82.

### Kost & Logis

▪ **Jugendherberge Saint-Guen:** drei Kilometer nördlich von Mur, an der D 35 in Richtung Le Quillio. T. 96 28 54 34. Fax: 96 26 01 56. Von April bis Ende Oktober geöffnet. Ausweis erforderlich. Tolle, renovierte JH mit allen Schikanen. An Küchengerät herrscht wahrlich kein Mangel. Saubere, ansprechende Zimmer mit vier bis sechs

Betten, tadellose Sanitäranlagen. Schon erstaunlich, ein derartiges Juwel ausgerechnet in diesem Kaff zu finden. Herbergsvater André Le Provost liebt sein Metier eben heiß und innig. Übernachtung 53 F, Mahlzeit 50 F. Im Sommer speist man im Innenhof. Himmlische Ruhe. Wir begegneten einer Studentin, die jedes Jahr ihren Urlaub hier verbringt, um Dampf abzulassen.

▪ **Gîte d'étape:** in Caurel (5 km westlich von Mur). T. 96 28 52 21 (Rathaus). Ehemalige Schule, dreiunddreißig Betten. Nach dem Schlüssel frage man im Restaurant *Le Relais du Lac*, T. 96 28 56 93.

● ***Mittlere Preise bis vornehm***

▪ **Hôtel des Touristes:** *Logis-de-France*-Unterkunft in der Ortsmitte von Saint-Gilles-Vieux-Marché, fünf Kilometer nördlich von Mur. T. 96 28 53 30. Die Fassade mit den vielen Geranientöpfen vor den Fenstern erkennt man schon von weitem, ist also gar nicht zu verfehlen. Trotz der hübschen Fassade fällt die Begrüßung eher barsch aus, aber die günstigen Preise (160 F fürs Doppelzimmer) machen alles wett. Im Sommer Terrasse zum Dorfplatz.

▪ **Hôtel-Restaurant Beaurivage:** in Beaurivage (südlich von Caurel). T. 96 28 52 15. Montags abends und dienstags geschlossen. Modernes Hotel am Seeufer mit acht netten Zimmern ab 280 F. Unter der Woche Menü zu 95 F, sonst auf eines zu 160 F.

♦ **Auberge Grand-Maison:** 1, rue Léon-Lecerf in Mur. T. 96 28 51 10. Im Dorf neben der Kirche. Im Februar sowie sonntags abends und montags geschlossen. Der Koch stellt täglich außer sonntags mit Menüs ab 170 F seine Künste unter Beweis. Das leibliche Wohl kommt hier also garantiert nicht zu kurz. Hat auch zwölf Zimmer mit Bad und Fernsehen ab 310 F zu vergeben.

### Was anschauen und unternehmen in der Umgebung?

► **See von Guerlédan** (s. vorigen Abschnitt): nicht überwachter *Badestrand* in Beau-Rivage, *Vermietung von Kähnen und Tretbooten* (T. 96 28 52 64), *Wasserski* (T. 96 28 52 35), *Minikreuzfahrt*, Dauer anderthalb bis drei Stunden, Abfahrt am Restaurant *L'Embarcadère* in Beau-Rivage. Wahlweise teure Restaurant-Kreuzfahrt: T. 96 28 52 64.

► **Laniscat:** die Saint-Gildas-Kirche von 1667 bewahrt eines der wenigen bretonischen Glockenspiele auf. Großer klassischer Altaraufbau von Olivier Martinet aus Lavallois.

## BON-REPOS (22570)

In Mur die N 164 *bis* einschlagen und über Caurel Richtung Gouarec fahren. Vor Gouarec ab der Kreuzung Bon-Repos der D 15 folgen. Von der zweiten Straße rechts gelangt man zu zwei Wanderwegen, von denen einer zu den *Allées couvertes* von Liscuits führt.

▸ **Zisterzienserabtei Bon Repos:** wunderschöne Anlage mit Blick auf den Guerlédan-See und Ruinen aus dem 12. Jh. Nachdem die Abtei im Jahre 1184 vom Vicomte von Rohan, Alain III., gegründet worden war, blieb sie bis zur Revolution, in der das Bauwerk leider gründlich ausgeraubt und zerstört wurde, im Besitz der Zisterzienser. Die noch erhaltenen Mauerreste, hier sind die Restaurateure am Werk, stammen zum größten Teil aus dem 14. und 18. Jh. Von der alten, efeubewachsenen Brücke aus genießt man den besten Blick auf die Anlage. Freie Besichtigung, Anfang August große Ton-Bild-Schau über die Geschichte der Region. Karten: T. 96 24 85 28.

– **Badegelegenheit** in Saint-Gelven, in Roc'h Tregnanton.
– **Mountainbikevermietung:**
in Bon-Repos. Auskunft in der *Bar de l'Abbaye* oder im *Daoulas*.

## Kochtopf, Bierpumpe und Strohsack

▪ **Hôtellerie de l'Abbaye du Bon-Repos:** T. 96 24 98 38. Dienstags abends und mittwochs außerhalb der Urlaubszeit geschlossen. Das ehemalige Klosternebengebäude wurde in ein schmuckes Hotel-Restaurant umgewandelt. Der Speisesaal ist noch richtig schön mittelalterlich, und manche Zimmer haben Schrägwände. Zimmer ab 270 F. Die Menüpreise beginnen bei 65 F. Wenn die Touristen verschwunden sind, läßt sich die ganze herrliche Natur erst richtig genießen (wir sind eben Egoisten). Halbpension pro Kopf ab 360 F.
▪ **Hôtel-Restaurant du Blavet:** RN 164, in 22570 Gouarec. T. 96 24 90 03. Fax: 96 24 84 85. Das von dem jungen, talentierten Koch renovierte große Steinhaus hat seinen Reiz durch den Umbau nicht eingebüßt. Im Inneren Akazienschränke, Teppiche und Gobelins. Speisesaal mit Blick auf den vorüberfließenden Blavet, der die bukolische Stimmung noch verstärkt. Menüs ab 90 F, Zimmer ab 180 F. Gegen 50 F Aufpreis ist man zur Saunabenutzung berechtigt. Familien, die das Zimmer Nr. 6 mit dem Himmelbett länger als eine Nacht mieten, dürfen mit dem originalen Tacot 1929 des Inhabers eine Runde drehen.

♦ **Bar du Daoulas:** neben der Straße, unmittelbar vor der Abtei Bon-Repos. T. 96 24 90 37. Stimmung wie in einem irischen Pub, gute Rock- und Blues-Musik. Vermietet Kähne und Kanus.

## LES FORGES DES SALLES (22570)

Mitten durch den Wald führt ein Spazierweg zu *Les Forges-des-Salles*, einem der ältesten Zentren der Metallverarbeitung in der Bretagne. Besichtigung mit Führung außerhalb der Urlaubszeit am Wochenende, im Juli/August täglich von 14-18h. Eintritt 20 F. T. 97 27 63 63, 96 24 90 12 und 96 24 95 67.
Die Anlage aus dem 17. Jh. zählt zu den besterhaltenen ihrer Art. Die lange Reihe der Arbeiterwohnungen aus dem 18. Jh. fügt sich

harmonisch in die herrliche Umgebung ein. Treppenförmige Gärten um ein schloßartiges Gemäuer mit Nebengebäuden. Mitte des 19. Jhs mußten die Schmieden wegen der auswärtigen Konkurrenz aufgegeben werden.

► **Zaubergrotte:** moulin du Corbeau, Wald von Quénécan, 56480 Sainte-Brigitte. T. 97 27 62 32. Täglich geöffnet. Zu bewundern sind rund hundert Bilder des in der Gegend bekannten Malers Réon (vgl. Kapitel »Ille-et-Vilaine/In der Umgebung Pontivys«).

### Nahrungsaufnahme

♦ **La Truite de Quénécan:** 56480 Sainte-Brigitte (zwischen Bon-Repos und den Forges des Salles, am Wegesrand). T. 97 27 63 63, Fax: 97 27 63 09. Nur im Sommer geöffnet; montags und dienstags mittags geschlossen. In der Ferienzeit ist das Restaurant stets bis auf den letzten Platz besetzt, daher Tisch vorbestellen. Idyllisch mitten im Wald an einem kleinem Teich gelegen. Alte Steine, Holzfeuer, rustikale Gartenstühle und Tische. Leckere geräucherte Forellen frisch aus dem Teich (40 F), dazu ein guter Muscadet. Etwas Besonderes ist das *Kig ha farz*, das bretonische Kuskus (!). Kein Menü; die Rechnung übersteigt deutlich 100 F. Unvergeßlich.

## IM PAYS FISEL

## ROSTRENEN (22110)

Größerer Marktflecken und Zwischenetappe an der Achse Rennes-Châteaulin, mitten im *Pays Fisel*. Von der Architektur her einigermaßen einheitlich, aber ohne charakteristische Bauwerke. In der Kirche mischen sich mehrere Stile. Von der ursprünglichen Bausubstanz aus dem 15. Jh. sind nur noch die vier wuchtigen Stützpfeiler vor dem Chor übrig. Das Kirchenschiff stammt aus dem 19. Jh. Sehenswert immerhin das Portal mit den polychromen Apostelstatuen. Das Sträßchen nebenan führt zu einem hübschen Brunnen aus dem 16. Jh.

► **Volksfeste:** *Bagadou* am 5. Mai, mit bretonischen Folkoregruppen im Festsaal, gefolgt vom seit dem 14. Jh. berühmten *Pardon von Notre-Dame-de-Rostrenen* (14. bis 16. August): die Muttergottesstatue wurde 1300 n.Chr. mitten im Winter unter Rosen entdeckt (oh Wunder!) und wird heute in feierlicher Fackelprozession auf den Miniou-Berg geleitet. Am 24. und 25. August ist der Festsaal dann Schauplatz des *Fisel*-Tanzfestes.

– **Verkehrsbüro:** hinter der Post, neben der Kirche. T. 96 29 02 72. In der Saison täglich geöffnet, in der Nachsaison dienstags und freitags von 9-12 und 14-18h. Auskünfte über Wandermöglichkeiten (GR 37).

### Übernachtung und Stärkung

▪ **Hôtel-Restaurant Henry IV:** in Kerbanel, an der Ortsausfahrt von Rostrenen in Richtung Gomel, an der Straße. T. 96 29 15 17. Fax: 96 29 26 67. Modernes Hotel ohne besonderes Flair, aber in dieser Gegend ist die Auswahl knapp. Zimmer ab 180 F, Menü I zu 80 F. Wer auf Jakobsmuscheln, Perlhuhn, Käse und Dessert Wert legt, investiere 120 F.

♦ **Pizzeria Le Kumquat:** 8, place de la République. T. 96 29 30 01. Sonntag Ruhetag. Schönes altes Steinhaus mit unverputzten Balken sowie entspannter Atmosphäre. Leckere Pizzas vom Holzfeuer, Salate. Mittagsmenü ab 65 F.

## GLOMEL (22100)

Acht Kilometer westlich von Rostrenen. Größeres Dorf zwischen dem Étang du Korong und einem weiterem See. Kein Wunder, daß der Wassersport blüht, zumal auch noch der Kanal Nantes-Brest ganz in der Nähe verläuft. Die Einheimischen sind begeisterte Kajakfahrer! In Glomel soll auch der (angeblich) höchste Menhir im Département Côtes-d'Armor stehen.

### Nützliche Adressen

– **Internationale Begegnung für volkstümliches Klarinettenspiel:** im Mai. Klingt nach nichts, ist aber zu einer der wichtigsten Musikveranstaltungen im Département geworden. Programm: T. 96 29 26 55.
– **Kajak:** der Kanal bietet einundzwanzig Schleusen für die Abfahrt, ein Muß für alle Wassersportler. Auskünfte beim Verein *CASK,* T. 96 29 60 51 (Nebenstelle 43).

### Nächtigen und einkehren

▪ **Camping de l'Étang du Coronc:** T. 96 29 30 46. Von Juni bis September. Gute Ausstattung, jede Menge Wassersportmöglichkeiten: Surfen, Baden, Angeln, Tretboot usw. Auch Wanderherberge.
▪ **Ferme-Auberge Le Manoir de Saint-Péran:** route de Paule, an der D 85, gleich hinter Glomel. T. 96 29 60 04. Für Mahlzeiten ist Vorbestellung erforderlich. Verloren im Wald, in einer märchenhaften Gegend: ein alter Herrensitz mit mittelalterlichem Turm; auf dem Rasen sogar einige stolze Palmen. Zimmer ab 230 F, Frühstück 30 F. Kulinarische Höhepunkte des Hauses sind Hühnchen, Truthahn und Crêpes. Menüs ab 70 F. Nach dem Essen einen geruhsamen Verdauungsspaziergang am nahen Kanal Nantes-Brest einlegen. Auch Fahrradvermietung.

## Sehenswert

► **Menhir von Glomel:** schwer zu finden, da (zum Glück!) keine Touristenattraktion wie der von Carnac. Erhebt sich am Dorfausgang in Richtung Kanal, mitten im Wohngebiet. Den Wegweisern von der Dorfmitte aus folgen. Dann den nicht ausgeschilderten Weg nach links einschlagen, bis man vor Obelix' Meisterwerk von sage und schreibe vierzehn Meter Höhe steht!

## In der Nähe

► **Schloß Coat-Couraval:** 5 km südlich von Glomel, auf der anderen Seite des Sees, über die D 85 zu erreichen. Herrschaftliches Anwesen aus dem 15. Jh. zwischen grünenden Terrassengärten. Besichtigung vom 1. Juli bis zum 1. September. T. 96 29 09 61.

► Angenehmer **Spazierweg** an der Böschung des **Nantes-Brest-Kanals** entlang. Auf der Höhe von Glomel gruben zwischen 1823 und 1836 Tausende von Arbeitern, darunter zahlreiche Sträflinge und Deserteure aus Brest, diese Kanalrinne aus dem Schiefergestein. Viele ließen dabei ihr Leben. Um die Höhendifferenz auszugleichen, ist der Kanal bis zu 35 m tief ausgeschnitten. Die Staustrecke des Kanals erreicht hier, zwischen Rostrenen und Glomel, mit 184 m ihren höchsten Punkt.

► **Étang de Korong:** wurde unter Napoléon I. als Speicherbecken für den Kanal angelegt. Keine Badeaufsicht, Wassersportzentrum für Segler, Surfer und Kanuten, aber auch Tennis, Klettern und Bogenschießen für Landratten. T. 96 29 60 51.

# KERGRIST-MOELOU (22110)

Neun Kilometer nördlich von Rostrenen. Die Bestandteile des Ortsnamens *Kergrist* (Christusdorf) und *Moëlou* (Radnabe) deuten auf die hohe Qualität des Holzes zur Nabenherstellung in dieser Gegend hin. In diesem Dorf, das jeden durch seine harmonische Architektur begeistern wird, findet man den schmucksten Pfarrbezirk der Côtes-d'Armor. Alles liegen und stehen lassen und nichts wie hin!

## Sehenswert

► **Dreifaltigkeitskirche:** Anfang des 16. Jh. errichtet, eines der faszinierendsten Baudenkmäler aus der hohen Zeit der Spätgotik *(Gothique flamboyant)* in der Bretagne. Ergreifende Baugruppe, bestehend aus dem Kalvarienberg, der prächtigen Pforte, dem zierlichen Beinhaus und dem massiven 40 m hohen Turm mit Balustrade. Architekonisch bewanderte Besucher werden nicht müde, alle seltsamen Details ausfindig zu machen. Vor allem die Wasserspeier und – unter feinziselierten steinernen Baldachinen – die farbigen Statuen am Kircheneingang. Durch eine massige, abgenutzte

Holztüre aus dem 16. Jh. gelangt man ins Innere. Der heilige Petrus und sein großer Schlüssel sind kaum noch erkennbar. Einige sehenswerte Standbilder wie die *Gottesmutter mit Kind* auf dem rechten Altar – beide halten eine merkwürdige Kugel in der Hand – und, auf der anderen Seite, die *Heilige Anna* und die *Jungfrau Maria*.

► **Kalvarienberg:** der bedeutendste in den Côtes-d'Armor. Nach dem Vorbild von Plougonven 1578 angelegt. Während der Französischen Revolution geplündert und im 19. Jh. wieder instandgesetzt. Kenntnisreiche Leser werden bemerken, daß bei der Wiederherstellung alle Szenen durcheinandergebracht wurden. Man verweile einen Augenblick vor der *Grablegung*, der einzigen Szene, die 1793 von den revolutionären Hitzköpfen verschont blieb. Sie weckt starke Gefühle beim Betrachter: der heilige Johannes, etwas fett und nach Art der Würdenträger dieser Zeit gekleidet; die würdevolle Jungfrau Maria, der magere Christus auf einem Leichentuch mit langen Falten. Auf dem Friedhof sind noch uralte Grabsteine erhalten.

► Rund um den Pfarrbezirk geben die **Wohnhäuser** aus Granit aus dem 16. und 17. Jh. mit ihren strengen Fassaden ein ungewöhnliches Bild ab.

► **»Klimperkasten«-Festival von Kergrist** *(Festival du Chaudron):* im »Kulturschuppen«. In Ermangelung besserer Räumlichkeiten gibt man sich damit zufrieden. Seit 1973 findet am letzten Augustwochenende oder dem ersten Wochenende im September eines jeden Jahres ein einmaliges Rockfestival mit Theatervorführungen statt. Sehens- und hörenswert!

## TRÉMARGAT (22110)

Altes Dorf und, wenn es nach uns geht, eines der ergreifendsten in der Gegend. Gleichsam erstarrt in der Vergangenheit, ohne vom eitlen Treiben der Welt ringsum Kenntnis zu nehmen. Alte Behausungen aus Granit, viele davon verlassen.

► Ein niedriges, bescheidenes **Kirchlein**, dem Dorf angemessen, aber doch mit ein paar architektonischen Spielereien wie Wasserspeiern, geschnitzter Pforte und kleinem Beinhaus, wo noch Knochen vor sich hinbleichen. Im Innern kann man einen anachronistischen Kreuzweg bestaunen: die Apostel muten an wie französische Widerstandskämpfer im Zweiten Weltkrieg, und die römischen Soldaten tragen Maschinengewehre!

## SCHLUCHT VON TOUL-GOULIC UND BLAVET-TAL

Der Blavet entspringt ein Stück weiter nördlich des gleichnamigen Sees, unweit der Ortschaft Saint-Norgan. Guter Angelplatz. Dem oberen Blavet-Tal folgend, stößt man auf eine beeindruckende Fels-

konstellation, die »Druiden-Kanzel«. Einer der hier wachsenden Bäume hat mit seinen Wurzeln einen Riesenfelsblock umschlungen. Was völlig anderes: der Dichter *Villiers de l'Isle-Adam* ist ganz in der Nähe geboren. Und in Peumerit-Quintin lädt der künstlich angelegte See *Kerné Uhel* zum Baden, Tretbootfahren und Angeln ein.
Landschaftlich reizvolle Straße von Trémargat bis Lanrivain. Unterwegs eine ungewöhnliche und poetische Erscheinung in bemerkenswerter Lage: die Kapelle *Saint-Antoine* (15. Jh.). Und dann plötzlich, am Straßenrand, ein Kalvarienberg aus dem 17. Jh., vermutlich gegen die Pest errichtet, worauf die schmückenden Beulen schließen lassen.
Die schmale D 110 führt weiter zur *Schlucht von Toul-Goulic*, der zweiten Überraschung in dieser Ecke. Wer rechnet schon damit, hier auf ein solches fantastisches Chaos enormer, runder Felsbrocken zu stoßen, über die auf einer Länge von fast 400 m der *Blavet* hinwegdonnert. Parkplatz ansteuern und den schmalen markierten Weg hinauf; etwas steil zwar, aber ohne Schwierigkeit zu bewältigen. Für einen Familienausflug geeignet. In weniger als fünf Minuten ist man oben.

## NÖRDLICH DES PAYS FISEL, IN RICHTUNG GUINGAMP

### LANRIVAIN (22110)

Weiteres Dorf, das unsere Aufmerksamkeit verdient. Die *Kirche* wurde wieder aufgebaut, hat aber Elemente des ursprünglichen Gebäudes bewahrt, z.B. das *Portal* aus dem 16. Jh. Innen gibt's nicht viel zu sehen. Dafür ist das uralte *Beinhaus* noch immer vollgestopft mit Schädelknochen und Schienbeinen. *Kalvarienberg* von 1548, 1793 zerstört, aber 1866 wiederhergestellt. Man beachte die *Grablegung*, mit Figuren, hier größer dargestellt als üblich.

♦ Vis-à-vis vom Rathaus das **Café Berziou**, eine typisch bretonische Kneipe. Hier findet man sich plötzlich in der Küche der Wirtin wieder. Ein heißer Tee und frische Croissants wecken die Lebensgeister.

#### In der Umgebung

► **Kapelle Notre-Dame-du-Guiaudet:** keine zwei Kilometer entfernt. Eine stattliche Baumallee führt zu dieser Kapelle aus dem 17. Jh. mit freistehendem Glockenturm. Innen birgt sie alte Prozessionsfahnen, einen vergoldeten Altaraufsatz und – sehr selten – eine liegende Gottesmutter, die das Jesuskind stillt (heute durchaus üblich, wie wir seit ein paar Jahren wissen: die entspannte Haltung der Mutter fördert den Appetit des Säuglings). Im Garten ein Brunnen mit zwei Wasserbecken.

► **Kapelle von Lannégan:** erneuert; man beachte die in Lilienform angeordneten Fenster.

## SAINT-NICOLAS-DU-PÉLEM (22480)

An der Grenze zu den flurbereinigten Landschaften, die nach Süden hin ein verheerendes Bild bieten. Blumengeschmücktes Dorf. Im Chor der Dorfkirche ein Dutzend wundervoller Fenster des 15. Jhs mit Szenen aus der Leidensgeschichte. Nebenan der elegante *Saint-Nicolas-Brunnen* aus dem 17. Jh., in einer von zwei Säulen getragenen Nische. Einen Kilometer weiter südöstlich erhebt sich das *Saint-Eloi*-Kapellchen aus dem 15. Jh. Das Verkehrsamt (s. »Nützliche Adressen« in Saint-Brieuc) verteilt eine Broschüre (»Parcours du Patrimoine«) über die Kunstschätze der Gegend. Es gibt aber auch jede Menge zu sehen: Mühlen, alte Brunnen, Höfe usw.

– **Fremdenverkehrsamt:** T. 96 29 71 47.

### Wo übernachten und einkehren?

♦ **Auberge du Kreisker:** 11, place du Kreisker. T. 96 29 51 20. Fax: 96 29 53 70. Sonntags abends und außerhalb der Urlaubszeit montags geschlossen. Dank Fördermittel der EU renoviert; netter Empfang. Der *Patron*, Loïk Le Chevillier, verleiht Fahrräder an seine Gäste für Halbtagsausflüge. Auf Wunsch bekommt man einen Picknick-Korb mit und kann kleine Kinder während dieser Zeit beaufsichtigen lassen. Bisweilen begibt sich der Herbergsvater auch selbst mit auf Tour. Zimmerchen ab 180 F. Schöner, großer Speisesaal, wo man sich an deftigen Mahlzeiten aus der Gegend stärken kann. Ab 70 F hat der Hunger keine Chance.

▪ **Hotel de l'Ouest:** neben dem vorigen. Hübsche Fassade, kann sich in seiner Kategorie gleichfalls sehen lassen. Die Zimmer wurden unlängst aufgefrischt. Der Wirt veranstaltet Angelwettbewerbe.

## SAINT-GILLES-PLIGEAUX (22840)

Sympathischer Marktflecken aus dem 14. Jh. mit einigen lohnenden Bauwerken, besonders Kirche und Kapelle unmittelbar nebeneinander, die jeden Fotografen begeistern. Der *Kirche* aus dem 16. Jh. wurde im Nachhinein ein anmutiger Kirchturm mit Kuppel und Balustrade beigesellt. Eine Renaissancetür schmückt die Kapelle *Saint-Laurent*. Auf keinen Fall versäumen, unterhalb der Kirche die zwei hübschen Springbrunnen in ihrer steinernen Einfassung zu bewundern. Man gelangt über zwei ausgetretene Treppchen dorthin. So etwas findet man in dieser Gegend ausgesprochen selten.

Reetdachhäuser

## Wo tafeln?

♦ **La Vieille Auberge:** in Quélen, an der D 28 Richtung Quintin. T. 96 24 31 14. Montag Ruhetag. Hier sagen sich Fuchs und Hase gute Nacht. Sättigendes Mittagsmenü unter der Woche ab 68 F *(Menu ouvrier,* also Arbeitermenü), abends 95 F. Zimmer ab 140 F.

## In der Nähe

► **Kerpert:** das alte Dorf ist einen Umweg wert. Natürlich wegen seiner auf einem Erdhügel thronenden Kirche, umgeben von einer Steinmauer. Im 16. Jh. errichtet und seither von Flechten fast aufgefressen. Die Pforte und der Kirchturm sind von grober und nobler Bauart zugleich. Kleines Beinhaus auf dem Friedhofsgelände.

► **Abtei Coatmalouen:** von ihr sind nur noch einige Ruinen in der Nähe eines großen Bauernhofes übrig, einige Kilometer nordöstlich. Breite Fassade, zum Himmel hin offen, die nur noch wie durch ein Wunder steht. Dahinter Überreste der Kapelle mit einem gemeißelten Grabstein.

► **Saint-Connan:** steinaltes Dorf an der Straße nach Quintin. Alte typische Granitbehausungen rund um die Marktkirche. Viele haben den Schutz der mächtigen, runden Felsen gesucht und sind heute dennoch verschwunden. Von ergreifendem Zauber und friedvoller Traurigkeit.

► **Senven-Léhart:** nördlich von Saint-Connan noch ein zeitloses Dorf. Die Kirche stammt aus dem 19. Jh., der Kalvarienberg aus dem 16. Jh.

► **Corlay:** mitten in der Bretagne; Ortschaft mit langer Pferdetradition, belegt durch die Existenz der Pferderennbahn »Petit Paris« (Rennen im Juni und in der ersten Julihälfte). Die Rassepferde aus Corlay (nicht mit denen aus Callac, den »Bidets bretons«, zu verwechseln!) sind den englischen Vollblütern verwandt und ihre Zucht ganz auf Rennen ausgerichtet.
Die Burg aus dem 12. Jh. ging im Hundertjährigen Krieg zu Bruch – wer schuld war, wissen wir nicht – und wurde im 15. Jh. wieder aufgebaut. Heute beherbergt sie in ihren Ruinen das *Haus des Pferdes*. T. 96 29 40 41 oder -42 90. Führungen von Ostern bis Juni sowie im September sonntags von 15-18h; im Juli-August täglich von 10-12 und 15-19h. Verkehrsamt im Burghof.

## BOURBRIAC (22390)

Die Gemeinde gibt sich große Mühe, Verschönerungen durchzuführen und die verwöhnten Besucher zufriedenzustellen: Blumenschmuck, Beleuchtung des Wassergrabens und der *Kirche*, die einer Kathedrale an Größe nicht nachsteht. Die Krypta stammt aus dem 10. Jh. Der Glockenturm wurde erst im 19. Jh. fertiggestellt, so daß sich unterschiedliche Stilrichtungen mischen. Die Orgelpfeifen sind übrigens nagelneu!
Die Kapelle *Notre-Dame-du-Daouet* verdient schon allein wegen der anmutigen Fensteranlage aus dem 14. Jh. einen Besuch. Früher war sie als Pilgerziel bekannt. Bleibt der elf Meter hohe Menhir von *Kailouan* in Plesidy, einer Nachbargemeinde, zu nennen, die außerdem noch schmucke bretonische *Herrenhäuser* aus dem 16. Jh. (Toul An Golet) und einige Kapellen vorzuweisen hat.

– **Verkehrsamt und Pays d'accueil de l'Argoat:**
im Rathaus. T. 96 43 40 21 und 96 43 44 43.

### Kost & Logis

▪ **Wanderherberge in Pont-Melvez:** T. 96 21 82 10. Am Dorfausgang von Bourbriac in Richtung Guingamp (N 787) die erste Straße links nehmen und den Wegweisern folgen. Typischer Bauernhof mitten im Wanderrevier; zwei Schlafsäle und sechsundzwanzig Betten.

▪ **Ferme-Auberge La Pierrade:** in Crech-Cant. T. 96 21 81 02. Während der Urlaubszeit täglich außer montags geöffnet, in der

Nachsaison nur am Wochenende. Sechs Kilometer von Bourbriac, fünf Kilometer von Guingamp. Der D 63 von Bourbriac bis Coadout folgen; an der Ausfahrt von Coadout rechts ausgeschildert. Die Herberge verbirgt sich am Ende einer von alten, blumengeschmückten Höfen gesäumten Straße. Fleisch wird im Gastraum auf heißen Steinen gebraten, wobei jeder sein eigener Küchenchef ist. Menüs ab 85 F. Flinke Bedienung.

## BULAT-PESTIVIEN (22160)

Etwas abseits, auf halbem Weg zwischen Guingamp und Carhaix gelegen, eine der bemerkenswertesten Kirchen weit und breit. Ein Genuß, sie über das Netz der Sträßchen anzusteuern, die durch vergessene Dörfer und eine längst vergangene Zeit führen.

► Erstaunlich auch, daß ein bescheidenes Dorf wie Bulat-Pestivien eine derartige **Kirche** sein eigen nennt. Ihr Portal ist ein echtes Meisterwerk. Im Mittelpunkt trägt eine mit Weinreben verzierte, skulptierte Säule ein spätgotisches, pflanzenüberwuchertes Giebelfeld. Über den Apostelnischen fein gearbeitete Steinbaldachine. Der samt Spitze 66 m hohe Turm überragt den Haupteingang, behütet von zwei Steinfiguren, die ein Manuskript in der Hand halten (die Neuauflage unseres Bretagne-Führers!). Die Flechten verleihen ihnen eine ungewöhnliche Form und Färbung. Fassade und Seitenwände der Kirche sind bedeckt mit teilweise furchteinflößenden Skulpturen: Wasserspeier, Tiere, groteske Figuren, Jakobsmuscheln usw. Und, allgegenwärtig, die Figur des *Ankou* in einer Reihe fratzenschneidender Gestalten. Eine von ihnen, die mit Gebeinen droht, scheint zu schreien. Im Kircheninneren ein sonderbares *Chorpult* in Form eines Bauern mit ortsüblicher Tracht. Den großen *Altartisch* von 1583 schmücken geometrische, in den Stein gemeißelte Figuren. In der Sakristei ein *Totenfries*.
Auf dem Friedhof stößt man auf einen Springbrunnen in einer Art Schwimmbecken. Sehenswert auch die *Fontaine du Coq* (Hahnenbrunnen) und die *Fontaine des Sept Saints* (Sieben-Heiligen-Brunnen), ortsausgangs an der Straße nach Callac.

► Einen Kilometer weiter nördlich befindet der kleine **Enclos de Pestivien** mit Kapelle und Kalvarienberg, an dem zwei sich verzweifelt windende Diebe auffallen.

### Zelten

- **Gemeindezeltplatz:** in C'horonk, 500 m vom Dorf, über die D 50 in Richtung Maël zu erreichen. Das ganze Jahr hindurch in Betrieb. T. 96 45 72 00 (Rathaus). Günstige Gebühren.

## In der Nähe

► **Chapelle de Burtulet:** ungefähr 5 km südlich taucht die Kapelle plötzlich auf, isoliert auf einem kiefernbewachsenen Hügel. Ein wildromantisches Plätzchen.

## CALLAC (22160)

Obwohl von der 1619 auf Befehl Richelieus hin zerstörten Burg nichts geblieben ist, hat das Örtchen seine Sternstunden des Ruhms und des wirtschaftlichen Aufschwungs erlebt. Zum Beispiel ist es Pferdefreunden ein Begriff wegen des Gestüts, dessen Leitbild jener berühmte Zuchthengst namens *Naous* ist, den der Bildhauer Guyot in einer Statue verewigte. Dieses Zugpferd verkörpert die Abstammung vom »Bidet breton«, so verschieden vom »Postier« aus Landivisiau. Der Landstrich hat auch den bretonischen Spaniel, eine Kreuzung zwischen dem Hund der Köhler und dem Irischen Setter, hervorgebracht. Und es gibt hier immer noch Züchtungen des »Border Collie«, intelligentester Hirtenhund der Welt, und des »Chien fauve«, der früher auf Wolfsjagden eingesetzt wurde!

– **Verkehrsamt:** place du Centre, T. 96 45 59 34.

### Ein Königreich für ein Bett

▪ **Hôtel-Restaurant Garnier:** 31, rue de la Gare. T. 96 45 50 09. Bis auf sonntags abends und montags außerhalb der Urlaubszeit täglich geöffnet. Mit seinen zehn Zimmern zu 160 F (Vollpension 270 F, Halbpension 220 F, teils verpflichtend) und den drei Menüs (ab 90 F) erfüllt das Etablissement schon höhere Ansprüche. Seit 1914 in Familienbesitz.

▪ **Gîte d'étape** (im Manoir bzw. Bauernhof von Kerauffret): Anwesen aus dem 19. Jh. in Maël-Pestivien. T. 96 45 75 28. Ganzjährig geöffnet. Vom französischen Jugendherbergswerk verwaltet und empfohlen – allerdings nur zünftigen Naturburschen und -mädels, möchten wir hinzufügen. Der Boden besteht nämlich aus Pflastersteinen und Lehm, die Betten stehen z.T. auf Ziegelsteinstützen und alles ist ein wenig klamm. Nachteil für Wanderer und Pedalritter: in der Umgebung bestehen keine Eikaufsmöglichkeiten. Übernachtung im Schlafsaal ab 40 F, Zimmer ca. 100 F. Der Inhaber bäckt sogar sein eigenes Brot.

### Sehenswert

► **Tannerie de Callac:** Gerberei, Z.A. de Kerguiniou. T. 96 45 50 68. Hat sich seit neuestem auf Fischhäute spezialisiert. Nach der Besichtigung zu erstehen sind Andenken wie Armbänder und ausgefallene Taschenascher (!).

► **Lac de la Vallée-Verte** und **Pont-à-Vaux** mit der Kapelle Saint-Barbe. Beim Barte des Propheten ...

Kalvarienberg Plourac'h

► In **Saint-Trefin:** Kapelle aus dem 15. Jh. mit Tumulus.

### In der Umgebung

► **Plougonver:** zwischen Callac und Belle-Isle-en-Terre. Auf dem Dorfplatz neben der Kirche aus dem 15. Jh. serviert Lucie Riot im *Café-Alimentation,* einem kleinen Kramladen, inmitten von Besen und Fahrrädern Kaffee im Cidreglas und den neuesten Dorfklatsch. In ein paar Jahren ist es mit der Tante-Emma-Herrlichkeit sicher vorbei.

## PLOURAC'H (22160)

An der Grenze zum Finistère, rund 10 km westlich von Callac, hält auch dieses abgelegene Dorf überraschende Entdeckungen bereit, trifft man hier doch auf einen der ansehnlichsten und vollständigsten ländlichen *Pfarrbezirke*. *Kirche* aus dem 15. Jh. mit einem Portal im Stil der bretonischen Renaissance. An den Mauern gewaltige Wasserspeier und Wappen. Glockenturm mit rundem Türmchen und Balustrade. Bewundernswert die *Pietà* am Kalvarienberg: strenge, fast karikaturenhafte Gesichtszüge spiegeln die Rauheit dieser Gegend trefflich wider.

## LOC-ENVEL (22810)

Rund 4 km südlich von Belle-Isle-en-Terre und der Achse Guingamp – Morlaix. Höhepunkt in der *Haute Cornouaille* und im Trégor. Winziges, hochgelegenes Dörfle von typisch bretonischer Architektur.

► Die **Dorfkirche** gilt als eine der schönsten in der Bretagne. Äußerlich unterscheidet sie sich jedoch nicht von anderen Gotteshäusern: geduckt auf ihrem Hügel, wie das Dorf auch, mit einem kleinen freistehenden Glockenturm und bizarren Tiergestalten als Wasserspeier. Ihre Pracht entfaltet sie erst innen. Schon am Eingang steht ein holzgeschnitzter *Lettner* aus dem 16. Jh., ein spätgotisches Kleinod mit Ranken, Arabesken, Vögeln usw. Den Sockel der Empore schmücken Weinranken, so fein gearbeitet wie Häkelspitze. Aber das schönste kommt noch, die fabelhaften Querbalken nämlich, die Kirchenschiff und Chor zieren. Es lohnt sich, alle Einzelheiten zu studieren. Einer der Balken zeigt uns eine gehetzte Gestalt als Beute eines Drachens. Nicht das einzige komische Motiv in dieser Reihe, das religiös und profan zugleich inspiriert ist.
Beeindruckend auch die *Engoulants*, Köpfe von Ungeheuern, die scheinbar die Balken verschlucken. Auch die Verbindungsstücke zwischen den Balken und Paneelen weisen fremdartiges Gelichter auf. Die Kuppel ruht auf einem zentralen und, was selten genug ist, restlos mit Schnitzereien überzogenen Querbalken. An jedem Gewölbepfeiler ist ein Symbol der Passion angebracht: Hammer, Nagel, Dornenkrone usw. Das repräsentativste Stück ist – im Quer-

schiff – der große skulptierte Eckpfeiler, der die *Dreifaltigkeit* versinnbildlicht.
In den vier Ecken die Evangelisten. Ein anderer Eckpfeiler, hinter dem Altar, stellt den auferstandenen *Christus* dar.
Der *Altar* aus dem 16. Jh. ist aus einem Steinblock gemeißelt. Das *Altarblatt* setzt sich aus fünf Tafeln aus dem 17. Jh. zusammen und schildert den Leidensweg Christi. Sehenswertes *Kirchenfenster*. Man beachte auf dem Rückweg zur Pforte jene drei kleinen Öffnungen, durch die früher Leprakranke an der Messe teilnehmen durften.

## BELLE-ISLE-EN-TERRE (22810)

Malerische Straße durch den Wald bis nach Belle-Isle-en-Terre, Überreste von Stollen der silberhaltigen Bleibergwerke von Toul Al Lutun, und dann das große, verschlafene Dorf unter dem Viadukt der Schnellstraße. Das Schloß von *Lady Mond*, einem armen Mädel vom Lande, das 1922 vom »Nickelkönig« auserwählt und zur Frau genommen wurde, steht zum Verkauf: wäre das kein Schnäppchen für unsere Leser?

► Etwa 1,5 km weiter nördlich das Kapellchen **Locmaria**. Als Kanzel dient ein alter Lettner aus dem 16. Jh.

► Die Kirche *Saint-Pierre* in **Plounevez-Moëdec** stammt ebenfalls aus dem 16. Jh. Durchbrochener Turm mit Balustrade, eine Handvoll alter Gräber. Rundum schmucke Häuser, eins davon mit einer großen Granittränke.

► In **Louargat**, an der Straße nach Crec'h Even, kann man ein durchlöchertes *Lech gauchois* mit elf übereinandergesetzten Schalen entdecken. Hinter Louargat taucht dann der **Menez-Bré** auf, 301 m hoch, und beschert uns eine schöne Sicht über den Trégor. Er galt von jeher als hohe Stätte der Esoterik und Zauberei. Vielleicht bemerken unsere Leser auf dem heiligen Hügel ja selbst ein geheimnisvolles Knistern in der Atmosphäre. Zu bestimmten Zeiten allerdings, nämlich dann, wenn sich die »wahren« Druiden, Anhäger des Kelten Gwenchlan, die im Sinne des Heiligen Hervé christianisierten Druiden und allerlei Exorzisten auf der Bergkuppe treffen, sei es am Tag oder bei Nacht, sind Zaungäste unerwünscht.
Wir halten uns freiwillig zurück, möchten an dieser Stelle aber noch ein paar Worte zu den verfeindeten Druiden Hervé und Gwenchlan verlieren: während letzterer das Christentum aus vollem Herzen verabscheute, brachte es der blinde Hervé als christlicher Einsiedler immerhin zum Schutzpatron der Musiker und Sänger. Nebenberuflich betätigte er sich als Wahrsager, Teufelsaustreiber und Liedschreiber. Hervé tat, was Christen einfach nicht lassen können: er suchte seinen Widersacher zu bekehren, biß aber auf bretonischen Granit, ja brachte Gwenchlan derart in Rage, daß es zwischen den Druiden zu einer tagelangen magischen Schlacht kam, bei der beide ins Gras bissen. Begraben wurde der eine, der Fromme, in

der Kapelle, der Bösewicht aber an unbekanntem Ort am Ménez-Bré, von Geisterpferden bewacht.

## Kost & Logis

▪ **Le Relais de l'Argoat:** rue du Guic, in der Nähe der Post. T. 96 43 00 34. Fax: 96 43 00 76. Sonntags abends und montags geschlossen. Zimmer zum Wohlfühlen ab 215 F, gute Menüs ab 120 F. Der Besitzer und Koch des Hauses gibt Einführungen in die Kochkunst!

▪ **Gîte d'étape:**
5, rue des Tilleuls, nach M. Le Bihannic fragen; T. 96 43 02 54.

## Kost & Logis in der Umgebung

▪ **Le Manoir du Cleuziou:** 22540 Louargat, über die N 12 in Richtung Morlaix. T. 96 43 14 90. Fax: 96 43 52 59. Herrensitz aus dem 17. Jh. mit pompöser Steintreppe, Wandteppichen und Statuen. Luxuriöse Zimmer zu 340-440 F. Tennisplatz und Schwimmbad im Hause. Im Restaurant Fischgerichte und Jakobsmuscheln ab 100 F. Nebenan ein schöner Zeltplatz, wo auch Gerichte zum Mitnehmen verkauft werden.

# VON BELLE-ISLE-EN-TERRE ZUR KÜSTE DES TRÉGOR

Wer Muße hat, dem bietet sich her die Gelegenheit, in der bretonischen Heckenlandschaft, *Bocage* genannt, ein unentwirrbares Geflecht romantischer Landsträßchen zu entdecken.

● ***Trégrom:*** vor Le Vieux-Marché. Ruhig und hübsch; Paradies für Angler, wimmelt es im Léguer doch von Forellen und Lachsen. Der GR 34 verläuft ganz in der Nähe.

▪ **Le Presbytère:** vor der Kirche. T. 96 47 94 15. Nicole de Morchoven hat aus dem alten Schuppen, dessen Einzelteile aus dem 17. bis 19. Jh. stammen, eine gastliche Herberge für sechs Personen (pro Woche um die 3.000 F, je nach Jahreszeit) und drei Einzelgäste (Zimmer ab 240 F) gemacht. Freundlicher Empfang.

► **Armoripark:** rechts von der D 767, zwischen Guingamp und Lannion. Freizeitpark für Groß und Klein mit Freizeitbad, Zoo und weiteren Attraktionen.

## GUINGAMP (22200)

Verkehrsknotenpunkt und Bindeglied zwischen dem Goëlo und dem Trégor. Zudem verläuft die Sprachgrenze zwischen Pays Gallo und Pays Breton unweit im Osten. Sehenswert ist Guingamp dank seiner schönen Basilika, die das Zeitalter der bretonischen Renaissance einläutete.

– **Fremdenverkehrsamt:** place du Vally (beim Busbahnhof). T. 96 43 73 89. Von 10-12 und 14-18h geöffnet. Sonntags und montags vormittags geschlossen.
– **Bahnhof:** T. 96 94 50 50 und 96 43 70 53. Verbindung Paris-Brest und Anschlüsse nach Paimpol, Carhaix und Lannion.

## Tisch & Bett

● ***Preiswert bis mittelteuer***

▪ **Camping de Milin Kerhré:** in Pabu, 2,5 km nördlich. Gut ausgeschildert. T. 96 43 77 94 oder 96 44 05 79 (während der Ferienzeit). Von Juni bis September geöffnet. Günstige Gebühren.
▪ **Hôtel L'Escale:** 26, bd Clemenceau. Die Straße zum Bahnhof runter. T. 96 43 72 19. Nette Aufnahme. Schlichte, saubere Doppelzimmer ab 145 F. Restaurant freitags abends und samstags mittags außerhalb der Urlaubszeit geschlossen. Menüs ab 100 F.
▪ **Hôtel-Restaurant La Chaumière:** 42, rue de la Trinité. T. 96 43 72 47. Bretonisches Haus, dessen freundliche Atmosphäre an eine Familienpension denken läßt. Zimmer ab 190 F. Restaurant in einem echten Rokokosaal. Fünf Menüs ab 75 F.
▪ **Hôtel L'Hermine:** 1, bd Clemenceau. T. 96 21 02 56. Sonntags geschlossen. Schlichte Zimmer ab 180 F. Speisen vom Grill, Menü ab 100 F.
▪ **Hotel d'Armor:** 44, bd Clemenceau. T. 96 43 76 16. Fax: 96 43 89 62. Etwa 50 m vom Bahnhof. Neu, modern und behaglich. Gemütliche Zimmer ab 240 F mit Dusche und Fernsehen (Canal +).
▪ **Dor-Hôtel:** in Saint-Agathon, an der RN 12. T. 96 44 91 19. Fax: 96 44 70 70. Von der Otrsmitte Guingamps in Richtung Lanvollon fahren, dann Ausfahrt Bellevue. Moderne, komfortable Zimmer ab 190 F. Frühstücksbüffet.

♦ **Crêperie Saint-Yves:** rue Saint-Yves. T. 96 44 31 18. Sonntags abends und montags zu. Leckere Crêpes, Menüs ab 60 F. Der Wirt wandelt von Tisch zu Tisch und hält seine Gäste bei Laune. Angesichts des winzigen Speisesaals ist Vorbestellung angeraten.

● ***Luxuriös***

▪ **Le Relais du Roy:** 42, place du Centre. T. 96 43 76 62. Fax: 96 44 08 01. Tadellose Zimmer mit Stilmöbeln ab 700 F in einem Renaissancebau. Sündhaft teures Restaurant; im Louis-XIII-Speisesaal herrscht eine steife, piekfeine Atmosphäre! Menüs ab 140 F bei guter Qualität.

## Auf einen Schluck

♦ **Campbell's Pub:** Place Saint-Michel. T. 96 43 85 32. Täglich von 11-1h (samstags bis 2h geöffnet). In-Café der Stadt, wo sich das Jungvolk der näheren Umgebung versammelt; samstags abends steigt die Stimmung, besonders, wenn die örtliche Fußballmannschaft ihre Erfolge feiert.

♦ Außerdem gibt es noch das oft überfüllte Rock-Café **L'Épave**, 30 m weiter in der Rue de la Trinité, und **Les Glycines** in der Rue du Grand-Trotrieux.

## Kultur, Kultur ...

► **Basilika Notre-Dame-du-Bon-Secours:** im 13. Jh. über einem romanischen Baukörper errichtet. Gotischer Stil mit romanischen Überbleibseln wie den Arkaden im Kreuz von Querschiff und Hauptturm. 1535 stürzten Turm, Seitenschiff, ein Teil des Kirchenschiffs und die Westpforte ein. Beim Wiederaufbau ging der Architekt *Jean Le Moal* ein gewagtes und für die Zeit ungewöhnliches Unternehmen ein: er übernahm den eben aufkommenden Renaissancestil, statt der bewährten Gotik treu zu bleiben. So erscheint die Kirche von der Straße her gesehen wie ein gotisches Bauwerk, vom Garten her aber wie eine originelle Mischung von Gotik und Renaissance, immer noch mit romanischen Elementen im ältesten Teil. Hübsche *Renaissancefenster* in den Giebeln. Das *Westportal* ist ein Meisterwerk der Renaissance, von ungezügeltem Überschwang. Man führe sich die Bogenrundungen in aller Ruhe zu Gemüte. Weltliche Darstellungen haben eindeutig Vorrang vor religiösen Motiven. Drei *Türme* sind zu bewundern: der *Tour de la Flèche*, 57 m hoch, ein befestigter *Turm mit Turmuhr* und einem vierteiligen Dach, und der sogenannte *Tour des Cloches*, der Glockenturm. Zur Straße hin öffnet sich die *Kapelle*. Darin die Marienstatue von *Notre-Dame du Bon Secours.* Am ersten Samstag im Juli feiert man die allgemeine Sündenvergebung mit einer nächtlichen Prozession und Freudenfeuern.
Auch im Kircheninneren begegnen wir dem Gegensatz Gotik – Renaissance, gleichsam an einer mitten durch das Schiff verlaufenden Trennungslinie entlang. In der Höhe säumt eine elegante Renaissance-Galerie das Kirchenschiff, *Triforium* genannt. Ungewöhnlich massive Säulen mitten in der Kirche versperren die Sicht. Wenig Originalmobiliar – die Französische Revolution hat auch Guingamp nicht ausgespart. Bewundernswert immerhin das *Hochrelief* aus bemaltem Holz hinten im Chor, mit Szenen aus der Leidensgeschichte. Daneben »Mariä Verkündigung«.

► Die **Place du Centre,** im Herzen der Stadt, ist von vornehmen Wohnhäusern und Residenzen aus Granit eingefaßt. Glücklicherweise ist der Platz zur Fußgängerzone erklärt worden. Einige Gebäude mit Holzverkleidung oder Schieferfassaden. Hübsche Renaissancetüren, etwa jene auf der Seite des Relais du Roy oder die Nr. 1 in der Rue Olivier-Ollivro. Besonders fotogen auch das *Haus mit Türmchen* an der Ecke der Rue Jean-Le-Moal, vis-à-vis der Basilika. Springbrunnen mit drei Becken, genannt *La Plomée*, im Renaissancestil.

► Das **Rathaus**, vormals Krankenhaus, kehrt eine elegante, italienisch anmutende Barockfassade nach außen. Aus dem 17. Jh. stammen die Reste des Kreuzgangs eines Augustinerklosters. In den heutigen Räumlichkeiten zwei sehenswerte Gemälde von Paul Sérusier (1904): »Die Verkündigung« und »Moses vor dem brennenden Dornbusch«. Sodann fällt noch der riesige Kamin und die nicht minder beeindruckende Treppe aus dem 18. Jh. auf.

► Auf der **Place du Vally** sind noch Reste der einst auf Befehl Richelieus abgerissenen Stadtmauern zu begutachten. Außerdem sind drei der vier Türme des Schlosses von Peter II. (Mitte des 15. Jhs) erhalten geblieben. Malerischer Ausblick von der Rue du Grand-Trotrieux aus.

### Feste

– **Fête de la Saint-Loup:** am Sonntag nach dem 15. August, dauert eine Woche. Alte Tänze und die berühmte *Dérobée de Guingamp*, eine Art großer Reigen mit bestimmten Tanzfiguren.
– Jeden ersten Sonntag im Juli tanzen die Kinder der Gegend auf dem **Festival de Danses Bretonnes**.

## CHATELAUDREN (22170)

Markiert ziemlich genau die Mitte zwischen Guingamp und Saint-Brieuc. Von Guingamp der N 12 nach Saint-Brieuc folgen, dann links auf die D 7 abbiegen. Die historische Hauptstadt des Pays Goëlo mit ihren kanpp tausend Einwohnern, während der Revolution eine Hochburg der Republikaner, bewahrt in der Kapelle *Notre-Dame-du-Tertre* eine außergewöhnliche Sammlung bemalter *Holztafeln* von 1460 auf. Allein sechsundneunzig Tafeln im Chor illustrieren das Alte und das Neue Testament. Etwa vierzig weitere in der Kapelle *Sainte-Marguerite* schildern das Martyrium der Heiligen. Geschickte Restaurateure haben die leuchtenden Farben wieder hervorgezaubert, vor allem die roten und goldenen Grundtöne. Ausdrucksvolle Zeichnungen mit einer Fülle von Einzelheiten: eine Mischung von Miniaturmalerei und naiver Kunst. Also anschauen!
Im Ort Altaraufsätze von Yves Corlay in der *Kirche Saint-Magloire*. Ein Bummel durch die Gäßchen rundherum und über den Platz der Republik führt an putzigen alten Wohnhäusern vorbei. Oberhalb Châtelaudrens ein See mit romantischer Umgebung.

### Ferienwohnungen und Restaurants im Umkreis

▪ **Ferme-Auberge Au Char à Bancs / Gästezimmer La Ferme des Aïeux:** vom Dorf Plélo aus (3 km nordöstlich von Châtelaudren) ausgeschildert). T. 96 74 13 63. Fax: 96 74 13 03. Während der Urlaubszeit oder am Wochenende raten wir zu Vorausbuchung. Von Mitte Juni bis Mitte September täglich außer dienstags geöffnet; in der übrigen Zeit nur am Wochenende. Ehemalige Mühle am Leff, der Sprachgrenze zwischen dem Gallo und dem Bretonischen. Das Ehepaar Lamour hat diese Bauernhofherberge als eine der ersten ihrer Art schon vor zwanzig Jahren ins Leben gerufen. Der Speisesaal mit seinen alten Steinen, Balken, Holztischen und dem riesigen Kupferkessel im Kamin allein zeugt schon von der örtlichen Lebenskunst. Die hausgemachten *Galettes* nach altem Rezept sind ein Gedicht. Kein Menü, Suppe ab 78 F, vollständiges Gericht ab 100 F. Viele Familien kehren hier ein, um nach dem Essen die Freizeitangebote in Park und Teich zu nutzen (Ponyreiten, Tretboote). Etwa 400 m von der Mühle entfernt liegt auf einer Anhöhe die ehemalige Posthalterei *Ferme des Aïeux*, deren Geschichte bis ins 11. Jh. zurückreichen soll. Die Lamours haben sie in ein kleines Museum verwandelt und die Nebengebäude hergerichtet. Zu sehen sind Weinpresse, Schmiede, Backstube, Pferdestall, Kuhstall usw. Eintrittspflichtig. Im modernen Neubau nebenan vier schmucke Gästezimmer ab 350 F; eines davon ist mit seinem Bad aus alten Kacheln, Himmelbett, kleinem Salon und Bauernmöbeln ein wahres Schmuckkästchen (680 F, genug Platz für vier Personen). Kein Wunder, das es schon mal den Umschlag des offiziellen *Gîtes-de-France*-Führers zierte.

♦ **Ferme-Auberge de La Ville-Andon:** 22170 Plélo, an der Straße zwischen Châtelaudren und Plourhan-Saint-Quay. Ab dem Dorf ausgeschildert. T. 96 74 21 77 und 96 74 12 75. Im Sommer täglich außer montags, außerhalb der Urlaubszeit am Wochenende und während der Schulferien geöffnet. Ländlicher Speisesaal. Wie wär's mit hausgemachter, im Kaminfeuer gebratener Wurst oder Hähnchen mit Cidre? Menü ab 85 F. Tischvorbestellung.

## *GOELO-KÜSTE*

Gewöhnlich tingelt man von Saint-Brieuc an der Goëlo-Küste entlang nach Paimpol. Man sollte seine Erwartungen jedoch nicht zu hoch schrauben: wegen der dünn gesäten Badestrände ist sie das häßliche Entlein der Côtes-d'Armor. Die wenigen Strände sind im Sommer fast unzugänglich, weil von den Einheimischen mit Beschlag belegt.
Unternehmen wir stattdessen einsame Spaziergänge auf verwunschenen Wegen und efreuen uns an den hübschen kleinen Kirchen.

### **BINIC** (22520)

»Der Schönheitsfleck der Côtes-d'Armor«, verspricht die Fremdenverkehrswerbung. Die nette Sommerfrische, bevorzugtes Wochenendziel der jungen Briochains, war einst ein Fischerhafen. 1845 hatte er, Frankreichs Nummer eins, größere Bedeutung als der Konkurrenzhafen in Paimpol. Heute richtet sich sein Hauptaugenmerk auf den Jachtbetrieb. Hübsche Seepromenade, winziger Hafen.

– **Verkehrsamt:** kleiner Pavillon zwischen Hafen und Strand. T. 96 73 60 12 oder -76 48. Veranstaltet auch Schiffsrundfahrten.

## Übernachtung und Essen

▪ **Camping Les Madières:** in Vau Madec, an der Strecke Pordic – Binic ausgeschildert. T. 96 79 02 48. Aufnahme von Juni bis Ende September. Schattiges Gelände auf einer Anhöhe, 800 m bis zum Strand. Drei-Sterne-Komfort, die Organisation klappt tadellos. Preiswert. Kneipe und Lebensmittelgeschäft. Gutes Restaurant. Ausritte in die Umgebung.

▪ **Restaurant La Mascotte:** quai de Courcy, am Hafen von Binic. T. 96 73 30 77. Während der Urlaubszeit täglich bis 23 h geöffnet. Mittagsmenü unter der Woche schon ab 95 F. Ansonsten beginnt der Spaß ab 130 F. Dem Restaurant gegenüber ist ein Schiff vertäut, das als zusätzlicher Speisesaal dient.

## Herberge in der Umgebung

▪ **Gästezimmer in Pordic:**
s. »Übernachtung in der Umgebung von Saint-Brieuc«.

## Das Tanzbein schwingen

♦ **Le Radeau:** am Hafen. Freitags, samstags und sonntags ab 23h geöffnet. Älteste Disco weit und breit; Eintritt mit Verzehr 70 F.

## Sehenswert

► **Museum für Fischfang und Heimatkunde:** am Hafen, vor dem Parkplatz. Täglich außer dienstags vom 1. Juni bis zum 30. September von 14.30-18.30h geöffnet. Klein, aber fein.

## In der näheren Umgebung

► Ein paar Kilometer westwärts, hinter Lantic, die Kapelle **Notre-Dame-de-la-Cour:** innen ein Kirchenfenster aus dem 15. Jh. mit Szenen aus der Kindheit Jesu und dem Leben der Gottesmutter Maria.

► **Zoologischer Garten der Bretagne:** rund sechs Kilometer westlich von Binic an der Straße nach Trégomeur, mitten auf dem Land. Gut ausgeschildert. T. 96 79 01 07. Während der Urlaubszeit täglich von 10-18h geöffnet; im Winter außer an Weihnachten nur mittwochs und sonntags von 14-17h. Eintritt 45 F, Kinder 30 F. Wir sind keine großen Zoophilen, aber dieser kümmert sich vorbildlich um den Artenschutz. Die junge Direktorin Véronique steht mit vielen europäischen Zoos in Verbindung, um die Fortpflanzung zahlreicher bedrohter Arten zu sichern und ihre Auswilderung zu ermöglichen. Statt vor Gitterstäben (außer bei Tigern und Löwen) stehen wir vor großen Gehegen mit Zebras, Straußen, Yaks, Lamas, Wildeseln, Gnus usw. Auf den kleinen Inseln leben Lemuren, Ibisse, Kapuzineraffen, Makis, Catta; im Unterholz tummeln sich zahlreiche freilebende Arten. Der Rundgang nimmt eine Stunde in Anspruch. Der kleine Touristenzug verkehrt nur im Sommer.

## SAINT-QUAY-PORTRIEUX (22410)

Beliebter Familienbadeort mit schönen Stränden. Zahlreiche Freizeitangebote sorgen für Abwechslung: das Kasino, ein Meerwasserschwimmbad und Spazierwege. Ganz neu ist der erweiterte Beton-Jachthafen, wo alljährlich tausende Boote festmachen. Die Zerstörung gewachsener Kulturlandschaften ist leider nicht aufzuhalten, und die früher hier heimischen Neufundlandfischer würden ihren kleinen Hafen kaum noch wiedererkennen.
In Saint-Quay legen die Katamarane von *Emeraude Line* zu den Kanalinseln Jersey und Guernsey ab. Malerischer: der Blick über den Badeort von den Steilfelsen aus.

### Übernachtung und Essen

▪ **Zeltplatz L'Abri Côtier:** 4, rue de la Ville-es-Rouxel, in Étables-sur-Mer (Nachbargemeinde südlich von Saint-Quay). T. 96 70 61 57. Fax: 96 70 65 23. Von Mitte Mai bis Anfang Oktober geöffnet. In einem Wohngebiet, besteht aus zwei himmlisch ruhigen Teilen. Verpflegung vor Ort gesichert; bis zum Strand sind's 500 m.
▪ **Le Gerbot d'Avoine:** 2, bd du Littoral in Saint-Quay. T. 96 70 40 09. Gehört zu den *Logis de France;* familiäre Atmosphäre. Freundlicher Empfang. Erfreut sich nicht nur bei den Franzosen einiger Beliebtheit. Halbpension Pflicht, ab 260 F pro Nase. Solides Restaurant mit heimischer Kost.
▪ **Gästezimmer:** la Ville-Hellio bei Mme Orhan in Plourhan, an der D 9 zwischen Saint-Quay-Portrieux und Lanvollon. T. 96 71 93 21. Großes Haus im Stil eines alten Bauernhofs. Netter Empfang, zwei Zimmer mit Klo und Bad auf dem Gang ab 220 F für zwei Personen, Frühstück inbegriffen.
▪ **Lucotel:** parc Lannec, ortseingangs von Lanvollon, auf dem Weg von Saint-Quay nach Guingamp. T. 96 70 01 17. Fax: 96 70 08 84. Neues Haus ohne persönliche Note, wofür aber die günstige Lage und der tadellose Service entschädigen. Zimmer für zwei Personen ab 270 F, die Gartenseite verlangen. Mittagsmenüs ab 85 F. Zuvorkommende Bedienung. Tennis und Minigolf vorhanden.

#### ● *Edler*

▪ **Hôtel-Restaurant Ker Moor:** 13, rue du Président-Le-Sénécal, auf der Anhöhe. T. 96 70 52 22. Fax: 96 70 50 49. Gesalzene Preise. Der kuriose maurische Pavillon verdankt seine Existenz einem bretonischen Diplomaten aus dem letzten Jahrhundert. Nette Aufnahme, luxuriöse Zimmer mit Balkon und moderner Einrichtung; der Blick in die Ferne ist ab 430 F zu haben. Arme Verleger und Geizkragen begnügen sich mit der Gartenseite (390 F). Gutes Restaurant, Menü ab 115 F.

## Sehen und erleben

► **Zollweg** *(Sentier des douaniers):* malerischer Küstenpfad mit Panoramablick über die Bucht, der vom Hafen aus zum *Semaphor*, einem Signalmast mit verstellbaren Armen für die Schiffahrt, führt.

► **Ausflüge auf dem Meer:** auf der *Rapaz*, einem alten Segelschiff, dessen Herrichtung zwölf Jahre in Anspruch nahm. Auskunft: *Orca Croisières,* T. 96 94 94 94.

► **Fähren zu den Kanalinseln:** mit der *Emeraude Line*. Büro am Hafen. T. 96 70 49 46. Während der Ferienzeit regelmäßige Verbindungen nach Jersey (300 F), Guernsey und Sercq (325 F).

## In der Umgebung

► **Étables-sur-Mer:** fünf Kilometer südlich. Zwei schöne Strände; am Weg die Kapelle von Nôtre-Dame-de-la-Délivrance, rittlings auf der Steilklippe (Kirchenfenster, Wandteppiche).

● ***Plouha:*** acht Kilometer nördlich. Die größere Ortschaft thront auf dem Kalkfelsen siebzig Meter über dem Meer. In der Nähe, genauer gesagt, an der Plage Bonaparte, holte der Vater von *Jane Birkin*, der bei der Royal Navy diente, während des letzten Krieges abgestürzte Piloten ab. Heute tummeln sich hier die Sporttaucher, die hinter den Seespinnen her sind. Igitt! Wir sind hinter ganz anderen Vögeln her.

– **Verkehrsamt:** T. 96 20 24 73.
– **Zeltplatz:** domaine de Keravel (an der Hauptstraße gut ausgeschildert). T. 96 22 49 13. Vier-Sterne-Luxus, besticht mit der schönen Lage, eigenem Schwimmbad und Tennis. Restaurant.

## LANLOUP (22580)

Bescheidenes Dorf mit hübscher Kirche aus dem 15. Jh., in das sich bisher nur wenige Touristen verirrten. Aber auch hier ändern sich die Zeiten ... Kirchenportal mit Apostelstatuen unter fein gearbeitetem Baldachinen, eindrucksvoller Kalvarienberg. Auch der Friedhof existiert noch und rundet den harmonischen, fast finisterischen Gesamteindruck ab.
Zwei Kilometer außerhalb stößt man auf das *Manoir de la Noé Verte* aus dem 15. Jh. Mehrere Räume mit noch erhaltenem Mobiliar stehen Besuchern offen. Im dazugehörigen Park anschließend einen Kaffee trinken und den freilaufenden Pfauen zusehen.

## Übernachtung und Verpflegung

♦ **Crêperie-Hôtel Saint-Roch:** zehn Meter von der Kirche. T. 96 22 33 55. Von April bis Oktober während der Urlaubszeit täglich außer montags geöffnet, außerhalb der Ferienzeit freitags, samstags und sonntags abends. Vormals bretonischer Meierhof, dessen sympathischer Inhaber auch »Etappen-Abende« für Wanderer veranstaltet (in der Nähe verläuft der GR 34). Übernachtung außerhalb der Saison ab 230 F, während der Urlaubszeit ab 280 F. Zu mieten sind auch voll eingerichtete Appartements für zwei, drei oder vier Personen (zwei Personen berappen 1500 F die Woche). An schönen Tagen sitzt man auf der Terrasse. Mountainbikevermietung. Freier Eintritt im Schwimmbad 300 m nebenan.

### Sehenswertes in der Umgebung

► **Kapelle von Kermaria-an-Iskuit:** drei Kilometer südlich von Lanloup über die D 94, oder in Plouha auf die D 21. Wurde im 13. Jh. erbaut und im 15. und 17. Jh. erweitert. Das Spitzbogenportal beherbergt die bunten Holzstatuen der Apostel. Die eigentliche Sehenswürdigkeit der Kapelle befindet sich jedoch im Inneren. Unter den Fresken fällt sofort der *Totentanz* von 1490 ins Auge, der fünfzig Figuren umfaßt und das ganze Kirchenschiff ausfüllt. Jeder zweite Tänzer reicht einer Leiche die Hand. Die Bekleidung der Verblichenen erlaubt Rückschlüsse auf deren Stand und Gerwerbe (Bauern, Bischof usw.).

► **»Tempel« von Lanleff:** in Kermaria; der D 21 in derselben Richtung über Pléhédel hinaus folgen. Zusammen mit La Sainte-Croix in Quimperlé einzige Rundkirche der Region. Wurde im 11. Jh. im reinen romanischen Stil nach dem Vorbild der Grabeskirche in Jerusalem erbaut. Obwohl sie ihre Kuppel eingebüßt hat, besticht sie noch immer mit ihrer urtümlichen, nüchternen Klobigkeit, entfernt an einen römischen Tempel erinnernd. Die gut erhaltene Rotunde weist einige Arkaden und roh bearbeitete Kapitelle auf.

► **Bréhec:** kleiner Hafen in geschützter Lage zwischen der Pointe de la Tour rechts und der Pointe de Berjule links, drei Kilometer nördlich von Lanloup. Das Meer zieht sich bei Ebbe in die Ferne zurück, und die Fischerboote stranden auf dem mit Muscheln übersäten Uferstreifen. Ein kleiner Deich schützt den Strand, den einige Stammgäste seit Kriegsende besuchen. Erinnert an die »Ferien des M. Hulot«.

## PAIMPOL (22500)

*Pem-Poull* auf bretonisch, was soviel heißt wie »Kopf des Teiches«, zählt heute 7.851 Bewohner. Von der in Théodore Botrels Chanson besungenen Folklore ist kaum etwas zu bemerken. Geblieben vom einstigen Ruhm des Hafens von Paimpol und seiner Islandfischer sind nur die reichen Schiffsreederhäuser und Matrosenfriedhöfe. Im übrigen lebt Paimpol hauptsächlich von den Fremden, die gerne durch die Altstadtgassen und über die Kais des Fischerei- und des Jachthafens schlendern. Alle Gebäude des *Quai Duguay-Trouin*, der sich dahinter entlangzieht, sind niedergewalzt und anschließend in einem pseudo-bretonischen Marinastil wiederaufgebaut worden.

Stattliche Anwesen der Schiffsausrüster und alte Seemannsgräber zeugen von der Blütezeit der Segelschiffahrt.

## Nützliche Adressen

– **Verkehrsamt:** im Rathaus, rue Pierre Feutren. T. 96 20 83 16. Auskünfte von 9-12 und 14-17h. Während der Saison bis 19.30h (sonntags bis 12h).

– **Haus der Jachtkaptiäne:** quai Neuf, T. 96 20 47 65.
– **Telefonischer Wetterdienst:** T. 96 68 02 22.
– **Busbahnhof:** T. 96 33 36 60.
– **SNCF-Bahnhof:** T. 96 20 81 22.
– **Postamt:** av. du Général-de-Gaulle.

## Unterkunft

Alles, was sich im Hafenbereich befindet, ist abends voller Menschen und entsprechend laut. Dies Ruhebedürftigen zur Warnung!

▪ **Jugendherberge:** im Schloßgarten von Kerraoul. T. 96 20 83 60. Fax: 96 20 96 46. Ganzjährig geöffnet. In einem stattlichen Bürgerhaus, das schon Ähnlichkeit mit einem Schlößchen hat. Gelegenheit zum Zelten. Manchmal auch Kajak-Kurse.
▪ **Camping Cruckin:** Zeltplatz in Kérity, der Stadt am nächsten. T. 96 20 78 47. Von Ostern bis zum 30. September.
▪ **Hôtel des Chalutiers:** 5, quai Morand. T. 96 20 82 15. Vom 10. Oktober bis 10. April geschlossen. Kleines Hafenhotel mit ordentlichen Zimmern und Blick auf die Boote ab 160 F. Freundlicher Empfang.
▪ **Hôtel Le Goëlo:** quai Duguay-Trouin. T. 96 20 82 74. Ganzjährig geöffnet. Modernes Gebäude mit Hafenblick. Einwandfreie Zimmer ab 170 F (Dusche, WC, Fernseher). Netter Empfang.
▪ **Hôtel l'Origano:** 7 bis, rue du Quai. T. 96 22 05 49. In einem charakteristischen Altstadthaus. Nicht allzu geräumige, aber komfortable Doppelzimmer ab 230 F. Montags Betriebsruhe. Etwas freundlicher dürfte der Umgangston schon ausfallen.
▪ **Hôtel Berthelot:** 1, rue du Port. T. 96 20 88 66. Schlichtes Haus mit zwölf Kammern (ein Stern), in Familienbesitz. Für zwei Personen ab 170 F.

### ● *Schon besser*

▪ **Eurotel Paimpol:** Richtung Kergroas, am Ende des Gewerbegebietes rechter Hand in Richtung Lanvollon. T. 96 20 81 85. Fax: 96 20 48 24. Neues, modernes Hotel-Restaurant unter Leitung einer sympathischen Familie. Menüs ab 95 F (frisch aus dem Meer). Übernachtung für zwei Personen ab 300 F; alle Zimmer mit Bad und WC.

**La Majorité c'est vous**

## Zu Tisch!

● *Mittlere Preislage*

♦ **Crêperie-Restaurant Chez M. Morel:** 11, place du Martray. T. 96 20 86 34. Täglich außer sonntags (in der Nachsaison) geöffnet. Im Oktober geschlossen. Gemütliche große Kantine mitten in der Stadt, die dank ihrer leckeren Crêpes sowie der Würstchen aus Guéméné täglich jung und alt anzieht. Als Aperitif mal »Pommereau de Menhir« probieren.
♦ **Restaurant du Port:** 17, quai Morand. T. 96 20 82 76. Sonntags abends, montags und im Januar geschlossen. Klassische Einrichtung, schöner Blick vom ersten Stock aus. Eher unfreundliche Wirtin; dafür ist das Preis-/Leistungsverhältnis bei den Gerichten ab 80 F nicht zu verachten.
♦ **La Cotriade:** quai Armand-Dayot, auf der anderen Hafenseite. T. 96 20 81 08. Montags zu. Unauffällige, aber einladende Einrichtung, Menüs ab 110 F. Schwergewicht auf Fisch und Meeresfrüchten.
♦ **Bar du Stade:** rue de Poulgoic, Ecke Rue de Bel Air. Freundliche Bedienung, Speisekarte auch auf Deutsch. Menüs ab 75 F.

● *Vornehmer*

♦ **La Vieille Tour:** 13, rue de l'Église. T. 96 20 83 18. Täglich außer sonntags abends und mittwochs (außerhalb der Ferienzeit) geöffnet. Feinschmeckerloakl mit gemütlichem Ambiente; leckere Menüs ab 120 F, am Wochenende gleich 20 F teurer. Nichts für Abergläubische: Hausnummer 13, 13 Tische stehen im Saal, die Treppe hat 13 Stufen, der Name des Lokals hat 13 Buchstaben. Hilf, Samiel! (Weber: »Freischütz«).
♦ **Le Repaire de Kerroc'h:** 29, quai Morand, am Jachthafen. T. 96 20 50 13. Fax: 96 22 07 46. Dienstags und in der Nachsaison mittwochs über Mittag geschlossen. In einem tollen alten Reederhaus von 1793, das einem alten Freibeuter in Napoleons Diensten gehörte. Zwölf gefällige Doppelzimmer ab 420 F. Leckere Gerichte ab 110 F.

## Ausgehen und Tanzen

♦ **Bar-Dancing Le Pub:** rue des Islandais, Ecke Quai Morand. Wenn nicht gerade Rock oder Reggae getanzt wird, bestreitet Wirtin Françoise die Unterhaltung.
♦ **Le Corto Maltese:** rue du Quai (hinter dem vorigen). Täglich bis 2h geöffnet. Unverwechselbar bretonisch, Hochstimmung garantiert.

## Sehenswürdigkeiten

► **Altstadt:** an der Place du Matray und ringsum ein paar schöne Beispiele für die ortsübliche Bauweise.
Ecke *Rue de l'Église* ein vornehmes Reederhaus aus der Renaissance mit einem viereckigen Ecktürmchen und gleich nebenan die

*Rue Georges-Brassens:* die Namensgebung ist sympathisch, aber auch nicht gerade ungewöhnlich, da Brassens immerhin über dreißig Jahre lang seine Ferien in Paimpol und Lézardrieux verbrachte. *Nr. 5, rue de l'Église:* Fachwerkhaus mit Schnitzereien; und in der *Rue des Huit-Patriotes* Nr. 8 ein noch älteres Fachwerkhaus mit Figuren an allen vier Ecken.

► **Trachtenmuseum** *(Musée du Costume):* rue Pellier. T. 96 20 83 16. Während der Urlaubszeit von 15-19h geöffnet. Lokale Trachten; wir lernen, zwischen *Touken* und *Capiole* zu unterscheiden, der Werktags- und der Sonntagshaube. Es sind halt die kleinen Unterschiede, die das Leben bunt und interessant machen.

► **Meeresmuseum:** rue Labenne. Täglich Zutritt von Ostern bis Juli von 15-18h; zwischen dem 15. Juni bis zum 15. September von 10-12h und 15-19h. Das kleine Museum erzählt die Saga der Islandfischer anhand von Fotos, Modellen, Dokumenten (Logbücher, Briefe usw.) und dergleichem mehr.

► **Mad Atao:** das schwimmende Museum ankert im Hafen. Im Sommer täglich kostenlose Besichtigung von 15-19h. Der 1938 gebaute *Dundee* Mad Atau aus Camaret veranschaulicht die Stadtgeschichte Paimpols: zuerst Küstenschiff, diente es anschließend als Holzfrachter, dann brachte es Sand nach Wales und lud auf der Rückfahrt Kohle ein.

► **Schiffsrundfahrten:** auf der *Vieux-Copain*, einem Thunfischfänger von 1940 unter Denkmalschutz. 5, chemin de Goasmeur. T. 96 20 59 30. Im Juli/August täglich, in der übrigen Zeit nur am Wochenende. Vom 1. April bis zum 31. Obktober ein- bis siebentägige Kreuzfahrten und Lehrgänge.

## In der Umgebung

► **Kloster Beauport:** an der Straße nach Saint-Brieuc, ortsausgangs von Kérity. T. 96 20 91 07. In der Hochsaison Besichtigung täglich von 9-12h und 14-19h. Klosterruine aus dem 13. Jh.; wurde 1789 teilweise zerstört und 1862 denkmalgeschützt. Die Überreste sind auch heute noch sehenswert. Stiftskirche, Kapitelsaal, Vorratsspeicher, die Reste des Kreuzgangs, alles idyllisch in einem Park von 35 ha, sind zu besichtigen. Während der Urlaubszeit empfiehlt sich der Besuch erst recht: wegen des Kulturprogramms mit Ausstellungen und Klassikkonzerten.

► Ein großer **Rundwanderweg** führt von Paimpol über die ganze Halbinsel durch Porz-Even, die Landzunge von Arcouest, Loguivy, die Rue Keralain, über Feldwege und holprige Küstenpfade – ein aufregender Fußmarsch! Auskunft beim Verkehrsamt in Paimpol einholen oder einen Blick auf die Wanderkarte werfen.

► Für einen anderen ungewöhnlichen **Ausflug** besteige man den **Zug** der Strecke Paimpol – Guingamp, der bis nach Pontrieux am Ufer des Trieux verkehrt. Auf diese Weise entdeckt man nacheinan-

der die Ruinen des Hauses der Vorfahren *Ernest Renans* – ein alter Atheist, der jetzt gewiß in der Hölle brät – und die *Lande de Lancerf*, wo *Alain Knebelbart* anno 931 den Normannenkönig Inkon und seine Wikinger ein für allemal aufs Haupt schlug.
Es folgt die Ansicht auf ein Herrenhaus, dessen Besitzer spurlos verschwand und wahrscheinlich einem Verbrechen zum Opfer fiel. Jedenfalls gab es einen Verdächtigen, der 1924 dann auch für zweiundzwanzig Jahre ins Zuchthaus wanderte: Joseph-Marie Seznec. Nachdem der Zug bei Frynaudour den Leff überquert hat, wird das Schloß von Roche-Jagu sichtbar (s. weiter unten, »In der Umgebung von Pontrieux«). Die Fahrt ist nun fast zu Ende – Pontrieux, alles aussteigen! Lang lebe der Bummelzug!

► Den *Trieux* kann man auch mit dem **Boot** bis Roche-Jagu hochschippern: Abfahrt in l'Arcouest oder Bréhat. S. »Pointe de l'Arcouest«.

## PLOUBAZLANEC (22620)

Ortschaft nördlich von Paimpol mit einem der rührendsten **Seefahrerfriedhöfe** der Bretagne. An einer Mauer erinnern Gedenktafeln an die vielen Islandfischer, die vom Meer nicht wieder zurückkehrten. Schlichte schwarzbemalte Holzbretter, auf denen sich die Namen der Schiffbrüchigen aneinanderreihen, in zögernden Schriftzügen und kargen, fast verschämten Worten. Über hundert Schoner gingen unter und mit ihnen zweitausend Mann, über denen – um mit Brassens zu sprechen – »sich das Meer nie mehr schließen wird ...« Die Islandfischerei begann Mitte des 19. Jhs. Die Schiffe liefen mit rund zwanzig Mann Besatzung für jeweils sechs Monate aus. Das Jahr 1895 erlebte den Höhepunkt mit zweiundachtzig Schonern. 1935 machten sich nur noch zwei Schiffe auf ihre weite (und letzte) Reise.

► Am Ortsausgang in Richtung Porz-Even halten wir an der **Kapelle von Perros-Hamon** mit der zierlich gestalteten Fassade. Auch hier am Eingang ergreifende Votivtafeln.
► Malerisch und ruhig ist der **Hafen von Porz-Even,** in dem *Pierre Loti* die Vorbilder für seine Romanhelden in »Pêcheurs d'Islande« (Islandfischer) fand.
► Folgen wir dem Hinweisschild zum **Croix des Veuves** (Witwenkreuz), am Ende der Straße auf einem Erdhügel. Hier warteten Frauen und Mütter der Seeleute auf die Heimkehr ihrer Männer und Söhne. Unmittelbar davor eine von Wind und Wetter gezeichnete Statue. Weiter Blick über die Inselchen und Klippen im Meer.

### Kost & Logis

- **Pension Bocher:** 44, rue Pierre-Loti, in der Hauptstraße von Porz-Even (unterhalb von Ploubazlanec). T. 96 55 84 16. Bodenständiges, efeubewachsenes Gebäude, hübsche Zimmer (mit Waschbecken) ab 190 F. Menüs ab 120 F; empfehlenswerte Fisch- und Hummerspezialitäten.
- **Motel Nuit et Jour:** ortseingangs von Ploubazlanec, aus Richtung Paimpol kommend. T. 96 20 97 97. Saubere, heimelige Holzbungalows mit Bad, Fernsehen (Canal +), Telefon und Doppelfenster. Doppelzimmer ab 275 F. Vermietet Mountainbikes und füllt auch Picknickkörbe zum Mitnehmen.

## POINTE DE L'ARCOUEST

Fährhafen zur Insel Bréhat, 9 km nördlich von Paimpol. Der Felsvorsprung beschert eine vorzügliche Aussicht über das Inselmeer. Wissenschaftler schätz(t)en diesen Ort besonders. Pasteur, Frédéric und Irène Joliot-Curie sowie der Physiker und Nobelpreisträger Jean Perrin fanden oft hierher.

– **Abfahrt nach Bréhat:** den Fetlas-Kanal überquert man in sechs Minuten (s. »Insel Bréhat«).
– **Bootsfahrt Trieuxaufwärts:** vom 13. Juni bis zum 12. September möglich. Vierstündiger Ausflug ab der Reede von l'Arcouest, Zwischenhalt am Schloß La Roche-Jagu mit Besichtigung. Rückfahrt gegen 18 h. Kostet insgesamt 100 F, Auskunft unter T. 96 55 86 99.

### Übernachtung

- **Zeltplatz Rohou:** hoch über dieser reizvollen Landschaft, am Ortseingang ausgeschildert. T. 96 55 87 22. Aufnahme während des ganzen Jahres. Zwei-Sterne-Komfort, ruhig, netter Wirt.
- **Hotel:** am Fähranleger von Bréhat. Überteuert und nicht mal freundlich.

## INSEL BRÉHAT (22870)

Während der Urlaubszeit fallen 300.000 Besucher über das einsame Eiland her, was nicht verwunderlich ist. Hier regnet es erheblich weniger als auf dem Festland. Im Mikroklima der Insel gedeiht eine mittelmeerische Flora, die schon Maler wie Matisse fesselte: Eukalyptusbäume, Palmen, Mimosen, Feigenbäume usw. Die Hortensienbüsche werden teils riesengroß. Bréhat mißt etwa 3,5 km in der Länge und 1,5 km in der Breite. Allerorten prächtige Villen. Autos gibt's keine (bis auf zwei Krankenwagen) – ein Paradies für Wanderer also, zumindest zur Nebensaison. Die Anschaffung eines Traktors wurde vor wenigen Jahren zur Staatsaffäre hochgespielt, da der einheimischen Bevölkerung die mit dem Verlust von Arbeitsplätzen einhergehende Mechanisierung der Landwirtschaft sauer aufstößt. Die Zahl der Bauern sinkt also, die der Traktoren steigt. Traditionellerweise befördert man auf Bréhat Güter auf einem kleinen Bauernkarren und bewegt sich mit dem Drahtesel vorwärts.

► In der Nähe von Port-Clos liegt der malerische **Strand von Guerzido**, mit Sand und Kieseln, windgeschützt und sicher. Über den sich an der Küste entlangschlängelnden Pfad in einer Viertelstunde zu erreichen.

► **Le Bourg**, die »Inselhauptstadt« 800 m von Port-Clos, wartet mit einem puppenstubenhaften Dorfplatz und einer Kirche aus dem 12. Jh. auf. Im 18. Jh. wurde sie umgebaut. Innen ein Altaraufsatz aus Laval, der mit den beiden Seitenaltären eine für das 17. Jh. klassische Anordnung bildet. Das Gesangspult aus dem 18. Jh. soll aus England stammen. Die Kanzel, 16. Jh., wird von einer Karyatide gestützt. Ansonsten wären noch einige Figuren und das Modell einer Fregatte, der *Reder-Mor*, zu sehen.

► Die etwas erhöht gelegene **Kapelle Saint-Michel** (1852) ist ein günstiger Aussichtspunkt über die Umgegend. Wenige Schritte weiter stößt man auf eine ehemalige Gezeitenmühle.

► Über die **Pont Ar Prat**, ein von Vauban geplantes Brückenbauwerk, gelangt man zum Nordteil Bréhats. Hier wirkt die Landschaft rauher, Heide und Felsen überwiegen. Es handelt sich um den stürmischsten Teil der Insel: die Küste scheint in tausend Stücke rosafarbenen Granits zersplittert. Zwei **Leuchttürme** warnen die Schiffe: *Rosédo* und – am äußersten Ende – der *Phare du Paon*. Am Fuße des Leuchtturms läßt sich trefflich von romantischen Abenteuern träumen: »noch einmal sattelt mir den Hippogryphen, ihr Musen, zum Ritt ins alte romantische Land!«

## Anreise

– **Fährhafen an der Pointe de l'Arcouest:** gebührenpflichtiger Parkplatz für mehrere hundert Blechkarossen; im Sommer fühlt sich hier jedenfalls so schnell keiner einsam. Alles klar? Auskunft unter T. 96 55 73 47 (Anrufbeantworter mit den Uhrzeiten) und T. 96 55 86 99. Öffnungszeiten des Hafenbüros: 8.30-18.30h zwischen dem 1. April und dem 30. September. Hin- und Rückfahrt 40 F. Täglich legen zwischen 8.30h und 19.30h oder 20h rund zwölf Schiffe ab, außerhalb der Saison nur fünf. Von hier aus gelangt man auch nach Erquy, Pléneuf-Val-André, Binic oder Saint-Quay-Portrieux. Näheres bei den einschlägigen Verkehrsämtern.

– **Inseltour:** dreiviertelstündiger Ausflug ins Inselmeer an Bord eines neuen Katamarans. Auskunft: T. 96 55 86 99 und 96 55 73 47. 65 F. Vom 10. April bis zum 10. Juli und vom 1. bis zum 30. September Abfahrtszeiten 10.30, 14.30 und 15.30h; von 1.-15. September zusätzliche Abfahrt um 9.30h; vom 11. Juli bis 31. August um 9.30, 10.30, 11.30, 12, 14.30, 15, 15.30, 16 und 16.30h; vom 1. bis 15. Oktober eine einzige Abfahrt um 14.30h.

## Nützliche Adressen

– **Fremdenverkehrsamt:**
in Le Bourg, T. 96 20 04 15. Von 10-13 und 15-18h geöffnet.
– **Bootsklub:** T. 96 20 00 95.
– **Fahrradvermietung:** T. 96 20 03 51. Im Laden von Rosine Dalibot in Port-Clos, rechts vom *Hôtel Bellevue,* an der kleinen Kreuzung. Weiterer, teurerer Vermieter links vom Hotel.

## Tisch & Bett

▪ **Gemeindezeltplatz** und einige **Gästezimmer** (Auskunft auf dem Verkehrsamt).

Hotels haben wir nur drei entdeckt – ein Glück für die Einheimischen – und die sind in der Ferienzeit stets restlos ausgebucht.
▪ **Hôtel-Restaurant Bellevue:** in Port-Clos, schon von der Pier aus sichtbar. T. 96 20 00 05. Von November bis Mitte Februar außer an Neujahr geschlossen. Auf den letzten Stand gebrachte Zimmer, die bei Landgang der Touristen immer ganz schnell weg sind, mit Blick aufs Meer. Das erklärt die unchristlichen Preise und die vorgeschriebene Halbpension während der Urlaubszeit: für zwei Personen rund 820 F. Menüs ab 125 F.
▪ **La Vieille Auberge:** in Le Bourg, 800 m von Port-Clos. T. 96 20 00 24. Traditionelles *Logis de France* mit Zwei-Sterne-Komfort. Auch sind Halbpension und Preise eines Drei-Sterne-Hotels angesagt.

♦ **Bar-Restaurant La Potinière:** am Strand von Guerzido, von Port-Clos aus zu Fuß eine Viertelstunde entfernt. T. 96 20 00 29. Schön ruhig gelegen, in einem fast exotischen äußeren Rahmen. Große Terrasse im Schatten einer hundertjährigen Pinie, ganz in Holz gehaltener Speisesaal. Netter Wirt, viele Stammgäste. Muscheln mit Pommes ab 70 F oder Austern ab 100 F. Man darf sich aber auch mit einem Glas Wein o.ä. begnügen.
♦ **Crêperie L'Oiseau des Iles:** am Ortseingang von Le Bourg, neben dem Rathaus. T. 96 20 00 53. Ruhige Gartenterrasse, freundliche Inhaberin. Mittagsmenü mit einer *Galette* und zwei Crêpes zu 60 F. Auch zum Mitnehmen.

## LOGUIVY-DE-LA-MER (22620)

Munterer Hafenplatz an einer Bucht, der seine Seele noch nicht an den Massentourismus verkauft hat. Ob bei Ebbe oder Rückkehr der Fischerboote: Loguivy gibt stets ein malerisches Bild ab. Linker Hand, mit Blickrichtung zum Meer, die Mündung des Trieux und alle Inseln auf einen Blick. So, und jetzt dürfen alle mal raten, welche berühmte Nase sich im Juli 1922 hier vom Klassenkampf erholte: doch nicht unser Erich selig, der wurde ja erst 1912 geboren, sondern niemand Geringeres als Lenin, den großen Theoretiker der Oktoberrevolution!

## *DAS TRÉGOR*

Zwischen Land und Meer, begrenzt vom Argoat und der Goëlo-Küste im Osten und der Rosa-Granit-Küste im Westen, erstreckt sich das Trégor, geschichtsträchtiges, urbretonisches Hinterland mit zahlreichen Schlössern und Kirchen. Seine Entwicklung nahm ihren Ausgang von den beiden trichterförmigen Flußmündungen des Jaudy und des Trieux, die eine von fjordähnlichen Flußtälern begrenzte Landzunge bilden, eben jene urtümliche Halbinsel zwischen La Roche-Derrien und Pontrieux. Das Trégor ist Heimat des Heiligen Yves (Tréguier), aber auch Sommerfrische des 1981 verstorbenen Chansonniers Georges Brassens, der sein Schiff *Les copains d'abord* (»Freunde gehen vor«), benannt nach einem seiner Lieder, in Lézardrieux vertäute. Wir behandeln in diesem Kapitel nicht das ganze Trégor, das sich ursprünglich viel weiter, bis ins heutige Département Finistère hinein, erstreckte, sondern beschränken uns willkürlich auf die Halbinsel und deren Umgebung.

## PONTRIEUX (22260)

Freundliche Ortschaft an den blühenden Ufern des Trieux (wie sein Name schon verrät), vom touristischen Massenbetrieb bisher unbeleckt. Den gepflasterten Dorfplatz säumen einige mittelalterliche Behausungen, unter denen das Eiffel-Haus mit seinem blaugestrichenen Fachwerk aus dem 16. Jh. sofort ins Auge springt. Einen Katzensprung weiter die merkwürdige Brücke mit ihren rosa Arkaden, die einen herrlichen Blick auf die Häuser am Ufer gewähren. Poetische Gemüter haben dafür gesorgt, daß sogar auf dem Fluß ein Kahn voller Blumen dümpelt (solange es keine Stiefmütterchen im ausgedienten Schubkarren sind ...). Etwas weiter der Jachthafen und zwischen zwei baumbestandenen Uferstreifen ein Kanu- bzw. Kajakrevier für Anfänger. Zwei weitere Attraktionen: das »Waschhausfest« *(Fête de lavoir;* Auskunft auf dem Verkehrsamt) und die Bimmelbahnstrecke nach Guingamp. Im Umland finden sich einige Bauernhöfe mit Pension.

### Nützliche Adressen

– **Verkehrsverein:** hat sich vor kurzem im Eiffel-Haus am Hauptplatz eingenistet. T. 96 95 14 03 oder 96 95 60 31 (Rathaus). Geöffnet nur von 10-12h.
– **Kanu-Kajak-Club:** am Hafen. T. 96 95 17 20. Lehrgänge, Kurse und drei- bis vierstündige Meereskajaktouren für ganze 100 F. Zwei- oder Dreitagesausflüge bis zur Bréhat-Inselgruppe.

## Leibliches Wohl

♦ **Restaurant Le Jean Charcot:** 40, rue du Port. Bescheidenes Lokal, das ein sättigendes Menü zu 110 F mit Meeresfrüchten, Fisch, Salat, Käse und Dessert serviert. Gut geeignet für abgekämpfte Kajak-Paddler. Der Club liegt gleich gegenüber.

## Kost & Logis in der Umgebung

▪ **Gästezimmer und Ferme-auberge:** bei Joëlle und Daniel Kerambrun in Koad-Rogan, 22450 Pommerit-Jaudy. T. 96 91 38 50. Für die Mahlzeiten muß man sich anmelden. Nur montags im Sommer und samstags abends sowie sonntags über Mittag. In der Nachsaison bleibt die Küche kalt. Rund sechs Kilometer westlich von Pontrieux, an der Straße nach La Roche-Derrien. In dem bretonischen Bauernhaus heißt man Neuankömmlinge herzlich willkommen. Drei Zimmer mit Einzelbad (200 F) oder zwei einfachere Kammern (180 F), Frühstück inbegriffen . Auch Ferienwohnung und Stellplätze Zelte sind vorhanden. Himmlische Ruhe. Das Restaurant genießt im näheren Umkreis einen guten Ruf. Üppige Menüs mit Eigenerzeugnissen ab 100 F.

▪ **Gästezimmer im Hof von Kerléo:** 22260 Ploëzal, drei Kilometer nördlich von Pontrieux. T. 96 95 65 78. Am Ortsausgang ausgeschildert, sowie an der Ausfahrt von Schloß La Roche-Jagu. Altes bretonisches Bauernhaus mit vier neuen, geräumigen Zimmer in der Nähe des Schlosses, ab 210 F. Das richtige Revier für alle Wandervögel.

▪ **Gästezimmer und drei Gîtes ruraux** (Ferienwohnungen): bei Marie-Thérèse Calvez in Kergadic, 22260 *Quemper-Guézennec* (fünf Kilometer östlich von Pontrieux). T. 96 95 66 23. Einfache Zimmer mit Sanitäranlagen, ab 210 F für zwei Personen, Frühstück inbegriffen. Netter Empfang, freundlicher geht's nicht. Viel Blumen ums Haus herum. Abends Crêpes auf Bestellung. Kostenloser Tennisplatz und Angeln im Dorf.

▪ **Ferme-auberge Pen Boloi:** 26260 Ploëzal. Nähe Schloß La Roche-Jagu, T. 96 95 62 28. Montags Ruhetag. Vorherbestellen. Hübsch und einladend, mit kleinem englischen Garten. Solide Hausmannskost ab 90 F.

▪ **Ferme-auberge Kerpuns:** in Quemper-Guézennec (fünf Kilometer östlich von Pontrieux). An der Straße ausgeschildert. T. 96 95 66 47. Täglich auf Voranmeldung. Das hübsche Granithaus versteckt sich hinter einem regelrechten Wald von Blumen. In den beiden großen Speisesälen kommt Gebratenes von Schwein, Huhn und Rind auf den Tisch. Spanferkel auf Vorbestellung. Auch Einzelzimmer mit eigenen Sanitäranlagen.

## Sehenswertes rund um Pontrieux

● ***Schloß und mittelalterliches Anwesen von Brélidy:*** acht Kilometer südlich von Pontrieux, über die D 15. T. 96 95 69 38. Zwischen Ostern und Allerheiligen telefonische Anmeldung vonnöten.

Anwesen aus dem 16. Jh., neben den Ruinen eines aus dem 14. Jh. stammenden Festungsbaus errichtet, der während des bretonischen Erbfolgekrieges geschleift worden war.

▪ **Hotel:** Zimmer der Kette *Relais du silence* im neuen Schloß, wo man zu zweit fast 430 F los wird. Also wieder mal nur was für unsere Snobs mit Kreditkarte (und abgeräumten Girokonto).

► **Runan:** unterscheidet sich von ähnlichen geschichtslosen Dörfern nur durch sein reizendes *Kirchlein* aus dem 14. und 16. Jh.; mit vier Giebeln und einem spitz auslaufenden Kirchturm mit Balustrade. Zahlreiche Gestalten bewachen den Eingang. Figurenportal, ein gemeißelter Türsturz (Pietà und Mariä Verkündigung) und ein Dutzend wappenähnlicher Basreliefs an der Fassade fallen auf. In der Ecke ein bescheidenes Beinhaus. Innen, in der Chorhaube, ein *Kirchenfenster* von 1423 und Retabeln aus dem 18. Jh. Vor der Kirche steht eine der wenigen der in der Bretagne noch erhaltenen Freiluftkanzeln, überragt von dem unvermeidlichen Kalvarienberg.

● ***Château de la Roche-Jagu:*** rund zehn Kilometer südöstlich von Tréguier. T. 96 95 62 35. Öffnungszeiten von Ostern bis Allerheiligen täglich 10-12 und 14-18h (im Juli-August bis 19h). Strategisch günstige und obendrein landschaftlich beneidenswerte Lage am Ufer des Trieux, auf 60 m Höhe. Entstand im 15. Jh. als Mittelding zwischen Schloß und Herrenhaus. Zum Hof hin weist es eine elegante Fassade auf. Küche und Kapelle sind zu besichtigen. Zahlreiche skulptierte Kamine; wechselnde Ausstellungen. Von einem Rundweg erschließt sich dem Besucher das Panorama der Flußmäander. Die Gefahr, über ein Möbelstück aus vergangenen Zeiten zu stolpern, besteht nicht: es gibt kein Mobiliar!

♦ Innerhalb der Schloßmauern eine kleine Kneipe mit Restaurant und eine hübsche **Herberge** *(Gîte d'étape)* nur für Wanderer. T. 96 95 62 35.

## PRESQU'ILE SAUVAGE

Bei der »wilden Halbinsel« handelt es sich um die Landzunge zwischen Paimpol und Tréguier, die von zwei Flußmündungen eingegrenzt wird. Wild ist sie nicht nur wegen des Fehlens nennenswerter menschlicher Ansiedlungen, sondern auch wegen einer seltsamen Sandspitze *(Sillon Talbert)*. Um sie zu umgehen, schwenken wir zwischen Pontrieux und La Roche-Derrien in Lézardrieux auf die schmale D 20 ein. Alle mit gutem Schuhwerk halten Tuchfühlung mit der Küste und folgen dem berühmten GR 34, dem so mancher postkartenreife Urlaubsfotos zu verdanken hat.

– **Haus der Halbinsel** *(Maison de la presqu'île):* an der Kreuzung von Kerantour, Pleudaniel. T. 96 22 16 45.

## Kost & Logis

### *RUND UM LÉZARDRIEUX*

▪ **Gästezimmer auf dem Hof von Kerloury:** an der Straße von Lézardrieux nach Paimpol, gleich hinter dem Hafen links ausgeschildert. T. 96 20 85 23. Hübsches Landhaus, dessen ständige Bewohner uns freundlich willkommen heißen. Zimmer mit Frühstück am großen Küchentisch ab 220 F. Auch Zeltplatz und Crêperie-Saladerie (täglich während der Ferienzeit).

### *IN PLEUBIAN*

▪ **Zeltplatz Port-la-Chaîne:** an der Straße zum Strand. T. 96 22 92 38. Von Juni bis Mitte September. Drei-Sterne-Anlage voller Blumen in Familienbesitz. War 1991 Zeltplatz des Jahres.

### *IN LA ROCHE-DERRIEN*

▪ **Auberge du Cheval Blanc:** an der Straße nach Bégard, den Schildern nach. T. 96 91 36 33. Im »Weißen Rössel« geben sich die Angler die Klinke in die Hand. Zimmer ab 200 F, Menü ab 110 F.

## Sehen und erleben

► **Gezeitenmühle von Traou-Meur-en Pleudaniel:** T. 96 20 17 32. Vom 1. Juli bis 16. September täglich außer montags und dienstags zugänglich. Massiges Bauwerk aus dem 17. Jh., am rechten Ufer der Trieux-Bucht und vollständig erhalten. Der Besuch ist vor allem in technischer Hinsicht vielversprechend: Schieber des Wasserzulaufs, Schaufelräder, Mühlsteine und ähnliches Zubehör.

– **Seefahrerschule des Trégor:** in Kermouster, gleich hinter Lézardrieux. Ab dem Hafen ausgeschildert. T. 96 22 87 05. Veranstaltet nicht nur Kreuzfahrten rund um die Insel Bréhat, sondern auch Ausflüge im Meereskajak; vermittelt einen Einblick in das Leben der Matrosen und die Geschichte der christlichen Seefahrt. Unterkunfts an Ort und Stelle im *Gîte d'Étape Rural et Maritime,* T. 96 22 90 68.

► **Centre d'Etude et de Valorisation des Algues:** Algenforschungs- und Verarbeitungszentrum in Larmor-Pleubian, T. 96 22 93 50. Besichtigung im Juli/August von Dienstag bis Donnerstag nur nachmittags. Hier eröffnen sich ungewohnte technische und gastronomische Perspektiven. Es handelt sich nämlich um ein Labor, das dem »Anbau« und der Nutzung der auf einem riesigen Felsplateau zwischen der Ile de Bréhat und dem Festland wachsenden Algen nachgeht. Sie werden zum Beispiel zu Dünger, Kosmetik, Speiseeis, Bohnerwachs, Filmen, Lötstäben, Fischpudding, Suppen und sogar Stoffen verarbeitet. Wer jetzt noch Lust auf einen frischen Algensalat hat, der lange zu.

► Am Ende der Halbinsel, in Armor, Tal-Benz, eine geologische Kuriosität: der **Sillon de Talbert,** eine Art natürliche Landzunge aus Sand und Kieselsteinen, dreieinhalb Kilometer lang, die von den in entgegengesetzter Richtung strömenden Flüssen – Jaudy und Trieux – angespült wurde. Im Juli wird an dieser Stelle ein musikuntermaltes und beleuchtetes Drachensteigen organisiert. Mit seinen 45 m ist der *Phare des Héaux* der höchste Leuchtturm Frankreichs auf offener See.

► **Pleubian:** hier entdeckt man die älteste *Freiluftkanzel* in der Bretagne (15. Jh.). Ziemlich hoch, rund, mit einem kostbar gemeißelten Passionsfries. Wind und Wetter haben tiefe Spuren hinterlassen, aber noch immer wirken die dargestellten Szenen erstaunlich lebendig, u.a. Judaskuß und Geißelung.

► **La Roche-Derrien:** Kirche im romanisch-gotischen Stil. Die Place du Martray säumen alte Wohnhäuser mit Auskragungen bzw. Erkern.
– **Keltischer Volkstanz:** Lehrgang bei Timmy MacCarthy in Mantallot (sechs Kilometer südlich von La Roche-Derrien), in der dritten Augustwoche. T. 96 35 93 41 oder 96 35 81 29. Rund 650 F.

## TRÉGUIER (22220)

»Hauptstadt« des Trégor am Zusammenfluß von Jaudy und Guindy. Eines der schönsten charakteristischen Städtchen auf bretonischem Boden, bürgerlich, klerikal und konservativ (wie Fulda oder Bamberg). Bis zur Französischen Revolution war Tréguier bedeutender Bischofssitz. Hier bleibt denn auch wenig Platz für Randgruppen und Außenseiter. Zwar hat Tréguier heute keine Vorrechte mehr, doch liegt immer noch etwas von seiner glänzenden Vergangenheit in der Luft. Etwas ausgesprochen Vornehmes, Gemessenes. *Renan* schrieb über seine Heimatstadt: »Sie war ein riesiges Kloster, wohin kein Geräusch der Außenwelt drang.«

– **Verkehrsamt:** im Rathaus, hinter der Kathedrale. T. 96 92 30 19. Täglich außer sonntagnachmittags von 9.30-12.30 und von 14.30-17.30h (im Sommer bis 19h) geöffnet.
– **Fremdenverkehrsamt Trégor-Goélo** (Comité touristique du Pay Côtier Trégor-Goélo: im Kerantour-Haus, BP 7, 22740 Pleudaniel. T. 96 22 14 08. Das ganze Jahr über täglich außer sonntags geöffnet. Auskunftsstelle an der Straße zwischen Tréguier und Paimpol; Informa-tionen aller Art.
– **Hafenmeisterei des Jachthafens:** T. 96 92 42 37.
– **Librairie Tanguy:** gegenüber der Kathedrale, Ecke rue Saint-Yves. Alles über die Bretagne.

## Übernachtung und Essen

▪ **Hôtel-Restaurant L'Estuaire:** am Hafen. T. 96 92 30 25. Nichts Umwerfendes, aber eine der billigsten Adressen in der Stadt; Zimmer ab 170 F. Einfallsloses Restaurant, Menüs ab 75 F.

▪ **Hôtel Les Roches Douvres:** 17, rue Marcellin-Berthelot (dem Jachthafen gegenüber). T. 96 92 27 27. Zwei-Sterne-Neubau in ruhiger Lage auf einer Anhöhe, von der aus man auf die Boote blickt. Tadellose Zimmer, alle mit Bad und Fernsehen (Canal +) ab 270 F (je nach Jahreszeit). Frühstück ab 35 F.

♦ **La Poissonerie du Trégor:** 2, rue Renan (gleich hinter der Kathedrale). T. 96 92 30 27. Im Sommer täglich geöffnet. Originelles, gemütliches Lokal. Über seinem Laden serviert Pierre Moulinot Fisch und Meeresfrüchte wie Meerspinne, Miesmuscheln oder einen Fischteller ab 80 F. Portionen leider, die ausgewachsene Germanenmägen hungrig lassen könnten. An manchen Abenden Musikdarbietungen (von denen man aber auch nicht satt wird).

♦ **Restaurant Le Saint-Bernard:** 3, rue Marcellin-Berthelot. T. 96 92 20 77. Dienstags abends und mittwochs in der Nachsaison geschlossen. Am Hafen, rustikale Einrichtung. Bekannt für Gegrilltes und in der Glut gebackene Kartoffeln. Unter der Woche Menü ab 60 F, ansonsten »Meeresmenü« ab 110 F.

● ***Vornehmer***

▪ **Kastell Dinec'h:** route de Lannion, abseits, im Schatten der Bäume gelegen. T. 96 92 49 39. Fax: 96 92 34 03. Bretonisches Herrenhaus, das sich trotz Umbau zu einem Hotel-Restaurant sein angestammtes Mobiliar und die gemütliche Atmosphäre bewahrt hat. Im Garten eigenes Schwimmbecken. Luxuriöse Zimmer ab 4o0 F, Menüs ab 140 F.

## Auf einen Schluck und eine leckere Crêpe

♦ **La Manufacture of Krampouez:** 8, rue Saint-Yves. T. 96 92 34 77. Von Mittag bis Mitternacht geöffnet. Bretagne pur, was uns dieses urgemütliche Zentrum für »angewandte Gastro-hilaro-Therapie« zu bieten hat. Da gerät die Nahrungsaufnahme fast ins Hintertreffen. Macht müde Geister wieder munter.

## Seemannskleidung und Bootsbedarf

► **La Copér'marine:** an der Ausfahrt von Tréguier nach Trédarzec, gleich hinter der Canada-Brücke rechts. Unverwechselbarer Laden, der schon von weitem nach Kalfater riecht.

## Sehenswert

► **Kathedrale Saint-Tugdual:** Meisterwerk religiöser bretonischer Architektur mit dreieinhalb Türmen: einem runden, einem viereckigen romanischen (12. Jh.), einem viereckigen gotischen (15. Jh.)

und einer 63 m hohe Turmspitze (18. Jh.) obenauf. Erbaut aus Schiefer, Caen-Stein sowie grauem und rosafarbenem Granit; somit eine Augenweide an verschiedenen Formen, Größen und Farben, besonders bei wechselnden Lichtverhältnissen. Die 1339 in Angriff genommenen Bauarbeiten zogen sich hundertfünfzig Jahre lang hin. 1794 wurde die Kathedrale von rund tausend Soldaten des Bataillons von Étampes geplündert. Schmuckstücke außen sind die Portale und die Südfassade. Über dem Haupteingang eine breite Öffnung im Rayonnantstil. Das Innere läßt unweigerlich an Chartres denken. Schon beim Eintreten wird der Besucher von einem 40 m nach oben strebenden Gewölbe 'gen Himmel gezogen. Elegante Arkaden mit gotischen Bogenrundungen im Chor, Balustradenrundgang über dem Triforium und in groteske Figuren auslaufende Spitzbogen: harmonischer kaum vorstellbar.

– Am Eingang rechts die holzgeschnitzte Gruppe, die *Saint-Yves* im Gewand eines mittelalterlichen Rechtsgelehrten auf einem Thron zwischen zwei Gestalten zeigt: während der Arme demütig bittend sein Mützlein in Händen hält, faßt der hochmütige Reiche mit dem Hut auf dem Kopf ängstlich an seinen prall gefüllten Geldbeutel. Diese Darstellung war außerordentlich populär und wurde vielfach nachgeahmt, mahnt sie doch die Richter zur Unparteilichkeit. Angesichts der unbeschreiblichen Korruption im Mittelalter war das auch bitter nötig. Sankt Yvo, ein sozialer Heiliger!
– Mitten in der Kirche, eine schwerfällig und überfrachtet anmutende Kopie des *Mausoleums* Sankt Ivos, dessen Vorgänger aus dem 15. Jh. datierte und während der Französischen Revolution zerstört wurde. Bemerkenswert auch das Chorgestühl (1509). Man achte auf die Einzelheiten: die Künstler haben hier eine seltene Ausdrucksfreiheit und einen verblüffenden Realismus an den Tag gelegt.

– Besichtigung von *Kirchenschatz* und *Kreuzgang* von 10-12 und 14-18h, Eintritt 20 F für zwei Personen. Zum Kirchenschatz der Kathedrale zählen antike Statuen, Reliquien, religiöse Einrichtungsgegenstände usw. Zu guter Letzt der Kopf des Heiligen Ivo in einem Reliquienkästchen, meist im Reliquienschrein verstaut und somit neugierigen Blicken entzogen.
Auf dem Weg zum Kirchenschatz und zum Kreuzgang kommt man an einem mächtigen romanischen Stützpfeiler vorbei, dessen sechs Säulen zwei Rundbogen halten. Ihre Kapitelle zeigen Blumen und Flechtwerk. Neben dem Eingang zum Kreuzgang ein *Marienaltar* mit zierlichem Schnitzwerk.
– Schließlich der spätgotische *Kreuzgang*, der als der besterhaltene und ursprünglichste der Bretagne gilt; an den Wänden zahlreiche Gräber. Von der dem Eingang entgegengesetzten Seite aus eröffnet sich die beste Perspektive über den gesamten Komplex und die verschiedenen Bauepochen.

► **Altstadt:** die Straßen und Gassen rund um die Kathedrale sind selbstverständlich Pflicht. Das Auto am besten in Hafennähe abstellen, um dann die Rue Ernest-Renan zur Kathedrale »hinaufzusteigen«, oder man parkt auf dem Platz der Republik, dem Gymnasium gegenüber, und bummelt die Rue Kercoz hinunter in die Altstadt. In der *Rue Colvestre,* ein sehenswertes Haus mit Holztäfelung, vor allem aber auch vornehme Patrizierhäuser aus Granit. Marschieren wir hoch bis zur *Rue Marie-Perrot,* um die gotische Pforte und die Treppe vis-à-vis vom einstigen Bischofssitz in Augenschein zu nehmen. Die schmale *Rue Saint-Yves* gefällt uns allerdings noch besser; sie mündet auf den Kathedralenplatz.

► **Ernest-Renan-Geburtshaus:** 20, rue Ernest-Renan. In dem eleganten Fachwerkhaus befindet sich ein kleines, dem namhaften Historiker, Religionswissenschaftler und Philosophen gewidmetes Museum. Zutritt von 10-12h und 14-18h; dienstags und mittwochs geschlossen. Eintritt zuletzt 20 F. Der große Gelehrte und Kirchenkritiker Renan bewohnte dieses Haus fünfzehn Jahre lang und kehrte in den Ferien immer wieder dorthin zurück. Neben verschiedenen Andenken findet der Besucher hier auch Renans Arbeitszimmereinrichtung aus dem Collège de France. Im Erdgeschoß sein Geburtszimmer, im letzten Stock seine Studierstube. Ein zwanzigminütiges Video klärt Kulturbanausen über Renans Leben und Werk auf.

► **Grand Pardon de Saint-Yves:** alljährlich am dritten Sonntag im Mai, eine der inbrünstigsten Prozessionen in der Bretagne. Das Schreinkästchen mit dem Schädelknochen des Heiligen Ivo wird während der Prozession vorneweg getragen. Ivo war lange Zeit geistlicher Richter gewesen und erwarb sich dadurch den Ruf eines unbestech-lichen und gütigen Mannes, zu dem das Volk sich drängte. Er nahm Kranke und Bettler in seinem Haus auf, fastete drei Tage in der Woche und bettete sein Haupt abends auf einen Stein statt auf ein Kopfkissen. Ein gute Idee, wir versuchen's mal, denn unseres ist plattgelegen. Am 19. Mai 1303 starb er völlig entkräftet. Bis heute wird er daher auch als Schutzpatron der Anwälte und Armen (!) verehrt (und nicht etwa der Gewichtheber).

## ***ROSA-GRANIT-KÜSTE*** (Côte de Granit Rose)

Hinter Tréguier beginnt die zu Recht berühmte und infolgedessen vielbesuchte Rosa-Granit-Küste. Ein mildes Klima, piniengesäumte weite Sandstrände und hinter kolossalen, bizarren Felsen verborgene Kieselstrände boten günstige Voraussetzungen für große Badeorte wie Perros-Guirec. Wassersportler kommen auf ihre Kosten, an Wanderwegen herrscht kein Mangel, und abends kommt am Hafen Stimmung auf. Soweit die Segnungen des Fremdenverkehrs. Wer es lieber einen Gang ruhiger angehen läßt, verweile eher an der *Côte des Ajoncs* zwischen Plougrescant und Port-Blanc.

## IN RICHTUNG PERROS (COTE DES AJONCS)

Unserer unmaßgeblichen Meinung nach der schönste Abschnitt an der Rosa-Granit-Küste. Ab Trestel weniger Touristenrummel und Beton – das läßt sich freier atmen. Die Heide reicht bis zum Meer. Ab Port-Blanc verschärft sich der Gegensatz zwischen der sanft modellierten Landschaft und der zerklüfteten Küste mit ihren eigenwilligen Felsen und zahlreichen Inselchen. Den Eindruck, den man von der rauhen Küste gewinnt, mildern grüne Wiesen und Wäldchen im Binnenland ab. Folgen wir aufs Geratewohl den engen Wegen, die überall und nirgendwohin führen, aber stets wunderhübsche Aussichten bescheren. Wanderern empfiehlt sich hier vor allem der späte Nachmittag, wenn die Konturen deutlicher hervortreten; samtige Farben und Töne legen sich dann um die Dörfer und die winzigen Häfen. Die Wanderwege an der Côte des Ajoncs sind übrigens mustergültig markiert (jedenfalls für französische Verhältnisse).

## PLOUGRESCANT (22820)

Eine entzückende Halbinsel, umgeben von einem Kranz aus Eilanden, manche davon bewohnt, und einer zerklüfteten, sturm- und meergepeitschten Küste.
Für alle verhinderten Matrosen hat Pascal Jeusset, der junge Kapitän der *Marie-Josette* mit Heimathafen Castel-en-Plougrescant, das richtige Angebot parat. Man trifft ihn oft im *Café Arvag,* T. 96 92 51 03. Buchung auch unter T. 96 92 58 83. Die Segelturn auf dem neun Meter langen Windjammer rechtfertigt die 200 F pro Tag. Der Anblick der Küste von See aus ist wirklich unbezahlbar.

### Unterkommen und Verpflegung

- **Gemeindezeltplatz in Plougrescant:** Beg-ar-Vilin, zwei Kilometer vom Dorf. T. 96 92 56 15. Von Mitte Juni bis Mitte September geöffnet. Günstige Gebühren.
- **Auberge de Pen-Ar-Feunten:** route de Penvenan, T. 96 92 51 02. Gegessen wird, was auf den Tisch kommt. Ländlich-schlichter Rahmen, aber sehr entgegenkommend und nicht allzu teuer. Menüs ab 60 F, Doppelzimmer mit Waschbecken 120 F, mit Dusche 140 F.
- **Gästezimmer:** bei Marie-Claude Janvier, an der Route du Gouffre, 1 km vor Plougrescant. T. 96 92 52 67. Vor dem Haus flattert die Europaflagge im Wind. Die nette Dame des Hauses hegt und pflegt Garten und Anwesen. Vier Zimmer mit Bad ab 270 F, gutes Frühstück inbegriffen. Vermietet auch Fahrräder ab 35 F pro Tag.
- **Hôtel-Restaurant Le Crustacé:** place de l'Église, in Penvenan. T. 96 92 67 46. Dienstags abends und mittwochs außerhalb der Urlaubszeit geschlossen. Vor allem die ausgezeichneten fünf Menüs ab 70 F (unter der Woche) lohnen den Umweg. Fisch und Meeres-

früchte, traditionelle Einrichtung. Einfache Zimmer ab 180 F für zwei Personen.

● *Gehobener*

▪ **Gästezimmer im Manoir de Kergrec'h:** ein Kilometer vor dem Dorf, hinter der Kirche von Plougrescant ausgeschildert. T. 96 92 56 06. Fax: 96 92 51 27. Elegantes Herrenhaus mit Türmchen aus dem 18. Jh. inmitten eines weitläufigen Parks. Eine junge Vicomtesse empfängt Hausgäste mit einem Lächeln. Die mit Stilmöbeln eingerichteten Zimmer atmen Geschichte; große Badezimmer. Einschließlich des reichlichen Frühstücks kommt man locker auf 520 F für die Nacht.

## Sehenswertes

▶ **Kapelle von Saint-Gonéry:** ortseingangs von Plougrescant. Ihr windschiefer Glockenturm fordert unmißverständlich zum Anhalten auf. Zur Straße hin fällt der romanische Teil aus dem 10. Jh. auf, der den Eindruck einer Festung erweckt. Der übrige Teil der Kapelle stammt aus dem 15. Jh., der geneigte Turm aus dem Jahre 1612. Im Pfarrbezirk eine achteckige *Kanzel* aus dem 16. Jh. Falls abgeschlossen, kann der Schlüssel im Laden gegenüber in Empfang genommen werden.

– Die *Kapellendecke* ist einem umgekippten Schiffskiel nachempfunden und wurde übrigens von Schiffsbauern angefertigt. Hier ist eine bemerkenswerte Freskenreihe aus dem späten 15. und dem 18. Jh. zu sehen, von perfekter Naivität, bisweilen unbeholfen im Ausdruck, aber farbenfroh und fantasievoll: Erschaffung der Welt, der Tiere, von Adam und Eva usw.; die ganze Schöpfungsgeschichte und das Neue Testament.
– Unter dem Turm das über dreihundert Jahre alte *Grabmal des Heiligen Gonéry*, jenes irischen Mönches, der das Fieber vertrieb. Die Seeleute pflegten immer eine Handvoll Erde vom Grabdeckel mit auf Reisen zu nehmen. Eine Alabasterstatue Mariens wird auf das 16. Jh. zurückdatiert. Mausoleum eines Bischofs von Tréguier aus derselben Epoche. Darüber schön geschnitzte Rahmhölzer, unter anderem die Darstellung der sieben Todsünden in Richtung Sakristei.
– Am Ostermontag *Fête de Saint-Gonéry*. Der Schädelknochen des Heiligen wird auch am vierten Sonntag im Juli in einer Prozession durch den Ort getragen (mit Rücksicht auf die Ferienordnung der deutschen Bundesländer?).

## Im Umkreis

▶ **Beg-Ar-Vilin:** Halbinsel im Flußdelta des Jaudy, in Sichtweite der Loaven-Insel, wo sich eine der Mutter des Heiligen Gonéry gewidmete Andachtskapelle befindet.

Kapelle v. Port Blanc

► Die **Bucht von Gouermel** läßt bei Hochwasser nur noch einen ganz schmalen Sandstreifen sehen. Auch die **Chapelle Saint-Nicolas** aus dem 16. Jh. und ihr ebenso alter Kalvarienberg verdienen einen Besuch.

► **Porz-Scarff:** wieder so eine hübsche kleine Bucht, nahezu verlassen. Rechter Hand des Hafens erheben sich Felsen in lustiger Unordnung. Die enge, verspielte Straße schlängelt sich nach Belieben an der Küste entlang, zwischen Weiden, Kiefernwäldchen, Feldern, Bauernhöfen und Felsbrocken. Sie führt zu der *Pointe du Château* mit ihren zyklopenhaften Granitfelsen.

► **Castel-Meur:** bei Flut und Unwettern stürzt die Brandung heulend in die Schlucht von *Castel-Meur*, eine knappe Viertelstunde entfernt. Hier werden wir an den ewigen Kampf zwischen den Elemente Land und Wasser erinnert.
Das zwischen zwei Felsen dem Ozean trotzende *Häuschen in Plougrescant* auf der Halbinsel, wo jeder dem Meer und der Einsamkeit Vertraute gerne leben würde, ist mittlerweile durch die Fremdenverkehrswerbung in der Pariser Metro, Reiseprospekte und Kalenderblätter derart bekannt geworden, daß der Besitzerin der Kragen platzte. Seitdem ihr einige Japaner zwecks Urlaubsfoto buchstäblich aufs Dach gestiegen sind, kommt sie nur noch selten in ihr Haus und hat beschlossen, jeden zu verklagen, der das Bild ihres Häuschens für kommerzielle Zwecke verwendet. Recht so!

## PORT-BLANC (22710)

Angenehm bescheidender Hafen und Badeort. Mehrere Strände mit feinem Sand. Mittendrin ein dicker Felsbrocken mitsamt kleiner Andachtskapelle. Der berühmte Dichter *Anatole Le Braz* logierte hier ebenso wie Théodore Botrel, Lindberg und der Arzt und Nobelpreisträger Alexis Carrel. Auf offenem Meer ereignete sich hier 1967 das Tankerunglück der *Torrey Canyon* mit einer nie zuvor dagewesenen Ölpest.
Im Dorf eine anmutige *Kapelle* aus dem 16. Jh., deren Dach fast bis zum Boden reicht. Innen Rundbogen und eine geschnitzte Holzkanzel. Im Pfarrbezirk ein Kreuzgang aus dem 17. Jh. Kostenlose Führung in der Hochsaison, jeweils montags und donnerstags um 17h (zugleich Informationen über die Regionalgeschichte). Ein malerischer *Zollweg* führt von Port-Blanc nach Buguélès.

- **Verkehrsverein:** T. 96 92 67 59 (Rathaus Penvénan)
- **Segelschule** *(Capitanerie):* T. 96 92 64 96.

## Schlemmen und schlummern

▪ **Hôtel le Rocher:** rue de la Sentinelle, unweit des Boulevard de la Mer. T. 96 92 64 97. Vom 15. Juni bis 15. September geöffnet. Zehn gepflegte Zimmer zu Preisen ab 180 F. Im Sommer angenehme Atmosphäre, kleiner Garten.

▪ **Hôtel-Restaurant des Iles:** gleich nebenan. T. 96 92 66 49. Schlichtes, gut geführtes Haus der Kette *Logis de France*. Zimmer ab 210 F. Uriger Speisesaal mit alten Geschirrschränken, karierten Tischtüchern, freundlicher und familiärer Atmosphäre. Menüs ab 85 F mit reichlich bemessenen Portionen. Das Crêpes-Frühstück ist auch nicht zu verachten.

▪ **Grand-Hôtel de Port-Blanc:** bd de la Mer, am Strand. T. 96 92 66 52. Traditionell, etwas antiquiert, ordentlich geführt und freundliche Aufnahme. Zimmer ab 210 F. Im Juli/August Zwang zur Halbpension. Das Restaurant kann man leider vergessen.

# PERROS-GUIREC (22700)

*Pen-Roz* heißt auf bretonisch »Kopf des Hügels«. Der zweite Namensbestandteil geht auf den walisischen Mönch Guirec zurück, der die Ansässigen zum rechten Glauben bekehrte. Der Nobelbadeort zählt zu den bedeutendsten Jachthäfen in der Bretagne und ist seit der Jahrhundertwende mit am beliebtesten, folglich ausgesprochen touristisch. Laut Einwohnerzählung aus dem Jahre 1990 kommen auf 7494 Einheimische 40.000 Feriengäste! Die Küstenstraßen erinnern an die *Corniches* an der Côte d'Azur. Perros-Guirec erstreckt sich mit seinen Stränden, der Innenstadt und dem nach Geld riechenden Jachthafen über mehrere Kilometer.

*Geschützte Strände:* der Strand von *Trestraou* und der Strand von *Trestrignel*, ferner die *Plage du Château* und die *Plage des Arcades* im Osten. Wem Menschenmassen ein Greuel sind, der sollte sich nach Port-Blanc zurückziehen (s. oben).

## Nützliche Adressen

– **Verkehrsamt:** 21, place de l'Hôtel-de-Ville. T. 96 23 21 15. Fax: 96 91 23 84. Während der Urlaubszeit täglich von 9-13h und von 13.30-19.30h geöffnet, außerhalb nur bis 18.30, sonntags dicht. Ein tolles Büro, dem der Präsident der Vereinigung »Tourisme Breton« vorsteht – was alles erklärt!

– **Jachthafen:** Schwimmdock. Telefon der Hafenverwaltung: 96 23 37 82; Regatta-Gesellschaft: T. 96 91 12 65; Segelschule: T. 96 23 25 62.

– **Wetterwarte:** Anrufbeantworter, T. 96 20 02 22.

– **Casino:** am Strand von Trestraou. T. 96 23 20 51. Freier Eintritt, Glücksspielautomaten, Boule, Roulette usw.

## Kost & Logis

### ● *Zeltplätze*

▪ **Zeltplatz Trestraou:** zwei Schritte vom Strand. T. 96 23 08 11. Aufnahme von Juni bis Ende September. Drei Sterne und jede Menge Volks.
▪ **La Claire Fontaine:** rue du Pont-Hélé. T. 96 23 03 55. Rund 800 m vom Trestraou-Strand. Von Mai bis September bewirtschaftet, entspricht in seiner Art dem vorigen. Selbstbedienung.
▪ **West Camping:** in Ploumanac'h. T. 96 91 43 82. Von Mitte April bis Mitte Oktober geöffnet. Zwei-Sterne-Komfort, ruhiger als die Mitbewerber, hat auch nur fünfzig Stellplätze.

### ● *Noch preiswert*

▪ **Hôtel-Restaurant Les Violettes:** 19, rue du Calvaire. T. 96 23 21 33. Ganzjährig geöffnet. Niedliches, romantisches Normannenhaus, viele Blumen, Gemütlichkeit im Inneren und freundliche Begrüßung. Propere Zimmer ab 170 – in der Urlaubszeit teurer – und 220 F (mit Dusche, Aufpreis für WC). Im Restaurant einfache bis anspruchsvolle Menüs ab 60 F.
▪ **Bar-Hôtel-Restaurant La Bonne Auberge:** place de la Chapelle in La Clarté. T. 96 91 46 05. Fax: 96 91 62 88. Auf der Anhöhe zwischen Perros und Ploumanac'h. Freundlicher Empfang, gemütliches Ambiente mit Holzfeuer, Klavier und weichen Kanapees. Zimmer ab 170 (mit Waschbecken) oder 230 F (mit Dusche und WC). Gute Adresse. Auch Fahrradvermietung und Restaurant mit Terrasse.
▪ **Le Suroît:** 81, rue Ernest-Renan. T. 96 23 23 83. Fax: 96 91 18 32. Am Hafen; zuständig sind zwei reizende alte Damen. Gemütliche Einrichtung mit viel altem Holz; Zimmer ab 150 F, Mahlzeiten ab 60 F. Gutes Preis-Leistungsverhältnis.

### ● *Mittlere Preislage*

▪ **Le Ker-Ys:** 12, rue du Maréchal-Foch, neben dem Verkehrsamt. T. 96 23 22 16. Fax: 96 23 28 36. Vorausbuchen, die Adresse ist bekannt. Großes Steinhaus mit bretonischen Zimmern ab 210 F, sämtlich mit Dusche oder Bad. Im Restaurant lokale Gaumenfreuden ab 85 F. Inhaber »Pépé« veranstaltet im Kleinbus Ausflüge in die Umgebung und quetscht abends den Dudelsack *(Biniou).* Stimmung garantiert.
▪ **Au Saint-Yves:** rue Saint-Yves. T. 96 23 21 31. Fax: 96 23 05 24. Blitzblankes, gemütliches Hotel der Kette *Logis de France.* Zimmer mit Dusche, WC und TV ab 260 F. Zwei ansprechende Menüs ab 70 F. Fisch, z.B. Forelle in Cidre, und Meeresfrüchte (Austern).

### ● *Gehoben*

▪ **Au Bon Accueil:** rue de Landerval. T. 96 23 25 77. Fax: 96 23 12 66. Rund hundert Meter vom Jachthafen; das Gros der modernen, gemütlichen Zimmer ab 300 F blicken aufs Meer. Das Restaurant mit gastronomischem Ehrgeiz serviert Gerichte ab 90 F. Zuvorkommende Aufnahme, wie sich das gehört.

## Einkehren

♦ **Crêperie von Mme Hamon:** rue de la Salle, T. 96 23 28 82. Montags, freitags und über Mittag geschlossen. Abends um 19h nur eine Bedienung, Tischvorbestellung erforderlich. In einem abschüssigen Sträßchen, am Parkplatz hinter dem Segelhafen. Dieses Lokal war einst ein Geheimtip (lang ist's her!), vornehmlich wegen der Crêpes, dann aber auch wegen des Vorzugs, der Wirtin bei der Zubereitung diverser Gaumenfreuden zugucken zu dürfen. Sie steht allein am Herd und wirft die fertigen Crêpes über ihre Schulter nach hinten, ohne deren »Flug« zu überwachen – trotzdem landen sie stets in den von der Bedienung bereitgestellten Tellern!

♦ **Crêperie Les Vieux Gréements:** am Hafen. T. 96 91 14 99. Außerhalb der Saison zu Beginn der Woche geschlossen. Schöne Einrichtung ganz in Holz; die Theke besteht aus einem umgedrehten Schiffsrumpf, an den Wänden hängen alte nautische Geräte und Aquarelle von alten Windjammern. Junge, flippige Inhaber, gediegenes Publikum – wie paßt das zusammen?

♦ **La Chaum'Inn:** neben dem Casino, am Strand von Trestraou. T. 96 23 23 45. Mittwoch Ruhetag. Terrasse mit Meeresblick, auf der sich die Gäste die Menüs schmecken lassen, alle unter 110 F. Meeresfrüchte, Garnelen, Krabben usw. Josiane tut alles für ihre Kundschaft. Mit Erfolg.

♦ **Restaurant Le Trestrignel:** am Strand von Trestrignel. T. 96 23 03 86. Von Ostern bis Ende September geöffnet. Menüs ab 70 F. Üppige Meeresfrüchte-Platte ab 120 F, deren Zusammensetzung sich ganz danach richtet, was den Fischern ins Netz geht.

## Für Nachteulen

♦ **Le Bahia:** populäre Piano-Bar am Strand von Trestraou, die ihre Pforten ab 21.30h öffnet. T. 96 91 08 89.

♦ **Pub Brittania:** 19, bd de la Mer. T. 96 91 01 10. Bar im Regency-Stil mit großer Auswahl an Malzbieren. *Englisch spoken not necessary!*

♦ **La Taverne:** 22700 Louannec, 1,5 km östlich von Perros-Guirec, in der Rue des Écoles. Dienstag Ruhetag. In dieser Kneipe kommen Kleinstadtprominenz und Landjugend aus der Umgebung zusammen. Mittwochs Gelegenheit zum gemeinsamen Schmettern von Seemannsliedern. Ahoi!

♦ **Jazz-Club Melody Blues:** 65, rue A.-Le-Braz, Le Linkin. T. 96 91 00 78. Abends geöffnet, montags Ruhetag. Im Sommer von mittwochs bis sonntags um 22h eintrittspflichtige Jazz-, Blues- oder Rockkonzerte; außerhalb der Ferienzeit nur samstags.

## Sehenswert

Perros hat einiges zu bieten: Thalassotherapie gegen das Zipperlein, ein Spielcasino, um das Urlaubsgeld auf den Kopf zu hauen, Zählen der rosa Granitfelsen, die jetzt dem staatlichen Küstenschutz gehören – niemand braucht sich also am Tag oder bei Nacht zu langweilen.

► Verweilen wir kurz bei der denkmalgeschützten **Kirche Saint-Jacques** mit ihrem originellen Kirchturm, dem durchbrochenen Geländer und der achteckigen Kuppel. Das Kirchenschiff ist teils romanisch, teils gotisch, der Chor gotisch. Altarblatt aus dem 17. Jh. mit geschnitzten Tafeln und farbig bemalten Figuren.

► **Wachsmuseum:** am Jachthafen. T. 96 91 23 45. Vom 15. Juni bis zum 15. September täglich 10.30-12.30h und 14.30-19.30h. Nachgestellte Kämpfe zwischen Royalisten und Revolutionären, die in dieser Gegend besonders erbittert ausgetragen wurden.

– **Überfahrt auf die Sept-Iles** (»Sieben Inseln«): mit den Motorbooten der *Vedettes Blanches,* T. 96 23 22 47 oder 96 91 13 21, oder mit den *Vedettes des Sept-Iles,* T. 96 91 11 31. Von März bis Oktober. Die Fahrt dauert zwei bis zweieinhalb Stunden und beläuft sich auf 80 F (Kinder: 50 F). Auch die Inselgruppe der Sept-Iles ging unlängst in den Besitz des staatlichen Küstenschutzes über, der jetzt auch für das einmalige Vogelschutzgebiet auf der Ile aux Moines zuständig ist. Fahrkarten an der Anlegestelle von Trestraou (neben der Segelschule).

► **Postkartenladen von Éric Besnard:** führt Ansichtskarten, über die sich die Lieben daheim bestimmt freuen werden; zu finden bei *Photo Flash,* plage de Trestraou, 116, av. du Casino.

► **Bootsausflüge:** mit der *Le Flambart,* die uns in die alte Kunst Segelkunst einführt. Auskunft beim *Centre Nautique*, T. 96 23 25 62. Auf dem Friedhof von La Clarté, dem Nachbarort von Perros-Guirec, ruht der in Frankreich bekannte Schauspieler *Thierry Le Luron* (zweiter Gang links nach dem Mäuerchen).

## PLOUMANAC'H (22700)

Von Perros-Guirec eingemeindetes Badeörtchen. Das Fischerdorf hatte sich an der Stelle einer gallischen Siedlung, der noch ein römisches Oppidum folgte (die spinnen eben nicht immer, die Römer!), entwickelt. Durch die berühmten rosa Granitfelsen läßt's sich trefflich wandern und herumklettern. Vom Strand von *Saint-Guirec* aufbrechen und dem Zollpfad rund um die Halbinsel folgen. Dabei stößt man unweigerlich auf faszinierende *Felsen und Steinblöcke* mit bizarren und extravaganten Formen. An sommerlichen Abenden nehmen sie glühende Farben an. Vorbei am Leuchtturm und am Kap *Ar-Skevell* – Markierungen weisen uns den Weg. Auch der *öffentliche Park* liefert der Einbildungskraft reichlich Nahrung.

## Kost & Logis

▪ **Zeltplatz le Ranolien:** chemin du Ranolien. Zugang über den Boulevard du Sémaphore. T. 96 91 43 58. Von Febuar bis November geöffnet. Tolle Lage am Rande des Zollwegs, in der Nähe des kleinen Strandes von Pors-Rolland. Ruhig, vergleichsweise einsam, wenig Bäume, dafür Rasen und alle erdenklichen Annehmlichkeiten wie Schwimmbad, Tennisplatz, Minigolf. Vier Sterne und entsprechend happige Gebühren.

▪ **Hôtel-Restaurant Le Parc:** am Rand des Ploumanac'her Parkplatzes und gleichzeitig am Ufer. T. 96 91 40 80. Fax: 96 91 60 48. Vom 1. April bis Ende September geöffnet. Dieses winzige Hotel ohne Allüren tischt unter der Woche Menüs ab 85 auf. Zimmerpreise ab 190 F pro Person. Halbpension im Sommer Pflicht (260-300 F). Kulinarische Höhepunkte: armorikanischer Loligo und Gänseleber mit Langustinen.

## In der Umgebung

► **Notre-Dame-de-la-Clarté:** auf halber Strecke zwischen Ploumanac'h und Perros-Guirec. Prächtige *Kapelle* (1445), darüber ein Glockenturm und eine Turmspitze aus dem 17. Jh. Rundum ein Holzgitter im Renaissancestil und oben ein geschnitzter Fenstersturz (links eine *Pietà,* rechts »Mariä Verkündigung«). Den Eingang bewachen bemalte Holzfiguren. Sehenswerter *Weihwasserbehälter* aus Granit, aus dessen Rand Gesichter herausgearbeitet wurden (15. Jh.). Ausladendes Altarblatt aus dem 17. Jh. und drei Schiffsmodelle, die als Exvotos die Dankbarkeit der hiesigen Seeleute der segenbringenden Jungfrau gegenüber bezeugen: »Intron Varia Ar Sklaer der«.

► Nach **Perros-Guirec** über den **Zollpfad:** hin und zurück eine dreistündige Wanderung, besonders bei Flut ein Erlebnis. Der markierte Weg schlängelt sich an der Felsküste entlang und durch den Stadtpark hindurch. Die mächtigen Felsen sind im Laufe der Jahrhunderte so vom Wind verformt worden, daß man je nach Fantasie unterschiedliche Figuren darin erkennen wird. Man kann natürlich genauso gut von Perros-Guirec losmarschieren, um in Ploumanac'h anzukommen. Der Weg beginnt dann beim Strand von Trestaou. Unterwegs im *Maison du littoral* (Haus der Küste) vorbeischauen!

► Das **Traouïero-Tal** erstreckt sich von Ploumanac'h bis Trégastel. Unterwegs bieten sich mehrere Ausgangspunkte an, von denen aus sich beeindruckende Ansammlung von Granitblöcken erkunden läßt. Sehenswert auch die Gezeitenmühle aus dem 14. Jh. mit Ausstellungen im Inneren.

## TRÉGASTEL (22730)

Nimmt einen Stammplatz im Reigen der bekanntesten bretonischen Badeorte ein. Zu Recht, denn der feine Sand an den Stränden und die Felsansammlungen sind vielversprechend. Klar, daß hier kein Platz für einsame Strandspaziergänge bleibt.

– **Verkehrsamt:** place Sainte-Anne. T. 96 23 88 67. Fax: 96 23 85 97. Ganzjährig von 9-12 und 14-18h, sonntags außerhalb der Urlaubszeit aber nicht besetzt. Wanderführer hier erhältlich. Postamt gleich gegenüber.
– **Fahrradvermietung:** 7, rue Charles-Le-Goffic. T. 96 23 87 74.

## Ein Königreich für ein Bett

Massenhaft Hotels am Platze, besonders im Umkreis des Strandes von *Coz-Pors*, in Hafennähe. Liste mit *Gästezimmern* beim Verkehrsamt.

▪ **Hôtel des Bains:** bd de Coz-Pors, am Strand. T. 96 23 88 09. Fax: 96 47 33 86. Vom Frühling bis Ende September geöffnet. Zwei schneeweiße Gebäude, die einen weiten Innenhof umgeben. Schlichte, aber propere Zimmer mit für diese Gegend zivilen Preisen: mit Waschbecken ab 180 F. Restaurant.
▪ **Hôtel de la Corniche:** 38, rue Charles-Le-Goffic. T. 96 23 88 15. In der Innenstadt, unweit der Strände. Nagelneue Zimmer ab 200 F. Die freundliche Wirtin hat sie selbst gestrichen. In der heiteren Umgebung fühlt man sich gleich wohl. Betreibt auch ein Restaurant. Halbpension ab 270 F, außerhalb der Saison Preisnachlaß von 30%.
▪ **Campingplatz Tourony:** rue de Poul-Palud, beim Tourony-Strand in vorteilhafter Lage. Grenzt an Perros-Guirec. T. 96 23 86 61. Von Ostern bis Ende September in Betrieb. Die Drei-Sterne-Anlage bietet Angeln, Segeln und Montainbiking.
▪ **Camping le Golven:** route de la Corniche. T. 96 23 87 77 oder 96 33 39 46. Vom 1. Mai bis zum 15. September in Betrieb. Blick auf die Bucht von Kerlavoz. Unweit vom Dolmen und der »Allée Couverte« (Langgrab), 100 m vom Strand. Fast familiäre Stimmung; auch hier vergeben wir drei Sterne. Minigolf und Imbiß. Im Sommer Boulewettkämpfe und Schwof.

## Kulinarisches

♦ **Crêperie L'Iroise:** 29, rue Charles-Le-Goffic, 20 m vom *Hôtel de la Corniche*, T. 96 23 41 98. Bei den Einheimischen für seine ausgezeichneten, erschwinglichen Crêpes beliebt. Eine weitere Spezialität ist die Fischsuppe (40 F). Menü mit zwei Galettes, Zuckercrêpe und einem Krug Cidre ab 50 F.

## Musik

♦ **Pub Toucouleur:** in Poul Palud, ortsausgangs von Trégastel in Richtung Perros. T. 96 23 46 26. Jazzclub mit überwiegend jugendlichem Publikum und Konzerten ab und zu.

## Sehenswürdigkeiten

► **Meeresaquarium:** bd du Coz-Pors. Originell unter tonnenschweren Felsbrocken eingerichtet, die in prähistorischer Zeit Höhlenbewohnern als Bleibe gedient haben sollen. T. 96 23 88 67. In der Hochsaison täglich von 9-20h, im Mai, Juni und September von 10-12 und von 14-18h. Eintritt: 20 F, Ermäßigung für Studenten. Zeigt sämtliche Fischarten der bretonischen und tropischen Meere. Oben vom Aquarium Ausblick auf die Felslandschaft ringsum.

► **Strände und Felsen:** ein Großteil der Fremden kommt nur wegen der fantastischen Felsformen, insbesondere Tierumrisse. Und dazu jene, die uns die Einbildung suggeriert. Von Süd nach Nord folgen aufeinander die Küstenabschnitte *Grève des Curés*, *Grève Rose* (unser Lieblingsstrand), das eindrucksvolle Felsenchaos der *Ile aux Lapins* (»Kanincheninsel«) und die *Grève Blanche*. Ein Zollweg führt zum Strand von *Coz-Pors*, wo sich die meisten Touristen auf die Füße treten. An den Felsgebilden *Rochers des Tortues* (»Schildkrötenfelsen«) *et de la Tête de Mort* (»Totenkopf«) vorbei gelangen wir zur Halbinsel Rénot. Langgezogener Strand von *Toul-Drez*. Richtig wohltuend, hier zu flanieren.
Unbedingt auch zum *Aussichtspunkt* und zur Orientierungstafel hochsteigen.

► Etwas abseits der Straße nach Trébeurden, an der Ortsgrenze von Pleumeur-Bodou, das **Langgrab** *(Allée couverte)* **von Kerguntuil** und ein Dolmen.

► **Menhir von Saint-Uzec:** unweit von Penvern, vor der Kreuzung mit der Straße Pleumeur-Bodou. Der riesige Monolith mit den rätselhaften, in den Stein gehauenen Zeichen aus vorchristlicher Zeit trägt auf seiner Spitze ein Kreuz. So christianisiert man heidnische Menhire (wenn's mit den Menschen so einfach wäre, werden jetzt unsere Kirchgänger denken ...).

## Ausflüge

► **Exkursion zu den Sept-Iles:** im Vogelschutzgebiet von Trégastel sind Kormorane, Bassanhühner und mit etwas Glück auch Papageientaucher und Robben zu beobachten. Jedenfalls von Mitte Juni bis Ende August. Dauer: zweieinhalb Stunden, 70 F für Erwachsene. Auskunft und Anmeldung: T. 96 47 30 00 oder im Verkehrsamt.

► **Forum de la Mer:** am Strand von Coz-Pors. Weitläufiger Thermalkomplex, der vor kurzem seine Tore öffnete. Die örtlichen Honoratioren sind mächtig stolz auf ihren neuen Freizeitpalast im pseudorömischen Stil mit Terrassen, Forum, orientalischem Bad und Bädern. Die Moderne äußert sich in Gestalt eines Fitneßstudios, Restaurants, Solariums und Kinderplanschbeckens. Wem das Meerwasser zu kalt ist, aale sich hier im beheizten Meereswasserbecken.

## TRÉBEURDEN (22560)

Klassischer Familienbadeort ohne besondere Kennzeichen, der viel von sich reden macht, seit der Bürgermeister einen Jachthafen mit jeder Menge schlüsselfertigem Beton in die Landschaft klotzen möchte. Ein Aufschrei der Empörung war die Folge, würde das Vorhaben doch den Strand von Trozoul verschandeln. Das Verwaltungsgericht hieß die Bauarbeiten per einstweiliger Verfügung einzustellen, doch 1992 schlug der *Maire* zurück: im selben Jahr zahlten die Amerikaner der Gemeinde nämlich umgerechnet drei Millionen Mark Entschädigung für die Amoco-Cadiz-Katastrophe, und Bargeld lockt! Nach einer unglaublichen juristisch-bürokratischen Schlammschlacht gingen die Arbeiten weiter, obwohl der Bürgermeister unterdessen wegen Veruntreuung öffentlicher Gelder angeklagt wurde. Die Umweltschützer warten derweil auf das Urteil der letzten Instanz, obwohl der Hafen inzwischen fast betriebsbereit ist. Vielleicht läßt sich wenigstens noch der Bau der geplanten Betonburgen verhindern ...
Gottlob bleiben rechts und links der Pointe du Castel noch genug schöne Strände übrig, der *Porz-Termen-Strand* und der *Tresmeur-Strand;* und hinter der Bihit-Landspitze der *Porz-Mabo-Strand*.
Übrigens: der Pfarrer von Trébeurden führt in seiner Kirche täglich im Sommer auf Anfrage Dias vor. Die Themen wechseln jedes Jahr, es geht aber immer um die Bretagne.

### Brauchbare Adressen

– **Fremdenverkehrsamt:** place de Crech-Héry, im Dorf. T. 96 23 51 64. Fax: 96 47 40 03. Unter der Woche und samstags vormittags geöffnet. Geschultes Personal, detaillierte Prospekte zu allem Wissenswerten.

– **Tauchschule:** T. 96 23 66 71.
– **Segelschule:** in Tresmeur. T. 96 23 51 35.
– **Fahrradvermietung:** Shelltankstelle, T. 93 23 52 61.
– **Meereskajak:** in Pors-Termen. T. 96 23 64 98.

### Unterkunft, Verpflegung und Amüsement

▪ **Zeltplatz Armor-Loisirs:** über dem Strand von Porz-Mabo. T. 96 23 52 31. Von Juni bis September geöffnet. Sieht aus wie ein englischer Park mit drei Sternen. Die Inhaber sind sogar Briten.
▪ **Jugendherberge:** eine der schönstgelegenen in der Bretagne. In Toëno, 2 km nördlich und nur einen Katzensprung vom Meer entfernt. T. 96 23 52 22. Ganzjährig offen, auch nachts. Übernachtung 50 F. Vor zwanzig Jahren möglichst billig errichtetes, modernes Gebäude, das nicht so richtig in die Landschaft paßt und schon wieder zerbröselt. Aber die einmalige Lage gleicht diesen Nachteil wieder aus. Vielfältige Freizeitmöglichkeiten: rund um die Ökologie sowie Surf-, Reit- sowie Campingmöglichkeit. Nebenan eine Tauchschule.

▪ **Gästezimmer:** bei Michel Lecum, 8, rue de Kerradic, in Guéradur, an der D 11 in Richtung Trégastel. T. 96 23 93 77. Schöner Bauernhof, Zimmer ab 130 F, Frühstück für 25 F.
▪ **Hôtel Les Ajoncs d'Or:** 13, rue de Trozoul. In der Ortsmitte, 300 m vom Strand. T. 96 23 50 40. Nettes Haus, herzlicher Empfang und ruhige, renovierte Zimmer um den Innenhof. Doppelzimmer mit Dusche und WC ab 160 F, Preisnachlaß zur Nachsaison.

♦ **La Chaumière:** am Porz-Mabo-Strand. T. 96 23 54 76. Leckeres Essen zu erschwinglichen Preisen. Hübscher Ausblick von der Terrasse aufs Meer. Nur im Sommer läuft der Betrieb.

## Gehoben

▪ **Hôtel-Restaurant Ker An Nod:** rue de Pors-Termen, 22560 Trébeurden. T. 96 23 50 21. Fax: 96 23 63 30. Ruhiges, nettes Hotel gegenüber der Insel Millau. Zwanzig nach Süden gelegene Zimmer zu Preisen ab 190 F, von denen aus es nur zwei Schritte zum langen Sandstrand sind. Die jungen Besitzer Catherine und Gildas tischen ihren Gästen in der Hauptsache Fisch und sonstige Meeresfrüchte auf. Menüs ab 90 F.

## In der Umgebung

► **Ile Millau:** 350 m lang, 23 ha, höchster Punkt bei 52 m. Auf dem Eiland wachsen 270 Pflanzenarten, die teils dem scharfen Meerwind, teils den vom Festland einströmenden milderen Luftmassen ausgesetzt sind. Kennern ist die Insel ein botanischer Garten, der manchmal – bei extremem Niedrigwasser – sogar zu Fuß zu erreichen ist. Achtung: es handelt sich um ein Naturschutzgebiet. Ganz in der Nähe das Inselchen Molène mit einem drei Tonnen schweren Hinkelstein, der in seiner Pfanne ruht: für die Göttermahlzeit in Asterix Heimat. Auskünfte beim *Verein für Inselschutz*, T. 96 23 68 28.

► **Marais du Quellen:** hinter dem Strand von Goas-Trez. Ein zweiundzwanzig Hektar großes Gelände, richtig geheimnisvoll mit merkwürdiger Fauna (Sumpfschnepfe, Haubentaucher, Krickenten usw.) und vielgestaltiger Pflanzenwelt. Die *Liga für den Vogelschutz* nimmt Besucher in Empfang und mit auf Erkundungsgänge. T. 96 91 91 40.

► **Ile Grande** (»Große Insel«, Gemeinde Pleumeur-Bodou): rund 5 km nördlich von Trébeurden. Eigentlich eine Halbinsel, lange Zeit links liegengelassen, seit dem Bau einer Brücke aber als Bauland erschlossen. Der Schriftsteller *Joseph Conrad* hauste mehrere Jahre auf der Insel. Rundum Strand, kurzer Wanderweg. Die Vogelwarte auf der Insel (T. 96 91 91 40, am Eingang ausgeschildert) veranstaltet Ausstellungen und Tagungen, zeigt Videos und Dias und nimmt uns mit auf den Rundweg zu unseren gefiederten Freunden. Ferngläser werden gestellt. Auch Ausflüge aufs Meer. Gemeindeeigener

*Zeltplatz* am Strand mit viel Platz. Ruhiger *Dolmen-Campingplatz*, Wasserport- und Segelschule. Auskunft: T. 96 23 51 35.

► **Nachrichtensatellitenzentrum von Pleumeur-Bodou:** weithin sichtbar ist der mächtige weiße Ballon der berühmten Radarkuppel, des *Radôme* (Radio-dôme). Drumherum bemerkt man acht »Blütenkränze«, die Parabolreflektoren, von denen jeder einzelne in Verbindung mit seinem Satelliten steht. Der Vergleich mit riesigen, der Sonne zugewandten Sonnenblumen bietet sich an. Besagte geostationäre Satelliten empfangen und senden Signale aus einer Höhe von 36.000 km. Von hier aus wurde am 11. Juli 1962 um 0.47h die erste Fernsehübertragung per Satellit von Amerika nach Frankreich hergestellt. Die Antenne, 340 t schwer, 54 m lang, hat keine Funktion mehr. Die gesamte Anlage ist zu besichtigen, und die Telecom veranstaltet in der ausgedienten Kuppel eine intergallaktische Ton-bild-Schau. Während der Urlaubszeit täglich 10-19h zu besichtigen, außerhalb der Ferienzeit bis 17.30 außer samstags. Eintritt: 40 F.

– **Télécom-Museum:** selbe Öffnungszeiten. T. 96 46 63 80. Neben dem Radôme erinnert ein weißer Deltaflügel mit 2.500 qm Fläche an hunderfünfzig Jahre Nachrichtentechnik. Das moderne Museum behandelt in acht Themenbereichen Geschichte, Technik und Kuriosa.

– **Planetarium:** einen Steinwurf vom »Radôme«, T. 96 91 83 78. Das Planetarium des Trégor veranschaulicht astronomische Phänomene, nach Themen geordnet. Die Vorführung ist nach den vielen Strandtagen eine willkommene, angenehm kühle Abwechslung (Klimaanlage!). Über das Programm informiert man sich am besten telefonisch.

► **Feriendorf Meem le Gaulois:** unterhalb des Radôme. T. 96 91 83 95. Von Ostern bis Ende September täglich außer samstags von 13.30-18h geöffnet; im Juli/August täglich von 10-19h. Eintritt: 10 F. Die humanitäre Organisation MEEM veranstaltet seit 1985 Workcamps für Jugendliche aus aller Welt, die das Dorf verschönern und beleben. Die Überschüsse gehen später an Entwicklungshilfevorhaben in Togo, um Buschschulen zu bauen. Die Einnahmen stammen fast ausschließlich aus dem Festival. Gezeigt werden traditionelle gallische und togolesische Häuser. Diavorführungen. Poney- und Schiffsausflüge, Cidre-Verköstigung und Crêpes.

## LANNION (22300)

Zweitgrößte Stadt im Département Côtes-d'Armor. Hauptstadt der Elektronik und der Nachrichtentechnik, denen Lannion eine unerwartete wirtschaftliche Blüte verdankt. Seit einigen Jahren leidet aber auch dieser Industriezweig unter der auch in Frankreich spürbaren Krise. Lannion hat trotz allem seinen Kleinstadtcharakter behalten und verspricht mit seinen wunderschönen alten Häusern links und rechts des Weges und den malerischen Gassen einen angenehmen Aufenthalt.

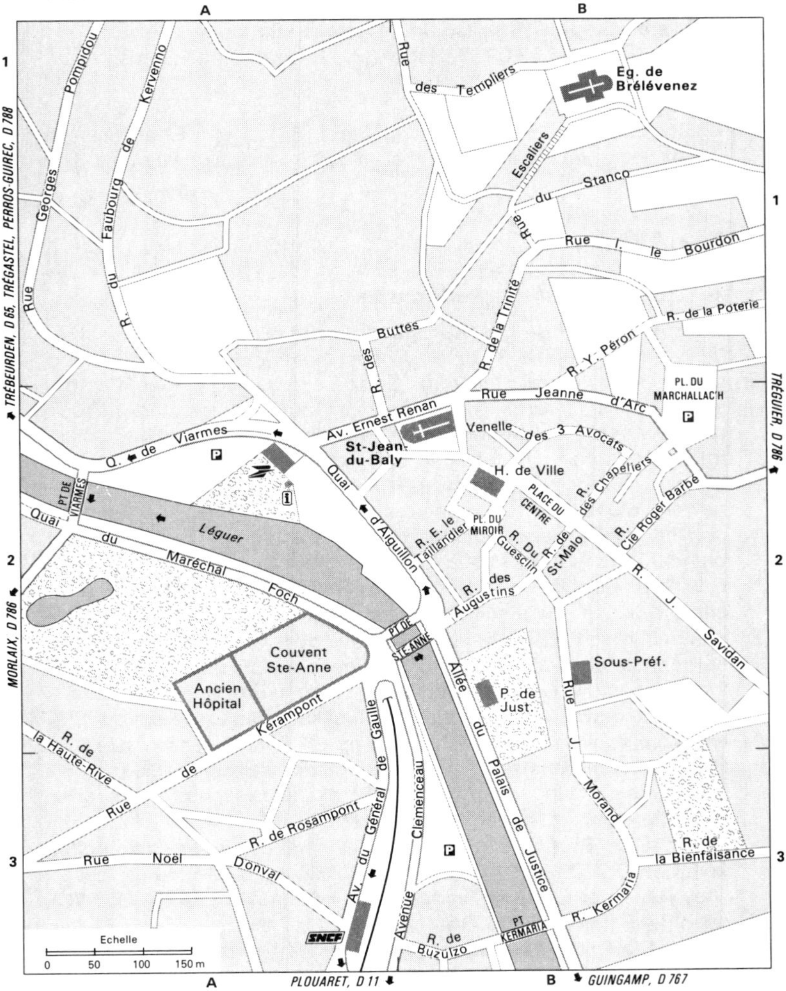


*Lannion*

## Nützliche Anlaufstellen

– **Verkehrsamt:** quai d'Aiguillon, am Ufer des Léguer, Nähe Postamt (Plan A2). T. 96 46 41 00. Fax: 96 37 19 64. Im Juli/August von 9-19h geöffnet (sonntags von 10.30-12.30h); außerhalb der Ferienzeit von 9.30-12.30h und von 14-18h, sonntags geschlossen.

– **Postamt:** quai d'Aiguillon und Av. Ernest-Renan.
– **Bahnhof:** T. 96 37 03 01. Züge über Guingamp nach Paris.
– **Busbahnhof:** *CAT*, T. 96 37 02 40.
– **Flughafen:** T. 96 48 42 92.
– **Librairie Gwalarm** (Buchhandlung): 15, rue des Chapeliers. In der Altstadt. Breites Angebot in allen Sparten mit Schwerpunkt Bretagne.

## Kost & Logis

### ● *Untere und mittlere Preisklasse*

▪ **Jugendherberge Les Korrigans:** 6, rue du 73ème-Territorial. T. 96 37 91 28. Fax: 96 37 02 06. In nächster Nähe zum Bahnhof und ganze 300 m vom Stadtkern. Ganzjährig geöffnet. Kein Zapfenstreich. Die Herberge wurde unlängst aufgemöbelt und hübsch gestrichen. Alle Reisenden finden freundliche Aufnahme. Verhältnismäßig beengte Verhältnisse in den Schlafsälen; aber es existieren ein paar Doppelzimmer sowie eine gut eingerichtete Küche. Fahrradvermietung. Die Jugendherberge bietet vielfältige künstlerische und sportliche Veranstaltungen – Fahrradtouren, vogelkundliche Wanderungen, Nord-Süd-Durchquerung der Bretagne, Boomerangclub, bretonischer Tanz, Bogenschießen, Drachenakrobatik – und erteilt Auskunft über weitere Freizeitmöglichkeiten in der Umgebung. Wochenweise Pauschalpreise. Eine der dynamischsten Jugendherbergen, die uns je begegnet ist. Übrigens will sie den Lesern unseres wundervollen Reiseführers fünf Prozent Preisnachlaß auf alle Angebote gewähren, wenn sie den Rucksackmenschen auf der dritten Seite vorweist. Übernachtung rund 55 F, Mittagessen zu 55 F. Übrigens: *Korrigans* sind, nach Auskunft des Personals, die bretonische Entsprechung der nachtaktiven skandinavischen Trolle oder Klabautermänner. Na dann ein guts Nächtle ...

▪ **Hôtel Le Bretagne:** 32, av. du Général-de-Gaulle, gegenüber vom Bahnhof. T. 96 37 00 33. Fax: 96 37 46 25. Modernes, gastliches Haus der *Logis-de-France*-Kette mit Zimmern zu 240 F (WC) oder 290 F (mit Bad und TV).

▪ **Hôtel la Porte de France:** 5, rue Jean-Savidan. T. 96 46 54 81. Mitten im historischen Stadtkern. Vornehmes Gebäude aus Sandstein und Granit, ehemalige Posthalterei aus dem 18. Jh. Die Treppe schraubt sich in einem alten Rundturm nach oben. Adrett eingerichtete Zimmer ab 280 F. Einige Leser hatten Probleme, ein Zimmer im voraus zu buchen.

▪ **Zelten auf dem Bauernhof von Kroaz-Min:** in Servel, 2 km vor Lannion in Richtung Pleumeur-Bodou. T. 96 47 22 21. Ruhig und preiswert. Von einem jungen Ehepaar betrieben. Saubere Sanitäranlagen, Volleyball, Tischtennis, Boule und selbsterzeugte Lebensmittel. Vom 15. Juni bis 10. September geöffnet.

## Nächtigen in der Umgebung

▪ **Zeltplatz in Beg-Léguer:** rund 7 km westlich von Lannion, nach Servel. T. 96 47 25 00. Fax: 96 43 08 72. Von April bis Ende September geöffnet. Nah am Meer gelegen, mit allen Annehmlichkeiten (drei Sterne): u.a. zwei Tennisplätzen, Supermarkt und, in der Nähe, einer Disco.

▪ **Manoir de Crec'h Gouliffen:** in Servel, an der Straße nach Beg-Léguer. T. 96 47 26 17. Rund 3 km westlich von Lannion. Kleines Landhaus, hübsch eingerichtet mit gemütlichen Zimmern zu vernünftigen Preisen, die auf den Blumengarten mit Privatmenhir blicken. Ab 340 F, außerhalb der Urlaubszeit im Juli/August Preisnachlaß. Die Zimmerwirtin, eine gebürtige Bretonin, ist im Haus selbst zur Welt gekommen. Drei Kilometer bis zum Strand. Zwei Tennisplätze.

▪ **Hôtel-Bar-Restaurant Ar Vro:** in Le Yaudet, sieben Kilometer südwestlich von Lannion, über Ploulec'h. T. 96 35 24 21. Fax: 96 35 28 82. Sonntags abends und montags in der Nachsaison geschlossen. Ruhiges, solide geführtes Hotel, wo man sich wohl fühlt. Doppelzimmer mit Dusche, WC, Fernseher und Telefon ab 280 F. Menüs ab 100 F (Meereserzeugnisse und örtliche Spezialitäten). Die Wirtsleute sind stolz darauf, in einem Dorf à la Asterix zu wohnen.

## Wo ist die Kombüse?

### ● *Preiswert und Mittelklasse*

♦ **Crêperie de Mme Barbot:** 2, rue du Faubourg-de-Buzulzo, Nähe Bahnhof (hinter der Kermaria-Brücke). T. 96 37 10 83. Sonntags nachmittags geschlossen. Wenn die etwas vergeßliche alte Dame daran denkt, öffnet sie ihr Lokal mittags und abends. Viele Stammgäste ländlicher Herkunft, die es in die Stadt verschlagen hat; urbretonische Atmosphäre also, wie man sie andernorts kaum mehr findet. Menü ab 55 F.

♦ **Le Serpolet:** 1, rue Félix-Le-Dantec (hinter der Post). T. 96 46 50 23. Sonntags abends geschlossen. Die halb mittelalterliche, halb seeräubermäßige Einrichtung dient vier exquisiten Menüs ab 70 F als Kulisse. Zum Menü à 105 F gehören u.a. sechs Austern, Auswahl zwischen drei Desserts. Ausgewogenes Preis-/Leistungsverhältnis.

### ● *Eine Spur edler*

♦ **La Ville Blanche:** sechs Kilometer vor Lannion, an der Straße nach Tréguier, auf der Höhe von Rospez. T. 96 37 04 28. Sonntags abends und montags außerhalb der Saison geschlossen. In dieser Kaschemme kommt wahrhaft fürstliche Kost auf den Tisch. Wunder gibt es immer wieder: die beiden Brüder vom Lande, die der Küche vorstehen, laden sogar zur Besichtigung ihres Kräutergartens ein. Mittagsmenü ab 100 F, abends ab 180 F. Kulinarischer Höhepunkt des Hauses ist Hasenpastete mit Kräutern und Quappe – auf Neudeutsch fälschlich »Lotte«, weil das Biest so auf französisch heißt – mit Galatée-Soße.

## Auf einen Schluck

♦ **Pub Chez Jacques:** das urgemütliche Lokal versteckt sich in einer Gasse hinter der Saint-Yves-Kirche, zwischen der Rue de la Mairie und der Av. Ernest-Renan. Die ehemalige Herberge aus dem 17. Jh. mit unverputzten Balken bietet winzige, behagliche Stübchen, wo es stets wohlig warm und gemütlich ist. Wenn der Laden nicht überfüllt ist, wie samstags abends und während der Kabarett- oder Konzertabende, hält der Wirt auch schon mal mit seinen Gästen ein Schwätzchen.
♦ **Le Chapelier:** 16, rue des Chapelier (Fußgängerzone in der Innenstadt). T. 96 37 17 14. Junge Kneipe; der Wirt steht auf Rock der sechziger und siebziger Jahre.
♦ **Le Comptoir des Indes:** rue Du-Guesclin, in der Innenstadt. Straßencafé, auf dessen Terrasse sich die Provinz-Schickimickis produzieren, und lebhafte Kneipe, wo an manchen Wochenenden Bands aufspielen.

## Sehenswert

► **Place du Général-Leclerc:** langgezogener Platz in der Altstadt; auf der Seite mit den ungeraden Hausnummern drei typische Bauwerke von höchst unterschiedlichem Architekturstil nebeneinander. Die Moderne schließt sich hier nahtlos an die alte und restaurierte Bausubstanz an (Kompliment!). Giebelhäuser, vorkragende Stockwerke mit Schnitzerei und schiefergetäfelte Fassaden. Auch Nr. 1 und 3 in der *Rue Jean-Savidan* verströmen etwas Herrschaftliches. Nr. 5 ist ein granitenes Patrizierhaus, und in der *Rue des Chapeliers* stößt man auf eine Reihe von Fachwerkhäusern. Über die malerische *Rue Saint-Malon* gelangt man zum Fluß hinunter.

► **Quai d'Aiguillon:** im Hof der *EDF* – staatliches französisches Stromversorgungsunternehen, Tür neben den *Galeries d'Aiguillon* – finden wir einen im 18. Jh. für sein angeblich wunderwirkendes Wasser berühmten *Brunnen*. Das Wasser stand in dem Ruf, Streit und Zwietracht unter Eheleuten abzuhelfen. Heute wird es nicht mehr gebraucht (wie das?), und der Brunnen ist verwildert. Wetten, daß sich in Lannion keiner mehr scheiden lassen würde, wäre erst der Brunnen wieder instandgesetzt?

► **Kirche Saint-Jean-de-Baly:** keine zwei Schritte von der Place du Général-Leclerc. Baujahr 1519. Wuchtiger Turm mit verzierter Balustrade. Wenig Bemerkenswertes im Innenraum. Auffallend immerhin der hohle Pfeiler links im Kirchenschiff, der Zugang zu einem ehemaligen Lettner gewährt.

► Zur **Kirche von Brélévenez** gelangt der Besucher über 142 Stufen einer malerischen Granittreppe, vorbei an adretten, blumengeschmückten Häusern. Folgen wir der Rue de la Trinité bis zur Rue des Buttes-du-Stanco. Von hier oben ideale Aussicht auf die Dächer der Stadt. Es handelt sich um eine im 12. Jh. von Tempelrittern errichtete Kirche. Aus dieser Zeit stammen noch die anmutige romanische Pforte und die Chorhaube. Schießscharten und Strebemauern lassen vermuten, daß die Kirche wegen ihrer strategisch günstigen Lage befestigt war. Spitz auslaufender Turm und doppelte Galerie aus dem 15. Jh. Innen dient ein alter Scheffel aus dem 12. Jh. als Weihwasserkessel. Im Chor ein sehenswerter Retabel aus dem 17. Jh.

► Am anderen Ufer des Léguer, hinter der Brücke von Sainte-Anne, erhebt sich das massige einstige **Kloster der Barmherzigen Augustinerinnen.** In der Rue Kérampont Nr. 19 ein vornehmes *Herrenhaus* (16. Jh.) mit Turm.

► **Kapelle von Loguivy-lès-Lannion:** einen Kilometer weiter nach Westen, am Ufer des Léguer. Kategorie »bemerkenswert«. Durch eine gotische Türe geht's zum Pfarrbezirk. Auf dem Gottesacker ein *Renaissancebrunnen*. Am Treppenaufgang ein weiterer Brunnen mit einer *Statue des Heiligen Ivo*. Die Kirche stammt übrigens von 1450. Sie hat einen gemauerten Kirchturm mit seitlichem Treppenauf-gang und innen einen *Altar* aus dem 17. Jh. mit einer Darstellung der Heiligen Drei Könige.

## In der Umgebung

► **Bucht von Mez-An-Aod:** unberührter Sandstrand, von hellem Granit umgeben. Dies ist der FKK-Strand im äußersten Norden. Um dorthin zu gelangen, biegt man links von der von Lannion nach Trébeurden führenden Straße ab und durchquert Beg-Léguev und Servel.

► **Le Yaudet:** acht Kilometer südwestlich von Lannion über Ploulec'h. Bereits die Anfahrt über die Felsküstenstraße ist ein Erlebnis! Fast feierliche Landschaft, umfassende Aussicht auf die Mündung des Léguer und die Bucht. Hier schaltet jeder von selbst in den ersten Gang, spätestens bei Sonnenuntergang. Vis-à-vis die Granithäuser von Le Yaudet, an den Hügel geklammert, eng aneinander geduckt. Charaktervolles Dorf zum Verlieben. Um einen Besuch in der *Kapelle* mit der liegenden Muttergottes kommt man nicht herum. Das ist wirklich einmalig in der Bretagne: Maria liegt in einem richtigen kleinen Bett mit dem Jesuskind, inmitten überbordender Spitzenpracht. Der Gottvater am Fußende sieht so aus, als lese er uns gerade ein altes, bretonisches Märchen vor. Ist doch niedlich, was? Auch ein schönes bemaltes Altarblatt mit Girlanden.

Sensationelle Enthüllung! Die britische Zeitung *The Independent* meldet, Archäologen hätten den eindeutigen Beweis dafür entdeckt, daß es sich bei Yaudet um das Heimatdorf des pfiffigen Asterix handelt. Die Zeit stimmt (Eisenzeit), der Ort (siehe Karte vor jedem Asterixband) und dann hat man in der galloromanischen Grabungsstätte von Yaudet Münzen mit dem Bild von Wildschweinen gefunden. Wenn das kein Beweis ist!

► **Loquémeau:** unbedeutender Hafen, früher Sardinenfischerei. *Kirche* aus dem 16. Jh. mit spätgotischem Eingang und Skulpturen im Innenraum. Wer zu Fuß bis zur *Pointe du Dourven* über leicht begehbare Wanderwege vorstößt, wird's nicht bereuen. Zeltplatz in Meeresnähe *(Kéravilin-Locquémeau).*

## ● *IM TAL DES LÉGUER*

► **Calvaire von Ploubezre:** 3 km südlich von Lannion, an der Straße nach Plouavet. Besteht aus fünf Kreuzen, die den im 14. Jh. ausgetragenen Kampf von fünf Ploubezriern gegen fünf Engländer in Erinnerung rufen sollen (s. den »Kampf der Dreißig« in Josselin). Die Einheimischen haben übrigens gewonnen. Wahrscheinlich sind die Kreuze nicht alle zur selben Zeit aufgestellt worden, das »Croix pattée« jedenfalls scheint mit Abstand das älteste zu sein. Im Dorf selbst kann man sich an der Kirche Saint-Pierre-et-Saint-Paul erfreuen, die Kapitelle aus dem 12. Jh., Fenster aus dem 14. Jh. und eine Glockenturmwand von 1577 zu bieten hat. In Keguiniou ist noch eine alte Wassermühle in Betrieb!

► **Kapelle von Kerfons:** hoch über dem Léguer, vier Kilometer von Ploubezre, ist eine der faszinierendsten Kapellen im Trégor zu finden. Geöffnet 15. Juni bis 15. September von 10-12 und 14-18h. Am besten schließt man sich einer Führung an. Gotisches Bauwerk mit kostbarer Renaissanceverzierung. Ein kielbogenartiges Portal, ein weiteres mit Säulen. Elegant die von figürlichen Darstellungen belebte Laterne und der kleine Kalvarienberg aus dem 15. Jh. auf seinem massivem Sockel. Der Innenraum weiß zu verzaubern: ihn prägt einer der prächtigsten *Lettner* der Bretagne, nach dem von Faouët vielleicht. Wundervolle spätgotische Holzschnitzereien. Unter den fünfzehn dargestellten Personen sind die zwölf Apostel an ihren Symbolen erkennbar. Vertiefen wir uns in das Filigranwerk der Säulen. Der *Altar* am Hauptaltar ist naiv ausgemalt. Wäre unverzeihlich, sich Kerfons durch die Lappen gehen zu lassen!

► **Schloß Tonquédec:** wieder auf die D 31 hinter Kerfons. Von April bis Juni von 15-19h, während der Urlaubszeit täglich von 10-19h, in den Monaten von September bis April von 14.30-18h. Voranmeldung für Gruppen: T. 96 47 18 63 oder 96 47 18 47. Eintritt: 20 F.
Die elf Türme des Schlosses beherrschen bis heute das Léguer-Tal, obwohl von dem 1406 im Auftrag *Rolands IV. von Coëtmen* wiederhergerichteten Anwesen nur das Herrenhaus und die Kapelle im Ostturm die Stürme der Jahrhunderte überlebt haben. Schloßherr Roland kehrte leider niemals von einem Kreuzzug zurück (ach wärst du doch in Tonquédec geblieben ...). Im Jahr 1577 wurde das Anwesen von Jean II. befestigt. Während der Religionskriege fanden die Hugenotten hier Zuflucht vor den Kämpfern der Liga. Wieder einmal ist Richelieu für die Zerstörung des Adelssitzes – um das

Jahr 1626 herum – verantwortlich zu machen. Dennoch sind seine Überreste – nein, nicht die Richelieus, die des Schlosses! – nach wie vor ein eindrucksvolles Zeugnis bretonischer Feudalarchitektur.

► **Schloß Kergrist:** auf die D 11 in Richtung Plouaret, dann links abbiegen. T. 96 38 91 44. Von Ostern bis September nachmittags geöffnet. Liebhaber alten Gemäuers werden die von Kergrist ausgehende Mischung aus Kraft und Eleganz zu schätzen wissen. Das 1537 errichtete Schloß wurde mehrmals verändert. Französische Gärten rundum. In der Nebensaison lohnt es sich, zumindest durch das Tor einen Blick auf die Fassade zu riskieren.

► **Hameau des Sept-Saints** (»Sieben Heiligen«): nördlich von Vieux-Marché. *Kapelle* aus dem frühen 18. Jh., die über einem Dolmen errichtet wurde, der noch durch ein kleines Fenster im Erdgeschoß zu erblicken ist. Dank des Orientalisten *Louis Massignon* vom Collège de France, der Parallelen zwischen dem heimischen Pardon und dem Kult der Sieben Schläfer von Ephesus in der Türkei aufdeckte, ist Sept-Saints heute ein Ort christlich-islamischer Begegnung. *Dorffest* und *Pardon* (Wallfahrt) am letzten Sonntag im Juli.

## Nächtigen und Einkehr in der Umgebung

▪ **Manoir de Coat-Nizan:** nahe Pluzunet. T. 96 35 81 72. Zwei Kilometer von Cavan und 4,5 km von Bégard. Auf die D 767, dann auf die D 33 nach Pluzunet und den Schildern folgen. Ein romantischeres und geheimnisvolleres Schlößchen ist schwer vorstellbar. Völlig abgelegen in der Wildnis. Coat-Nizan wurde im 19. Jh. mit den Steinen einer Burg von 1286 erbaut, die während der Französischen Revolution aufgegeben wurde und als Steinbruch herhalten mußte. Der mitteilsame Hausherr Robert Van de Wiele kann die Geschichte aber selbst am besten erzählen.
Hinter den ehemaligen Burggräben begrüßt uns eine Gänseschar, welche die Wiese vor dem *Manoir* für sich beansprucht. Das solide, stattliche Gebäude bietet im alten Stil eingerichtete Unterkünfte an, aber niemand muß auf Bad, WC und Küche verzichten (zwei Personen ab 950 F, sechs Personen 1500 F pro Woche). Ein Wochenende kostet um die 700 F. Großer Saal mit Kamin. Im Sommer über *Gîtes de France* reservieren (T. 96 61 82 79). Die Gegend ringsum lädt zu ausgedehnten Wanderungen ein. Das ist noch nicht alles, aber der nächste Osteraufenthalt ist auf alle Fälle gebongt.
▪ **Gästezimmer:** bei M. und Mme Le Brizaut, in einem alten Bauernhaus ganz am Ende des Weges. T. 96 35 86 21. Kommt man aus Richtung Bégard, ortseingangs von Cavan. Strebt man dagegen gen Bégard, so liegt es am Ortsausgang. Komisch ... Zimmer mit Waschbecken ab 170 F. Kochgelegenheit.

♦ **Le Coin Fleuri:** 4, rue du Général-de-Gaulle, in Cavan. T. 96 35 86 16. Sonntags abends und montags geschlossen. Seinen Tisch sollte man vorbestellen. Restaurant in einem alten, efeuumrankten Gemäuer, dessen Küche sich sehen und schmecken lassen kann.

Menü ab 60 F. Meeresfrüchte, gemischter Salat, Fisch-Pilaf (mit Reis).

♦ **Crêperie Ar Vilin Goz:** in Confort-Berhet, 300 m von der Ortschaft Mantallot entfernt, zwischen Bégard und La Roche-Derrien. T. 96 47 05 91. Im Sommer täglich geöffnet, außerhalb der Ferienzeit nur am Wochenende. Der Wirt hat die alte Mühle behutsam wiederhergestellt. Nach Voranmeldung brutzelt er uns auf dem Holzfeuer seine Spanferkel.

## ▸ *IM SÜDWESTEN, IN RICHTUNG FINISTERE*

● ***Trédrez:*** südlich von Locquémeau, Höhe Saint-Michel-en-Grève. Unbedingt sehenswert, dieses ruhige Dörflein mit seiner bezaubernden *Kirche* aus dem frühen 16. Jh. Sollte sie geschlossen sein, liegt der Schlüssel abholbereit während der Bürozeiten im Rathaus gegenüber. Der Heilige *Ivo*, Advokat der Armen und Schutzpatron der Juristen – wie das zusammenpaßt, ist uns ein Rätsel! – war sieben Jahre lang Pfarrer in dieser Gemeinde. Kleiner Kirchturm mit Turmspitze, Türmchen und Balustrade, alles unverwechselbar spätgotisch. Im Innenraum ein Taufbecken aus Granit unter einem farbigen Baldachin, der als ältester in der Bretagne gilt. Kostbar geschnitzte Balken, antike Prozessionsfahne, restaurierter Stammbaum Jesse. Links ein Altarblatt mit dem Heiligen Ivo. Uralte *Muttergottesfigur* mit Kind und der Heiligen Anna.
Wer Lust hat, unternimmt den Rundgang über die Felsen von Trédrez bis zur Landspitze von Séhar.

♦ **Auberge Saint-Erwan:** in Trédrez, noch vor der Kirche. T. 96 35 72 51. Dieses von der Zeit und der Mode vergessene Haus stellt vier schlichte Zimmer zur Verfügung. Ab 120 F. Speisekarte mit Crêpes und Gegrilltem zu volkstümlichen Preisen.

● ***Saint-Michel-en-Grève:*** elf Kilometer von Lannion, an der D 786. Liebenswerter Badeort mit Blick auf das sandige Gestade. Wenig Gebäude, um den bewegenden Anblick nicht zu verschandeln. Weitläufiger, geschützter Strand, 4 km lang, genannt *Lieue de Grève* (Sandmeile). Am Ende ein mächtiger Felsen. Nach einer Klettertour genießt man von dort oben ein fabelhaftes Panorama. Von Saint-Michel nach Trédrez führt ein ziemlich steiler Zollpfad, Teil des Fernwanderwegs GR 34. In Saint-Michel, eine hübsche *Kirche* mit Friedhof über dem Meer.

– **Verkehrsamt:** T. 96 35 74 87.

▪ Zum Logieren bietet sich das **Hôtel de la Plage** an, Place de l'Église, traditionell und preiswert. T. 96 35 74 43. Fax: 96 35 74 43. Terrasse und Zimmer mit Aussicht aufs Meer. Essen kann man entweder in der Snack-Bar oder mit den Hotelgästen zusammen im Speisesaal. Menüs ab 90 F, mit zwei Vorspeisen, geräuchertem Schinken, »Ozean-Teller«, Cidre-Hähnchen, Perlhuhn nach Försterart usw. Zimmer ab 200 F.

► **Plouzélambre:** hinter Saint-Michel-en-Grève, links in die D 22 abbiegen, nach vier Kilometer wieder links. In diesem Dorf ist der *Pfarrbezirk* noch vollständig erhalten, was in den Côtes-d'Armor eher selten vorkommt. Anmutiger Gesamteindruck: gotische Kirche mit Renaissanceverzierungen, kleiner Kalvarienberg und ein Beinhaus mit kleeblattförmigen Bogen und Spitzbogeneingang.

► **Schloß Rosanbo:** darf sich rühmen, zu den größten bretonischen Schlössern zu zählen. Im 14. Jh. errichteten es die Ritter von Coaskaër und seither bewohnte es immer dieselbe Familie. Übrigens konnte Seine Durchlaucht der Marquis von Rosanbo 1988 das tausendjährige Bestehen seiner Dynastie feiern. Die Burg liegt bei Lanvellec, zwischen Plouaret und Saint-Michel-en-Grève. T. 96 35 18 77. Im Juli-August täglich Publikumsverkehr von 10.30-18.30h; im April, Oktober und während der Schulferien von 14-17.30h; in den Osterferien sowie im Juni und September täglich von 14-18h. Die Führung durch die Wohnräume dauert rund eine Dreiviertelstunde. Eintritt für Erwachsene 30 F, Kinder 20 F. Bretonischer Saal mit edlen Möbeln, Speiseraum mit Geschirr der französischen Ostindien-Handelsgesellschaft, eine historische Küche und eine Bibliothek mit achttausend Bänden von *Le Pelletier*, dem Finanzminister Ludwigs XIV. Der Park ist frei zugänglich. Hier werden Eis und Crêpes feilgeboten. Spielfläche vorhanden. Sechs Hektar Park im französischen Stil.

► **Orgel von Lanvellec:** in einem Nachbarörtchen Rosanbos. Diese Orgel verdient es, gehört zu werden. Sie stammt aus dem Jahre 1653, wurde von dem Orgelbauer Dalan geschaffen und ist damit eine der ältesten in der Bretagne. Seit ihrer Wiederherstellung begeistert sie alle Musikliebhaber, die vom jedes Jahr im Herbst in Lannion veranstalteten Barockmusikfestival angelockt werden. Auskunft: T. 96 35 14 14.

# FINISTERE

*Pen ar Bed,* Finis terrae – das Ende der Welt. Hier müssen wir uns nun an zweisprachige Straßenschilder gewöhnen: bretonisch – französisch. Das Département Finistère ist eine bunt zusammengewürfelte Mischung unterschiedlicher Landstriche *(Pays):* von Norden anrückend, durchquert man an der Küste nach und nach das an die Côtes d'Armor angrenzende Pays de Trégor, das Land der Pfarrbezirke *(Pays des Enclos)*, das Pays de Léon, das Pays des Abers, das Pays d'Iroise. Anschließend geht's weiter über die Halbinsel Crozon zur Cornouaille mit dem bekannten Pays Bigouden. Im Landesinneren wird das Châteaulin-Becken im Norden von den *Monts d'Arrée* begrenzt, im Süden von den Schwarzen Bergen, den *Montagnes Noires*.
Die äußerste Westspitze Frankreichs ist in der Lage, vor unseren Augen auf ein Paar dutzend Kilometern die vielgestaltigsten Landschaftsformen auszubreiten. Tausend Kilometer zerrissene, zerklüftete Küste, dahinter scheinbar unendliche Ackerbauflächen, weites Heideland oder die typisch bretonische Heckenlandschaft *(Bocage)*. Dicht besiedelte Regionen in unmittelbarer Nachbarschaft fast menschenleerer Landstriche ...
Das Finistère hat sich bislang erfolgreich gegen eine ausufernde Betonierung im Rahmen der touristischen Erschließung gewehrt, bietet also noch jungfräuliche Gegenden, was man aber bitte nicht als Einladung zur »Entjungferung«, nämlich Hinterlassung seines Mülls usw., verstehen möge. Die Zeit scheint tatsächlich stillzustehen. Die Welt zwischen Morlaix, Brest und Quimper wirkt bisweilen wie ein einzigartiges Museum für alles Religiöse. Die schönsten Kalvarienberge reihen sich wie Perlen auf einer Kette aneinander, in malerischen Pfarrbezirken mit monumentalen ländlichen Kathedralen und gruseligen Beinhäusern. Obwohl längst für den Fremdenverkehr erschlossen, bleibt im Finistère immer noch reichlich Neuland zu entdecken. Manche Städte und Dörfer scheinen noch nie einen Stau erlebt zu haben, geschweige denn unter Andenkenläden und Pommesbuden zusammenzubrechen.

Unsere Reise beginnt in Locquirec, vier Kilometer hinter der Grenze zum Département Côtes-d-Armor. Ebensogut hätten wir in Quimperlé aufbrechen können, aber irgendwo muß man ja anfangen. Bereut haben wir's jedenfalls nicht, kamen wir so doch gleich in den Genuß der Pfarrbezirke, des kulturhistorischen Höhepunktes unserer Rundreise.

## Nützliche Adressen

– **Comité Départemental du Tourisme du Finistère:** 11, rue Théodore-Le-Hars, BP 125, F-29104 Quimper Cedex. T. 98 53 09 00. Der Verkehrsverein des Départements vergibt das Prädikat *Nid vacances* (»Feriennest«) an möblierte Zimmer und Privatzimmer mit gehobener Ausstattung.
– **Union Départementale des Offices du Tourisme et des Syndicats d'Initiative:** selbe Adresse, T. 98 52 01 52.
– **Kanalfahrten:** *Argoat Plaisance*, Le Moustoir-Schleuse, 29520 Châteauneuf-du-Faou. T. 98 81 72 11. Oder *Finistère Canal*, 29190 Pleyben. T. 98 73 35 20.
– **Planwagenfahrten:** *Roulottes de Bretagne*, Locmaria-Berrien. T. 98 73 35 20. *Espaces verts et bleus*, Plougonven. T. 98 78 65 85 oder 98 63 34 89. Nur für Gruppen.

# *FINISTERISCHES TRÉGOR UND LÉON*

## LOCQUIREC (29241)

Beliebtes Seebad mit kleinem Fischerei- und Jachthafen an der Grenze zu den Côtes-d'Armor. Der in sich geschlossene Ort erstreckt sich über ein felsiges Kap und bietet Feriengästen insgesamt neun Badestrände. Da auf dieser winzigen Halbinsel die Entfernungen von Strand zu Strand kurz sind, kann man täglich woanders sonnenbaden. Mildes, jodhaltiges Klima und feinsandige, weiße Strände im Norden *(Plages des Sables Blanc).* Gegenüber der Reede tut sich bei Ebbe Muschelsuchern ein Paradies auf, nämlich ein fünf Kilometer langer Wattstrand, der seinesgleichen sucht. Kirche aus dem 17. Jh. Als Kirchturm dient ein Treppentürmchen. Im Inneren Arkaden im spätgotischen Flamboyantstil, im Querschiff ornamentierte Täfelungen von 1712. Einfach bewundernswert, das fröhliche, naive Talent des Künstlers, der die farbigen Figuren am Altarblatt des Hauptaltars herausgearbeitet hat.
Ein *Zollweg* ermöglicht den Rundgang um die Halbinsel.

– **Verkehrsamt:** am Hafen. T. 98 67 40 83.
– **Pardon des Heiligen Jakob und Meeresfest:** am letzten Sonntag im Juli.

## Kost & Logis

▪ **Hôtel Les Sables-Blancs:** T. 98 67 42 07. Duckt sich in Sichtweite der Bucht von Lannion schutzsuchend in die wildromantischen Dünen des Sables-Blancs-Strands. Doppelzimmer ab 210 F, herzlicher Empfang. Auf der Veranda Crêperie und Saladerie.

▪ **Grand Hôtel des Bains:** T. 98 67 41 02. Diente als Drehort für den Streifen »Strandhotel«. Der Strand beginnt gleich hinter dem Garten. Schlichte, doch preiswürdige Doppelzimmer mit Balkon ab 200 F.
▪ **Hôtel du Port:** T. 98 67 42 10. Von Ostern bis November geöffnet. Ferienhotel am Rand des Meeres, freundliche Begrüßung. Zimmer ab 205 F. Die neuen Besitzer haben ein Restaurant eröffnet.
▪ **Gemeinde-Zeltplatz:** 1 km entfernt, an der Straße nach Plestin-les-Grèves. T. 98 67 40 85. Preiswert, am Meer.
▪ **Zeltplatz Moulin de la Rive:** T. 98 79 30 39 oder 98 67 44 94. In Richtung Plougasnou, drei Kilometer vor Locquirec an der Küste.

♦ **Crêperie du Port:** neben der Kirche. T. 98 67 43 12. Nette Bedienung, nette Einrichtung, nette Crêpes ab 50 F.

## ● *VON LOCQUIREC NACH MORLAIX*

► **St. Jean-du-Doigt:** von Locquirec bis Saint-Jean-du-Doigt der Küstenstraße über Poul-Rodou folgen.
Saint-Jean liegt in einer kleinen Talmulde. *Kirche* mit idyllischem Friedhof, wenn ein solches Adjektiv in Verbindung mit Tod und Verwesung überhaupt erlaubt ist: Beinhaus, monumentales spätgotisches Eingangstor, barocker Brunnen, Kalvarienberg und Kapelle aus dem 16. Jh. ergeben ein außergewöhnliches Ensemble. Sogar ein Finger des Heiligen wird hier seit dem 15. Jh. sicher verwahrt. Er soll Genesungen um einiges beschleunigen. Am 24. Juni strömen die Massen zur großen Wallfahrt *(Pardon)* mit Freudenfeuern *(Tantad)*.
Gelegenheit zu einem sechs Kilometer langen Rundweg, der an der Kirche seinen Anfang nimmt: übers flache Land, an alten Mühlen vorbei. Auskünfte im Verkehrsamt von Plougasnou (T. 98 67 31 88) oder im Rathaus, T. 98 67 34 07.

► **Von Saint-Jean-du-Doigt nach Térénez:** *Plougasnou* nennt eine sehenswerte Kirche aus dem 16. Jh. sein eigen, deren Turmspitze vier Glockentürmchen zieren. Fremdenverkehrsamt: T. 98 67 31 88. Auch die *Pointe de Primel* wirkt malerisch mit ihren roten Sandsteinblöcken. Dann folgt ein kleiner Hafen dem anderen. Zum Beispiel *Diben*, das man vor lauter Granitblocks und Felsen fast übersieht. Weiter Strand in *St. Samson*. Der ganze Landstrich mit zahlreichen Einzelgehöften ist so dünn besiedelt wie die Lüneburger Heide, erschlossen von einem Geflecht schmaler Landsträßchen.
*Térénez* nennt sich der Hafenort auf der anderen Seite von Barmenez. Die Sonnenuntergänge über der Bucht von Morlaix, den Inseln und dem Schloß Taureau (am Ortseingang) sind unvergleichlich.

► **Großer Cairn von Barnenez:** hat über siebentausend Jahre auf dem Buckel und zählt zu den wichtigsten Megalithen in Frankreich. Um ein Haar wäre er als Straßenbaumaterial geendet. In der Nähe wurde nämlich ein Steinbruch betrieben, obwohl völlig intakte Mauern von großer archäologischer Bedeutung gefunden worden wa-

ren. Allein der Hartnäckigkeit einiger Journalisten und dem *CNRS* (Französisches Zentrum für wissenschaftliche Forschung) ist es zu verdanken, daß der Steinbruch aufgegeben wurde. Die Freilegung und Wiederherstellung dauerte dreizehn Jahre. Es ist ein Witz, daß man dem Cairn de Barnenez so wenig Beachtung schenkt. Ein Minister der Fünften Republik weigerte sich, den Eröffnungsfeierlichkeiten beizuwohnen, mit der Begründung, die Arbeiten hätten schon in der Vierten Republik begonnen. Politikerlogik ... Und wir dachten immer, Frankreich sei die Mutter der Kultur und Wissenschaften.
Auf einer Anhöhe thront die keltische Grabanlage wie ein griechisches Monument. Und tatsächlich wirkt sie aus der Ferne derart harmonisch und ästhetisch, wie nur die Griechen seinerzeit zu bauen vermochten. Achtzig Meter lang, knapp zehn Meter hoch, ausschließlich aus Stein. Die einzelnen Grabkammern bestehen aus Dolmen mit Gängen. Elf Stück sind es, wovon einige täglich von 10.15-11.15h und 14.15-17.45h zugänglich sind. Für den Spaß berappt man natürlich Eintritt.

► **Dourduff** und **Plouézoc'h:** nach sechs Kilometern. Ansehnliche Kirche mit durchbrochenem Glockenturm und kleinem Türmchen. In Dourduff erwartet uns ein reizvoller kleiner Hafen, in Plouézoc'h eine hübsche Aussicht auf den *Aber*. Anfang August *Pardon* (Wallfahrt) zu Ehren des heiligen Antonius. Reizvolle Straße am Ostufer der Rivière de Morlaix (D 76).

► **Vogelschutzgebiet in der Bucht von Morlaix:** steht unter der Leitung des bretonischen Naturschutzbundes und beherbergt eine einmalige Kolonie verschiedener Seeschwalbenarten. Natürlich darf man nicht auf die Inseln, aber die Vögel lassen sich auch vom Land aus in der Bucht beim Fischen beobachten. Im Winter tummeln sich hier Wildgänse, Wasserläufer, Schnepfen, Brachvögel und andere Zugvögel.

## Übernachten im näheren Umkreis

### ● *Schick und dennoch erschwinglich*

▪ **Hôtel Menez:** bei St. Antoine, 500 m von Plouézoc'h und von der Küstenstraße D 76. Von Morlaix aus über die D 46 erreichbar. T. 98 67 28 85. Vom 1. April bis zum 12. September geöffnet. Solider Granitbau, ganz im ansprechenden Stil der Gegend mit großem Garten drumherum. Herzliche Aufnahme, garantierte Ruhe. Doppelzimmer 160-260 F.

### ● *Zeltplätze*

▪ **Zeltplatz Keruen:** Le Diben. T. 98 72 30 72.
▪ **Camping de la Baie de Térénez:** in Plouézoc'h, gleich am Meer. T. 98 67 26 80. Von September bis Ostern geschlossen. Gemütlich und niedrige Gebühren. Kleiner Tante-Emma-Laden, Restobar und Schwimmbad vorhanden.

▪ Drei **Zeltplätze** in Plougasnou: *Le Trégor*, T. 98 67 37 64; *Milin Ar Mesqueau*, T. 98 67 37 45; *Primel-Trégastel*, T. 98 72 37 06.

## MORLAIX (29210)

In der romantischen nordbretonischen Hafenstadt kreuzen sich die Wege und menschlichen Schicksale. Im Osten erstreckt sich der unberührte Wald des Trégor, im Westen die Gemüsefelder des Léon, im Norden der Ärmelkanal, im Süden die Monts d'Arrées. An Morlaix gefallen uns die eigenwillige Lage zwischen drei Hügeln und die alten Häuschen, diesseits und jenseits der Rivière de Morlaix, den eine gewaltige Straßenbrücke überspannt.
Morlaix ist Heimatort des Dichters *Tristan Corbière*, von *Fanch Gourvil*, dem Fachmann für die bretonische Sprache, und von *Albert Le Grand*, der ein Buch über die bretonischen Heiligen verfaßt hat.
Die Bürgerstadt bereicherte sich in früheren Zeiten am Seehandel, war lange größte Konkurrentin der Städte Nantes und St. Malo, bis dann Brest im 19. Jh. die Macht an sich riß. Ihr kalauerhafter Wahlspruch *S'ils te mordent, mords-les!* (»Wenn sie dich beißen, beiß zurück«) geht der Sage nach auf eine Begebenheit im 16. Jh. zurück: die Engländer hatten Morlaix im Handstreich genommen und voller Siegestaumel die Weinkeller der Stadt geleert – was die Eroberten kaltblütig dazu ausnutzten, die Bezechten noch selbigen Abends zu massakrieren.
Die alte Tabakmanufaktur ist längst nicht mehr größter Arbeitgeber in Morlaix. Behörden, Dienstleistungen und das Krankenhaus halten die von der Strukturkrise gebeutelte Stadt immerhin noch einwohnermäßig auf dem dritten Platz im Département Finistère. Wie die Zukunft einmal aussehen soll, steht aber noch in den Sternen. Vielleicht hat die französische Atomenergiebehörde CEA ja ein Einsehen und beglückt die *Morlaisien* mit einer netten Wiederaufbereitungsanlage?

► **»Straßenfest der Künste«**: vom 21. Juli bis zum 18. August ist mittwochs von 17h bis Mitternacht der Bär los: Musik, Schauspiel, Farce, Folklore. In den Straßen der Innenstadt entfaltet sich ein schillerndes Gesamtkunstwerk.

### Nützliche Anschriften

– **Verkehrsamt:** place des Otages (Plan: A1-2), unter dem Viadukt, in der Innenstadt. T. 98 62 14 94. Vortrefflich ausgestattet, freundlicher Empfang. Die angebotenen Führungen *(Visites guidées théâtrales)* sind eine originelle Gelegenheit, die Geschichte der 18.000-Seelen-Stadt mit reicher, der Seefahrt verbundener, Vergangenheit kennenzulernen.
– **Hauptpost:** rue de Brest. Hinter dem Rathaus *(Hôtel de Ville)*.
– **SNCF-Bahnhof:** rue Armand Rousseau. Auskünfte: T. 98 88 08 88. Obwohl der Bahnhof aus dem Jahre 1864 stammt, verfügt er über das modernste Stellwerk Frankreichs. Die für die Umrüstung

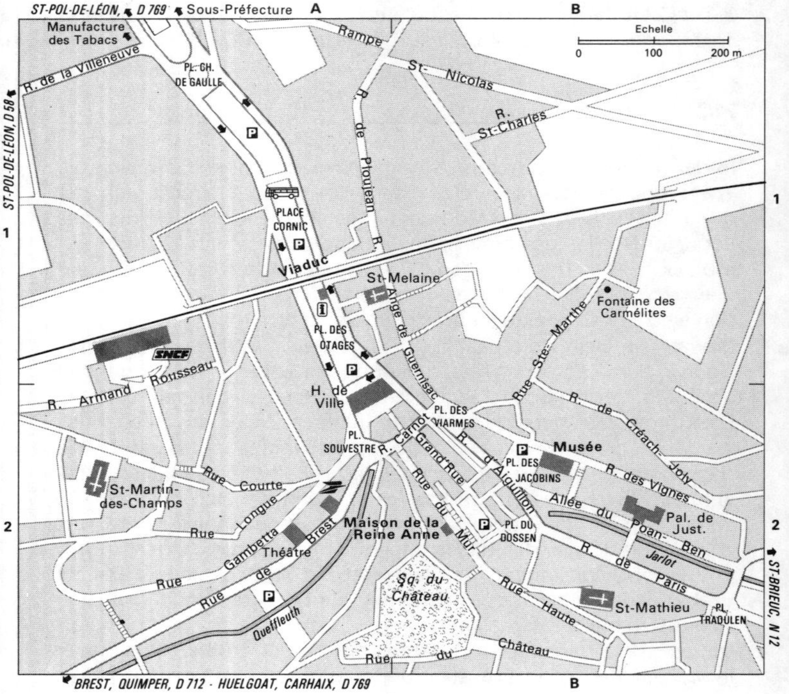


*Morlaix*

notwendige stolze Summe von 25 Mio. Francs schlägt sich allerdings auf die Fahrkartenpreise nieder.

– **Reservierung für den TGV:** T. 98 88 55 00. Von Morlaix bis Paris sind es nur vier Stunden. Täglich drei Hin- und Rückfahrten.

– **Flugplatz Morlaix-Ploujean:** T. 98 62 16 09. Sitz der Gesellschaft *Brit Air* und des ULM-Clubs (Ultraleichtflieger). T. 98 62 10 22.

– **Fahrradvermietung Le Gall:** 1, rue de Callac. T. 98 88 60 47.

– **Funktaxi:** T. 98 88 36 42.

## Unterkunft

### ● *Preiswert*

▪ **Jugendherberge:** 3, route de Paris, T. 98 88 13 63. Fax: 98 88 81 82. Steht JH-Mitgliedern ganzjährig offen; vom Bahnhof aus 15-20 Minuten Fußmarsch.

▪ **Hotel Au Roy d'Ys:** 8, place des Jacobins. T. 98 88 61 19. Mitten in der Altstadt; hervorragendes Preis-/Leistungsverhältnis. Schlichte, tadellose Doppelzimmer ab 120 F (ohne Frühstück). Im Erdgeschoß eine Bar. Praktisch für alle Spätankömmlinge. Schöne alte Treppe.

▪ **Hôtel St. Mélaine:** 75-77, rue Ange-de-Guernisac. T. 98 88 08 79. Am Fuße des Viadukts, auf der Hafenseite. Der Grande Vernelle folgen, um dieses heimelige Hotel zu erreichen. Ruhige Straße, ordentliche Zimmer ab 160 F, Frühstück 25 F. Restaurant mit leckeren, üppigen Menüs ab 65 F. Behaglich-familiäre Atmosphäre.

▪ **Hôtel Calvez:** 25, place Saint-Martin. T. 98 88 03 29. Etwas außerhalb, neben der Kirche Saint-Martin. Saubere, bequeme Zimmer mit Dusche und Fernseher ab 190 F.

● ***Nobler***

▪ **Hôtel du Port:** 3, quai de Léon (links vom Yachthafen). T. 98 88 07 54. Ganzjährig geöffnet. Zapfenstreich um Mitternacht. Moderne, helle Zimmer ab 180 F. Frühstück: 30 F.

## Übernachtung in der Nähe

▪ **Gästezimmer Kérélisa:** in Saint-Martin-des Champs (3 km von Morlaix). T. 98 88 27 18. Das Landwirteehepaar namens Aliven hat das alte Herrenhaus renoviert und die sechs herrschaftlichen Zimmer mit Bad oder Dusche und WC versehen. Einzelzimmer ab 150 F, Doppelzimmer mit Dusche ab 220 F, 60 F für jede weitere Person. Freundliche Aufnahme, Frühstück im Preis inbegriffen. Der Garten steht Gästen offen.

▪ **Zimmer im Bauernhof von Pillion:** an der Straße von Plourin-lès-Morlaix (ab der Place Traoulen, Plan B2, die Straße nach Plourin einschlagen, nach zwei Kilometern links abbiegen und den Schildern folgen). T. 98 88 18 54. Annick und Roger Quéré treten ihren Gästen den ersten Stock ihres Hauses ab. Passable Zimmer mit Gemeinschaftsbad, 200 F für zwei Personen. Das typisch bretonische Frühstück setzt sich aus eigenen Erzeugnissen zusammen. Auch Einnahme warmer Mahlzeiten möglich. Freundlicher Empfang; geeigneter Stützpunkt für Ausflüge in die Umgebung.

▪ **Zeltplatz im Bauernhof Croas Men:** unweit von Garlan, sieben Kilometer östlich von Morlaix. T. 98 79 11 50. Aufnahme von Anfang April bis Ende Oktober. Verkauf landwirtschaftlicher Erzeugnisse; Unterhaltung und Ausstellungen.

## Einkehren

● ***Bei Ebbe in der Reisekasse***

♦ **Les Bains-Douches:** 45, allée du Poan-Ben, dem Gerichtsgebäude gegenüber. T. 98 63 83 83. Originellstes Lokal am Platz, Bedienung von 11-23h. Sonntag Ruhetag. Tagesgerichte ab 50 F, Lachskarte. Am Steg über den Fluß die Kachelung und das Fensterglas der alten Duschbäder von Morlaix nicht übersehen.

♦ **Crêperie Ar Bilig:** 6, rue Au-Fil; Gäßchen zwischen der Place de Viarmes und der Place des Jacobins. T. 98 88 50 51. Von 11.45-14h und von 18.30-21h geöffnet, sonntags nur am Abend. Außerhalb der Saison ist Montag Ruhetag. Eine der besten Crêperien am Ort mit konkurrenzlos niedrigen Preisen.

♦ **Restaurant La Reine Anne:** 45, rue du Mur, an der Place des Halles. T. 98 88 08 29. Montag Ruhetag. Lokal für Hausmannskost in einem Altbau; Menüs ab 65 F, große Auswahl.

♦ **Le Tempo:** bassin à Flot, cours Baumont (gegenüber der Tabakmanufaktur, auf der Seite von Trégor). T. 98 63 29 11. Sonntags Ruhetag. Unter der Woche Mittagsmenü ab 60 F. Leckere gesalzene Tartes um die 40 F. Die Einrichtung wechselt mit den Ausstellungen. Entspannte Atmosphäre; abends geht es an der Theke hoch her. Blick auf den Wald von Schiffsmasten.

● ***Mittelklasse bis feiner***

♦ **Le passé simple:** 21 bis, place Charles de Gaulle; T. 98 88 71 02; über Mittag (außer montags) und abends geöffnet. Meeresfrüchteplatte und Leckerbissen wie Trégor-Schmortopf, Lachsschnitzel usw.

♦ **Brocéliande:** 5, rue des Bouchers. T. 98 88 73 78. Nur abends geöffnet. Dienstag Ruhetag. Hinter der Places des Halles die Rue Haute erklimmen, dann geht's wieder abwärts zur Rue des Bouchers. Zwei Freunde führen das kleine Altstadtlokal, dessen geleckte Einrichtung und ausgewählte Musik an die morbide Stimmung in den gutbürgerlichen Salons der Jahrhundertwende erinnert. Gerichte, die jedermann zufriedenstellen werden, um die 80 F.

## Mal anschauen

► **Streifzug durch die Gassen:** zuallererst ins Fremdenverkehrsbüro spazieren und sich erkundigen. Für die Eiligen, hier unsere Hitparade der sehenswertesten Straßen:
An der *Place de Viarmes* und in der *Rue Ange-de-Guernisac: Schiefer-häuser* aus dem 15. Jh. und die spätgotische *Kirche St. Mélaine* aus dem 16. Jh. Von hier aus besteht die Möglichkeit, durch die Venelle aux Prêtres oder die Venelle du Créou die Esplanade du Calvaire – neben der Eisenbahnbrücke – zu erreichen und von dort den Blick auf beide Seiten der Stadt zu genießen. Über die erste Brückenetage zur Place des Otages.
Am der Kirche St. Mélaine gegenüberliegenden Hang, von der Venelle de Laroche her kommend, erreicht man *Notre-Dame-des-Anges*. Bezaubernde Aussicht. Weiter über die Rue Courte (!) in die *Rue Longue* mit ihren herrschaftlichen Wohnhäusern aus dem 17. Jahrhundert.

► **Maison de la Duchesse-Anne:** malerisches Fachwerkhaus in der Rue du Mur. Von April bis Ende September außer sonn- und montags täglich Besichtigung: T. 98 79 63 85. Eines der letzten »Laternenhäuser« mit vorkragenden Etagen, gestützt von Karyatiden-Kon-

solen. Einzigartige Architektur, die sich auf das 15. Jh. datieren läßt. Die um ein Atrium herum angeordneten Zimmer sind über eine aufwendig skulptierte Wendeltreppe und Gänge miteinander verbunden. Ein Teil der Treppenpfeiler, die der Zerstörung entgangen waren, sind im Museum gelandet. Fast wären wir unseren Leserinnen und Lesern die Erklärung dafür schuldig geblieben, warum die Vorzeigesehenswürdigkeit der Stadt nach der bretonischen Herzogin benannt wurde: diese hatte es auf einer Le-Folgoët-Wallfahrt nach Morlaix verschlagen, wo sie Quartier machte. Ihr Mann Ludwig XII. war von schwerer Krankheit genesen, und da wollte Anne de Bretagne der Muttergottes ihre Dankbarkeit beweisen. Noch irgendwelche Fragen?
Weitere historische Bauten an der Place des Halles (Place Allende) und in der Grande-rue, der Hauptachse in der Altstadt. Dort stützt seit über dreihundert Jahren ein alter, erschöpfter Mann einen Erker.

► Nun zur malerischen Rue Haute und zur Rue Basse in Verlängerung der Rue du Mur. In der Rue Basse die **Kirche St. Mathieu**, deren Turm aus dem 16. Jh. das einzige Überbleibsel des ursprünglichen Baus ist. Im Inneren ein Kleinod: die »aufklappbare« Muttergottesstatue aus dem 15. Jh. mit polychromen Bildtafeln im Inneren.

► **Jakobinermuseum:** place des Jacobins (Plan B2). Öffnungszeiten im Sommer: 10-12h und 14-18h. Wer ausgerechnet dienstags kommt, steht vor verschlossenen Pforten, außer von Ostern bis November. Das Regionalmuseum, in einer alten Kirche untergebracht, schwelgt in Erinnerungen an vergangene Zeiten auf dem Meer und an Land: alte Stiche, Gemälde und Zeichnungen von Morlaix, hübsche Statuen aus den umliegenden Kapellen und, zu guter Letzt, Treppensäulen. Eine der schönsten unter ihnen aus dem Jahr 1557 mißt knapp elf Meter und ist aus einem Eichenstamm geschnitzt. Daneben findet man aber auch Gegenstände des Hausgebrauchs wie Getreidetruhen und die typisch bretonischen Schrankbetten *(Lits clos)* mit Schiebetüren aus dem 17. Jh. Zu beachten auch die letzten »Löffelständer« ihrer Art aus Holz, die man über eine Rolle herabließ. Bäuerliche Gebrauchsgegenstände wie Buttermaschinen, Spinnräder, Hanfkämme und landwirtschaftliche Geräte sind ebenfalls unter den Ausstellungsstücken zu finden. Nicht unerwähnt lassen wollen wir einige Gemälde: eine Landschaft des Malers Hippolyte Lebas und, ganz wichtig, die Werke eines lokalen Künstlers namens *Charles Penthar*, der sich als Maler von Spelunken und Hafenkneipen hervortat. »Une porte s'ouvrit« (eine Tür öffnete sich) und »Silhouettes grouillant à travers la fumée« (undeutliche Gestalten im Rauch) sind nur zwei Beispiele für seine bemerkenswerte Darstellungskunst. Das ganze Jahr über sehenswerte Wechselausstellungen.

► **Tabakmanufaktur:** Quai de Léon; T. 98 88 15 32. Kostenloser Einlaß das ganze Jahr über nach telefonischer Voranmeldung. Die Manufaktur hat das Erbe der französischen *Compagnie des Indes* (Ostindien-Handelsgesellschaft) angetreten. Die Handelsgesellschaften bildeten das Rückgrat der unter Richelieu angekurbelten kolonialen Ausdehnung Frankreichs. Millionen Zigarren und einige hundert Tonnen Kautabak werden dort fabriziert. Im 19. Jh. schufteten hier bis zu 1.800 Arbeiter, auf Neudeutsch: Menschen. »Leute« u.ä. existieren nicht mehr, denn mit Menschen können Politiker und Medien viel besser auf die Tränendrüsen drücken und »Betroffenheit« demonstrieren.

► **Le Télégramme de Brest:** rue Anatole-le-Braz. Das namhafte Pressehaus steht Besuchern vormittags von Montag bis Freitag offen; telefonische Rücksprache erforderlich. T. 98 62 11 33. Die 1944 gegründete Zeitung erzielt heute eine Auflage von 210.000.

► **Eisenbahnviadukt:** eigentlich unübersehbar. Erst seine gewaltigen Brückenpfeiler ermöglichten der Eisenbahn die Überwindung des Dossen in einer Höhe von 58 m. 292 m lang, wurde es 1863 fertiggestellt. Mutige spazieren darüber hinweg: beispielsweise, indem sie der Venelle de la Roche folgen und über die Venelle aux Prêtres wieder zurückmarschieren. Übrigens: ein Stückchen weiter, talabwärts, wird die N 12 einen Kilometer lang vierspurig über den Fluß geleitet. Weniger elegant als die Bahnbrücke, Autofahrern dürfte beim Anblick des Bauwerks aber dennoch das Herz lachen. Zurück zu unserem Viadukt: es wurde 1861 im Rahmen der Eisenbahnlinie Paris-Brest konstruiert. Im letzten Weltkrieg nahmen die Engländer die Talbrücke erfolglos unter Beschuß, erwischten aber nur zahlreiche umliegende Häuser. Schlimm genug, denn schon beim Bau des Viadukts wurden ein Dutzend der schmucksten Gebäuse dem Erdboden gleichgemacht. Glücklicherweise sind der Nachwelt noch genügend Altbauten erhalten geblieben.

## Prost Coreff!

Im Jahre 1985 vollzog sich etwas ganz Unglaubliches, Außergewöhnliches, zumindest für die Biertrinkerfraktion in der Bretagne: die Geburt eines bretonischen Bieres. Wohlgemerkt: seit mindestens dreißig Jahren wurde in Frankreich kein neues Bier mehr kreiert und die Anzahl der Brauereien sank von 3.500 auf unter fünfzig!
Die beiden jungen Chefs, Christian Blanchard und Jean-François Malgorn, wollten *Real Ale*, ein obergäriges Bier wie das englische *Guiness,* das belgische Trappistenbräu oder das deutsche Alt herstellen; eines, das sich aus der Masse der zu stark kohlesäurehaltigen Biere der Großbrauereien heraushebt. Was in Großbritannien, das seinerseits einen Aufschwung der Kleinbrauereien erlebt, so gut läuft, kann der Bretagne auch nicht schaden: schließlich konsumieren die Bretonen seit Jahren schon begeistert Guiness, Smithwicks, Leffe, Jenlain und andere ausgefallene Biersorten.
Das obergärige Coreff wird, im Gegensatz zur überwiegenden Mehrheit der französischen und deutschen Biere, wobei letztere wenigstens schmecken, ohne Kohlensäure gebraut. Es erkaltet und filtert sich von selbst, gärt lange wie das Guiness. Auch zum Zapfen bedarf es keines Zusatzes von Kohlensäure: die Saugwirkung der

**Brücke v. Morlaix**

Handpumpe genügt. Die Zutaten werden sorgfältig ausgesucht (Malz aus Valenciennes, bayerischer Hopfen und hochgärige englische Hefe), ebenso die Gerätschaften, Maschinen und Brautechniken. Die beiden Chefs kontrollieren alles aufs Genaueste, auch Lager- und Zapfbedingungen bei den Wirten; sie wollen ihre Kunden, deren rasant wachsende Zahl ihnen offensichtlich nicht zu Kopf gestiegen ist, nicht enttäuschen. Das amberbraune Getränk mit 4,5 oder 7,5° und schwarzem Etikett ist ein ungefiltertes, unpasteurisiertes Altbier. Im Finistère und im Département Côtes-d'Armor zählt man gerade mal einhundert »Zapfstellen«. Coreff ist eben keine Massenware, sondern das Ergebnis solider handwerklichen Braukunst!
Die Bretonen identifizieren sich regelrecht mit diesem Bier. Es ist ihres. Das letzte Wort überlassen wir einem Wirt, der es ja am besten wissen muß: »Noch dazu hat das Coreff – reich an Hopfen, somit

beruhigend in der Wirkung – den Vorteil, daß die Konsumenten nicht mehr so aufgedreht und aggressiv sind, sondern sanft wie Lämmer werden.«

Brauerei, Gärung, Abfüllung usw. sind übrigens zu besichtigen. Anschließend Gratisausschank:

♦ **Brasserie des Deux-Rivières:** 1, place de la Madeleine; T. 98 63 41 92. Führungen montags, dienstags und mittwochs um 11, 14, 15 und 16h. Telefonische Anmeldung erforderlich.

## Auf ein Glas und einen Bissen

♦ **Ty Coz:** 10, venelle Au-Beurre, Nähe Place des Halles (Place Allende). Täglich außer donnerstags bis 1h nachts, sonntags ab 19h geöffnet. Der Wirt Roger Le Jean erinnert mit seinem Schnurrbart und Bauch an Obelix; er schenkte als erster *Coreff* aus. Guiness gibt's auch, und im hinteren Teil der Kneipe vergnügen sich die Dartsüchtigen und Billardspieler. Kamin und renovierter Innenraum stammen aus dem 14. Jh.

♦ **Pubs und Discos** im St. Mathieu-Viertel: hier ist mordsmäßig was los, vor allem in der Rue des Brebis und auf der Place du Marchallach *(La Cabane, La Selle).*

♦ **Au Four Saint-Mélaine:** 1, venelle du Four. T. 98 88 10 22. Außerhalb der Saison montags geschlossen, in der Ferienzeit sowie im November sonntags. Der gute Ruf gründet sich sicherlich nicht nur auf die ausgezeichneten bretonischen Kuchen.

♦ **Les Danseurs de Lune:** 29-31, rue Longue. T.98 88 54 79. Täglich außer sonn- und montags von 17-1h. Im Herzen der Altstadt. Nettes, von zwei Schwestern namens Cathou und Véro geführtes Café; lockere Stimmung.

♦ **Café de la Terrasse:** an der Place des Otages. T. 98 88 20 25. Montag Ruhetag. Café aus der Zeit um 1900, als die erste Tour de France für Furore sorgte. Frühaufsteher weiden sich auf der Terrasse am Anblick der ersten Sonnenstrahlen: *Morlaix s'éveille ...* Baudelaire hätte von »Luxus, Ruhe und Wollust« geschwärmt.

# KÜSTE VON MORLAIX BIS ROSCOFF

## LOCQUÉNOLÉ (29231)

Nach 7 km in Richtung Carantec. Liebenswürdiges Dörfchen »am Busen der Natur«. Die Kirche mit ihrem durchbrochenen Glockenturm, der grünende *Enclos,* der Kalvarienberg, der kleine Platz, der Dorfbrunnen und das antiquierte Café bilden ein bezauberndes Ensemble. Ein »Freiheitsbaum« versinnbildlicht die administrative Unabhängigkeit der Gemeinde. Von der anderen Seite Aussicht auf den Hafen von Dourduff.

Im Sommer zahlreiche Veranstaltungen.

## Kost & Logis

▪ **Gîte d'étape:** Schloß Kerozal (Les Genêts d'Or) in Taulé, unweit von Locquénolé. T. 98 72 20 40. Unterkünfte für Reiter, Übernachtung 60 F.

♦ **L'Auberge du Vieux Chêne:** 12, place de la Liberté, in Locquénolé; T. 98 72 24 27. Außerhalb der Urlaubszeit montags Ruhetag. Einladendes Gasthaus an einem malerischen Platz vis-à-vis der Kirche. Netter Empfang; moderner, aber hübscher Speisesaal; günstiges Preis-/Leistungsverhältnis. Mehrere Menüs ab 80 F. Nachmittags in der Ferienzeit durchgehend Meeresfrüchte. Eine gastliche Stätte, an die jeder sich gern erinnern wird.

## CARANTEC (29660)

Das touristischste Seebad weit und breit. Reichlich schick und windgeschützt: dafür sorgen im Westen die *Pointe du Diben* und im Osten die *Pointe de Roscoff.* Kurz vor Erreichen der Insel Callot erkennt man das *Château du Taureau*, errichtet im 16. Jh. als Trutzburg gegen den heimtückischen Erbfeind: den »perfiden Albion«, wie die Engländer in Frankreich oft heute noch abschätzig tituliert werden. Die Festung wurde später u.a. zu einem Gefängnis umgemodelt. Gegenwärtig sucht die Verwaltung nach einer Verwendung und zahlt den Unterhalt. Wie lange noch? Eile ist geboten, denn das Mauerwerk beginnt zu bröckeln ...

► Wasserratten dürfen sich über den **Kelenn-Strand** freuen, mit der berühmten *Chaise du Curé,* dem »Pfarrerstuhl«, einem Felsen, der eine fabelhafte Aussicht auf die Bucht und die Pointe de Roscoff beschert. Die Priester der Pfarrei pflegten dort zu meditieren. Ferner gibt's noch eine Menge anderer, im Sommer ziemlich überlaufener Strände.

► Die **Callot-Insel** ist bei Ebbe unschwer zu erreichen: man stapft einfach durchs Watt. Feinsandstrände und eine kleine Kapelle aus dem 16. Jh. *Pardon* am 15. August. Schöner Fußweg um die Insel und die grüne Pointe de Pen Al Lann. Die **Insel Louet**, einige Kabellängen vom Château du Taureau, schmückt zahlreiche Werbeplakate.

– **Fremdenverkehrsamt:** 4, rue Pasteur; T. 98 67 00 43. Ganzjährig von montags bis samstags zwischen 9-12.30 und 13.30-18.30h (samstags bis 17.15) geöffnet; im Juli/August sonntags auch von 9-12.30h. Nützliche Wandertips für den 15 km langen kleinen Rundweg. Führt auch Ausflüge aufs Meer durch: in die Bucht von Morlaix und auf die Ile de Batz.

## Übernachtung

- **Gästezimmer:** in Kervézec. T. 98 67 00 26. Ab Carantec ausgeschildert. Die liebenswürdige Mme Bohic öffnet uns ihr schönes Bürgerhaus mit individuell eingerichteten Zimmern ab 300 F einschließlich Frühstück. Schöne Aussicht von der Terrasse.
- **Hôtel Le Relais:** rue Albert-Louppe, in der Innenstadt. T. 98 67 00 42. Ganzjährig geöffnet; schlichte, saubere und preiswerte Zimmer ab 130 F mit Dusche und WC.
- **Hôtel du Pors-Pol:** 7, rue Surcouf. T. 98 67 00 52. Von April bis einschließlich September geöffnet, vornehmer. Großes Ferienhotel in Strandnähe, an einem nach Meer und Pflanzen durftenden Weg. Alle Zimmer mit Dusche, ab 250 F.
- **Zeltplatz Les Mouettes:** route de la Grande-Grève. T. 98 67 02 46. Fax: 98 78 31 46. Bestens geführtes Vier-Sterne-Hotel mit allem Drum und Dran.

## Auf einen Schluck

♦ **Le Bar des Sports:** Treffpunkt der Segelfreunde.
♦ **Bar** im **Tennisclub Pen-Al-Lann:** schart zur Musik alle anderen Sportfreunde um sich.
♦ **Bar Le Petit Relais:** am Kelenn-Strand; in der Hauptsaison ab 22h Jazzabende.

## SAINT-POL-DE-LÉON (29250)

Gallische Auswanderer aus Britannien faßten als erste in diesem sympathischen Landstrich Fuß; unter ihnen Pol Aurélien, der erste Bischof der Region.
Heute versteht sich Saint-Pol-de-Léon als Hauptstadt der Artischocken, die man bereits im 15. Jh. aus Italien einführte, und des Blumenkohls »Prince de Bretagne«. St.-Pol ist obendrein Gemüsemarkt Nummer eins im nördlichen Finistère und Hauptversender aller Frühobst- und Frühgemüsesorten Frankreichs. Um 8h morgens öffnet der Markt. Genauere Auskünfte erteilt das:

– **Verkehrsamt:** neben der Kathedrale, an der Place de l'Evêché. T. 98 69 05 69. Das ganze Jahr über geöffnet.

## Übernachtung und Verpflegung

♦ **Crêperie Les Fromentines:** 18, rue Cadiou. T. 98 69 23 52. Donnerstags außerhalb der Saison geschlossen. Im Schatten der oft fotografierten Turmspitze der Kapelle Notre-Dame-du-Kreisker kommen schmackhafte Crêpes wie die Léonarde mit Artischocken und Roquefort-Crème auf den Tisch, aber auch andere einfallsreiche Leckereien. Netter Wirt.

▪ **Hôtel-Restaurant Le Passiflore:** 28, rue Pen-ar-Pont, Nähe Bahnhof. T. 98 69 00 52. Ganzjährig geöffnet. Neue Zimmer mit allen Schikanen ab 200 F, Menüs ab 60 F.
▪ **Motel de Kerisnel:** an der Straße nach Plouenan, nahe am Cadran-Markt. T. 98 29 05 60. Fax: 98 29 11 26. Großes Zimmer für zwei Personen ab 300 F, auch ruhige Appartements am Busen von Mutter Natur.
▪ **Gästezimmer:** in Lopréden, 29420 Plouenan (acht Kilometer vor Saint-Pol-de-Léon). T. 98 69 50 62. Bei Alain und Sylvie Cazuc. Drei Zimmer mit Dusche und WC ab 220 F. Gelegeneheit, sich seine Mahlzeiten selbst zuzubereiten; freundliche Aufnahme.
▪ **Zeltplatz Ar Kleguer:**
le Urennit. T. 98 69 18 81 oder 98 69 05 39. Drei Sterne.

## Sehenswertes

► **Kapelle Notre-Dame-du-Kreisker:** aus dem 14. Jh., mit gotischem Glockenturm und der höchsten Turmspitze in der Bretagne (78 m). Ein Lehrstück an Leichtigkeit und Ausgewogenheit. Märchenhafte Skulpturen, durchbrochene Ecktürme, Balustraden, Wasserspeier. Sehenswert auch das spätgotische Nordportal mit einer Vielfalt schmückender Einzelheiten. Auf der Westseite ein Kirchenfenster mit Rundbogen und Rosette aus dem 14. Jh. Eichener Altaraufsatz aus dem 17. Jh.

► Marie-Michèle Stéphan ist Blumengärtnerin und hat einen **Blumengarten** sowie einen Dachboden mit hunderten von Sträußen zu bieten. An der Ausfahrt nach Sain-Pol, nach fünf Kilometern, in Henvic. T. 98 62 83 21. Verkauf von Sträußen und Gebinden.

► **Kathedrale:** an der romanischen Vorgängerkirche kühlten unsere germanischen Verwandten, die Dänen nämlich, ihr Mütchen. Kostenlose Besichtigung im Juli/August. Im 12. Jh. hat man auf deren Grundmauern die jetzige Bischofskirche hochgezogen. Auffällig ist der 55 m hohe Glockenturm. Altgotischer Chor mit sechzig kostbar geschnitzten Chorstühlen aus dem 16. Jh. Die fein ziselierten Rückenlehnen sind das Werk von Goldschmieden. Über allem schwebt ... nicht etwa der Heilige Geist, sondern ein farbenprächtiger Altarhimmel.

► **Altstadt:** malerische Häuser aus dem 16. und 17. Jh. zuhauf, besonders in der Rue Général Leclerc (Nr. 9, 12, 30, 31), der Rue Rosière (Nr. 9, 6) und der Rue du Petit-Collège (Hôtel de Keroulas mit einem ansehnlichen gotischen Portal). Rathaus im alten bischöflichen Palast. Auf der Place du Petit-Cloître erhebt sich ein »Pfründehaus« aus dem 16. Jh.

## ROSCOFF (29680)

Typische bretonische Hafenstadt, dynamisch und doch in ihrer Ursprünglichkeit erhalten. Der neue Hafen wurde etwas außerhalb

angelegt, um das einheitliche Stadtbild nicht zu stören. Den Strand beherrscht der Glockenturm von Notre-Dame-de-Kroaz-Baz im Barockstil, eine Seltenheit hier. Ende des 19. Jhs ließ das milde, belebende Klima Roscoff zu einem der ersten Kurorte für Lungenkranke in der Bretagne werden.
Heute ist Roscoff dank des Hafens von Bloscon Drehscheibe für den Handel mit Großbritannien und Irland.

## Blick zurück

Als ehemalige Korsarenhochburg lag Roscoff lange in Fehde mit dem französischen Intimfeind England, was Anlaß zu zahlreichen Seeschlachten vor seiner Küste bot. 1548 landete Maria Stuart in Roscoff, um sich im zarten Alter von sechs Jahren mit dem Kronprinzen zu verloben. A.D. 1746, nach Culloden also, der verlorenen Entscheidungsschlacht der Schotten gegen die expansionsfreudigen Engländer, flüchtete der schottische Thronfolger *Bonnie Prince Charlie* nach Roscoff: »Mourn, hapless Caledonia, mourn!« Bis zur Französischen Revolution war Roscoff einer der florierendsten Häfen Frankreichs. Seit dem frühen 19. Jh. lieferten von hier aus die *Johnnies* ihre berühmten rosa Léon-Zwiebeln an die Engländer – Handel und Wandel scheinen etwas völkerverbindendes, friedenstiftendes zu haben ... 1828 war ein gewisser Henri Olivier auf die Idee gekommen, Überschüsse auf diese Weise gewinnträchtig loszuwerden. Das Geschäft lief so gut, daß 1930 schon 1500, von britischen Hausfrauen *Johnnies* genannte, Haustürverkäufer mit ihren zwiebelbeladenen Fahrrädern regelmäßig über den Ärmelkanal setzten. In der Folgezeit expandierte der Verkauf von Frühgemüse beträchtlich. Noch ein wirtschaftlicher Erfolg Roscoffs ist zu vermelden: *Alexis Gourvenec*, ehemaliger Bauernführer, gründete in den siebziger Jahren die Fährgesellschaft *Brittany Ferries* und legte damit den Grundstein für eine der spektakulärsten Karrieren in den letzten zwanzig Jahren. Die Fähren nehmen Kurs auf das britische Plymouth und Cork in Irland.

## Brauchbare Adressen

– **Haus des Gastes** *(Maison du tourisme):* 46, rue Gambetta, am alten Hafen. T. 98 61 12 13. Ausflugsfahrten in die Bucht von Morlaix und rund um die Insel Batz.
– **Fahrradvermietung:**
*Fa. Desbordes*, 13, rue Brizeux; T. 98 69 72 44.

## Ab in die Falle

● ***Mittelklasse***

▪ **Hôtel Les Tamaris:** 49, rue Edouard-Corbière. T. 98 61 22 99. Gastfreundliches Hotel gegenüber der Insel Batz. Moderne Zimmer ab 240 F.

▪ **Hôtel du Centre** *(Chez Janie):* 5, rue Gambetta. T. 98 61 24 25. Nettes Hotel mit bequemen Zimmern ab 170 F.
▪ **Hôtel des Chardons Bleus:** 4, rue de l'Amiral-Réveillère; T. 98 69 72 03. Klassisches Provinzhotel, das seine Pforten – außer in den Ferienmonaten Juni bis August – donnerstags sowie im Dezember und Januar geschlossen hält. Nette Aufnahme, gemütliche Zimmer ab 280 F. Erst recht kann sich die Küche sehen lassen: Menüs ab 90 F. Wer nicht völlig ausgehungert ist, sollte sich die Portion Meeresfrüchte mit jemandem teilen.

● ***Gehoben***

– **Château Hotel »Le Brittany«:** bd. Sainte Barbe, 29681 Roscoff; T. 98 69 70 78, Fax: 98 61 13 29; besonders ruhige Lage mit Blick aufs Meer und die Stadt. Für die Doppelzimmer mit Bad und WC muß man freilich tief in die Tasche greifen: abhängig von der Saison 420-600 F (Frühstück 50 F). Dafür darf man sich dann auf gepflegte Räumlichkeiten, Parkmöglichkeiten im Hof, TV und Telefon auf dem Zimmer, ein Hallenschwimmbad mit Meerwasser und ein sehr vornehmes Restaurant freuen. Leistung hat halt eben ihren Preis.

● ***Zeltplätze***

▪ **Camping Municipal:** Richtung Santec, auf der Pointe de Perharidy. T. 98 69 70 86. Von Ostern bis Ende September bewirtschaftet.
▪ **Camping de Kerastat:** zwei Kilometer von der Innenstadt, an der Straße nach St. Pol-de-Léon. T. 98 69 71 92. Aufnahme vom 30. Juni bis zum 31. August.

## Hunger und Durst?

♦ **Brasserie-Restaurant Le Surcouf:** 14, rue A.-Reveillère. T. 98 69 71 89. Außerhalb der Saison mittwochs geschlossen. Freundliche Einrichtung, ebensolcher Empfang. Aufgetischt werden liebevoll zubereitete Fischgerichte, Artischocken und Meeresfrüchte zu kulanten Preisen. Menüs ab 70 F.
♦ **Crêperie Ti Saozon:** 30, rue Gambetta. T. 98 69 70 89. Abends ab 17h geöffnet. Sonntags sowie montags über Mittag geschlossen. Urige Crêperie am Hafen mit viel Atmosphäre.
♦ **La Passerelle:** im Fährhafen, über der Diskothek *Le Passeport.* T. 98 61 20 38. Bedienung von 19h bis zum Morgengrauen. Nüchterner, aber geschmackvoll eingerichteter Speisesaal. Leckerbissen sind Backfisch und auf heißem Stein gebratenes Fleisch (105 F). Menüs ab 80 F. Freundliche Begrüßung, große Terrasse für stimmungsvolle Abende.
♦ **Crêperie de la Poste:** rue Gambetta; T. 98 69 72 81. Mittags geschlossen. Leckere, preiswerte Crêpes und allerlei Blätterteigkuchen. Rustikale Einrichtung; hier herrscht immer Betrieb.
♦ **Restaurant L'Écume des Jours:** quai d'Auxerre. T. 98 61 22 83. Ganzjährig geöffnet. Verdankt seinen Namen einem lesenswerten Roman von Boris Vian – auf Deutsch zumindest bei 2001 – obwohl man sich fragen kann, was der mit der bretonischen Küche von

Land und Meer zu tun hat. Heller Seelachs auf Artischockenboden mit Zitronenessig. Standesgemäße Begrüßung in einem Gebäude aus dem 16. Jh. Unter der Woche Menüs ab 90 F, die Obergrenze liegt bei 250 F.

## Ab in die Disco

♦ **Le Passeport:** am Fährhafen. In der Ferienzeit jeden Abend, im Winter nur am Wochenende geöffnet. Ist für seine Themenabende mit Musik von den Antillen, aus Rußland oder Seemannsliedern und sonstige einfallsreiche Veranstaltungen bekannt. Publikum aller Altersschichten, Musik für jeden Geschmack.

## Sehenswertes

► **Notre-Dame-de-Kroaz-Baz:** Kirche im spätgotischen Stil des 16. Jhs. Der Glockenturm mit durchbrochener Renaissancekuppel erinnert an Disneyworlds Märchenschlösser. Bemerkenswerte Proportionen. Im Pfarrbezirk gleich zwei Beinhäuser, deren Gemäuer durch Tritonen, Meeresgetier und Schiffsreliefs auflockert werden. Die Decke der Kirche besitzt die Form eines umgedrehten Schiffkiels, wie so oft bei Kirchen in Küstennähe. Meisterhafte Schnitzbalken und Pfeiler, barocker Altaraufsatz mit karyatidengestützten Tabernakeln, Kanzel mit Baldachin und eine Taufkapelle aus dem 17. Jh.
Gegenüber der Chorapsis, auf dem Platz, Haus Nr. 23: ein vornehmes Gemäuer mit Kielbogenfenstern.

► **Aquarium/Museum:** place George-Teissier, nur einen Steinwurf von der Kirche; T. 98 29 23 23. Von Anfang April bis Anfang November von 10-12.30h und von 13.30-19h geöffnet. In über vierzig Aquarien tummeln sich unter anderem: Seepferdchen, Zitterrochen, Kraken, Tintenfische, Riesenmeeraale, Seeigel usw. Wechselausstellungen ergänzen das lebende Inventar.

► **Streifzug durch die Altstadt:** rund um die Kirche, in der Av. Albert-de-Mun, der Rue Armand-Rousseau – übrigens die älteste Gasse – und der Rue de l'Amiral-Réveillère, stehen die vornehmen Häuser der reichen Reeder mit Fassadendekor, gemeißelten Dachluken und Wendeltreppen. Vis-à-vis der Kapelle St. Ninien, Rue de l'Amiral-Réveillère, streiten sich zwei Häuser um den Namen *Haus der Maria Stuart*. In Wahrheit wurden beide erst nach deren Aufenthalt in Roscoff errichtet (s. oben). Nebenan ein schmucker Wachturm, Rest der ehemaligen Stadtmauer.
Ganz am Ende des Hafens, Richtung Meerwasserbecken – in den *Viviers* werden Lachse, Meeresforellen, Hummer und Krebse gezüchtet – die bescheidene *Sankt-Barbara-Kapelle*.

► **Feigenbaum von Roscoff:** Auszug aus dem ersten Stadtführer von 1908: »Auf dem schönen Grundstück eines ehemaligen Kapuzinerklosters erhebt sich ein Riesenfeigenbaum, der, so sagt man, 1621 gepflanzt worden sei. 600 $m^2$ überdeckt die Krone dieses vielfach abgestützte Baumriesen. Was nun den Botanikern Rätsel auf-

gibt, ist sein mysteriöser Wuchs. Aus dem mächtigen Stamm trieben die Primäraste waagerecht aus, dicht am Boden, um urplötzlich wieder in die Erde zu versinken und Wurzeln zu schlagen, worauf sich erneut Stämme bildeten.«
Nach diesem ehrwürdigen Feigenbaum braucht niemand mehr zu suchen. Er wurde 1987 gefällt, um einem Gebäude Platz zu machen. Befragt man einen Einwohner, wird er höchst betreten seine Schuhspitzen anstarren und sich darauf berufen, daß es einen Antrag gegeben habe, den Baum als Naturdenkmal unter Schutz zu stellen. Er kam zwei Tage zu spät. Die Dummheit stirbt nicht aus.

▸ **Leuchturm:** am alten Hafen. 25 m hoch, zu besichtigen; Telefonnummer des Wärters: 98 69 70 06.

▸ **Exotengarten:** zwanzig Gehminuten von der Innenstadt, in Richtung Autofähre *(Car-ferry)*. T. 98 69 70 45. Über fünfhundert Pflanzenarten aus aller Herren Länder gedeihen auf und rund um einen mächtigen Felsen am Meer. Das Farbenspiel vor dem Hintergrund des azurblauen Wassers ist von der Felsspitze besonders gut zu bewundern.

– **Pardon de Sainte Barbe:** hält am dritten Sonntag im Juli die Erinnerung an die Heilige Barbara aufrecht.

## Weiterreise ab Roscoff

Busse und Triebwagen nach St. Pol-de-Léon und Morlaix.

● ***Per Schiff***

Für Bretonen und Nachbarn ist Roscoff der günstigste Einschiffungshafen nach England und Irland. Bis zu fünf Personen und ein Pkw reisen besonders günstig; ermäßigte Pauschale bei Hin- und Rückbuchung. Zugleich mit der Überfahrt kann man schon die Unterkunft reservieren.

– **Nach Plymouth:** zwei bis drei Fähren täglich während der Hochsaison; sechs Stunden Überfahrt.
– **Nach Cork** (Irland): dauert eine Stunde. Sich nach den attraktiven Spartarife *(Tarifs spéciaux)* erkundigen. In der Urlaubszeit zwei Schiffe wöchentlich.

– **Brittany Ferries:** Gare Maritime, T. 98 29 28 28. Gare Maritime in Saint-Malo: T. 99 82 41 41; in Cherbourg: T. 33 22 39 98; Buchung in Caen: T. 31 36 36 00.

## ILE DE BATZ (29253)

Liebenswertes Eiland vor der Küste von Roscoff, in zwanzig Minuten per Schiff erreichbar. Vier Kilometer lang, anderhalb Kilometer breit, wenig Autos. Allerdings ersetzen vierzig Traktoren die früher eingesetzten Pferde auf den winzigen Ländereien. Dennoch ein traumhafter Tagesausflug zu Fuß oder per Rad, um sich die Lungen mal wieder mit Sauerstoff vollzupumpen. Die knapp über siebenhundert Insulaner leben vom Blumenkohl-, Kartoffel-, Zwiebel- und Frühgemüseanbau sowie natürlich von der Tangernte. Das atlantische, ja fast mediterrane Kleinklima ermöglichte es Georges Delaselle 1899 an der Ostspitze der Insel, also »unter dem Wind«, einen *Kolonialgarten* einzurichten. Der 1937 aufgegebene Park wurde inzwischen wiederhergerichtet und ist zu besichtigen. Unbedingt sehenswert, denn man kommt sich vor wie auf den Antillen.

► Die Insel läßt sich in drei Stunden umrunden. Richtung Westen marschierend, erreicht man das **Fort de Beg Seac'h**, später den **Toul ar Zarpant** (»Loch« bzw. »Ort der Schlangen«), einen Steinbruch, wo einst St. Pol Aurélien einen Drachen ersäuft haben soll. Seitdem, sagt man, gibt das Meer unheimliche Geräusche von sich: ein unerklärliches Rollen; na sowas!

► **Le Grand Phare:** der große Leuchturm, 1836 erbaut, lädt dazu ein, 211 Stufen zu erklimmen, um aus 64 m Höhe eine grandiose Sicht auf die Küste zu genießen. Anmeldung bei Wärter, T. 98 61 75 37. Die Felsen von Roc'h ar Mor nebenan kokettieren mit eigenartigen fettblättrigen Pflanzen mit noch seltsameren Namen: Drachenbäume, Strauchpappeln usw.

► Im Westen der Insel erstreckt sich über 800 m ein herrlicher **Strand** aus feinsten Sand. Bitte auf die Brutplätze von Seeschwalben und Brachvögeln Rücksicht nehmen!

Apropos: falls uns ein »Eingeborener« breit anlächelt, wird's höchste Zeit, ein wenig Bretonisch loszuwerden: *Nag hi zo kaer, an enez!* (»Habt ihr aber eine schöne Insel!«).

► Am 14. Juli, dem französischen Nationalfeiertag, finden am Strand **Pferderennen** statt. Auf Rekorde sollte man nicht hoffen, denn es handelt sich um die braven Arbeitstiere der Tangsammler. Als Trost gibt es vielleicht Rekorde bei den traditionellen bretonischen Sportarten wie Stammweitwurf usw. *Pardon* zu Ehren St. Annas am letzten Sonntag im Juli; »Freudenfeuer« in den Dünen östlich der Insel, unweit der verfallenen Kapelle. *Fête de la mer* (Meeresfest) Mitte August.

– **Verkehrsamt:** am Landungssteg, T. 98 61 75 70; nur während der Urlaubszeit besetzt.

## Anreise und Fahrradvermietung

– **Vedettes CFATM:** vom 25. Juni bis zum 16. September stündlich eine Fähre in beide Richtungen. Auskunft: T. 98 61 79 66 und 98 61 10 56. Legt bei Flut im Jachthafen ab, bei Ebbe von der Hafenwehr. Von Roscoff zwischen 8 und 20h, von Batz zwischen 7 und 19.30h. Im Winter etwa alle zwei Stunden ein Schiff.

– **Armein Excursions:** T. 98 61 77 75 und 98 61 75 47. Selbes Angebot wie vorgenannte Firma.

– **Fahrradvermietung:** bei Mr. *Le Saoût*, auf der Insel Batz. T. 98 61 77 65. Vermietet seine Drahtesel von April bis September tage- oder halbtagsweise.

## Nächtigen und einkehren

- **Jugendherberge auf der Insel Batz:** in Creach ar Bolloc'h. T. 98 61 77 69 und 98 41 90 41; Fax: 98 61 78 85. Aufnahme von Mitgliedern der nationalen Jugendherbergsverbände zwischen dem 1. April und 30. September. Im Juli/August auch Segelkurse. In den fünf kleinen Häuschen fühlt man sich wie in einer Kajüte. Im Sommer sind zusätzlich 32 Plätze unter großen Zelten verfügbar. Küche für Selbstversorger. Hier regiert das einfache Leben.
- **Hôtel-Restaurant Roch Ar Mor:** an der Anlegestelle der Insel Batz. T. 98 61 78 28. Täglich von April bis Ende September geöffnetes schlichtes Hotel ohne große Ansprüche. Zimmer mit Meeresblick ab 165 F, Menüs ab 80 F.
- **Grand Hôtel Morvan:** am Hafen. T. 98 61 78 06. Helle, einfache Zimmer ab 150 F, im Restaurant Menüs ab 70 F.

♦ **Crêperie Ty Ann:** unweit der Jugendherberge, T. 98 61 78 66. Im Juli-August geöffnet.
♦ **La Crêpe d'Or:** T. 98 61 77 49. Ganzjährig geöffnet; genießt auch auf dem Festland einiges Ansehen.

# *DIE BRETONISCHEN PFARRBEZIRKE*

Die Gegend nördlich der Monts d'Arrée, zwischen Landerneau und Morlaix, birgt die Meisterwerke religiöser Architektur in der Bretagne. Von einem Pfarrbezirk *(Enclos paroissial)* zum anderen wächst die Begeisterung des Kunstliebhabers: die Augen werden immer größer, der Mund immer offener.

## Vom Ursprung der Pfarrbezirke

Im 16. und 17. Jh. erfreut sich die Bretagne größten Wohlstands und einer ausgeprägten Religiosität. Und dieser Konstellation verdankt das Land denn auch die beachtliche Zahl an Pfarrbezirken *(enclos paroissiaux)*. Der Seehandel läuft auf Hochtouren. Im fernen Antwerpen, 1533 der größte Handelshafen, segeln achthundert von tausend registrierten Schiffen unter bretonischer Flagge. Die Bauern säen Buchweizen, Roggen und Weizen, der auch auf armen Böden gedeiht, und verdienen gut daran. Am meisten Profit schlägt die Bretagne aus der Herstellung ihrer geschätzten, handgewebten Leinenwaren, die sie vornehmlich nach England, Spanien und Portugal ausführt. Eine unmittelbare Folge der regen Handelsbeziehungen war der Ausbau des Hafens von Morlaix. Weber, zugleich Handwerker und Bauern, steigen auf zur besitzenden Klasse. Auch Papierherstellung und -export tragen ihr Scherflein zum bretonischen Wirtschaftswunder bei: zahlreiche Papiermühlen zwischen Léon und Trégor zeugen davon.

Wie bereits angedeutet, gehen auch die Pfarreien keineswegs leer aus. Da sind einmal die Einnahmen aus kirchlichen Besitztümern und Höfen; und dann wurde am Ende jeder Messe großzügig gespendet, auch in Form von Naturalien wie Stoffen und Tieren. Entgegengenommen und verwaltet wurden die weltlichen Güter der Gemeinde von alljährlich neu gewählten Adligen, den *Fabriques* oder *Marguilliers,* vergleichbar unseren heutigen Pfarrgemeinderäten. Auktionen wurden ebenfalls anschließend vor dem Kirchenportal abgehalten. Das allein brachte schon Unsummen von Geld ein. Obendrein spielte das Konkurrenzdenken eine nicht zu unterschätzende Rolle: jedes Dorf wollte den prachtvollsten, mächtigsten, kostbarsten Pfarrbezirk sein eigen nennen. Das ärmste Bäuerlein war ebenso stolz darauf wie der reichste Händler. Letzterer spendete wohl eher, um sich von der Sünde, reich zu sein, reinzuwaschen. Kirchen, Klöster, Abteien und deren überschwenglich üppige, ja maßlose Pfarrbezirke standen und stehen auch heute noch im augenfälligen Kontrast zu den ärmlichen Dörfchen. Manche Pfarreien ahmten aus Neid und Eifersucht Jahre später den Glockenturm ihrer Nachbargemeinde nach – natürlich höher, mächtiger, schöner.

Unter *Ludwig XIV.* hat dieser Spuk ein Ende. Die bretonische Kunst geht mit der wirtschaftlichen Prosperität den Bach hinunter. Um die nationale Stoffherstellung anzukurbeln, belegt dessen »Finanzminister« *Colbert* Erzeugnisse von der anderen Seite des Ärmelkanals mit erdrückenden Einfuhrzöllen, woraufhin die Engländer als Vergeltung auf die Einfuhr bretonischer Stoffe verzichten und die Bretagne damit in arge wirtschaftliche Verlegenheit bringen. Es liegt auf der Hand, daß die Steuerpolitik des gewieften Finanzexperten Colbert nicht frei von politischen Hintergedanken war: Ludwig XIV. und der französischen Metropole Paris kommt eine Schwächung der bretonischen Wirtschaftskraft sogar ganz gelegen. Und dann ersticken die endlosen Kriege gegen England jeden Aufschwung im Keim. Die Engländer hingegen, in beschränktem Maße auch Spanier und Portugiesen, erweitern ihre eigenen Manufakturen derart, daß bretonische Waren auch nach Anbruch des Friedens keinen Absatz mehr finden, was zu einem finanziellen Aderlaß der Bretagne führt. Als schließlich ein Edikt des Königs im Jahre 1695 den Bretonen untersagt, ohne königliche Billigung größere Gebäude zu errichten, ist es mit der weiteren Schaffung von Kalvarienbergen, Beinhäusern, Grabkapellen, Glockentürmen und dergleichen aus und vorbei. Die Bretagne bringt keine nennenswerten Kunstwerke mehr hervor, und Saint-Thégonnec wird zum Abgesang der bretonischen Kunst.

## Was ist ein Pfarrbezirk?

Im allgemeinen befindet sich innerhalb der »Einfriedung« eine Kirche, ein Kalvarienberg, ein Beinhaus, eine Sakristei und ein monumentaler Torbogen. Trotz aller Verschiedenartigkeit der einzelnen Gebäude strahlt der Pfarrbezirk eine schier überwältigende ästhetische Harmonie aus. Das Tor trägt meist den Namen *Porz a Maro,*

»Tor des Todes«. Die stete Anwesenheit eines Skeletts mit Sense oder Pfeil und Bogen namens *l'An-Kou* – symbolhafte Verkörperung des Todes und des Leids – sowie des Beinhauses könnten zu dem Schluß verleiten, die Bretonen seien ein anormales, morbides Volk. Nichts dergleichen! Sie haben einfach nur einen natürlicheren Bezug zum Tod als wir heute, wo Tod wie ja auch Geburt zur Angelegenheit besonderer Institutionen geworden und der unmittelbaren Teilnahme selbst nächster Angehöriger weitgehend entzogen worden sind.
Der Pfarrbezirk dient also vornehmlich als Begegnungsstätte der Lebenden mit dem Tod, der nicht, wie heute üblich, tabuisiert wird. Im Gegenteil: die Menschen lernen, mit ihm zu leben, wobei ihr Verhältnis ganz offensichtlich von Wunderglauben, allegorischen Vorstellungen und Poesie geprägt ist.

## SAINT-THÉGONNEC (29410)

Vielleicht der imposanteste Pfarrbezirk, im 17. Jh. auf dem Höhepunkt bretonischen Kunstschaffens im Renaissancestil errichtet. Erste Barockeinflüsse aus Italien machen sich bemerkbar. Zwei Jahrhunderte benötigte man zum Bau dieses Pfarrbezirks, von der Grundsteinlegung bis zum letzten Detail des Altaraufsatzes. Der Name Thégonnec kommt von Walisisch *Connog* und bezeichnet einen der Mönche, die im 5. Jh. vor den heranrückenden Angeln und Schotten aus Wales nach Klein-Britannien flohen. Die Inaugenscheinnahme des *Enclos* beginnt man am zinnen- und kuppelgekrönten Triumphtor (1587), vor allem im oberen Teil weitgehend von der Renaissance inspiriert und von gedrungenen Laternen überragt.
Besichtigung das ganze Jahr über von 8-19h; Anmeldung beim Pfarrer: T. 98 79 61 08. Auskunft auf dem Rathaus von Saint-Thégonnec: T. 98 79 61 06.

### Müde? Hungrig?

- **Gästezimmer Ar Prospital Coz:** bei M. und Mme Caroff, 18, rue Lividic. T. 98 79 45 62. Fax: 98 79 48 47. Im alten Pfarrhaus von Saint-Thégonnec. Die sechs großen, gemütlichen Zimmer ab 240 F für zwei Personen beherbergen heute überwiegend Kunsttouristen, die einen Pfarrbezirk nach dem anderen abklappern. Hier erfährt man Näheres über die Umgebung.
- **Gästezimmer:** bei Marie-José Boderiou, 1A, rue des Genêts, 400 m neben der Kirche. T. 98 79 43 14. Am Rundweg der Pfarrbezirke *(Circuit des enclos paroissiaux)*, dem Fernwanderweg GR 380. Gastliches Haus mit zwei Zimmern, gemeinsamem Waschsaal und WC; einschließlich Frühstück ab 200 F für zwei.

▪ **Gästezimmer:** 20, av. Kerizella. T. 98 79 63 86 und 98 79 65 30. Fax: 98 79 63 86. Mme Kergadallan hat drei weitere komfortable Zimmer zu vermieten, davon zwei mit gemeinsamem Salon. Doppelzimmer 220 F, Frühstück inbegriffen. Bei ihr darf man sich auch selbst eine kalte Mahlzeit zubereiten. Betreibt auch die keltische Schmuckboutique *An Ty Korn* mit örtlichem Kunsthandwerk.

▪ **Chambres d'hôte in der Mühle von Kerlaviou:** bei den Eheleuten Cornily. T. 98 79 60 57. Zwei Kilometer von Saint-Thégonnec entfernt, über die D 712, Richtung Landivisiau, dann nach links ausgeschildert. Freundlicher Hof am Mühlbach, neben der alten Mühle, in einer (kohlschen) blühenden Landschaft. Zimmer mit Bad und Frühstück ab 220 F.

▪ **Hôtel-Restaurant du Commerce:** 1, rue de Paris. T. 98 79 61 07. Gleich neben dem *Enclos*. Samstags, sonntags und im August geschlossen. Bringt die Woche über mittags ein »Fernfahrermenü« *(Menu Routier)* auf den Tisch. Sympathische Aufnahme, schmackhafte, reichlich bemessene und preiswerte Kost. Beispiel: Suppe, Vorspeise, Hauptmahlzeit, Käse, Nachspeise, Getränk für lumpige 60 F! Angenehmer Speisesaal mit Trockensteinmauern, stimmungsvolles Ambiente.

♦ **Crêperie Steredenn:** 6, rue de la Gare. T. 98 79 43 34. Den Sommer über von 11.30-22h geöffnet; außerhalb der Saison laden Christine und Alain nur am Wochenende dazu ein, einige ihrer hundertfünfzig Crêpes zu kosten. Lecker und preiswert.

● ***Nobel, nobler, ...***

▪ **Auberge de St. Thégonnec:** 6, place de la Mairie. T. 98 76 61 18. Fax: 98 62 71 10. Auskünfte über Minitel: 98 62 71 37. Sonntags abends, außerhalb der Ferienzeit montags, ansonsten montags mittags und im Januar geschlossen. Bewirtung über Mittag und abends bis 21.15h. Sich in der Saison unbedingt telefonisch einen Tisch sichern! Elegante, gediegene Einrichtung, dementsprechend die Kundschaft: Upperclass. Vorbildliche Bedienung. Reiches Angebot à la Carte, das mit mindestens 250 F zu Buche schlägt. Chefkoch Alain le Coz hatte mit armen Schluckern wie uns aber ein Einsehen und bietet einige Menüs zu 105 F an. Kurz und gut, eine Adresse für Gourmets. Übernachten kann man selbstverständlich auch: in einem Dutzend schmucker Zimmer ab 400 F; das Frühstück wird in einem gemütlichen kleinen Salon eingenommen. Adel verpflichtet.

## Sehenswertes & Ausflüge

► **Kirche:** wirkt im Vergleich zum Beinhaus äußerlich schmucklos. Ihr Glockenturm zählt zu den ältesten Partien (1565), die imposante Sakristei hingegen stammt aus dem Jahre 1690. Das Innere gibt sich feierlicher: polychromer geschnitzter Chor, prächtige Kanzel, um uns daran zu erinnern, wie wichtig das gesprochene Wort im ausgehenden 17. Jh. war. Im linken Querschiff ein barocker *Rosen-*

*kranzaltar,* der die Übergabe des Rosenkranzes an den heiligen Dominikus und die heilige Katharina von Siena thematisiert. Auf einer der Säulen, in einer verschließbaren Mauernische, *Saint Thégonnec*. Im Schiff, rechts oberhalb des Eingangsportals, birgt eine weitere derartige Nische eine *Mariendarstellung* über den ausladenden Ästen des Stammbaumes Jesse. Diese Kirche war Schauplatz eines traurigen Ereignisses: während einer Typhusepidemie um 1742 herum wurden 750 Opfer der Seuche unter den Steinplatten bestattet.

► Weiter zum **Beinhaus:** womöglich das schönste und monumentalste seiner Art in der Bretagne, zwischen 1676 und 1682 errichtet. Das sonst nur sparsam verzierte Knochenlager avanciert hier zu einem wahren Totenpalast. Üppige, aber dennoch harmonisch ausgeschmückte Fassade mit korinthischen Säulen, muschelförmigen Nischen usw. Im Inneren, unter der Krypta, eine *Grablegung* in Holz von der Hand des Bildhauers Lespaignol aus Morlaix, der auch den Rosenkranzaltar schuf.

► **Kalvarienberg:** einer der letzten großen Kalvarienberge, 1610 entstanden. Die Basis stellt neun Szenen aus der Passion dar. Stilistisch sehr schlicht, beinahe naiv; die Gesichter allerdings sind von solcher Feinheit und Ausdruckskraft, daß man nur staunen kann. Die Grablegung weist erwähnenswerte Einzelheiten auf: das Gesicht Jesu steht in krassem Gegensatz zu denen seiner Peiniger. Fratzenhafte Boshaftigkeit kennzeichnet sie. Einer von ihnen bleckt Jesus an wie ein Schwachsinniger, während er ihn auspeitscht; ein anderer drückt boshaft sein Knie gegen das Kreuz, so daß der Gepeinigte sich nicht erheben kann. Veronika, die dem zusammenbrechenden Heiland ihr Schweißtuch reicht, auf dem der Abdruck seines Antlitzes erhalten bleibt, zeigt ihr schmerzerfülltes Gesicht, ebenso die Frauen an ihrer Seite.

– **Hinweis für Wanderer:** Saint-Thégonnec liegt am GR 380 von Lampaul-Guimiliau nach Morlaix.

## GUIMILIAU (29400)

Einer der vier kunstgeschichtlich bedeutsamsten Pfarrbezirke im Finistère. Er verdankt seinen Namen dem Heiligen Miliau, einem Abkömmling des bretonischen Königshauses, und verströmt unserer Meinung nach mehr Zauber als St. Thégonnec. Die Umgebung ist ganz offensichtlich auch weniger vom Fremdenverkehrsvirus befallen; außerdem hat man, von der Straße kommend, einen weiten Blick über den gesamten Bezirk: Triumphtor, Kirche, Kalvarienberg und Beinhaus.

**Kalvarienberg Saint-Thégonnec, Detail**

## Mal anschauen

► Hinter dem **Triumphbogen** erhebt sich der **Kalvarienberg:** der im Zeitraum von 1581-1588 entstandene *Calvaire* bildet über zweihundert Personen ab. Viel Bewegung, zahllose Szenen, bewundernswert gearbeitet, man verliert sich fast: *Grablegungsszene*, wo die unorthodox dargestellte Maria Kleidung und Frisur einer zeitgenössigen Adligen zur Schau trägt; pathetische, in Stil und Rhythmus modern anmutende *Kreuzabnahme* mit verrenktem Christus. Der mit fürchterlichen Zähnen bewehrte *Höllenrachen* lehrt unmoralische Zeitgenossen das Fürchten, ganz im Sinne des Papstes. Die ganze Symbolik der Hölle wird aufgefahren – auch Leviathan, ein menschenverschlingendes Monster – verbunden mit lokalen Episoden: Katell Gollet – die verdammte Katharina – deren Liebhaber in Wirklichkeit der leibhaftige Teufel war, schaut verzweifelt drein, die Schlinge um den Hals, bedroht von Krallen und Mistgabeln; ihre üppigen Brüste, an denen nicht nur wir sondern auch Russ Meyer seine Freude hätte, gemahnen uns an die Natur der Sünde. Also gefälligst erschauernd den Blick abwenden!

► **Kirche:** spätgotisch, mit Anklängen an die Renaissance. Reich dekorierte Fassaden und prächtiger Portalvorbau, der im Finistère seinesgleichen sucht. Zwei Rundbögen am Eingang mit dem Weihwasserbecken in der Mitte, umrahmt von *Aposteln* unter einem Flamboyantbaldachin: der heilige Petrus, leicht zu erkennen an seinen großen Schlüsseln, Jakob der Ältere, beinah völlig von Muscheln bedeckt (Jakobsmuscheln, an klar ...) und Johannes der Täufer, als einziger ohne Bart, u.v.m. Der exakte Faltenwurf ihrer Gewänder zeugt von großem kunsthandwerklichen Können.
Das Innere, ebenfalls reich an Ornamenten, birgt als besonderes Kleinod das barocke Taufbecken. Es wurde 1675 aus Eiche geschnitzt. Acht gewendelte Säulen tragen einen eleganten Baldachin. Die Orgel, frisch restauriert, läßt die Herzen der Kirchenmusikliebhaber höher schlagen, während die geschnitzten Reliefpaneelen das Auge Kunstverständiger erfreuen. Die Kanzel, aus der gleichen Epoche wie das Taufbecken, präsentiert sich mit vielfältigem Skulpturenschmuck. Auch nicht die Chorbalustrade nebst Chorpult übersehen und, weiter links, den kostbaren, polychromen Altaraufsatz. Beachtung verdienen sicher auch die goldbestickten Prozessionsfahnen aus dem 17. Jh., nebst liebevoll ausgeschmückten Balken und Gewölben mit Szenen aus dem Landleben. Die 1677 von Thomas Dallan geschaffene *Orgel* hat nach dreijährigem Aufenthalt im Speicher des Rathauses (sie fiel beinahe auseinander und war abmontiert worden) wieder ihren angestammten Platz eingenommen. Für die Restaurierung waren zwanzig Millionen Francs und das große Geschick des Orgelbauers G. Guillemin aus Malaucène vonnöten. Nun hat sie ihren herrlichen Klang wieder, deren Fehlen den Gläubigen bei der Messe so schmerzlich zu Bewußtsein kam.

► **Beinhaus:** Kleinod des französischen Klassizismus – zweihundert Jahre vor dem deutschen Klassizismus, den die Franzosen als Neoklassizismus bezeichnen; dient heute als Buch- und Schreibwarenhandlung des Pfarrbezirks. Gegenüber eine große Sakristei in Apsisform: sie wurde im 17. Jh. angefügt, zur Zeit der katholischen Gegenreformation also, die auch unser Gott-mit-dir-du-Land der Bayern vor lutherischer Ketzerei bewahrte.

## LAMPAUL-GUIMILIAU (29400)

Weit weniger spektakulär als St. Thégonnec oder Guimiliau. Gleichwohl verfügt auch dieser Pfarrbezirk über ein unverwechselbares Gepräge, und seine Kirche bietet ein verschwenderisches Innendekor. Ansonsten alles wie gehabt: Tor, Kalvarienberg, Beinhaus, Kirche. 1809 traf der Blitz die siebzig Meter hohe Turmspitze. Der gotische Portalvorbau gleicht jenem in Guimiliau fast aufs Haar, was so verwunderlich nicht ist, verbrachten die Architekten von einst doch ihre Zeit damit, Kollegen zu kopieren und zu übertreffen. Um der Wahrheit die Ehre zu geben: der Portalvorbau von Lampaul zählt siebzig Lenze mehr als jener in Guimiliau. Alle *zwölf Apostel* sind hier versammelt, beschattet von gotischen Baldachinen.

► Die **Kirche,** eines der ältesten bretonischen Gotteshäuser (1553), gefällt sich in harmonischen Proportionen. Wir waren hingerissen. Im Innern, nach Durchschreiten des Chorraums, einer der farbenprächtigsten *Triumphbalken* des Finistère. *Kreuzigungsszene* in buntbemaltem Holz: Maria links, die so bittend und verzweifelt blickt, daß man auf der Stelle alles für sie täte. Johannes dagegen schwelgt in Verzückung. Naivität und Ausdruckskraft beherrschen den Balkenfries. Voller Schwung die Bewegungen des sich auspeitschenden Flagellanten rechts – Sadomaso war anscheinend damals schon in. Derartige Szenen übertrugen die Fernsehanstalten Ostern 1994 mal wieder von den Philippinen, ferner Kreuzigungen und anderen Schnack.
Das mehrfarbige *Taufbecken* ist vielleicht nicht ganz so beeindruckend wie das in Guimiliau – welches auch Jahrzehnte später geschaffen wurde, um wirklich alles Dagewesene zu übertreffen – besticht jedoch durch schlichte Schönheit, Reinheit und Anmut.
Einige Schritte weiter lohnt eine in Stein gemeißelte *Grablegung,* näher in Augenschein genommen zu werden, ebenso der hölzerne Baldachin des Baptisteriums von 1650 und ein bemerkenswerter Passionsaltar aus Holz, insbesondere das linke Altarblatt. Detail: ein Soldat malträtiert Jesus mit Fußtritten. Auf einer anderen Tafel: *Christi Geburt,* bei der Maria ausnahmsweise im Bett liegt, na sowas! Diese Darstellung findet man in der Bretagne zuhauf.
In der Mitte der Kirche, linker Hand, die aus einem einzigen Eichenblock geschnitzte *Pietà* von 1530 und weiter hinten eine steinerne *Grablegung.*

- **Grand Pardon de Sainte-Anne:** am 18. August.
- **Informationsstand:** im Juli/August.

### In der Umgebung

► **Locmélar:** acht Kilometer südlich von Lampaul-Guimiliau. Der dortige *Enclos paroissial* lohnt einen Abstecher. Schönes *Doppelbalkenkreuz* auf dem Friedhof (16. Jh.), *Glockenturm* mit Balustraden, im Inneren sehenswerte *Altaraufsätze.* Des Französischen Mächtige werden die liebenswerten Rechtschreibfehler auf dem

Altarblatt St. Hervés verzeihen müssen. Der Heilige wird in Begleitung eines von ihm gezähmten Wolfs dargestellt. Mehr als nur einen Blick sollte man auf die Banner und Prozessionsfahnen aus dem 16. Jh. werfen. Auch Kanzel und Taufbecken sowie die Pietà verdienen eine eingehende Würdigung.

► **Landivisiau** (29400): außer daß *Xavier Grall* (s. Kapitel »Berühmte Bretonen«) hier geboren wurde, bietet das Landstädtchen nichts Außergewöhnliches. Die langweilige, im 19. Jh. neu errichtete Kirche präsentiert allerdings noch die hübsche Portalvorhalle des Vorgängerbaus aus dem 16. Jh. Fein gearbeitete Einrahmung des Doppeltores. Am Kirchplatz führt die Rue de St. Thivisiau zu einem uralten Brunnen, den Flachreliefs aus dem 16. Jh. optisch auflockern. In dessen Verlängerung ein altes, vor dem Verfall gerettetes Waschhaus und, etwas weiter oben, unweit der Bibliothek, die Statue des Dichters und Journalisten Xavier Grall. Dieses stille Fleckchen im Ortskern Landivisiaus möchte man gar nicht mehr verlassen. Ein der heiligen Anna geweihtes Beinhaus aus dem 16. Jh. wurde in voller Größe zum städtischen Friedhof verfrachtet.
Landivisiau ist seit jeher bekannt für die Zucht des kaltblütigen bretonischen Bauernpferdes. Nach wie vor findet jedes Frühjahr und jeden Herbst ein großer Pferdemarkt statt. Die Moderne macht sich in Gestalt einer Marinefliegerbasis bemerkbar.

## Kost & Logis im Umkreis

▪ **Hôtel L'Étendard:** 8, rue du Général-de-Gaulle, in Landivisiau (29400). T. 98 68 06 60. Fax: 98 68 95 67. Zimmer mit Dusche und allen Erfordernissen ab 245 F, freundlicher Empfang.
▪ **Hôtel de l'Enclos:** in Lampaul-Guimiliau. T. 98 68 77 08. Fax: 98 68 61 06. Von Landivisiau herkommend, vor dem *Enclos* noch 300 m weiterfahren, dann links einbiegen. Modernes Gebäude mit einladenden Zimmern mit Fernsehen ab 270 F (Doppelzimmer). Vernünftiges Restaurant; Menüs ab 71 F mit Vorspeisenbüffet.
▪ **Le Terminus:** 94, av. Foch; in Landivisiau, an der Straße nach Morlaix, am Stadtrand. T. 98 68 02 00. Samstags, sonntags abends und im August geschlossen. Eins der besten Fernfahrerlokale weit und breit. Drei reichlich bemessene Menüs ab 80 F (am Wochenende Preisaufschlag) und Meeresfrüchte-Teller. Zimmer ab 150 F.

♦ **Pizza Leone:** 21, rue du Général-de-Gaulle. T. 98 68 29 79. Montag Ruhetag. Unterwegs auf der »Straße der Pfarrbezirke«, sollte man hier eine Mittagsrast einlegen. Gaststätte aus der guten alten Zeit der Rucksacktouristen. Bodenständige Kost, die ruckzuck auf den Tisch kommt. Niedrige Preise, unter der Woche Mittagsmenü ab 60 F. Mama Leone köchelt Italienisches wie *Saltimbocca, Involtini* usw.

## BODILIS (29400)

Winziges Dorf ein paar Kilometer nördlich Landivisiaus, doch steht dort die schmuckste *Kirche* des Léon, behaupten zumindest die Bewohner. Unserer Meinung nach ist sie um einiges schöner als die in Guimiliau, und das will was heißen. Auffallend zunächst der gewaltige spätgotische Glockenturm, dann die harmonischen Proportionen der Kirche und schließlich der in jeder Beziehung bewunderungswürdige Portalvorbau. Faszinierend auch hier der verwendete Granit. Er leuchtet in den glanzvollsten Farben und spielt mit den ausdrucksvollsten Schattierungen. Zum Teil wurde Granit aus Kersanton benutzt, z.B. auf beiden Seiten des romanischen Portals für die Muttergottes und den Erzengel Gabriel. Im Inneren des Portalvorbaus – wie sollte es anders sein – die zwölf Apostel unter ihren Baldachinen. Der mannigfaltige Reliefschmuck vermischt christliche und esoterische Symbole. Genau hinschauen: eine Masse verwirrender Einzelheiten tut sich auf, wie etwa die von einem Schlangenmann (!) eng umschlunge Frau – eine Warnung vor den Fährnissen der Fleischeslust! Umrundet man die Kirche, fallen noch mehr Seltsamkeiten auf: etwa die eigenartigen Wasserspeier und mysteriösen Rundbilder. Die Sakristei wurde übrigens im 17. Jh. hinzugefügt. Es handelt sich um das Werk jenes Architekten, der bereits die Sakristei in La Martyre schuf.
Im Inneren Gewölbe in Form eines umgedrehten Schiffskiels. Zahlreiche Schnitzbalken, vorwiegend im rechten Kirchenschiff. Prächtige *Altarblätter* vom Künstler der Kanzel in St. Thégonnec, darunter auch das Retabel des Hauptaltars. Man beachte die *Heilige Familie:* Jesus hält die Hände seiner Eltern, um ohne Schaden über die Straße zu kommen! Immer noch rechts, neben der Liste der Gefallenen des Ersten Weltkriegs, eine eindrucksvolle farbige *Grablegung*. Taufbecken aus »einheimischem« Stein.

## LA ROCHE-MAURICE (29800)

Ein wundervoller Flecken. Als erstes stößt man auf Ruinen einer **Burg** aus dem 12. Jh., einst Wachposten über dem Elorn-Tal, dann der **St. Yves-Kirche,** einem architektonisch eher schlichten, aber keineswegs uninteressanten Bauwerk. Das Dach reicht bis zum Boden und scheint mit der Erde zu verschmelzen. Am Eingangsportal mischen sich Spätgotik und Renaissance.

► Setzt man seinen Fuß erst hinein, so ist man erstaunt über das prächtige Innenleben. Ein holzgeschnitzter **Renaissancelettner** schließt den Chor vom Kirchenschiff ab. Bestimmte Lesungen fanden von der Empore herab statt. Gänzlich aus Eichenholz geschnitzt und bemalt, zählt der Lettner zu einem der prächtigsten im Finistère. Hübsch auch die dekorierten Arkaden auf korinthischen Kapitellen, die schmucken chorseitigen Täfelungen, die Kassettendecke. Über dem Lettner der gekreuzigte Heiland, die Muttergottes und Johannes. Bei jeder Skulptur, jedem Detail sollte man sich betrachterische Muße gönnen: es wimmelt nur so von Personen und Symbolen, von buntem Zierrat.

► Wunderschön auch die **Triumphbalken** und **Kanzel** aus dem 17. Jh. In einer Nische St. Yves zwischen einem Reichen und einem Armen, eine Abwandlung des Statuengruppe in Tréguier (s. dort). Wem von beiden er wohl den Vorzug gibt?

► Das **Chorfenster** aus dem Jahre 1529 mit dem Wappen der Rohan stellt in herrlicher Glasmalerei nicht weniger als vierzehn Szenen aus der Passion dar. Unten links bei den Palmzweigen mit der »Lektüre« beginnen.

► Das **Beinhaus** entbietet den Augen des Betrachters seinerseits eine gelungene Fassade in den harmonischsten Proportionen mit feinfühlig ausgeführten Skulpturen. Oberhalb des Taufbeckens, noch vor dem ersten Fenster, droht Gevatter Tod *(Ankou)* mit seinen Pfeilen, ohne Rücksicht auf Name, Stand und Gewerbe: »Ich töte euch alle!«.

## Leibliches Wohl

♦ **Crêperie Milin An Elorn:** an der D 712, in Richtung Landivisiau, gleich hinter La Roche-Maurice. T. 98 20 41 46. Montag Ruhetag. In der Nähe einer Wassermühle am Elorn; rustikale Einrichtung mit Holzfeuer und altem Gemäuer, wo leckere Crêpes auf den Tisch kommen.

▪ **Auberge du Vieux Château:** 4, Grand-Place, T. 98 20 40 52. Montags abends geschlossen. Die Herberge bietet in der Gegend um Landerneau wohl das vorteilhafteste Preis-/Leistungsverhältnis. Überraschendes Mittagsmenü zu 65 F (unter der Woche), abends 80 F. An den Fischgerichten tun sich Bäuerlein, Angestellte und Besserverdienende gleichermaßen gütlich.

# LANDERNEAU (29800)

Größere Handelsstadt am Elorn mit rund 16.000 Einwohnern, am Schnittpunkt von Léon und Cornouaille. Ein lokales Sprichwort besagt sogar: »Die Einwohner Landerneaus haben ihre Nase im Léon und einen anderen Körperteil in der Cornouaille.«

Schon zur Römerzeit war die Stadt ein wichtiger Knotenpunkt, noch bevor sie im 16.-17. Jh. zu einem der bedeutendsten Häfen in der Bretagne aufstieg. Während der Französischen Revolution war Landerneau Hauptort des Finistère. Zu Anfang dieses Jahrhunderts überflügelten Landwirtschaft und Handel die Tuchherstellung. Landerneau besitzt die größte landwirtschaftliche Genossenschaft Frankreichs. Ist es da ein Wunder, daß Landerneau einen Sohn hervorgebracht hat, dem eine kometengleiche Laufbahn bevorstehen sollte? Nämlich den Supermarktkönig *Edouard Leclerc*, auch bekannt als »Épicier de Landerneau« (s. »Bretonische Berühmtheiten«).

Was ein weiteres französisches Sprichwort, nämlich *Ça fera du bruit à Landerneau* (»Das wird Lärm machen in Landerneau«) angeht, so haben wir dieses einer Theatervorführung zu verdanken, die durchschlagenden Erfolg verzeichnete. Darin geht's um den Radau, den Freunde einer Witwe, die sich wiederverheiraten wollte, veranstalteten. Die Hochzeitsgesellschaft fürchtete die Rückkehr der Seele des eifersüchtigen Verstorbenen.
Und die Herkunft der französischen Redewendung »Mond von Landerneau« *(la lune de Landerneau)?* Sie stammt wahrscheinlich von der Wetterfahne des Kirchturms von Saint-Houardon. Der darauf abgebildete Mond ist nämlich noch größer als derjenige des Versailler Schlosses. *Ludwig XIV.* hatte sich damals die Sonne aus dem Wappen des Prinzen von Rohan, dem Lehnsherren des Léon, »ausgeliehen«. Aus Achtung vor dem König hatte der Prinz zugestimmt, doch seit diesem Vorfall verspottete das Volk den nachgiebigen Adligen, indem es behauptete: »Nun bleibt uns nur noch der Mond von Landerneau.«

– **Fremdenverkehrsbüro:**
pont de Rohan. T. 98 85 13 09; ganzjährig geöffnet.

## Hunger & Durst

### ● *Für schmale Geldbeutel*

▪ **Hostellerie du Bon Conseil:** 17, rue des Déportés. T. 98 85 07 90. Zimmer für zwei Personen ab 140 F, 180 F für drei und ab 220 für fünf. Erstes Menüs 60 F. Günstigstes Haus in Landerneau, schlicht und sauber.

♦ **Restaurant de la Mairie:** 9, rue de la Tour-d'Auvergne. T. 98 85 01 83. Dienstags Ruhetag. In einem modernisierten Speisesaal wird klassische regionale Kost in erfreulicher Qualität serviert. Zu empfehlen ist besonders das 90-F-Menü, obwohl es auch schon eins zu 65 F gibt.

♦ **Crêperie L'Épi d'Or:** 4, rue de la Libération. T. 98 85 09 86. Von 11.30-21h geöffnet. Sonntags mittags und montags geschlossen. Netter Empfang, ideal für den kleinen Hunger zwischen zwei Pfarrbezirken. Flinker Service.

### ● *Anspruchsvoller*

▪ **Hôtel-Restaurant L'Amandier:** 55, rue de Brest. T. 98 85 10 89. Fax: 98 85 34 14. Moderne Doppelzimmer mit allen Schikanen ab 210 F. Empfehlenswertes Feinschmeckerrestaurant, Menüs ab 105 F. Sonntags abends und montags geschlossen.

### ● *Schon richtig nobel*

▪ **Le Clos du Pontic:** rue du Pontic. T. 98 21 50 91. Fax: 98 21 34 33. Samstags mittags sowie sonntags abends und außerhalb der Urlaubszeit montags geschlossen. Vorbestellung erforderlich. An einer dem Elorn zustrebenden Straße, noch auf der Cornouaille-

Seite; von Quimper kommend also rechter Hand! Dorthinfahrend aber links, womit unser Schafsinn, bewiesen wäre. (Was? Wo fehlt da ein »r«?) Eines der fünf Spitzenlokale im Finistère, inmitten eines Parks. Die Tische verteilen sich auf mehrere, natürlich schick eingerichtete Säle in einer Luxusvilla. Schwelgerischer äußerer Rahmen, wie geschaffen für ein Feinschmeckergelage. Frische, kreative Kost, höflicher Umgangston und zuvorkommende Bedienung. Menü ab 160 F, Zimmer ab 340 F. Eine fürstliche Adresse, um die wir unsere Leser schon jetzt beneiden.

## Sehenswertes

► **Rohan-Brücke:** Baujahr 1510. Neben dem Ponte Vecchio in Florenz und der Krämerbrücke in Erfurt die einzige mit noch bewohnten Brückenhäusern in Europa. Um die fotogenste Seite zu verewigen, vormittags anrücken, denn nachmittags blendet die Sonne, sofern vorhanden.

► **Historische Gebäude:** am Südufer, Place Poul-Ar-Stang, Ecke Rue St. Thomas, stattliche mittelalterliche Gemäuer. Ein paar Schritte weiter die Kirche St. Thomas aus dem 16. Jh. samt Beinhaus.
Am Nordufer: Place du Général de Gaulle, vormals Place du Marché, das *Haus der Herzogin Anne* aus dem Jahre 1664. Weitere sehenswerte Gebäude in der Rue Fontaine Blanche und der Rue du Commerce. Der Monoprix-Supermarkt ist gar in einem alten Bürgerhaus aus dem 18. Jh. untergebracht.

► **St. Houardon-Kirche:** ursprünglich aus dem 16. Jh., wiederaufgebaut 1860. Aus der Renaissance blieb nur der Portalvorbau. St. Houardon diente etlichen Sakralbauten in der Region als Vorbild.

► **Comptoir des Produits Bretons:** quai de Cornouaille. T. 98 21 35 93. Verkaufsausstellung bretonischer Handwerksarbeiten aus der ganzen Gegend.

– **Bootsfahrt auf dem Elorn:** auf der nachgebauten alten Rigg »Dalh Mad« schippern wir elornabwärts bis zur Reede von Brest, »in der sämtliche Kriegsflotten Europas ankern könnten«. Die zweieinhalbstündige Rückfahrt mit dem Bus ist natürlich weniger erquickend. Buchung: T. 98 85 13 09, oder beim Verein *Dalh Mad:* 19, rue de la Gare. T. 98 21 72 94 oder 98 21 53 94.

## In der Umgebung

► **Pencran:** kleines Dorf zwar, aber mit einem großartigen Pfarrbezirk, 2 km südlich von Landerneau. Origineller *Kalvarienberg:* die beiden Schächer sind vom zentralen Kreuz getrennt und säumen dafür den Eingang zum kleinen Platz mit seinen abgerundeten Steinen, die wir erst übersteigen müssen. *Glockenturm* mit zweifacher Galerie. Die zwölf Apostel (1552) unter ihren feingearbeiteten Baldachinen in der Portalvorhalle haben ihre Häupter, welcher sie während der französischen Revolution verlustig gingen, inzwischen wie-

der zurückerhalten. Das *Beinhaus* aus dem Jahre 1594 hat in seiner Geschichte mehr als eine Wandlung durchgemacht: es diente als Schule, als Tabakwarengeschäft und als Wohnung. Heute wird es von der Familie Rosmorduc als Keller benutzt.
Auf dem nahen *Friedhof* hat man Gelegenheit, ein echtes kambodschanisches Grab jüngeren Datums zu bestaunen.

## LA MARTYRE (29800)

Etwa 10 km östlich von Landerneau. Wieder ein blumengeschmücktes Dörfchen, das in seinen Mauern einen himmlischen Pfarrbezirk versteckt, den ältesten im Léon und ein Kleinod obendrein. Woher der Name stammt, weiß kein Mensch. Der Marktflecken, im Mittelalter ein wichtiger Umschlagplatz für Leinen, zog Einkäufer aus Holland, England, Schottland und dem fernen Irland an. Der Holländer Fons de Kort, verliebt in La Martyre und seinen *Enclos,* stöberte in der Geschichte herum und stieß durch Zufall in einem Shakespeare-Stück auf die Erwähnung eines *Daoulas,* einer bekannten Stoffart aus der Gegend von La Martyre. Und Shakespeares Vater war – sieh mal einer an – Stoffhändler und reiste des öfteren zum Markt nach La Martyre.

### Nächtigen

- **Zeltplatz Bois-Noir:**

T. 98 25 13 19 (Rathaus). Ganzjährig geöffnet, neun Stellplätze.

### Kulturelles

► **Triumphtor** *(Arche monumentale):* in einer hohen, von drei etwas schief geratenen Portalen unterbrochenen Mauer. Das Triumphtor stellt also eine dreifache Arkade dar, über der sich eine (begehbare) Plattform mit spätgotischer Balustrade spannt. Der Pfarrbezirk ist so klein, daß man dem Triumphtor auch gleich noch den Kalvarienberg aufgepropft hat.

► **Kirche:** originelle Vorhalle (15. Jh.) in Korbform, eine der ehrwürdigsten im Finistère. Dank der Materialeigenschaften des Kersantoner Granits hat sie im Laufe der Zeit eine nuancenreiche Patina angenommen und erweckt den Eindruck, als ob sie sich leicht zur Seite neige. Der reiche Skulpturenschmuck im Giebelfeld zeigt unter anderem eine eigenwillige Darstellung der *Geburt Christi*. Seltenheitswert hat die im Bett liegende Maria. Léons Kidnapper haben auch hier zugeschlagen: der kleine Jesus ist weg, mitsamt der üppigen Brüste der Gottesmutter. Hier war übrigens der frevelnde Hammerschlag eines besonders verklemmten bretonischen Pfarrers am Werk, nicht etwa blinder revolutionärer Eifer! Ähnlich wie in La Roche-Maurice, unter dem Portalvorbau, der allgegenwärtige *Ankou*, rechts in einer Ecke, am Weihwasserbecken. Der Knabe scheint jemanden erdrosseln zu wollen.

Insgesamt wirkt die Kirche wie ein Trödelladen, so viel wurde im Laufe der Jahrhunderte umgebaut, hinzugefügt, erweitert und erneuert. Hinter der Kirche eine *Sakristei* von 1699 des Architekten Kerandel, der auch für die Sakristei in Bodilis verantwortlich zeichnete. Über der quadratischen Basis mit den runden Kartuschen und ihren Inschriften erhebt sich eine Kuppel.
Linker Hand im Inneren des Kirchenschiffs sehenswerte Schnitzbalken, wie immer farbig bemalt. Herrliche Kirchenfenster aus dem 16. Jh., die für unzählige Kirchen im Finistère Modell standen und möglicherweise aus Deuschland stammen. Die acht Lettnersäulen tragen einen Bogen, über dessen Wölbung Christus am Kreuz hängt. Die Wandverkleidung wird derzeit ausgebessert. Der moderne Altar vor dem Chor stört den Gesamteindruck ausnahmsweise einmal nicht.

► **Beinhaus** von 1619: bemerkenswert, die dargestellte Tote in Karyatidenform, einbandagiert wie eine Mumie – die Reisekleidung fürs Jenseits? Die bretonische Inschrift lautet: *An, Maro, Han* (»der Tod, der Richterspruch, die kalte Hölle. Wenn der Mensch daran denkt, muß er zittern vor Angst, und immer wird er daran erinnert, das derjenige verrückt ist, dessen Seele vergißt, das wir alle dahinscheiden werden.«) Die Bretonen benutzen übrigens nicht die Metaphern »Flammen und Feuer« für die Hölle; vielmehr glauben sie an eisige Kälte, zugefrorene Meere, unheimliche Nebelseen, ganz nach keltischem Brauch.

## In der Umgebung

► **Ploudiry:** die hiesige *Kirche*, im 19. Jh. wiedererbaut und weniger beachtenswert als die in La Martyre, bietet als wirklich Sehenswertes nur Vorhalle und Beinhaus. Schön gemeißelte Gewölbebögen. *Beinhaus* aus dem Jahre 1635: der Sensenmann (Ankou) schwingt bedrohlich einen riesenhaften Pfeil in Richtung der Reliefs über den Arkadenfenstern. Darauf abgebildet sind ein Bauer, ein Geistlicher, ein Adliger und ein Bürger: vor dem Tod sind alle gleich.

## **SIZUN** (29450)

Nimmt auf unserer Hitliste der schönsten Pfarrbezirke einen der oberen Plätze ein, obwohl eigenartigerweise der Kalvarienberg fehlt. Stattdessen findet sich nur ein Kreuz auf dem Torbogen. Die friedliche Ortschaft ist das Tor zu den Monts d'Arrée.

– **Office du Tourisme des Monts d'Arrée:** place de l'Abbé-Broc'h. T. 98 68 88 40. Während der Ferienzeit täglich, in der übrigen Zeit nur sonntags vormittags geöffnet (von 10-13h).
– **Pardon von Ioc-Ildut:** am letzten Sonntag im Juli.

**Lachsangler**

## Unterkunft und Restaurants

- **Gemeindeeigener Zeltplatz Le Gollen:** T. 98 24 11 43. Am Flußufer, sauber und nicht teuer, mit Warmwasserduschen und den üblichen Sanitäranlagen.
- **Hôtel des Voyageurs:** 2, rue de l'Argoat. In unmittelbarer Nachbarschaft des Pfarrbezirks. T. 98 68 80 35. Fax: 98 24 11 29. Typisches kleines Provinzhotel, einfach aber okay. Zimmerpreise: ab 150 F. Menüs im Restaurant ab 70 F. Von 12-13.45h und von 19.15-20.45h geöffnet.

♦ **Restaurant les Quatres Saisons:** 2, rue de la Paix. T. 98 68 80 19. Zimmer mit allem Drum und Dran im neuen Anbau; Kostenpunkt: 120-250 F. Günstiger und bescheidener nächtigt man im alten Teil des Hotels: 120 F. Das dörflich-bescheidene Restaurant serviert Menüs ab 60 F.

## Sehenswertes

► Den **Pfarrbezirk** betritt man nach Durchschreiten eines der imposantesten *Triumphtore* im Finistère: 15 m lang, korinthische Halbsäulen, Plattform mit Laternen und Balustrade über den drei Bögen. Schade, daß das moderne Kriegerdenkmal die Harmonie dieses historischen Ortes beeinträchtigt!

► Gleich nebenan das **Beinhaus** (1585) im gleichen Stil: Rundbogenfenster, geschmückt mit Spiralen und Karyatiden, sowie korinthische Säulen, in ihrer Art typisch für die bretonische Renaissance. Darüber in ihren Nischen die zwölf Apostel, die sich gewiß wundern, daß sie diesmal nicht unter dem Portalvorbau stehen, sondern von kannelierten Pfeilern getrennt werden. Im Inneren nicht nur olle Knochen, sondern ein bescheidenes **Volkskundemuseum:** alte Statuen, regionaltypische Trachten, ein bretonisches Bett, ein Geschirrschrank, hübsche Stickereien usw., die zum Teil auch käuflich zu erwerben sind. Schließt um 19h seine Pforten.

► Hoch aufragender **Glockenturm** mit Vorhalle (18. Jh.) nach dem Modell von Notre-Dame-du-Kreisker in St. Pol-de-Léon. Auch das Innere dieser Kirche geizt nicht mit kostbaren Altaraufsätzen und geschnitztem Gebälk.

## In der Umgebung

► **Milin Kerroch:** einen Kilometer von Sizun; Familienfreizeitgelände an einem See. T. 98 68 81 56. Kulinarische Rettungsboje in einer alten renovierten Mühle: eine Bar-Crêperie-Grill. Tretbootvermietung und Attraktionen für Kinder lassen die Zeit wie im Flug vergehen.

► **Maison de la Rivière, de l'Eau, de la Pêche** (Haus des Flusses, des Wassers, des Angelns): in der Mühle von *Vergraon*. T. 98 68 86 33. Im Sommer täglich, von Oktober bis Mai mittwochs und sonntags nachmittags geöffnet. Didaktisch aufgebaute und lebendige Präsentation für Groß und Klein – Bilder, Modelle, Dokumente – von allem, was mit Wasser zu tun hat: Fische, Fischfang, Flora, wirtschaftliche Bedeutung, Umweltschutz usw. Hinter einer Glasscheibe tummeln sich die Lachse des Elorn.

► **La Maison de la Pisciculture** (Haus der Fischzucht): am Wehr von Drennec. T. 98 68 86 33. Von Oktober bis Mai geschlossen. Der anschauliche Beweis dafür, daß die Bretagne auch in der Forellenzucht eine Spitzenstellung in Frankreich einnimmt.

## *MONTS D'ARRÉE*

Der in Nordwestrichtung streichende Höhenzug der Monts d'Arrée nimmt den überwiegenden Teil der Fläche des armorikanischen Naturparks ein und bildet ein weithin intaktes, wildes Stück Bretagne abseits der Touristenkarawanen. Jahrhundertelang waren die Monts d'Arrée ein Land der Geister und Dämonen. Weigerte sich die Seele eines Verstorbenen, ihr Haus zu verlassen, was sich in Geräuschen, wandernden Gegenständen und dergleichen Erscheinungen äußerte, so kam der Pfarrer, selbstverständlich zugleich Fachmann für Teufelsaustreibung, und verbannte die Seele in einen schwarzen Hund, welcher anschließend ersäuft wurde. Ein interessanter therapeutischer Ansatz ... Die bretonischen »Bergler« haben sich ihre alten Bräuche weitgehend bewahrt: sie tanzen zum Klang des bretonischen Dudelsacks *Biniou-coz* und des diatonischen Akkordeons und tanzen den würdevollen *Hander-dro.*
Also eine geheimnisumwitterte Landschaft, die uns unweigerlich in seinen Bann zieht. Die Bezeichnung »Monts« (Berge) mag in Anbetracht des knapp vierhundert Meter hohen »Gipfels« etwas übertrieben klingen. Sanfte Oberflächenformen und atemberaubende Aussichten machen das wieder wett. Ausgeprägte Gegensätze beherrschen das Bild: grünende Gehölze, Felder, Heide, entblößte Kuppen aus ausgezacktem Schiefergestein *(Roc'h)*, von der Erosion modellierte Sandsteinkuppen *(Menez)* und halb verfallene Dörfer, lediglich bewohnt von einigen Greisen und hartnäckig an ihrer Scholle klebenden Bauern. Letztere erinnern uns daran, in welchem Ausmaß die Landflucht dieser Gegend zu schaffen macht: kaum noch vierzig Einwohner leben hier auf dem Quadratkilometer. Schuld daran sind rauhes Klima und karge Böden, jedenfalls nach offizieller Lesart. Sicher hat auch die zentralistische Pariser Strukturpolitik zur Landflucht beigetragen, die in Frankreich verbreitet ist. Erst in jüngster Zeit versuchen Départements und Verwaltungsregionen mit Geldern der Europäischen Union gegenzusteuern. Richtige Wälder fehlen. Hier, weitab von Staus und Lärm, vom Streß der Städte, wird sich jeder prächtig erholen: nur hin und wieder ein Auto, stattdessen ein völlig veränderter Zeit- und Raumbegriff. Die zehn Biber, die man 1968 am Flußufer des Ellez ausgesetzt hat, haben sich inzwischen prächtig vermehrt. Nicht mit der Biberratte (Nutria) verwechseln: die hat einen anderen Schwanz.

## IM SÜDEN VON MORLAIX

Südlich von Morlaix sind einige sehenswerte Dörfer zu entdecken. Alle mit fahrbarem Untersatz und Sinn für Gaumenfreuden können darüber hinaus in einem Umkreis von 25 km einige gastronomischen Stationen abklappern. Die weitgehend menschenleere Landschaft kündigt bereits die Arrée-Berge an und eignet sich vortrefflich für Wanderungen.

## PLOUGONVEN (29640)

Dreitausend-Seelen-Ortschaft 12 km südöstlich von Morlaix. Warum der Pfarrbezirk von Plougonven bisher zu den unbekannten zählte, leuchtet uns überhaupt nicht ein; aber das dürfte sich jetzt ja ändern.

► Die spätgotische **Kirche** mit galeriegeschmücktem Glockenturm wurde in diesem Jahrhundert durch einen Brand stark in Mitleidenschaft gezogen. Sehenswert die *Wasserspeier* mit grotesken, kichernden Figuren. Beeindruckender *Kalvarienberg* auf einer achteckigen Basis. Es heißt, er sei der älteste in der Bretagne und stamme aus dem Jahre 1554. Auf dem ersten Niveau erkennt man die klassischen Szenen aus dem Leben Christi vor der Kreuzigung wieder. Auf der zweiten Ebene dann Geißelung, Dornenkrönung usw. Außer Christus und der Gottesmutter tragen alle Personen bürgerliche Gewänder oder Bauernkleider aus dem 16. Jh. Einer der Wächter schwenkt gar eine Armbrust. Schmucke dreigliedrige Fenster im *Beinhaus*.

– In der Nähe: der **Jarlot,** ein Wander - und Radweg. Originellerweise handelt es sich um die ehemalige Bahnstrecke Morlaix-Carhaix, die auf diese Weise einer neuen Bestimmung zugeführt wurde. Stimmt uns immer ein wenig menlancholisch ...

### Kost & Logis

♦ **La Grange de Coatélan:** Crêperie und Herberge, in einem Bauernhof zwischen Plourin-lès-Morlaix und Plougonven. T. 98 72 60 16. Außer mittwochs allabendlich geöffnet, Gästezimmer von Ostern bis Allerheiligen. Yolande und Charlick de Ternay haben ihr ansehnliches Heim aus dem 16. Jh. einfallsreich und geschmackvoll renoviert. Die beiden Doppelzimmer ab 250 F sind nur nach Vorausbuchung zu haben. Für das leibliche Wohl sorgen Grillspeisen aus dem Kamin, regionale Gerichte aus Eigenerzeugnissen und hausgemachte Nachspeisen. A la Carte ab 120 F; auch traditionelle Crêpes und Galettes. Den engen Speisesaal mit leider nur sechs Tischen zieren selbstgepinselte Werke des Hausherrn. Freundlicher Empfang.

▪ **Gemeindezeltplatz von Kervoazou:** Auskunft T. 98 78 64 04.

♦ **Auberge de Kroajou-Mein:** La Croix-de-Pierre. Das Gasthaus liegt auf halbem Wege zwischen Morlaix und Plougonven. T. 98 72 52 55. Mittags und abends bis 21.30h geöffnet. Mittwoch Ruhetag. Altes Gemäuer mit gemütlich-rustikalem Speisesaal, sympathischem Empfang und solider Küche in allen Preislagen: Menüs ab 96 F.

## LE CLOITRE-SAINT-THÉGONNEC (29410)

Zwölf Kilometer südlich von Morlaix; die Häuser des Dorfes scharen sich um zwei kleine Plätze. Schlichte Kirche aus dem 17. Jh. mit einem Taufbecken, das aus einem Menhir herausgearbeitet wurde.

► Einzigartig in Frankreich ist das **Wolfsmuseum,** T. 98 79 70 36; vom 7. Juli bis zum 7. September täglich, bis Allerheiligen auch sonntags, geöffnet. Mit Genauigkeit und Humor stellen seine Gründer Realität und Fantasie rund um Meister Isegrimm vor. Eine Überraschungshöhle und ein »Märchenkamin« sind die Höhepubkte eines Rundgangs, der für Kinder wie für Erwachsene gleichermaßen geeignet ist. Das Museum zeigt im angegliederten Kräutergarten auch die Pflanzenwelt der Bretagne.

### Übernachtung

▪ **Camping des Bruyères**: in Kergollot, zwei Kilometer westlich von Le Cloître-Saint-Thégonnec. T. 98 79 71 76. Rudimentärer Komfort, aber wundervolle Lage und eine nette Platzwirtin aus England.

### Unternehmungen

– Der bretonische Naturschutzbund (SEPNB) veranstaltet Führungen durch das **Naturschutzgebiet von Cragou** (Auskunft im Museum). Hier erfahren wir alles über den Schutz und die besondere Flora der Heide. Auf umzäunten 60 ha tummeln sich Dartmoor-Poneys.

## GUERLESQUIN (29650)

Gemeinde im regionalen Naturpark der Bretagne, dem *Parc naturel Régional d'Armorique*. Ein größerer Marktflecken, etwas abseits der ausgetretenen Pfade, der den Umweg lohnt. 24 km von Morlaix, 10 km von Plougonven entfernt, präsentiert sich Guerlesquin in außergewöhnlicher architektonischer Einheitlichkeit und vermittelt eine Vorstellung davon, wie die hiesigen Siedlungen in der Vergangenheit ausgesehen haben müssen.

► Der Ort besteht in der Hauptsache aus einer auffällig breiten **Hauptstraße,** gesäumt von typischen Behausungen: kein Haus tanzt aus der Reihe, niemand versucht besonders originell zu sein und sich von seinen Nachbarn durch irgendwelchen Firlefanz zu unterscheiden, wie unser leidgeprüftes Auge dies aus den meisten Neubaugebieten rechts des Rheins kennt.

► Nach der Kirche gelangt man zur Place Matray, zum »Großen Garten« und den alten Hallen. Schließlich das **Présidial,** ein ungewöhnlicher viereckiger Bau mit eleganten Ecktürmchen aus dem 17. Jh., der einst als Gefängnis diente.

► Vor dem Présidial der **Men Gaou** (»Lügenstein«), ein Kornmaß von 1539, das davon zeugt, daß der Feudalherr den Kornmarkt kontrollierte.

Die Erwerbsstruktur Guerlesquins ist bemerkenswert: neunzig Prozent der Einwohner arbeiten in den Schlachthöfen *Tilly,* so ziemlich die einzige Einkommensquelle in der Gegend. Mehrere Hunderttausend Hühnchen lassen dort täglich ihr Leben, werden in den Mittleren Osten, die EU und die französischen Überseebesitzungen ausgeführt. Besichtigung nach Anmeldung unter T. 98 72 84 11.

## Praktisches

– **Verkehrsamt:** an der Place du Martray, gegenüber der Kirche. T. 98 72 84 20. Auskünfte nur im Juli/August.
– Kleiner **Rundwanderweg** von acht Kilometern Länge. Auskunft unter T. 98 72 84 20.

## Kost & Logis

▪ **Hôtel des Monts d'Arrée:** 14, rue du Docteur-Quéré, T. 98 72 80 44. Fax: 98 72 81 50. Sonntags abends geschlossen. Stolzes Granithaus an der Hauptstraße. Passable Zimmer ab 160 F. Zu empfehlen auch das Restaurant mit den drei Menüs ab 65 F. Auf Wunsch Halbpension.
♦ **Ferme-Auberge:** in Pen-an-Neach bei Ponthou, Gemeinde Plouégat-Moysan, 29650 Guerlesquin. Sechs Kilometer nördlich von Guerlesquin, T. 98 79 20 15. Fax: 98 79 22 73. In der Hochsaison täglich, in der ruhigen Zeit nur am Wochenende geöffnet. Vorausbuchung unumgänglich. Schmackhafte Crêpes und Galettes, bretonische Salate usw. Mittagsmenü ab 95 F, sonntags ab 110 F. Den *Pot-au-feu* für mindestens sechs Personen sollte man am Tag zuvor bestellen. Ausstellung landwirtschaftlicher Erzeugnisse aus der Gegend.
▪ **Gîte d'Étape:** T. 98 72 80 58. Fünfzehn Betten; serviert auch Mahlzeiten.
▪ **Urlaub auf dem Bauernhof:** Kerviniou, 29610 Plouigneau. T. 98 79 20 58. Ab dem Verkehrsknoten an der Schnellstraße Saint-Brieuc-Morlaix ausgeschildert. 12 km vor Morlaix. Drei gemütliche Zimmer ab 200 F, Frühstück inbegriffen.
♦ **Crêperie du Martray:** place de l'Église. T. 98 72 83 21. Außerhalb der Saison dienstags zu. Leckere Crêpes. Rechtzeitig eintreffen, der Raum hockt im Nu voll.

## Sehenswertes

► **Museum für Modellandmaschinen:** place du Présidial. T. 98 72 81 79. Ausstellung eines ortsansässigen Tüftlers, der funktionsfähige Nachbildungen landwirtschaftlicher Geräte bastelt. Im Juli-August täglich geöffnet, in der übrigen Zeit auf Anfrage.

### Im Umkreis

▸ **Guic-See:** im Juli/August sowie während der Schulferien von 9-12 und von 13.30-18h geöffnet. Surfen, Schwertboote, Optimisten, Kanu und Kajak. Näheres unter T. 98 72 85 21 (außerhalb der Saison T. 98 72 81 79).

▪ Nur einen Steinwurf vom See: der preiswerte, gut in Schuß gehaltene **Gemeindezeltplatz**. T. 98 72 81 79 (Rathaus), Fax: 98 72 90 64.

## SCRIGNAC (29216)

Das Tor zu den *Monts d'Arrée* liegt stolze 210 m über dem Meeresspiegel und ist über ein nettes Sträßchen von Guerlesquin her zu erreichen. Rund um Scrignac noch die typisch bretonische Heckenlandschaft *(Bocage),* die anderorts leider rationelleren Landbaumethoden weichen mußte. Einige Kilometer westlich *Felsen* und *Heideland von Cragou*: ideal für Wanderungen, ruhig und einsam; für Botaniker ganz besonders, da reich an allerlei Gewächsen. Wer noch über intakte Schuhsohlen verfügt, hat Gelegenheit, über einen Fußweg, 2 km nördlich von Scrignac, Plougonven zu erreichen (über den bereits erwähnten *Jarlot*-Wanderweg). Auskunft über mögliche Freizeitaktivitäten in Scrignac und Umgebung unter T. 98 78 20 15, im Rathaus. In der Zwischenzeit kündigen wir schon mal eine unserer gastronomischen Spitzenadressen in der Bretagne an.

### Übernachten und einkehren

♦ **Restaurant Henaff:** in der Hauptstraße. T. 98 78 20 08. Täglich, aber nur über Mittag geöffnet. Von Guerlesquin kommend, auf der rechten Seite, kurz vor dem Hauptplatz. Führt keinen richtigen Namen; lediglich »Restaurant« ist auf einem weißen Gebäude mit blauen Fensterläden zu lesen. Schon um halb eins ist kein Platz mehr frei, also rechtzeitig die Stufen zum Speisesaal erklimmen. Gemütliche Stimmung, viele Stammgäste – darunter Bauersleute, Arbeiter, Großmütter mit Schürze – und eine geradezu mütterliche Wirtin, die uns mit sicherem Instinkt einen Platz zuweist. Menüs gibt's nicht, dafür ein bodenständiges Tagesgericht: zuerst eine aromatische Cremesuppe, gefolgt von zwei weiteren Vorspeisen, einer Hauptmahlzeit, einer Käseplatte, Nachtisch und zu guter Letzt einem Kaffee. Ach ja, eine Flasche Rotwein steht selbstverständlich auch auf dem Tisch. Alles für sage und schreibe 60 F! Aber das Schönste ist und bleibt der herzliche Empfang. Uns wird ganz warm ums Herz und wir bereuen schon, diese selten gute Adresse preisgegeben zu haben.

▪ **Gemeinde-Zeltplatz:**
T. 98 78 20 15 (Rathaus). Tennis, Volleyball, Tischtennis.

Fischerboote

## Sehenswertes

► **Haus der Tierwelt und der Jagd** *(Maison de la Faune et de la Chasse):* T. 98 78 25 00. Vom 1. Juni bis 30. September von 10-12 und 14-18h geöffnet. Dienstags geschlossen. Im alten Bahnhof von Scrignac-Berrien; professionell gemachte, kleine Ausstellung mit Videodokumentation und rund fünfzig ausgestopften Wildtieren: Fuchs, Rebhuhn, Sperber usw. sind uns in freier Wildbahn aber noch lieber.

## DER ARMORIKANISCHE NATURPARK

Der 1968 eröffnete Naturpark *(Parc Naturel Régional d'Armorique)* im Inneren des Finistère erstreckt sich über 39 Gemeinden mit 55.000 Einwohnern und 110.000 ha. Gemeinschaftsunterkünfte in Commana, Mongau, St. Bloi und Banalec. Auskünfte im **Maison du Parc,** in Menez-Meur bei Hanvec. T. 98 21 90 69 (s. Karte der Monts d'Arrée). Man erfährt dort alles über Besonderheiten der Naturlandschaft, landwirtschaftliche Nutzung und ländliches Brauchtum. Auch ein Besuch folgender, über den Park verstreuter Ausstellungen lohnt:

– **Sizun:** *Maison de la Rivière* in der Mühle von *Vergraon* am Fluß *Elorn*. Alles über den Lachsfang.

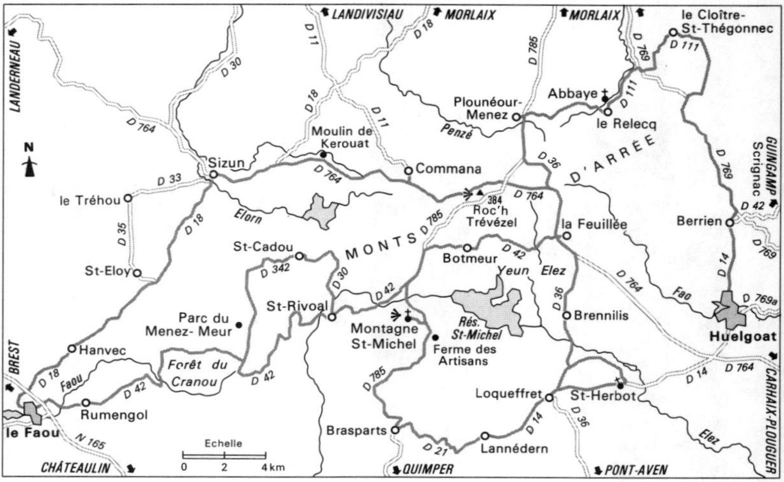


**Circuit des Monts d'Arrée**

– **Ouessant:** Studienzentrum für die Inselwelt, Haus Niou-Huella und Mühle. Leuchtturm- und Bojenmuseum.

– **Commana:** Mühlenmuseum des Kérouat; unverfälschter Weiler.

– **Trégarvan:** Dorfschulmuseum; überraschende Einsichten und ein ungutes Gefühl in der Magengrube.

– **Crozon:** Mineralienmuseum von St. Hernot an der Straße zum Cap de la Chèvre, bestückt von einem Gesteins- und Fossilienkundler, der auch Ausflüge durchführt: spannende Entdeckungen sind zugesichert. Alles, was wir schon immer über den Granit wissen wollten ...

– **St. Rivoal:** alles über die bäuerliche Landwirtschaft und Überlieferungen im *Maison Cornec*. Als Ergänzung bietet sich das *Musée des Champs* in Saint-Ségal an.

– **Landévennec:** archäologisches Museum. Alle Funde aus der Abtei sind hier zusammengetragen. Topmoderne Architektur in würdiger Umgebung.

– **Goulien-Cap Sizun:** Schutzgebiet für Seevögel. Kommentierte Führungen durch Spezialisten der SEPNB *(Service des Parcs Naturels de Bretagne)*. Dazu Musik von Neil Diamond.

– **Pleyben:** Museum für Kirchenarchitektur, und davon gibt's ja im Überfluß hier.

– **Brasparts:** in der *Ferme des artisans* allerlei geschmackvolle Kunsthandwerksobjekte.

– **Locronan:** Museumsdorf; Brennpunkt des Fremdenverkehrs in der Bretagne, das bald zu jenen Kommunen zählen wird, die dem PNRA angeschlossen sind, wie bereits *Hôpital Camfront* und *Telgruc*.

– **Sonstige Ziele im Naturpark:** der *See von Drennec*, *Yeun-elez*, der *Berg St. Michel*, ein erloschener Vulkan, der *Wald von Cranou* und der *Roc'h Trévézel*, mit 384 m die höchste Erhebung der Monts d'Arrée. Der Fernsehturm obenauf versorgt die ganze westliche Bretagne mit Flimmerbildern.

## COMMANA (29450)

Das romantische Dorf auf einem Hügel am Fuß des *Roc'h Trévezel* ist selbstverständlich ebenfalls Etappe auf jeder Rundreise zu den bretonischen Pfarrbezirken. Eingebettet in die Heckenlandschaft der *Bocage,* vor dem kontrastierenden Hintergrund der braunen Monts d'Arrée.
Von *Plounéour-Menez* – auch hier ein kleiner *Enclos* – oder Guimiliau anreisend, nicht die Fernstraßen D 11 oder D 785 benutzen. Lieber den gemütlichen, sich zwischen Höfen – Musterbeispielen ländlicher Architektur – und Zwergeichenalleen windenden Landsträßchen folgen.

### Schlafen und ausruhen

▪ **Gästezimmer:** bei Danielle Le Signor in Kerfoquedic, zwei Kilometer südöstlich des Drennec-Wehrs. T. 98 78 06 26. Geschmackvoll renoviertes Haus, in seiner Art typisch für die Monts d'Arrée. Zwei urgemütliche Zimmer. Der Duft nach Feldblumen durchweht das ganze Haus. Für französische Verhältnisse üppiges Frühstück mit natürlichen Zutaten. Doppelzimmer ab 270 F. Als Stützpunkt für Ausflüge in die »Berge« bestens geeignet.
▪ **Campingplatz Milin Nevez:** T. 98 78 05 57. Am schattigen Flußufer gelegen; fünfzig Stellplätze von Ende Juni bis Anfang September. Durchaus zu empfehlen: dank vernünftiger Gebühren, Freizeitbeschäftigungen und stimmiger Leistungen.

♦ **Crêperie:** am Kirchplatz. T. 98 78 90 68. Von Oktober bis Ostern geschlossen. Auf der Speisekarte bretonische Spezialitäten, z.B. *Kig ha farz* (Speckkuchen) oder Huhn in Cidre.

### Kost & Logis in der Umgebung

♦ **L'Auberge de Kervelly:** T. 98 78 08 61. Fax: 98 68 34 15. Im Juli-August über Mittag und abends geöffnet, in der Nachsaison nur samstags abends und sonntags mittags; freitags abends auf Tischvorbestellung. Inhaber ist das Ehepaar Le Menn. Gästezimmer ab

200 F die Nacht, netter Empfang und hübscher Speisesaal. In der Ferienzeit Menü ab 80 F, Kinderteller. Freitags abends auf Vorbestellung *Kig ha farz*, samstags gallischer Abend. Spezialitäten des Hauses sind überbackenes Geflügel und bretonische Gerichte wie Hühnchen in Cidre (nur auf Vorbestellung). Am gemütlichsten geht's aber sonntags nachmittags zur »Stunde des kleinen Hungers« *(à l'heure du petit creux)* zu, dem Brot, Speck, *Crêpes* und *Far breton* (süßer oder salziger Fladen) keine Chance lassen.

## Sehenswürdigkeiten

► **Kirche St. Derrien:** Einlaß freitags von 10.30-12h. T. 98 78 00 22 (Mr. Chapalain). Das Innere des Pfarrbezirks erreicht man durch das laternengeschmückte Triumphtor. Die Kirche wurde gegen Ende des 16. Jhs errichtet. Der Friedhof hat ebensoviele Jahre auf dem Buckel wie der ganze *Enclos*, die beiden Kalvarienberge und der 57 m hohe, Strenge und Kargheit ausstrahlende Glockenturm – in trauter Harmonie mit den zerklüfteten Felsen der Monts d'Arrée – dessen Wetterhahn sich rühmt, der höchstgelegene in der Bretagne zu sein (wobei die 261,99 m des Hügels mitgerechnet sind). Wie wir zu dieser peinlich genauen Höhenangabe kommen? Nun, diese befindet sich am Fuß des Glockenturms eingraviert.

– Zum wiederholten Male stehen wir vor einer schönen *Renaissancevorhalle* (1645-53), jener von Saint-Houardon zu Landerneau nachempfunden. Harmonisch und ausgeglichen die Architektur. Der Portalvorbau verblüfft mit einem perspektivischen Relief – dank der schrägen Strebepfeiler links und rechts des Portals, von fein gearbeiteten, raffinierten Details überzogen. Eine Besonderheit: die ansonsten allgegenwärtigen zwölf Apostel in ihren Nischen fehlen! Sie wurden nicht etwa von übereifrigen Sansculotten verschleppt, sondern waren gar nicht erst vorgesehen, da die Gemeinde sich durch den Bau der Kirche hoffnungslos verausgabt hatte, was uns wieder mal vor Augen führt, wie die Konkurrenz unter den Kirchenerbauern die Gemeindekassen schröpfte. Daß die Gemeinde diesmal vor Fertigstellung der Kirche pleite war, ist angesichts dieses Meisterwerks, ein kunstgeschichtliches Wunder wie die anderen auch, gut zu verstehen. Ob der ganze Aufwand freilich mit dem christlichen Selbstverständnis vereinbar ist, sei dahingestellt.
– Im Inneren warten mehrere kunsthistorische Sensationen auf Bewunderer: ein farbiges, prächtiges *Taufbecken* aus dem 17. Jh. mit grazilen, die Kardinaltugenden symbolisierenden Statuetten: Gerechtigkeit, Enthaltsamkeit, Güte, Glaube und Hoffnung. Who is who? Diese Frage überlassen wir unseren Lesern. Aber dann, links vom Altar, kommt das Juwel der Kirche: der unerwartet üppige Barockretabel des *Sainte-Anne-Altars* in seiner ganzen verschwenderischen Pracht. Ein Ding der Unmöglichkeit, auf Einzelheiten eingehen zu wollen: in diesem Fall füllten wir ein Dutzend Seiten mit Lobeshymnen und Kommentaren. Ein historisches Detail sei dennoch erläutert, nämlich, wie um Himmels willen ein solcher Reichtum zustandekommen konnte: das Jahr 1675 stand im Zeichen

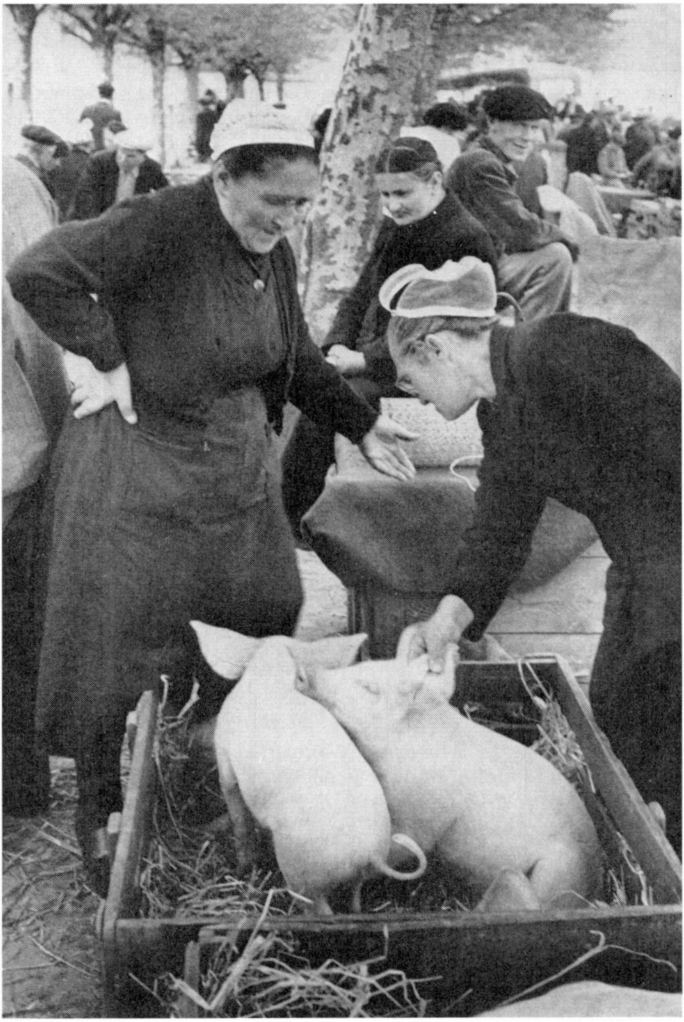

*Marktszene*

einer großen Erhebung gegen die Steuerpolitik des Sonnenkönigs Ludwig XIV. Die Bauern Commanas verdächtigten ihren Pfarrer der Kungelei mit den Mächtigen und nahmen sich seiner an. Einige beziehungsvolle Auszüge des damaligen Zeugenprotokolls wollen wir unsern Lesern nicht vorenthalten:

»Sie rissen ihn aus seinem Hause, traten und peinigten ihn, schlugen ihn unzählige Male, auf sein entblößtes Haupt brannte die Sonne; drei, vier Mal sich am Rande des Todes wähnend, erbat er noch die letzte Ölung – vergeblich. Die einen wollten ihn steinigen, andere ihn an seinem Türrahmen aufknüpfen, wieder andere schlugen vor, ihn doch mit einem Stein um den Hals den Glockenturm hinabstürzen zu lassen.«
Der arme, geschundene Schwarzrock nutzte wohl das allgemeine Durcheinander, um auf Händen und Füßen das Weite zu suchen. In Morlaix ließ er sich gesundpflegen. Wieder rehabilitiert, zog er die Anzeige gegen seine Peiniger zurück, die in reuevoller Zerknirschung ihr letztes Hemd zugunsten der Kirche spendeten. Heraus kam dabei der wunderschöne, der heiligen Anna geweihte Altaraufsatz (um 1682). Wir ziehen uns diskret zurück und lassen unsere Leser diese Verschwendung an Medaillons, Blumengirlanden, Engelchen usw. alleine betrachten. Jede Tafel tut sich durch anderen Zierrat hervor. Sicher der schmuckste Altaraufsatz der ganzen Bretagne.
Bemerkenswert auch der *Retabel der fünf Wunden (des Cinq Plaies)* gleich daneben. Ein friedvoll dreinschauender Jesus zeigt uns seine Wundmale, während allerliebste Engel sein Haupt mit Blumen bekrönen. Und dann die kostbar geschnitzte *Kanzel* im Stil der Bauerntruhen aus derselben Zeit ... So, Schluß jetzt!
– Das *Beinhaus* bietet eine kleine Besonderheit: an einer Seite sind alle Namen der Bauherren und Mäzene eingemeißelt.

## Ausflüge

– **Centre Nautique de l'Arrée:** T. 98 78 92 91. Mitglied der FFV; bietet Lehrgänge für *Optimisten*, Windsurfen und Kajak.
– **Ausritte und Mountainbike:** je nach Wunsch mehrtägige Wanderitte von einem *Gîte* zum anderen. Genau richtig für Sportliche. Auskünfte bei *Rando Loisirs* in Kerinizan, 29450 Sizun. T. 98 68 89 98.

## Sehenswertes im Umkreis

► **Allée Couverte von Mougau-Bihan** (auf Bretonisch *Al lia ven*, »Steinloge«): erstrangiger Megalith unweit eines kleinen Weilers, zwei Kilometer östlich von Commana, in herrlicher Umgebung. Die 14 m lange Grabstätte stammt aus dem Jahre 2.500-3.000 v.Chr. Im Inneren einige Felsgravuren. Daß es sich um das Grab von Riesen gehandelt habe, verweisen wir in das Reich der Fabel.
Die Gesellschaft zum Schutz des armorikanischen Nationalparks hat eine *Gîte d'étape* eingerichtet, wo Wanderer übernachten können. T. 98 21 90 69, Fax: 98 21 92 85.

► **Stausee von Drennec:** rund 3 km südwestlich von Commana. Schöner, 7 km langer Rundweg. Zwischendurch ein paar malerische alte Häuser und reizvolle Ausblicke. Zeltplatz vorhanden. Wassersport und Mountainbiking für alle, die nur mit sich und der Natur nichts anfangen können.

► **Mühlen von Kérouat:** T. 98 68 87 76. Von April bis Oktober von 14-18h, im Juli/August von 11-19h geöffnet. 4 km westlich Commanas. Von der Regionalparkverwaltung restauriert, dienen sie heute als Heimatmuseum und vermitteln einen Eindruck von Lebensweise und Brauchtum vergangener Zeiten. Zwei Mühlen, eine Scheune, ein Brotofen und die Wohnstatt mit typischer Möblierung gehören dazu.

► Naturliebhaber und Eltern kleiner und großer Kinder haben Gelegenheit zum Besuch der Ausstellung *Art et Nature* (Kunst und Natur) im Dörfchen **Kervelly,** 2 km südlich der Mühlen von Kérouat. Publikumsverkehr Juli bis September 10-19h. T. 98 78 03 43. Schaubilder erläutern das Leben der Vögel, der Eichhörnchen, der unterirdisch lebenden Tiere. Auch freilebende Exemplare (Fasane, Pfaue) tummeln sich auf dem Gelände.

## ● *WEITERFAHRT RICHTUNG SÜDEN*

Landschaftlich vielversprechende Route durch die bretonischen Berge. Die sind von Wind und Wetter zwar arg gebeutelt und abgenutzt, aber dennoch stolz darauf, vor den Alpen geboren worden zu sein.

► Trotz seiner wenig spektakulären 384 m bleibt der **Roc'h Trévezel** meist unsichtbar. Nebel und Dunst hüllen ihn ein. Bei schönem Wetter jedoch genießt man ein märchenhaftes Panorama: bis zu 50 km weit reicht die Sicht. Wir erinnern uns: in den siebziger Jahren wurde der Fernsehturm auf dem **Roc'h Trédudon** – Sinnbild der Überfremdung durch die französische Sprache und Kultur – von Anhängern der bretonischen Befreiungsfront mit ein paar Silvesterkrachern weggeblasen. Mehrere Monate lang konnten die Bretonen nicht in die Röhre gucken, und das Gemeinschaftsleben erlebte prompt ein Comeback. Also sprengt, Leute, sprengt! Vielleicht steigt dann die Geburtenrate wieder.

► Über die D 785 erreicht man zunächst den **Mont St. Michel-de-Brasparts** (Menez Sant-Mikael). Von seinen 380 m Seehöhe ebenfalls beste Aussicht: wer entdeckt im Norden den Kirchturm von Notre Dame du Kreisker im Küstenstädchen Saint-Pol-de Léon? Kleine *Kapelle,* wohin noch im vorigen Jahrhundert Schäfer Zuflucht vor hungrigen Wölfen nahmen.

Aus Richtung Commana führt uns eine abenteuerliche Straße her, die sich im Zickzack durch die öde Heide- und Moorlandschaft schlängelt. Menez-Meur wird nicht zu Unrecht auch das »Land ohne Bäume« geheißen. Wir fuhren unter einem finsteren, bewölkten Himmel dahin, was den düsteren Charakter der Landschaft noch verstärkte. Hier wurde übrigens der Film »Planet der Affen« abgedreht.

In den ungeschmälerten Genuß herber landschaftlicher Schönheit kommt man auf zwei Wanderwegen: dem »Heide- und Torfpfad« *(Sentier landes et tourbières*, 6 km) und dem »kleinen Wanderrundweg von Menez-Kador« *(Circuit de petite randonnée du Menez-Kador;* 16 km, vier Stunden).

► Weiter Richtung Brasparts die **Ferme St. Michel** am Fuß der Berge. Künstler und Kunsthandwerker bieten täglich vom 1. April bis zum 31. Dezember ihre Erzeugnisse feil. In der Nachsaison dienstags und mittwochs geschlossen; Auskunft T. 98 81 41 13. Zu den angebotenen Waren zählen Schnitzereien, Lederwaren, Keramik, Webereien, Schmiedeeisernes, Schmuck usw.

## SAINT-RIVOAL (29190)

An einem schönen Spätnachmittag dieses Fleckchen Erde zu erreichen, verspricht eine unvergeßliche Erfahrung innerer Ruhe und Geborgenheit. Wen verzauberten die durch eine sanft gewellte Landschaft führenden Sträßchen (D 42 und D 30) nicht auf Anhieb? Man spürt sofort: mancherorts ist die Zeit einfach stehengeblieben. Sie hat es sich gemütlich gemacht zwischen Schieferfelsen und Hecken. An der Straße nach Rivoal liegt *St. Cadou,* besinnlich und beinahe ausgestorben. Ungeachtet des Idylls erzählt man sich, daß ein Mädchen aus St. Cadou nie ein Mannsbild aus St. Rivoal heiraten würde!

► In Saint-Rivoal besichtigen wir das **Maison des Techniques et Traditions Rurales** (Haus der ländlichen Techniken und Traditionen): eine Art Heimatmuseum in einem Bauernhaus *(Maison Cornec)* aus dem 18. Jh. Zu beachten die Steintreppe und der *Apothéis,* einen vorgezogenen Gebäudeflügel, den man so oft in den Monts d'Arrée antrifft. Öffnungszeiten: vom 1. Juni bis zum 15. September von 13-19h. T. 98 68 87 76.
► Zu Fuß die drei Gipfel **Penn ar favot** (über dem Nivot-Tal), **Penn ar guer** (über dem Vallée des Moulins) und **Montagne St. Michel** ansteuern. Einige Touristikprospekte beheimaten letzteren in der Nachbargemeinde Brasparts, wo doch gar kein Zweifel besteht, wo dieser Hügel zu Hause ist, nämlich in *St. Rivoal*).

– **Geführte Wanderungen:** Mitglieder des bretonischen Naturschutzbundes SEPNB nehmen uns mit auf die Rehpirsch – selbstverständlich nur zu Beobachtungszwecken! T. 98 49 07 18. Treffpunkt auf der Place de Saint-Rivoal, im Juli/August donnerstags um 19h.

### Gastronomie

♦ **Crêperie du Menez:** vor dem Rathaus. T. 98 41 40 40. Hübsches bretonisches Haus. Leckere Crêpes aus Buchweizen und Weizen.

### Sehenswertes in der Umgebung

► **Kleiner Tierpark in Menez-Meur:** T. 98 68 81 71. Von Juni bis September täglich von 10.30-19h geöffnet, ansonsten mittwochs, sonn- und feiertags und während der Schulferien. Der Rundweg führt vorbei an Wildtieren wie Moufflons, Wildschweinen, Hirschen,

Damwild und Füchsen. Das *Haus des bretonischen Pferdes* würdigt die Bedeutung dieses Haustieres für die frühere bäuerliche Landwirtschaft in der Bretagne.

## BRASPARTS (29190)

Ein bretonisches Sprichwort besagt: *Tri dra zo dic'hallus da Zoue: Kompezan Brasparz!* »Drei Dinge sind unserem Gott wichtig. Das erste ist die Einebnung Brasparts.« Kommt davon, wenn man mit seinen »Bergen« aus der Rolle fällt. Die übrigen zwei darf jeder selbst erraten ...
Hügelketten, Wälder, Torfmoor, fette Weiden: lassen wir den Zauber dieses Landstrichs auf uns wirken, den der bretonische Dichter *Max Jacob* (geb. 1876, gest. 1944 im Konzentrationslager Drancy) in einem Gedicht verewigte. Im Pfarrbezirk eine Renaissancevorhalle und ein Beinhaus von hohem künstlerischen Wert.

– **Fremdenverkehrsverein:** T. 98 81 47 06. Vom 1. Juli bis zum 15. September von 10-12.30h und von 14.30-18.30h geöffnet, ansonsten im Rathaus nachfragen, T. 98 81 41 25.

### Unterkunft und Verpflegung

▪ **Zehn Ferienhäuser** (Gîtes ruraux), die weggehen wie warme Semmeln, daher unbedingt rechtzeitig buchen. 1.000-1.500 F die Woche im Juli/August, 1.000 F in der Vor- oder Nachsaison. Auskunft im Rathaus oder im Verkehrsamt.
▪ Mme Boulouard vermietet ordentliche, preiswerte **Gästezimmer** mitten im Dorf: 5, place des Halles, T. 98 81 41 61. So stellt man sich die Häuser auf dem Land vor, wie sie Flaubert und Maupassant in ihren Romanen beschreiben: Holzdielen, Blümchentapete und riesige Badewanne. Passable Zimmer ab 140 F. Im selben Gebäude betreibt Mme Boulard ihre Fleischerei. Liebenswürdige Aufnahme.

♦ **Auberge chez Maurice:** 1, place Saint-Antoine. T. 98 81 41 55. Täglich außer sonntags geöffnet, und zwar mittags und abends bis 21h. Typische Dorfwirtschaft zum Verlieben. Großzügig portionierte, schmackhafte Mahlzeiten ab 70 F, in deren Genuß man außerhalb der Urlaubszeit auch auf Anmeldung kommt. Während der Jagdsaison exzellente Wildspezialitäten.
♦ **Restaurant Les Bruyères:** place des Halles. T. 98 81 41 07. Die Bedienung kommt ohne Schnörkel zur Sache, aber die reichliche, schmackhafte Hausmannskost macht alles wieder wett. Unter der Woche Menü für 80 F, am Wochenende doppelt so teuer. Gemeinheit!
♦ **Auberge de Meilh Skiriou:** nach vier Kilometern in Richtung Faou, an der D 21. T. 98 81 12 29. Montags und dienstags mittags sowie von November bis April geschlossen. Während der Schulferien und an Wochenenden ist Vorbestellung unumgänglich. Traumhafte Landschaft, in die das Gasthaus, ein ehemaliges Bauernhaus

im ortsüblichen Stil, inmitten von Wäldern, Gehölzen und Teichen idyllisch eingebettet ist. Von hier aus lassen sich die Arrée-Berge gut erkunden. Restaurant mit ausgezeichneten Crêpes; Menü ab 95 F (u.a. Lachs). Auch wenn die Bedienung lahm ist (aber wer wird denn hetzen?), lohnt das Lokal den Umweg, um so mehr als die Begrüßung freundlich ausfällt.
Annies silberlockige Mutter, Mme Le Borgne, vermietet zum Preis von 200 F ein paar gemütliche **Zimmer** in dem abseits versteckten Nebengebäude. T. 98 81 11 30. Nach zwei Tagen hat man die ganze Großstadthatz vergessen. Im Park Spielgelegenheiten für die lieben Kleinen. Eine unserer besten Adressen; unbedingt vier bis fünf Tage im voraus buchen.

## Kultur, Kultur ...

► **Pfarrbezirk:** in beherrschender Lage über dem Tal; bietet sehenswerte und originelle Details. Abends, wenn das milder gestimmte Licht der untergehenden Sonne die Landschaft nicht mehr überflutet, leuchtet er in den unglaublichsten Grünnuancen.
– Der *Kalvarienberg,* zu Anfang des 16. Jhs angelegt, lohnt eine genaue Inspektion. Engel fangen das Blut Christi auf; eine mögliche Verbindung zum *Gral,* diesem berühmten Quell keltischer Legenden, kann nicht ausgeschlossen werden. Der böse Schächer am Kreuz, welcher dem Zahn der Zeit erfolgreich getrotzt hat, ist in der Mitte regelrecht umgeknickt, und das auch noch nach hinten. Über ihm bezwingt St. Michael den Drachen. Das Bemerkenswerteste jedoch bleibt die Pietà: drei stehende Frauen (seltene Position), mit harten Gesichtszügen, die Augen geschlossen oder ins Nichts blickend. Man lenke sein Augenmerk auf die wallende Harmonie der Gewänderfalten, der Beine und Hände Christi, im Gegensatz zur steifen Pose der übrigen Gestalten. Ein Meisterwerk.
– Die *Kirche* bietet einen Portalvorbau mit drei Laternen und schräg angebrachten Strebepfeilern. Im Inneren ein sehenswerter Altar und einige Holzstatuen, z.B. die wegen ihrer Grandezza und ihres kostbaren Schmucks bemerkenswerte Notre-Dame de la Pitié. Auch die befremdliche Statue des Ungeheuers mit Frauenbrüsten und Schlangenschwanz würdigen, das nach unmaßgeblichen Gerüchten die Wasserfee Morgane darstellen soll.
– Das *Beinhaus* im spätgotischen Stil weist unter anderem gleich zwei Darstellungen des furchterregenden Ankou auf: einen mit der Sense, den anderen mit Pfeil und Bogen.

► **La Galerie de Bretagne:** 43, rue St. Michel. T. 98 81 43 03 oder - 41 11. Geöffnet täglich von 10-12 und 14-18.30h, außer montags und dienstags. Auf Esoterik und Keltentum spezialisierte Buchhandlung.

– Dreitägiges **Dorffest** ab 15. August.
– Jeden ersten Montag im Monat **Markt**.
– **Großes Druidentreffen:** am dritten Sonntag im Juli. Auskünfte in der *Galerie de Bretagne.*

## Im Umkreis

► **Lannédern:** vollständiger *Pfarrbezirk* mit Friedhof, Beinhaus, Kalvarienberg und Kirche. Zwischen letzteren beiden erhebt sich in der Ferne der Menez Mikael. An der Fassade des Beinhauses mehrere Totenköpfe mit gekreuzten Schienbeinen; und Meister Ankou darf natürlich auch nicht fehlen: er droht mit seinem Pfeil am Fenster, linker Hand der Vorhalle. Auf dem Kalvarienberg reitet St. Edern auf einem Hirsch.

► **Loqueffret:** *Kirche* aus dem 16. Jh. mit niedriger Decke. 1576 errichteter Kalvarienberg, hübsche Fenster und witzige Wasserspeier. Auch im Pfarrhaus *(Maison du recteur)* vorbeischauen, das täglich außer montags vom 1. Juli bis zum 15. September von 13.30-18.30h geöffnet ist. Auskunft auf dem Rathaus: T. 98 26 40 32. Erzählt die Geschichte der *Pilhaouerien,* der Lumpensammler aus den Monts d'Arrée. Das waren arme, umherziehende Kleinbauern, die Stoffe, Metalle und Tierhäute sammelten und mal hier, mal dort kleine Diebstähle begingen. Viele bretonische Volkslieder erzählen von ihren »Heldentaten«, um kleien Kindern Angst einzujagen.

● ***Brennilis:*** bekannt vor allem durch sein Atomkraftwerk. Vor dreißig Jahren als einer der ersten Atommeiler konstruiert, inzwischen wegen Unrentabilität stillgelegt, dient es heute als Wurst- und Schinkenfabrik (das gibt's eben nur in Frankreich)! Kommen aus Fessenheim und Cattenom in ein paar Jährchen vielleicht einmal Gugelhupf und *Quiche lorraine?* Wir wagen's nicht zu hoffen.
► Unterhalb der Ortschaft der unheimliche *Moorsee Yeun-Elez* – keltische Sagen sehen in ihm den Eingang zur Hölle. Da hätten sich die Zauberlehrlinge des Atoms ja keinen besseren Standort ausgucken können!
► Natürlich fehlt auch in Brennilis nicht der *Pfarrbezirk*. Kirche mit hübschem, durchbrochenem Glockenturm. Am Hauptaltar eine bemalte Schnitzpaneele. Der Kalvarienberg mit seiner Pietà wirkt schmucklos und düster, aber gerade deshalb so eindrucksvoll. Statt Schmerzes, steht eine große innere Ruhe auf den Gesichtern geschrieben.

▪ **Gemeindezeltplatz von Nestavel:** T. 98 99 66 57. Vom 15. Juni bis zum 15. September geöffnet. Hat erst kürzlich an der Staumauer des kleinen Sees, welcher zur Stromerzeugung (!) genutzt wird, eröffnet; idyllischer geht's kaum. »Frankreich ersetzt Atomenergie durch Wasserkraft«: die Schlagzeile möchten wir noch mal erleben ... Die schönsten Stellplätze mit Seeblick sind dummerweise den dicken Wohnwagen vorbehalten. Wer in der Nachsaison eintrifft, hat aber Aussichten, sein Zelt hier aufstellen zu dürfen. Kleiner Lebensmittelladen für den Notfall. Mountainbikes sind für rund 80 F pro Tag zu mieten: ideal für den 16 km langen Yeun-Rundweg.

► **Museum Expo Youndig** (oder: der Traum am Tor zur Hölle): in Kerguevenet, T. 98 99 62 36. Das ganze Jahr über täglich geöffnet, dennoch nach Möglichkeit vorher anrufen. In der früheren Werkstatt

ihres Mannes hat Annick Le Lann ein Dorf der Monts d'Arrée auf 40 $m^2$ als detailliertes Modell nachgebaut. Um die Farben des Landes um *Yeun Elez* (Diminuitiv: *Youdig)* naturgetreu wiedergeben zu können, suchte sie im Schieferbruch von Maël-Carhaix tausende winziger Schieferstückchen zusammen. Ihre Figuren sind aus Wolle und Eisendraht gefertigt. Auf Einzelheiten wie Kilometersteine und die vielen Misthaufen – untrügliches Zeichen von Wohlstand – achten. Rund um das Modelldorf breitet sich ein buntes Sammelsurium aus bretonischen Schrankbetten, Perücken, Kleidung aus Vannes und Quimper sowie traditionellen Gerätschaften aus. Die Künstlerin gibt selbst Erklärungen zu ihrem mit viel Geduld und Fingerfertigkeit erstelltem Werk. Ein Vergnügen, ihr zuzuhören!
Annies Göttergatte führt derweil Wandergruppen durch die Heide; los geht's bei Tagesanbruch.
▪ Gelegenheit zur Nahrungsaufnahme und Übernachtung: Gästezimmer ab 170 F die Nacht.

► **Ausgrabungsstätte Ti Ar Boudiged:** den Hinweisschildern »Sépulture en V (dolmen)« folgen. Der 5.000 Jahre alte Megalith-Dolmen ist teilweise von einem Grabhügel und drei Steinplatten bedeckt. Eine davon wiegt schlappe dreißig Tonnen.

### Ausflüge

– **Mit dem Biber auf du und du:** die im Ellez ausgesetzten Biber waren nicht faul und haben inzwischen allerlei Wehre, Barrieren und Baue angelegt, wie ein Spaziergang am Argoat beweist. Treffpunkt im Juli-August dienstags um 10h, montags und freitags um 14h auf dem Hauptplatz von Brennilis vor der Bar *Le Yeun.* Telefonische Auskunft bei der SEPNB, T. 98 49 07 18.

## SAINT-HERBOT (29126)

Der humoristische französische Schriftsteller Alphonse Allais träumte einst davon, daß die Städte, der guten Luft wegen, doch auf dem Land errichtet werden sollten. Im Mittelalter träumte man nicht, sondern klotzte ohne Zögern Minikathedralen mitten hinein in die freie Natur. St. Herbot ist eine dieser Perlen, in spätgotischer Manier errichtet zwischen dem 14. und 16. Jh.

► Die *»Kapelle«,* sechs Kilometer von Huelgoat entfernt, ist eines der architektonischen Schmuckkästchen im Finistère: typisch bretonische Spätgotik und Renaissance. Überrascht wird man zuerst vom 30 m hohen *Glockenturm*, der aus einer Talmulde hervorragt. Als Vorbild diente der Turm von Quimper. Lange Arkaden vermitteln den Eindruck von Leichtigkeit und Ausgeglichenheit. An der Spitze eine Steinbalustrade im Flammenstil, am Fuß des Turms das Eingangsportal, ein Wunderwerk, das Kunstfreunde in Verzückung versetzt. Weiter gotischer Bogen mit gemeißeltem Blattwerk und Doppeltor nach Korbhenkelart, gegliedert durch eine gewendelte Säule.

Obenauf *St. Herbot*, eskortiert von zwei Engeln. Zur Straße hin eine elegante Treppe in Hufeisenform.

► Die Partie gegenüber des Kalvarienbergs präsentiert einen ansehnlichen *Portalvorbau*, eingefaßt von fein säuberlich behauenen Skulpturen. Im Inneren, zu beiden Seiten, die klassische Apostelriege, die Reihen fest geschlossen.

► Der *Kalvarienberg* wurde 1571 errichtet, seine Gestalten aus in Kersanton-Granit gemeißelt. Die kompakt wirkende Gruppe trägt etliche originelle Züge; genaues Hinschauen ist allerdings erforderlich. Besonders kurios die Antlitze Christi und der Schächer, die fast schon an Karikatur grenzen: schwere Lider, aufgedunsene Gesichtszüge. Ein erstaunliches bildhauerisches Ergebnis, beinahe modern in der Ausführung. Hier nahm sich jemand ein gerüttelt Maß künstlerischer Freiheit, nahe an Verhöhnung, was in der frommen Cornouaille Einmaligkeitswert besitzt.

► Aufwendig ausgestattet auch das Kircheninnere: *Chorschranken* aus geschnitztem Holz (16. Jh.), fein gearbeitetes *Chorgestühl* aus derselben Zeit, überdacht von Baldachinen mit den dazugehörigen Evangelisten, Propheten usw.

Wenden wir unsere Aufmerksamkeit nun der farbigen *Pietà* zu: das Jesuskind macht sich in den Armen seiner Mutter geradezu zwergenhaft klein. Jenseits aller Symbolik einfach das Bild einer trauernden Mutter, die ihr totes Kind in den Armen hält. Auf den beiden Steintischen neben dem Lettner brachten früher die Bauern dem heiligen Herbot, Schutzheiliger des Hornviehs, im Mai etwas Butter und Schwanzhaare ihrer Rinder dar. Ein plastisches Abbild des toten Heiligen findet sich neben der Chorschranke. In der Chorhaube leuchtet uns ein herrliches *Passionsfenster* aus dem 16. Jh. entgegen.

## Ein Glas »Coreff« gefällig?

♦ **Ty Élise:** in *Plouyé,* einem winzigen Dörfchen zum Liebhaben, 7 km von St. Herbot. Ausgerechnet hier, quasi im Niemandsland, befindet sich eine unserer besten Bistroadressen. T. 98 99 96 44. Während der Saison täglich von 14-24h geöffnet (von Juni bis September bis 1h). In der Nachsaison montags und dienstags zu. Byn, der Wirt, ein urwüchsiger, geschwätziger Gallier, hat dem Dorf erst seinen heutigen Charakter verliehen. Die Einrichtung ist seit Revolutionszeiten kaum verändert worden: alter Kaminofen, Holztheke, uralte Zapfhähne. Das Bier – die belgischen Sorten *Kriek*, *Abbaye de Leffe* sowie das bretonische *Coreff* und das irische *Guiness* – fließen natürlich schankfrisch ins Glas.

*Für Hinweise, die wir in späteren Auflagen verwerten, bedanken wir uns mit einem Buch aus unserem Programm*

## HUELGOAT (29690)

Einzigartiges Zusammenspiel von Wald, Felshalden und Flora. Huelgoat ist selbstredend Teil des armorikanischen Naturparks und bietet traumhafte Wanderwege durch Wälder und Felsen, vorbei an im goldenen Sonnenlicht (oder Sommerregen) badenden Pflanzen. Ein Orkan fegte 1987 den halben Wald weg, doch die zuständigen Stellen geben sich bei der hektarweisen Aufforstung und Erneuerung der Wege die allergrößte Mühe. Bis zum nächsten »Jahrhundertsturm« ... Nach wie vor sind aber schöne, geschlossene Waldstücke zu erwandern: z.B. rund um die Argent-Schlucht, an der Straße nach Carhaix. Den Wäldern von La Roche-Tremblante dagegen hat der Sturm arg zugesetzt, so daß die Landschaft kaum wiederzuerkennen ist.
Eine Anekdote erklärt die merkwürdigen Steine und Felsansammlungen: die Bewohner Plouyés und Berriens sollen sich derart gehaßt haben, daß sie sich am laufenden Band mit Steinen bewarfen. Mit wachsendem Haß wurden auch die Steine immer größer und landeten, physikalischen Gesetzmäßigkeiten gehorchend, in der Mitte, auf Huelgoat! In Wahrheit erklärt sich die karstartige Landschaft durch die fortschreitende Erosion der Felsen, die erst einem tropischen, dann einem halbeiszeitlichen Klima ausgesetzt waren. Anschließend hat das abfließende Wasser das bröckelige Gestein einfach weggeschwemmt.

– **Fremdenverkehrsverein:** T. 98 99 72 32 oder 98 99 71 55 (Rathaus). Nachmittags von 14-17h und samstags morgens von 10-12h besetzt. Sonntags Ruhetag.

### Und wo einkehren, wo sich betten?

▪ **Hôtel du Lac:** 9, rue du Général-de Gaulle, T. 98 99 71 14; von November bis Januar geschlossen. Mitten in der Stadt gelegene Unterkunft in Gestalt eines kleinen Provinzhotels. Sympathische Aufnahme und preiswerte Zimmer mit Seeblick; wirklich piccobello. Die Doppelzimmer mit Dusche ab 120 F sind immer noch von vorgestern, nur das das Restaurant hat renoviert. Menüs ab 72 F.
▪ **Camping du Lac:** 700 m von der Ortsmitte. T. 98 99 78 80. Ein »Luxuszeltplatz« mit allem erdenklichen Komfort, Swimmingpool und Tennisplätzen. Bewirtschaftet vom 1. Juni bis 30. September. Leser beschweren sich über mitleiderregendes Gequieke und Blöken ab 6.30h vom Schlachthof nebenan – aber irgendwo muß die Wurst ja schließlich herkommen, oder?
▪ **Camping La Riviere d'Argent:** T. 98 99 72 50 und 98 99 70 56. Sowohl am Rand des Gemeindewaldes wie auch am Flußufer. Zeltplatz an der Schnittstelle der Fernwanderwege GR 37 Guerlédan – Douarnenez und GR 380 Plouegat – Moysan – Douarnenez. Achtzig tadellose Stellplätze, Schwimmbad und Tennisplatz.

♦ **Crêperie des Myrtilles:** 26, place Aristide-Briant. T. 98 99 72 66. Montags sowie im November und Dezember geschlossen. Leckere Zucker-Weizen-Crêpes oder salzige aus Buchweizen. Menüs ab 44 F. Läßt die Witterung es zu, so tafelt man auf der Terrasse.
♦ **Crêperie de l'Argoat:** unmittelbar am See. T. 98 99 71 72. Außerhalb der Ferienzeit montags und dienstag geschlossen, sowie im Januar und Februar. Schmackhafte, preisgünstige Crêpes, freundlicher Empfang; Bewirtung bis spät in die Nacht.

## Sehenswertes

Im Fremdenverkehrsbüro sind detaillierte Broschüren zu allen Wanderrouten erhältlich. Sozusagen Urlaub à la carte mit Zeitangaben und Kilometerzahl. Angebote unbedingt nutzen. Vor dem Abmarsch sollte man aber Erkundigungen einziehen, ob die gewählte Strecke wegen der Aufforstungen landschaftlich noch lohnt.
Zuerst wäre das *Chaos du Moulin* zu nennen, ein Felsenmeer, gefolgt von der *Grotte du Diable* (Teufelshöhle) und schließlich einem Gartentheater. Jetzt nach rechts in Richtung Fluß, und schon stoßen wir auf den *Roche Tremblante*, den »wackligen Felsen«. Dieses einige Tausend Tonnen schwere Steinchen läßt sich in Bewegung versetzen, stemmt man sich an einer ganz bestimmten Stelle dagegen. *Le Ménage de la Vierge,* ein keineswegs häßliches Geröllfeld, schließt sich an. Der »Chemin Violette«, immer am Fluß entlang, führt zur Straße nach Carhaix.
Gute drei Stunden braucht man für diesen Rundgang, bei dem unterwegs noch weitere ungewöhnliche Dinge auftauchen: der *Saut du Gouffre*, ein ansehnlicher Wasserfall, oder die *Promenade du Fer a Cheval* (»Hufeisenpromenade«), der *Mare aux Sangliers* (»Morast der Wildschweine«), die *Grotte d'Artus,* eine Höhle, wo König Artus sich auszuruhen pflegte, und das *Camp d'Artus,* größte gallische Befestigungsanlage weit und breit. Am Anfang des Weges, der zum *Roche Tremblante,* dem zitierten »Zitterfelsen« führt, ist ein Bienenstock zu bestaunen. Glückspilze dürfen sogar vom Honig probieren! T. 98 99 94 36.

► **Moulin de Chaos:** T. 98 21 90 69. Im Juni, Juli/August von 13.30-18.30h geöffnet. Montag Ruhetag. Mühle im Eigentum der Naturparkverwaltung, die im Inneren eine archäologische, geologische und biologische Ausstellung zur Region eingerichtet hat.

## Im Umkreis

► **Kerguévarec:** an der Straße C2 nach Plouyé. Kleine Ansammlung von über zweihundert Jahre alten Bauernhäusern mit hübschen Brunnen.

● ***Locmaria-Berrien:*** verschlafenes Nest in einer gewellten Landschaft. Typische Häuser, einige vernagelt oder halbe Ruinen, zeugen von der Landflucht. Goldige *Kirche* mit ganz niedrigem Dach;

im Inneren funkeln goldene Sterne am blauen Gewölbehimmel. Davor drei fette Bäume mit durchlöcherten Stämmen.

– Gelegenheit zu einem Ausflug per **Pferdeplanwagen** *(Roulotte)* oder **Postkutsche** *(Diligence)*, sei es übers Wochenende, unter der Woche (fünf Tage) oder aber während einer ganzen Woche (in der Vor-, Haupt- und Nachsaison): über den Treidelpfad an den Ufern der Aulnes entlang oder in die Monts d'Arrée auf dem alten Eisenbahndamm. Wer genügend Zeit mitbringt, kann von April bis September auch in zwei Wochen nach *Plestin-les-Grèves* an den Strand zockeln. Abfahrt am alten Bahnhof von Locmaria-Berrien, sechs Kilometer vor Huelgoat. Auskunft: *Roulottes de Bretagne,* T. 98 99 73 28.

♦ **Auberge de la Truite:** Bahnhof Locmaria, an der Kreuzung der abfallenden Dorfstraße mit der D 769. T. 98 99 73 05. Während der Hochsaison täglich mittags und abends bis 21h offen; außerhalb der Urlaubszeit sonntags abends und montags geschlossen. Betriebsferien vom 3. Januar bis zum 2. April. Leider darf man sich nicht auf den bretonisch-rustikalen Sitzmöbeln der Bar im Empfangsbereich zum Essen niederlassen. Keine Riesenauswahl, dafür exzellente Küche. Die köstliche Terrine steht schon auf dem Tisch. Mal die gemästeten Wachteln kosten, die zarten Fleischgerichte oder vielleicht lieber die Forelle nach Art des Hauses? Menüs zum Preis von 100-350 F. Zimmer ab 130 F zu vermieten.

► **Pouallouen:** an der landschaftlich besonders schönen *Route touristique* Huelgoat – Carhaix (D 769). Bekannt für seine silberhaltigen Bleivorkommen (größte in Frankreich), die seit Anfang des Jahrhunderts nicht mehr abgebaut werden, sowie seine fantastischen Fest-noz-Tänzer und -Sänger. So stammen die *Soeurs Goadec,* jene vier alten Damen, die dank Alan Stivell in den siebziger Jahren ihr Comeback feierten, aus Pouallouen. Über den Dächern des Dorfes erhebt sich eine hübsche Renaissancekirche. Originelle Fassade mit eleganten, großen Steinschnörkeln an den Seiten. Übereinanderlagernde Säulen und eine hübsche Balustrade über dem Portalvorbau. Hier oben findet man auch den Verein für Ultraleichtflugzeuge (ULM), T. 98 93 51 19.

► **Berrien:** ebenfalls an der Strecke Huelgoat – Carhaix. Rundherum eine wild anmutende, unberührte Natur – tiefste Bretagne eben: sanft gewellte Hügel, dazwischen Täler, Heideland und die *Bocage*, unterbrochen von kleinen Wäldchen. Berrien ist die Hauptstadt des bretonischen »Unabhängigkeitskampfes« *(Gouren)* im Finistère. Besonders Feministinnen und Agnostiker dürfte diese Ecke anziehen. Tatsächlich muckten die hiesigen Frauen vor Zeiten ganz fürchterlich gegen die Kopfwäsche durch christliche Priester auf, beschuldigten sie diese doch, für die sexuelle Unlust der Männer verantwortlich zu sein, und zahlten es ihnen regelmäßig mit Steinwürfen heim. Ob sie auch mit Menhiren geschmissen haben, wissen wir nicht.

**Zimmer zu vermieten**

– Die *Kirche* samt Renaissancevorbau aus dem 16./17. Jh. ist noch unversehrt. Rundherum sind gar einige Überreste aus megalithischer Zeit zu finden, auch einen Tumulus.
– Jährliches Dorffest am ersten Sonntag im Juli. Nähere Auskünfte für Urlauber im Rathaus: T. 98 99 72 01.

● ***Trédudon:*** am südlichen Abhang der Monts d'Arrée, etwas verloren zwischen Heideland und Heckenstreifen, kauert eines unserer bretonischen Lieblingsdörfer. Hübsche, typisch dörfliche Architektur. Im letzten Weltkrieg trat Trédudon als erstes Dorf in den Widerstand ein gegen die deutsche Besatzungsmacht. Doch die karge Erde nährt nicht alle; die Winter sind rauh und hart, die Zeit scheint stehengeblieben. Viele Bewohner kehrten daher ihrer Heimat den Rücken, und die stattlichen Granitbehausungen bröckeln nunmehr vor sich hin. Nur noch einige wenige Jungbauern und fatalistische ältere Leute sind geblieben.
– **Wanderweg:** *Relecq-Rundweg* (12 km, drei Stunden). Beginnt bei der Abtei von Relecq, die gerade instandgesetzt wird, folgt dann teilweise den Markierungen eines Seitenwegs des GR 380. Unterwegs malerische Dörflein, Kalvarienberge und eine echte Römerstraße ...
▪ **Ferme-Auberge de Trédudon:** in der Ortsmitte. T. 98 99 61 65. Fax: 98 99 67 36. Yves und Herveline Berthou, ein junges Bauernpaar mit einer Menge Mut und Fantasie, führen dieses Landgasthaus mit sechs herzigen Zimmern, darunter eine Mansarde für die ganze Familie, um wieder Leben ins Dorf zu bringen. Für zwei Per-

sonen einschließlich Frühstück um die 280 F; jedes Zimmer hat Telefon. Ideal für Erholungsbedürftige. Hausmannskost ab 100 F, u.a. hausgemachte Schinken und Wurstwaren, Lamm und Zicklein aus eigener Haltung, selbstgemachter Käse und Desserts, serviert in einem stimmungsvollen Speisesaal. Halbpension ca. 270 F. Auf Wunsch bringen die Inhaber ein Morgenständchen auf dem *Biniou* dar, dem bretonischen Dudelsack!

- **Aux Plaisirs retrouvés:** Annick und Philippe Crombez sorgen dafür, daß es niemandem langweilig wird. T. 98 99 60 97. Sonntagabend keine Mahlzeiten. In der Nachsaison ist Tischvorbestellung erforderlich. Rustikales, altbretonisches Haus mit drei Zimmern zu 150 F. Das Frühstück besteht aus Crêpes und *Far*, einem bretonischen Eierkuchen und regelrechte Kalorienbombe. Das Abendessen zeugt von den Kochkünsten der Wirtin. Sättigendes, leckeres Einheitsmenü für 80 F. Warmes Ziegenfleisch mit Tomaten-Zwiebelpüree, das wär doch was. Überdies freundlicher Empfang.

● ***La Feuillée*** (29690): weitere idyllische Gemeinde in den Monts d'Arrée. Einst bedeutender Viehmarkt im Finistère. Einige Überreste der *Commanderie* der Tempelritter sind erhalten geblieben. Heute ist La Feuillé ein schlichtes Dorf von rauhem Charme, ohne Einfluß auf die Geschichte, aber dafür Schauplatz mitreißender *Festou-Noz*. Auskünfte über Sehens- und Unternehmenswertes im Rathaus unter T. 98 99 61 52.

- **Zeltplatz Kerbargain:** T. 98 99 61 52 (Rathaus). Kleiner, schattiger Zeltplatz; viel ruhiger und preislich günstiger als der am Stausee von Drennec.

● ***Botmeur:*** wurde vom Fremdenverkehr bislang übergangen. Dennoch, oder eben drum, ein hübscher Flecken an der Straße von La Feuillée nach Saint Rivoal, über dem für allerlei Legenden verantwortlichen *Marais du Yeun Elez* gelegen. An den Wasserläufen in der Gegend – Elez, Roudouhir und Roudoudour – bemüht man sich, den Biber wieder heimisch zu machen. Der bretonische Naturschutzbund (SEPNB) veranstaltet Vorträge und Exkursionen, T. 98 49 07 18.

- **Camping Municipal:**
T. 98 99 63 06. Öffnungsperiode: 1. Juli bis 31. August.

## ***DIE MONTAGNES NOIRES*** (Schwarzen Berge)

Geographisch handelt es sich um die natürliche Verlängerung der Monts d'Arrée. Ebenso unberührt und mysteriös wie andere Landstriche der *Bretagne profonde*, wo man die Touristen noch an den Fingern einer Hand abzählen kann. Ihren Namen verdanken die »Schwarzen Berge« höchstwahrscheinlich ihren ehemals dichten Wäldern. Die Höhenzüge sind niedriger, abgerundeter als jene der Monts d'Arrée. In der Mitte das *Aulne-Tal*. Auch die Schwarzen Berge nährten den Strom der Auswanderer: Ende des 19. Jhs emigrierten über fünftausend Bretonen nach Amerika. In New York existiert eine kleine bretonische Gemeinde aus der Umgegend von Gourin; und angeblich lassen sich immer wieder Bretonen im Central Park beim Boulespiel beobachten.

– **Pays d'Accueil du Centre-Finistère:** Kavarno, 29520 Saint-Goazec. T. 98 26 82 02. Fax: 98 26 81 56. Auskünfte aller Art über das Herzstück des Finistères; gibt einen Wanderführer *(Topoguide)* sowie einen Ferienführer *(Guide infos vacances)* heraus.

## CARHAIX-PLOUGUER (29270)

Eine alte Handelsstadt – sieben Römerstraßen trafen hier einst aufeinander. Wiege der Revolte der *Bonnets rouges* (»Rotmützen«) gegen die Steuerpolitik Ludwigs XIV., bei der sich fast 30.000 Bauern zu einer richtigen Armee zusammenrotteten.
Die Einwohner stehen zu ihrer keltischen Abstammung: nicht nur die *Rue Bobby Sands* – ein im Mai 1981 nach 66 Tagen Hungerstreik in Belfast gestorbener IRA-Häftling – zeugt davon. Beschilderungen sind zweisprachig bretonisch/französisch, es gibt ein bretonisches Kulturzentrum und ein Sprachschule für Bretonisch. In Carhaix-Plouger erlebt man denn auch die bretonische Lebensart am authentischsten – finden wir. Das »Fest der bretonischen Sprache« geht jedes Jahr im April oder Anfang Mai über die Bühne.
Carhaix-Plouguer ist auch Heimatstadt von *La Tour d'Auvergne,* dem namhaften Soldaten und Spezialisten für bretonische Sprache und Grammatik. Er wurde von Bonaparte höchstpersönlich wegen seines Mutes und seiner Wohltätigkeit zum »Ersten Grenadier Frankreichs« ernannt. Dieser Freudentag wird am letzten Sonntag im Juni alle Jahre wieder gefeiert. Auch der Dichter und Sänger *Glenmor* ist unweit von Carhaix geboren, nämlich in Maël-Carhaix, ebenso *Alan Stivell* aus Langonnet bei Gourin. Hier feierte die bretonische Musik schon in den fünfziger Jahren ihr Comeback.

► Carhaix besitzt zwar keine Baudenkmäler von kunstgeschichtlichem Rang (außer dem ersten und auch einzigen Krematorium der Bretagne), dafür aber eine Reihe mittelalterlicher Gemäuer. Man denke nur an die prächtigen **Fachwerkhäuser** aus der Renaissance, etwa das Fremdenverkehrsbüro, oder die **Kirche St. Trémeur,** die im 19. Jh. wiederaufgebaut wurde, ihren Glockenturm aus dem 16. Jh. jedoch behalten durfte, der das Vorbild St. Herbots verrät. Bemerkenswert der Spitzbogen, auf dem die Statue St. Trémeurs thront, den müden Kopf in die Hand gestützt. Gefährlich wurde es während eines Oktobersturms, als bis zu 60 kg schwere Steinblöcke herabprasselten. Heute steht wieder alles an seinem Platz, also kein Grund zur Beunruhigung.

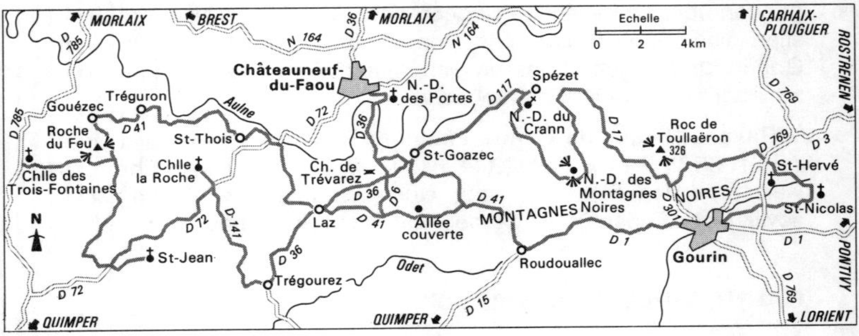


*Rundfahrt durch die Montagnes Noires*

► 500 m weiter der Weiler namens **Petit-Carhaix** mit Handwerkerhäusern aus dem 17. und 18. Jh. Die niedrigen Türen beweisen, daß unsere Vorfahren erheblich kleiner waren als wir. Bis ins späte 18. Jh. war die Brücke mautpflichtig.

– **Verkehrsamt:** 3, rue Brizeux. T. 98 93 04 42.

## Übernachtung

▪ **Le Gradlon:** 12, bd de la République, an der früheren Route de Brest, bei der Kirche. T. 98 93 15 22. Fax: 98 99 16 97. Das neue Hotel (mit Fahrstuhl) lädt das ganze Jahr über dazu ein, eine Übernachtung in einem seiner 45 Komfortzimmer ab 300 F einzuplanen. Menü rund 70 F. Schöne Fisch- und Meeresfrüchteteller und ein Speisesaal, in dem man sich auf Anhieb wohlfühlt.

▪ **Städtischer Zeltplatz:** im Tal des Hyères. T. 98 93 33 53 (in der Nachsaison: T. 98 93 00 13). Vom 15. Juni bis zum 15. September geöffnet. Weitläufiges, einladendes Gelände. 25 % Ermäßigung für Gruppen und Besitzer der *Carte Jeune*.
In der Nähe des Zeltplatzes bietet eine Freizeitanlage im Hyère-Tal einen Sportparcours und Seen.

▪ **Gîte d'Étape:** in der alten Schule von Port-de-Carhaix. T. 98 93 14 40 oder 98 99 54 42. Zwanzig Betten; Übernachtung pro Person und Nacht 40 F.

## Einkehr

♦ **Crêperie La Crêpe dorée:** 22, av. du Général-de-Gaulle. T. 98 93 30 48. Dienstag Ruhetag. An den Tischen hocken überwiegend Stammkunden *(habituées* auf Französisch – wieder was gelernt ...). Feine, knusprige Crêpes und Galettes.

## Im Umkreis

► **Plounévézel:** ein paar Kilometer nordwestlich von Carhaix. Die *Sainte-Catherine-Kapelle* am Ortsausgang – die Straße gegenüber der *Coopérative d'insémination artificielle* (»Genossenschaftlichen Besamungsanstalt«) einschlagen – lohnt den Umweg. So schön sie ist, ... um ihren jämmerlicher Zustand ist es wirklich schade. Zum Glück haben Landwirte aus der Gegend beschlossen, die Kapelle auszubessern und die Arbeiten bereits in Angriff genommen.
Gleich neben der Kapelle hat sich eine altehrwürdige *gallische Brücke* erhalten.

● ***Port de Carhaix:*** 6 km von Carhaix entfernt. Am Schnittpunkt der Straße und des Kanals von Nantes nach Brest. Der Kanal wurde von 1811-1836 gegraben. Der Gedanke einer Wasserstraße zwischen Brest und Nantes kam den Bretonen, als die Engländer den Brester Hafen während der Französischen Revolution abriegelten. Viel befördert wurde auf ihm zwar nicht; der allgemeinen wirtschaftlichen Entwicklung kam er dennoch zugute. Bei Kriegsausbruch 1914 wurden alle Schleppkähne beschlagnahmt und nie wieder gesehen – das war das Todesurteil für den Kanal. Heute kann man sich an Bord des umgebauten Kahns *(Péniche)* »Saint-Christophe« eine gemütliche zweistündige Bootsfahrt ab Châteauneuf-du-Faou gönnen. Zuständig für Auskünfte jeder Art ist das Verkehrsamt in Carhaix, T. 98 93 04 42, oder die Agentur *Argoat Plaisance* am Segelhafen, Postfach 41, 29520 Châteauneuf-du-Faou, T. 98 81 72 11.
▪ **Gästezimmer:** bei Mme Le Moal, in Port-de-Carhaix. T. 98 99 53 50. Im Oktober geschlossen. Drei urgemütliche Zimmer mit Kochgelegenheit ab 160 F. Mme Le Moal betreibt die Bar-Tabac gleich neben der *Auberge du Poher*. Zwar kann sie uns nicht ihre ungeteilte Aufmerksamkeit widmen und verläuft nebenan die laute Straße, aus dem Fenster blickt man aber immerhin auf den Nantes-Brest-Kanal.
♦ **Auberge du Poher:** in Port-de-Carhaix. T. 98 99 51 18. Montags, im Februar und in der ersten Septemberhälfte geschlossen. Einrichtung und Atmosphäre eher schnieke, aber das Restaurant genießt in der Gegend einen hervorragenden Ruf. Vier Menüs in der Preisklasse von 90-150 F.

## SAINT-HERNIN (29270)

Winziges Nest an der Straße nach Spézet. Sehnenswerter Pfarrbezirk, Kirche im typischen Cornouaillestil: niedriges, breites Dach mit Balustraden am Glockenturm. Nische mit zwei ansehnlichen Statuen. Weder Beinhaus noch Kalvarienberg fehlen. Auf letzterem ähneln die drei Marias jenen in Brasparts. Obenauf ringt St. Michael mal wieder mit dem Drachen. Man beachte die sich windenden Schächer an ihren Kreuzen; der schlimmere Bösewicht von beiden zeigt übrigens größere Anzeichen der Qual, was auf den ersten Blick gerecht scheinen mag, ließ er sich doch nicht in letzter Minute noch zum Christentum bekehren. Andererseits sind uns solche standhaften Naturen lieber, die auch dann noch zu ihren Taten stehen, wenn's ans Eingemachte geht.

## Im Umkreis

► **Kalvarienberg von Kerbreudeur:** 1 km vor St. Hernin taucht am Rand der D 82 der älteste aller bretonischen Kalvarienberge auf. Tatsächlich ist er noch um ein paar Jahre älter als der von Tronoën. Teilweise scheinen die beiden auch aus derselben Werkstatt zu stammen. Die flurbereinigte, einsame Umgebung unterstreicht noch die archaische Wirkung des Kalvarienberges. Die in Stein gehauenen Szenen an der Basis sind zwar zumeist bis zur Unkenntlichkeit verwittert, Einzelheiten kaum noch zu erkennen. Gleichwohl lassen sich einige von ihnen unschwer entschlüsseln, so z.B. der Kreuzweg – die beiden Schächer tragen dicke Seilschlingen um den Hals – und wie Johannes Maria stützt. Die Vertreibung aus dem Paradies ist wieder schlechter zu erkennen. Bei der Anbetung der Heiligen Drei Könige tragen diese Kostüme aus der Zeit Karls VII. Im Inneren die Taufe Christi usw. Schade nur, daß sich der Kalvarienberg nach der Flurbereinigung an einer Durchgangsstraße wiederfand.

## CLÉDEN-POHER (29270)

Auch hier wartet eine eher bescheiden anmutende Ortschaft mit einem spektakulären *Pfarrbezirk* auf. Also: sollte man sich eh schon in dieser Ecke aufhalten, hinfahren und sich umsehen. Eine friedliche, grüne Umgebung, an schönen Tagen in flutendes Licht getaucht, nimmt Besucher in Empfang. Niedliche *Kirche* samt elegantem Glockenturm. An dessen Fuß eine Sakristei – in der traditionellen Form eines umgedrehten Schiffskiels – die wie in vielen anderen Pfarrbezirken erst im 17. Jh. angefügt wurde. *Beinhaus* mit hübscher Tür im Gotik-Renaissancestil, und, in einer Dachecke, ein furchterregender Sensenmann. Im Inneren noch das Originalgebälk mit von grotesken und schauerlichen Gestalten bevölkerten Zierbalken. Bemerkenswerter *Kalvarienberg*, aber weniger aufregend als jene in Pleyben oder Guimiliau; was jedoch Ausgewogenheit und Symmetrie betrifft, eine der Perlen unter den kleinen Kalvarienbergen. Dagegen betont schlichte Pietà.

– Am 15. August steigt der **große Pardon von Notre-Dame-de-Cléden:** Hochamt und Vesper werden im Freien neben dem Kalvarienberg zelebriert. Am Nachmittag folgen Hunderte von Gläubigen in einer eindrucksvollen Prozession singend der Muttergottesstatue.

## SPÉZET (29540)

Es liegt etwas in der Luft, hier im Herzen der Montagnes Noires, dem Symbol der wahren, unverfälschten Bretagne. Etwas Unerklärliches, Schönes. Wer uns für zuspätgekommene Romantiker hält, wird schon sehen. Wahrscheinlich rühren diese positiven Schwingungen in der Luft von der Ruhe und Erhabenheit des Flusses Aulnes und den geheimnisvollen Höhenzügen der Montagnes Noires her. Eine Menge Überraschungen erwarten links und rechts der Fußpfade und Hohlwege alle, die mit offenen Augen durchs Leben gehen: Hinkelsteine, Steinkistengräber *(Allées couvertes)*, Wegkreuze, Felsvorsprünge, gallische Brücken, Brunnen, Kapellen, Heideland, Bachläufe, Torfgruben, Haine ... alles ist möglich. Vielleicht begegnet man gar einem Geist oder wenigstens einem netten Druiden. Der Fremdenverkehrsverein hält Broschüren zu allen Ausflugszielen und Freizeitaktivitäten parat. Markierte Wanderwege und Wegweiser erleichtern Expeditionen auf Schusters Rappen.

### Nützliche Anschriften

– **Syndicat d'initiative** (Fremdenverkehrsverein): neben der Kapelle Notre-Dame-du-Krann. T. 98 93 94 34. Im Juli/August von 10-13h und 14-18h besetzt.
– **Skanu e Droad:** 2, rue du Krann, T. 98 93 91 95. Dieser Verein veranstaltet Wanderungen und geführte Besichtigungen von Juni bis September. Fünfstündiger Fußmarsch am Kanal entlang oder durch die Berge. An Vollmondnächten auch *Nachtwanderungen*. Schreiben oder telefonieren, um die genauen Daten in Erfahrung zu bringen.

### Kost & Logis

▪ **Hôtel-Restaurant de l'Argoat:** route de Châteauneuf. T. 98 93 80 23. Unweit der Kapelle Notre-Dame-du-Crann. Sympathische Bleibe mit einladenden Zimmern ab 140 F, Menüs ab 70 F. Gut zu wissen: der Inhaber holt Neuankömmlinge sogar vom Bahnhof ab. Außerhalb der Urlaubszeit organisiert er schon mal altmodische Schwofabende im Festsaal von Saint-Goazec und bietet dazu Abendessen und Übernachtung zu einem Pauschalpreis an. Vielleicht erzählt er ja, wie er sein »Kilometerpatent« gewonnen hat und zeigt uns ein Totem.
▪ **Gästezimmer und Zelten auf dem Bauernhof:** bei Jean und Annick Lollier in Pendreigne. T. 98 93 80 32. Ganzjährig geöffnet. Zeltplatz nur von Juni bis September in Betrieb. Zwei Zimmer zu 200 F (Frühstück inbegriffen) und eine Ferienwohnung, ebenfalls mit zwei Zimmern.

♦ **Bar Ti Coz:** route de Châteauneuf. T. 98 93 84 82. Nettes Bistro mit diversen Bieren im Ausschank; die dunklen Wände und Balken zeugen von ehrwürdigem Alter. Sammlung aller erdenklichen Bierfilze. Überwiegend Einheimische, die aus der ganzen Gegend zusammenströmen. Gemütvolle, besonders abends quirlige Stimmung; diverse Spiele. Ab und zu Musiksessions, dazu süffige Biere.

## Sehenswertes

► **Kirche:** aus dem 18. Jh., mit Taufbecken samt Baldachin und drei Altaraufsätzen aus derselben Epoche; Beinhaus aus Renaissancezeiten.

► **Chapelle Notre-Dame-du-Crann:** versteckt unter Bäumen, knapp einen Kilometer vom Dorf. Ganzjährig von 13.30-17h zu besichtigen. Auf den ersten Blick wirkt die Kapelle nüchtern und streng, weist jedoch vielerlei bemerkenswerte architektonische Einzelheiten auf, z.B. einen eleganten Renaissanceglockenturm mit Steintreppe längs des Dachs. Im Inneren spektakuläre Kirchenfenster aus dem 16. Jh. Meisterhaft und in den leuchtendsten Farben, das Hauptfenster, die Passion in zwölf Feldern darstellend, mit einer Fülle von Kostümen. Italienische oder deutsche Einflüsse, die Stiche Albrecht Dürers beispielsweise, können nicht ausgeschlossen werden. Farbige Dreifaltigkeitsretabel mit Personendarstellungen. Unweit ein Brunnen.

– Folgen wir anschließend der Straße nach Roudouallec, durch wilde Naturlandschaften und vorbei an Torfgruben, bis *Notre-Dame-des-Montagnes-Noires*. Dann sollte man nicht davor zurückschrecken, den *Felsvorsprung von Kudel* zu erklimmen (faule Bande!). Etwas weiter, an der Straße nach Spézèt-Gourin, kraxeln wir dann noch auf den *Roc'h Toullaeron,* allein um des Panoramas willen. Eine Legende erzählt, König Artus' Pferd sei siebzehn Jahre lang auf dem Gipfel angebunden gewesen – und tatsächlich erkennt man noch heute siebzehn Hufspuren im Fels. Sachen gibt's ...

## Festivitäten

– **Pardon de Notre-Dame-du-Krann:** pittoresker Brauch am Sonntag nach Pfingsten (Trinitatis). Frauen, jeweils ein Dorfviertel repräsentierend (Dorf, Wasser, Hügel), sammeln Geld für einen Riesenbatzen Butter, in den anschließend religiöse Motive modelliert werden. Vor Zeiten, als die Butter noch eigenhändig gestampft wurde, holte man sie unmittelbar in den Häusern ab, um 80 kg schwere Batzen pro Viertel zu fabrizieren.
– **Fête de Kerlaviou:** einige Kilometer östlich von Spézet; traditionelle bretonische Spiele am letzten Sonntag im August.

## Drumherum

● ***Roudouallec*** (56110): an der Straße von Saint-Brieuc nach Quimper erreicht man die Hauptstadt des bretonischen Kuchens. Schon von weitem macht sich der himmlische Bäckereiduft bemerkbar, der über dem ganzen Ort schwebt. Die *Biscuiterie Le Guillou* in Villeneuve (T. 97 34 50 50) stößt seit 1949 Tonnen der beliebten *Quatre-quarts* und *Galettes* aus, die Émile Le Goff im Dorf in seiner

Bäckerei-Konditorei an den Mann (und natürlich die Frau) bringt. Erstaunlich, was man aus Butter, Eiern, Zucker und Mehl so alles kreieren kann. Roudouallec ist auch Heimatort der fünftausend nach Amerika ausgewanderten Bretonen.

► Sehenswert die **spätgotische Pfarrkirche** aus dem 16. Jh., mit schönem Glockenturm und Laternenkuppel aus dem 18. Jh.

► Unweit von Penanvern überwuchert die Vegetation eine aus diesem Grunde schwer zu findende mittelalterliche **Befestigungsanlage** aus dem 12. Jh. Am Ausgang des Dorfs, Richtung Laz nach etwa 1 km, stößt man auf die *Allée couverte de Castel-Rouffel,* ein vorgeschichtliches Steinkistengrab aus der Bronzezeit.

– **Flugplatz Guiscriff-Keranna:** T. 97 34 09 80.

– **ULM-Club und Modellflugzeugverein Guiscriff:**
T. 97 34 00 55 und 97 34 06 98.

♦ **Le Bienvenue:** in Roudouallec, ortseingangs, wenn man von Gourin her kommmt. Ganzjährig geöffnet. Außerhalb der Ferienzeit montags und dienstags abends geschlossen. Nicht nach dem Äußeren gehen: die wahre Qualität dieses Restaurants zeigt sich erst bei Tisch. Menüs 70-220 F. Der junge Hausherr überrascht Feinschmecker mit einem Taubenflügelfrikassee in Knoblauchsahne – liegt das nicht ein wenig schwer im Magen, wenn man nur Eisbein gewohnt ist? – hausgeräucherten Fischen und verführerischem Kuchen, dem keine Brigitte-Diät standhält. Ein weiteres Lokal, das den Umweg lohnt.

► **St. Goazec:** mehrere *Kreuze* lohnen eine nähere Betrachtung. Eins davon im Dorf, mit Maria und Jesuskind. Ein anderes in Richtung Laz bietet eine Pietà. Die Gesichtszüge sind zwar eher rudimentär ausgeführt, aber rührend. Der Körper Christi scheint seltsamerweise in der Luft zu schweben. Wieso seltsam? Noch nie was von Wundern gehört?
Nicht vergessen, vom Wasser der *Isabellen-Quelle* zu kosten.

► **Domäne und Schloß Trévarez:** aus dem ausgehenden 19. Jh.; an der Straße nach Châteauneuf-du-Faou, in Saint-Goarzec. T. 98 26 82 79, Fax: 98 26 86 77. Im Juli/August täglich von 11-19h zu besichtigen. In den Monaten April, Mai, Juni und September täglich außer dienstags von 13-18.30h. Sonst samstags, sonn- und feiertags von 14-18h.
1906 glotzte der Marquis von Kerjégu das Schloß in den 68 ha großen Park. Seit 1968 gehört es dem Regionalrat (entspricht unseren Länderparlamenten, hat aber viel weniger Kompetenzen). Wegen seiner Ziegelsteine trägt es den Spitznamen *Château rose* (»rosa Schloß«). Es weist heute noch Schäden aus dem Zweiten Weltkrieg auf, als es wegen der sich hier erholenden deutschen Soldaten unter Beschuß geriet. Gar nicht fair, gar nicht fein, oder? Weitläufige Gartenanlage, eine der großzügigsten in der Bretagne (400 verschiedene Rhododendron-Arten, 360 Azaleen- und 125 Kamelienarten, ein japanischer Garten, ein kleiner Zoo, etc.), wo auch stets etwas geboten wird: Theateraufführungen, Ausstellungen usw. und

ein Café. Rund ums Schloß ein bretonisches Disneyland mit Trimphbogen, Brunnen, Zauberwald und Steinelabyrinth.

● ***Laz:*** am Fuße des Kalvarienbergs eine bemerkenswerte *Pietà*. Rund 100 m von der Kirche ein Friedhof mit weitestgehend stilisierten Steinfiguren, die gleichwohl lebendig wirken. Maria Magdalena blickt tragisch und abwesend, der heilige Johannes hat sich in Schale geworfen wie ein schwäbischer Honoratior. Einen besonders würdevollen Eindruck hinterläßt mal wieder die Gottesmutter Maria. Und wie wundervoll das Gesicht Christi hervorsticht, erhaben und ausgeruht. Da könnte es einen fast dauern, wegen des läppischen Solidarzuschlags dem Schoß der Alleinseligmachenden entfleucht zu sein.

▪ Unterschlupf im ländlichen Kerhuel bieten die drei getäfelten, großen **Mansardenzimmer** bei Mme Barré, T. 98 26 84 73, nach 2,5 km an der Straße nach Briec. Nette Begrüßung; zwei Personen berappen mit Frühstück rund 180 F.

## CHATEAUNEUF-DU-FAOU (29520)

Größerer Flecken. Unten strömt die Aulne durch friedlich grünende Gefilde. Ein wichtiger Wirtschaftsfaktor hier ist die Flußfischerei.

– **Fremdenverkehrsverein:** rue de la Mairie. T. 98 81 83 90. Täglich von 9-12 und von 14-19h geöffnet, außerhalb der Saison von 9-12h, sonntags nie.

### Tisch & Bett

▪ **Le Relais de Cornouaille:** 9, rue Paul-Sérurier. T. 98 81 75 36, Fax: 98 81 81 32. Samstags, sonntags abends und im Oktober geschlossen. Beliebtes Restaurant in der Hauptstraße, immer voll, immer lustig. Das Hotel verfügt über rund dreißig neu hergerichtete Zimmer ab 220 F. Große Räume. Menüs ab 70 F. Das teuerste fährt eine Meeresfrüchteplatte, Jakobsmuschelspießchen, Wachteln mit Trauben und Nachtisch auf. Wie aus unserer Beschreibung unschwer herauszuhören sein dürfte, eine empfehlenswerte Adresse.

▪ **Ferienzentrum Penn-ar-Pont:** touristischer Komplex samt Ferienhäuschen, komfortablem Zeltplatz, Tennisplatz und Swimmingpool; Fahrrad- und Tretbootvermietung an einer Schleife des Kanals. Auskunft: T. 98 81 81 25. Vom 15. Oktober bis bis zum 15. März geschlossen.

♦ **Crêperie Le Petit Rozell:** rue Abbé-Cadiou. T. 98 73 25 49. *Rozell* nennt man eine Art Spachtel, mit dem man den Teig auf dem *Bilig* glattstreicht. Ach so ... Leckere Crêpes und Galettes, bodenständige Einrichtung.

## Sehenswertes

► **Kirche:** hübscher Bau mit tiefblauer Decke. *Paul Sérusier*, aus der Schule von Pont-Aven, der 23 Jahre in Châteauneuf lebte, gestaltete die Taufbecken mit zarten Pastellfresken, die das Leben Jesu darstellen.

► **Kapelle Notre-Dame-des-Portes:** hebt sich mit ihrer Grazie ab von den landesüblichen gedrungenen, wuchtigen Kirchenbauten. Der schlanke Glockenturm vermittelt den Eindruck großer Leichtigkeit; nebenan das gotische Portal der alten Kapelle von 1438.

► **Fontaine Saint-Jean-Baptiste:** ungewöhnlicherweise unter dem Gehweg der Rue Corentin-Baron, vor der Metzgerei Colin. Die Stufen hinab gelangt man durch ein gotisches Gewölbe zum Brunnen. Der ist allerdings nur selten öffentlich zugänglich; Auskunft erteilt das Verkehrsamt.

## Ausflüge

– Châteauneuf ist Ausgangspunkt zahlreicher schöner **Wanderwege**. Das Verkehrsamt gibt einen Führer mit Routenvorschlägen heraus: z.B. der *Circuit de la Rozière* an der Aulne entlang oder der *Circuit de Penn-Ar-Pont* durch das Aulne-Tal und am Nantes-Brest-Kanal entlang.
– **Argoat Plaisance:** gleich neben dem Zeltplatz. T. 98 81 72 11. Fax: 98 81 80 21. Vermietet Hausboote ein Wochenende, fünf Tage oder eine Woche lang für eine erholsame Spazierfahrt auf dem Kanal von Nantes nach Brest. Der Schleppkahn »Le Saint-Christophe« kann 120 Passagiere befördern; auf Vorbestellung wird während der zwei- oder vierstündigen Fahrt eine Mahlzeit gereicht.

## In der näheren Umgebung

► **Kapelle Notre-Dame-de-la-Roche:** an der D 41, einer besonders schönen Straße nach Gouezec über Laz. Romanische Kapelle aus heimischem Stein, mutterseelenallein in der Wildnis. Die nahegelegene Hausruine unterstreicht den romantischen Charakter des Ortes noch.

► **Gouezec:** für die Montagnes Noires typisches Dörflein; schöne *Kirche* aus dem 16. Jh. Im Inneren ein Glasfenster mit der Leidensgeschichte.

► **Chapelle des Trois-Fontaines:** in Saint-Gouezec, an der D 785 nach Quimper. Das Anwesen besteht aus einer Kapelle (15.-16. Jh.) mit spätgotischer Vorhalle und einem Glockentürmchen, einem Kalvarienberg, auf dessen dreieckigem Sockel sich drei verstümmelte Kreuze erheben, und einem Brunnen mit zwei Becken (16. Jh.). Idyllischer ländliche Rahmen.

## PLEYBEN (29190)

Das westbretonische Städtchen könnte ungestört vor sich hindämmern, gäbe es da nicht den wundervollsten Kalvarienberg, den die Bretagne zu bieten hat. Ein wahres Kunstwerk. Aus Pleyben stammen außerdem die leckeren bretonischen *Galettes*, die man daheim in Gedanken an den schönen Urlaub knabbern kann.

– **Verkehrsamt:** place Charles-de-Gaulle. T. 98 26 71 05. Ganzjährig täglich besetzt, ausgenommen sonntags vom 15. Juni bis zum 15. September.

### Schlafen und Speisen

▪ **Gemeindeeigener Zeltplatz:** in Pont-Coblant, in ruhiger Lage am Kanal. T. 98 73 31 22. Aufnahme 1. Juni bis 30. September.

♦ **Krampouz Mad:** 4, place Charles-de-Gaulle. T. 98 26 67 84. Crêperie mit Kundschaft aller Altersschichten, weshalb man hier noch echtes Bretonisch zu hören bekommt. Köstliche, traditionelle Crêpes zu erschwinglichen Preisen.

### Mal ansehen

► **Kirche Saint-Germain** (16. Jh.): im Juli/August Führungen durch die SPREU. Wieder darf man über die imposanten Ausmaße staunen, ist doch Pleyben eher bescheidenen Zuschnitts. Dazu ist anzumerken, daß die Bauern damals wohlsituierte Leute waren und die Dorfkirchen ihren Reichtum widerspiegelten. Über der ungewöhnlichen Westfassade erhebt sich der durchbrochene gotische Glockenturm mit Balustraden und einer krabbenbesetzten schlanken Turmspitze. Er ist einer der vier schönsten in der Bretagne und wurde unzählige Male nachgeahmt. Das kleinere Türmchen daneben ist über eine durchbrochene Galerie mit dem Glockenturm verbunden und dient so als Treppenaufgang. Der viereckige Renaissanceturm im Cornouaillestil an der Südseite des Kirchenschiffs bildet einen augenfälligen Gegensatz zu den Gotiktürmen. Mit der Galerie, der achteckigen Kuppel und den Laternen erinnert er an die Schlösser im Loiretal. Die elegante Apsis besteht aus sich gegenseitig überlagernden Kuppeln. Im Inneren springen das farbig bemalte Holzgebälk und Schnitzbalken aus dem Jahre 1571 ins Auge. Sie sind von überschäumender Fantasie und behandlen Szenen aus dem bäuerlichen Alltag: groteske Figuren, Profanes und Sakrales einträchtig nebeneinander, stets unter den wachsamen Blicken des allgegenwärtigen *Ankou*. Der Hauptaltar von 1667 und der Rosenkranz-Altaraufsatz von 1698 sind ebenfalls sehenswert. Auch in Pleyben wurde die Decke in Form eines umgedrehten Kiels gestaltet. Als Lichtquelle ein schönes *Passionsfenster* aus dem 16. Jh., dessen Farben in alter Frische leuchten. Inzwischen ist die halbe Kirche restauriert.

► **Beinhaus** (1550): zählt zu den ältesten seiner Art in der Bretagne. Bei der Fassade wurde mit Ornamentik nicht gegeizt. Fast Unglaublich: das Beinhaus diente bereits als Kapelle, als Schule, und im 19. Jh. sogar als Poststelle.

► **Kalvarienberg:** vermutlich von 1555. Beim Bau des Glockenturms im Wege, wies man ihm ein Jahrhundert später einen neuen Platz zu. Seine Umsetzung brachten neuen Skulpturenschmuck mit sich: die Inschrift »1650« führt also auf eine falsche Fährte. In der Mitte des 18. Jhs wurde er abermals verschoben. An diesem Platz steht er nun endgültig auch heute noch. Was den Kalvarienberg von Pleyben auszeichnet: der majestätische Sockel mit seinen Arkaden erfüllt die Funktion eines Triumphtores. Jedes ungewöhnliche Detail, jede der ergreifenden Szenen zu würdigen, gestaltet sich wegen der beachtlichen Höhe zwar etwas schwierig, aber man sollte sich davon nicht abschrecken lassen. Die Kostüme der zahlreich vertretenen Personen sind ein Modekatalog längst vergangener Zeiten. Es liegt nicht in unserer Macht, alle Einzelheiten bis aufs i-Tüpfelchen zu beschreiben; dennoch hier einige unserer Entdeckungen: zum Beispiel der böse Schächer auf der Plattform, wie er sich am Kreuz windet und sträubt, um der zu seinen Füßen gähnenden Hölle zu entgehen. Oder das Faltenspiel des Grabtuchs in der *Grablegungsszene:* die Falten scheinen sich bis zur Brust Christi und dem Gewand der Person links auszuweiten. So entsteht ein Eindruck vollendeter plastischer Harmonie. Die Abendmahlszene, 1650 ins Bild gesetzt, ist im Stil weniger lyrisch, weniger gequält, dafür um so beherrschter, trockener. Wir überlassen nun unseren Leserinnen und Lesern das Feld. Pleyben ist Pflicht! Alles klar?

## SCAER (29390)

Nicht nur die Landschaft ringsum erfreut das Auge; die kleine Gemeinde Scaer hat auch ein reiches architektonisches Erbe zu bieten.

– **Fremdenverkehrsamt:** place de l'Hôtel-de-Ville. T. 98 59 49 37.
– **La Cavalcade de Scaer:** alle zwei Jahre, am Wochenende von Christi Himmelfahrt, ist Scaer Schauplatz eines der größten Spektakel dieser Art, mit 1.500 Teilnehmern in prächtigen Kostümen. Festwagen, Fanfarenzüge, Bälle usw. sorgen für Festtagsstimmung.

### Unterbringung

▪ **Gästezimmer:** bei M. und Mme Penn in Kerloaï, vier Kilometer vor Scaër, an der CD 50 in Richtung Coray und Quimper. T. 98 59 42 60. Schönes Landhaus mit vier gemütlichen, modernen oder rustikalen Zimmern. Nette Gastgeber, was sich schon bei der Begrüßung zeigt.
▪ **Camping Municipal Kerisole:** 1, rue Louis-Pasteur. T. 98 57 60 91. Buchung in der Nachsaison unter T. 98 59 42 10. In einem 15 ha großen Park am Fluß.

## Sehenswertes

► **Kapelle von Cascadec:** ihr erster Standort war Scrignac, von wo aus sie 1932 Stein für Stein weggeschafft wurde, um hier wieder aufgebaut und restauriert zu werden. In Privatbesitz.

► **Kapelle Saint-Adrien:** eine Figur stellt uns den Heiligen mit offenem Bauchraum vor; vielleicht, weil er innere Krankheiten heilt?

► **Kapelle von Penver:** aus dem 15. Jh.; zusammen mit der **Kapelle Coadry** wichtige Stätte der mittelalterlichen Geschichte.

► **Wald von Coatloc'h:** über dreihundert Hektar großer »Märchenwald« mit vielen Wanderwegen.

# *BREST UND DIE ABER-REGION*

## BREST (29200)

Die günstige geographische Lage am Zusammenfluß von Elorn und Aulne mit dem 150 $km^2$ großen Naturhafen, der Reede von Brest, bot schon immer günstige Voraussetzungen für die christliche (und die unchristliche) Seefahrt. 23 Leuchttürme, 63 Leuchtfeuer, 14 Radarstationen und 258 Bojen, die zur Zeit dem letzten technischen Stand angepaßt werden, lotsen die Schiffe über eine vielbefahrene Route voller Gefahren ins Innere der Bretagne (s. das Museum in Ouessant).
Im Zweiten Weltkrieg nutzte die Wehrmacht Brest als U-Boot-Stützpunkt, woraufhin 1944 die alliierte Luftwaffe die ganze Stadt unter einem Bombenteppich begrub. Heute präsentiert sie sich streng geometrisch, ohne Anmut, bedingt durch den schnellstmöglichen Wiederaufbau. Das Stadtbild geht zurück auf amerikanische Entwürfe aus den Jahren 1918-20 und wurde von dem Architekten J.-B. Mathon nach Kriegsende ausgearbeitet. Brest versprüht daher alles andere als überbordenden Charme. Ein Weilchen sollten wir dennoch hier verweilen, sei es wegen der Museen, der Reede, oder um mal wieder ein wenig Nachtleben mitzubekommen.
Eine beliebte feststehende Redewendung der Franzosen, *le Tonnerre de Brest* (»der Donner von Brest«), findet hier alsbald ihre Erklärung: jedesmal, wenn ein zu Zwangsarbeit verurteilter Häftling aus der Strafkolonie entfloh, wurden Kanonenschüsse abgegeben, um Alarm zu schlagen und die Brester Bürger zu warnen. Zwischen 1650 und 1924 feuerte die Kanone auch als Zeitzeichen um Schlag 7 und 19h. Der Schuß war 20 km weit zu hören. Ein lautes Völkchen, diese Bretonen: nach dem *Bruit de Landerneau* nun auch noch der *Tonnerre de Brest!*

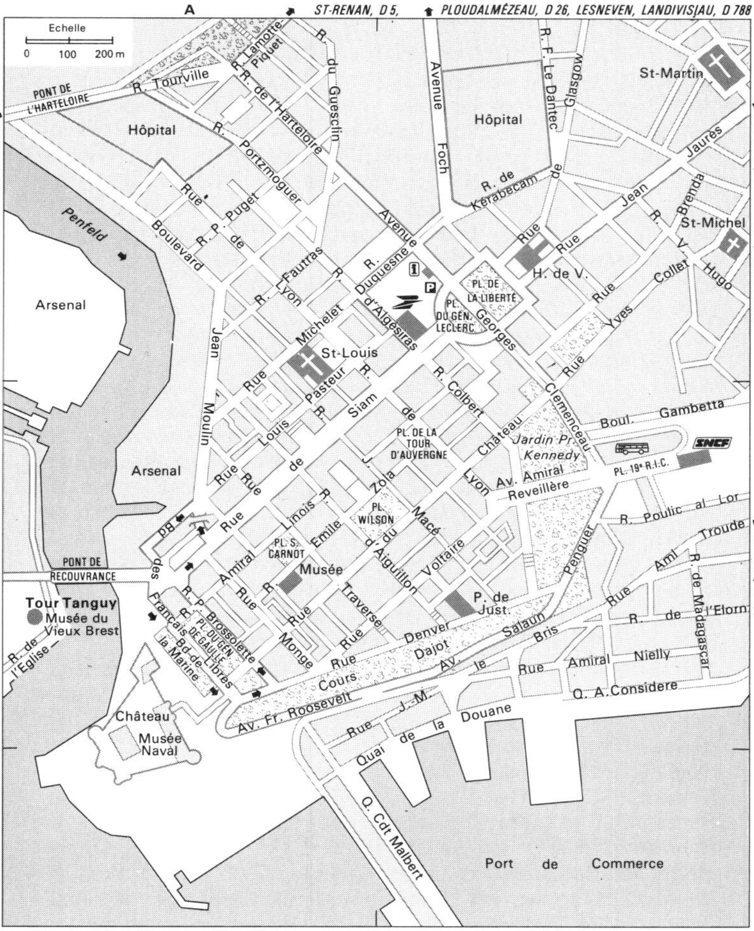

*Brest*

Zwischen 1750 und 1858 verbüßten hier 70.000 Gefangene ihre Strafe. Obwohl die Zuchthäuser 1947 abgerissen wurden, geistert deren schlechtes Andenken noch immer durch die Stadt.

Die Brester bekamen von den Franzosen den Spitznamen »Ptits zefs« verpaßt, nach dem ständig in »Brest mêm« (ein weiterer lokaler Ausdruck) wehenden Wind.

## Streifzug durch die Geschichte

Schon die alten Römer hatten ein Auge auf diesen leicht zu verteidigenden Naturhafen geworfen. Spuren ihres Castrums finden sich in der Ummauerung des Schlosses. Bereits Plinius der Ältere pilgerte hierher, sozusagen als Vorläufer aller späteren Touristen. Im Mittelalter nicht minder begehrt, geriet Brest abwechselnd in die Hände der Briten, Franzosen und Bretonen. Unter Richelieu stieg es schließlich zum wichtigsten französischen Kriegshafen auf. Der berühmte französische Festungsbaumeister Vauban – wer sonst? – kümmerte sich um die Befestigung der Hafenstadt.

Im Jahr 1750 wird eine Strafkolonie *(Bagne)* eingerichtet, deren zweitausend Stäflinge mit einem »TF« für *Travaux Forcés* (Zwangsarbeit) in Rot gebrandmarkt wurden. Unsere mit der Mode gehenden Leser können das ja gleich in die Tat umsetzen, denn nach neustem Vernehmen ist »pearcing« längst schon wieder passé und »branding« angesagt. Jeweils zwei Unglückliche wurden damals aneinandergekettet – na dann prost Mahlzeit, wenn man zwanzig Jahre einen Griesgram ertragen mußte! Die Zwangsarbeit war in »weniger« und »stärker« ermüdende Tätigkeiten eingeteilt, wobei die härtesten aufsässigen Außenseitern vorbehalten waren. Freizeit, Weiterbildung und Hafturlaub, zu der Zeit ein Fremdwort. Nur die nächtlichen *Veillées rouges,* bei denen die Verurteilten im Kreis um ein Lagerfeuer kauerten und ihre Lebensgeschichte in den schillerndsten Farben ausmalten, versprachen ein wenig Abwechslung. Ein Jahrhundert später schloß das Bagno für – hoffentlich – immer.

Napoleon III. ließ den *Port de commerce,* den Handelshafen, anlegen. 1944 mußte Brest über hundertfünfzig Bombenangriffe über sich ergehen lassen, gefolgt von einer dreiundvierzigtägigen Belagerung. Die Amerikaner stürmten denn auch ein Ruinenfeld, befreiten eine zerbombte Stadt. *Jacques Prévert* widmete dieser traurigen Episode 1949 sein Gedicht »Barbara«.

Heute lebt Brest zum Großteil von der französischen Marine, dem Handelshafen und den Schiffswerften. Über achttausend Arbeitsplätze, von Soldaten und Zivilisten, hängen allein von der Werft für Kriegsschiffe ab, wo seit 1987 (!) am Atomflugzeugträger »Charles-de-Gaulle« herumgewerkelt wird. Diese Pötte sind nur eine skandalöse Ressourcenverschwendung, sondern auch noch fahrende Zeitbomben: gab's da nicht erst 1994 einen kleinen Brand auf einem französischen Atom-U-Boot im Mittelmeer, wo natürlich keine nennenswerte Radioaktivität austrat und eine Gefahr für Mannschaft, Bevölkerung und Umwelt zu keinem Zeitpunkt usw., usw.? Die Franzosen sehen über derlei Zwischenfälle großzügig hinweg, geht es doch um Arbeitsplätze – Vater Staat zahlt in Brest z.B. über 50% der Gehälter! – und die Rolle Frankreichs als (Möchte-gern-)Großmacht.

Im Handelshafen werden Rohstoffe für Tierfutter, Hölzer und andere Materialien umgeschlagen. Was die Größe der Werften angeht, die für Reparaturen von Supertankern mit 550.000 t vorgesehen sind, so muß man von wirtschaftlicher Fehlplanung sprechen: nach den letzten Ölkatastrophen geht der Trend eindeutig hin zu kleineren Tankern. Die gewaltigen Trockendocks (420 m lang, 80 m breit) sind nurmehr riesige, gähnende Löcher!

## Brauchbare Adressen

– **Verkehrsamt:** place de la Liberté, 8, av. Georges-Clemenceau (Plan B1). T. 98 44 24 96. Ganzjährig geöffnet, dicht neben dem Rathaus. Gut bestückt; nettes, hilfsbereites Personal.

– **Segelhafen Moulin-Blanc:** T. 98 34 64 64.
– **Hafenamt:** T. 98 02 20 02.
– **SNCF-Bahnhof:** T. 98 80 50 50. Reservierung für den TGV über Saint-Brieuc und Rennes nach Paris.
– **Kultur- und Kongreßzentrum:** av. Clemenceau. T. 98 44 10 10. *Le Quartz* (»Der Quartz«) genannt, zwischen Bahnhof und Verkehrsamt. Hochmodern; abwechslungsreicher Veranstaltungskalender.
– **Flughafen Guipavas:** *Air Inter*, T. 98 32 01 00. *Finist-Air*, T. 98 84 64 87 (Flüge nach Ouessant).
– **Taxis:** 220, rue Jean-Jaurès. T. 98 80 43 43.
– **Krankenhaus** *(Centre hospitalier Morvan):* av. Foch, T. 98 22 23 33.
– **Marinearsenal** (heißt im Volksmund »l'Arsouille«): im Port de la Grande-Rivière (Route de Corniche); T. 08 22 11 82. Zutritt nur für französische Staatsbürger! Deutsche, Österreicher und Schweizer müssen leider auf die Besichtigung des Marineschulschiffs »Jeanne-d'Arc« und der Minensuchboote sowie der Atom-U-Boote auf der Ile Longue verzichten. Sie könnten ja heimlich Fotos schießen oder Konstruktionspläne abzeichnen ...
– **Schiffsrundfahrten:** Besichtigung der Reede, des Militär- und des Handelshafens, Fahrten flußaufwärts (Aulne, Elorn), Ausflüge zur Halbinsel Crozon usw. Auskunft: *Vedettes Armoricaines,* T. 98 44 44 04, oder *Société Azenor,* T. 98 41 46 23, im Jachthafen Moulin-Blanc. Kommentierte Besichtigung der Reede, Mittags- oder Abendkreuzfahrten auf der Aulne, dem Elorn nach Landévennec.
– **Deutsches Honorarkonsulat:** 9, Square Commandant l'Herminier, F-29200 Brest, T. 98 44 35 59; zuständig für das Département Finistère.

## Wo seine müden Knochen ausstrecken?

### ● *Preiswert*

Im Juli/August sind die wirklichen günstigen Hotels in Brest fast durchweg belegt. Dann bleibt nur noch der nächste Zeltplatz.

▪ **Jugendherberge:** *Moulin Blanc,* rue de Kerbriant. T. 98 41 90 41. Fax: 98 41 82 66. JH-Ausweis erforderlich; ansonsten wird's sündhaft teuer! Einlaß zwischen 17 und 20h. Einrichtungen für Behinderte, fast schon luxuriöse Zimmer für 75 F pro Nacht. 2 km vom Bahnhof, in einem großen Park unweit des Strands von Moulin Blanc.

Buslinie 7 ab Bahnhof, Haltestelle: »Moulin Blanc«, 300 m vom *Océanopolis*.

▪ **Hôtel du Musée:** 1, rue Ducouëdic; in einer Gasse, welche die Rue de Siam unweit des Pont de Recouvrance schneidet. T. 98 44 70 20. Täglich außer sonntags geöffnet. Schlichte, anständige, wenn auch etwas altmodische Zimmer ab 130 F. Bei dem Preis gibt's nichts zu meckern.

▪ **Camping du Goulet:** in Sainte-Anne-du-Portzic, stadtausgangs. T. 98 45 86 84. Ganzjährig geöffnet, ruhig und bestens ausgestattet. Gebühren einer Zwei-Sterne-Anlage. Anfahrt ab Bahnhof mit den Bussen 11, 12, 26 und 71, die zwei Kilometer vor dem Zeltplatz an der Haltestelle »Route du Conquet« halten. 6 km von der Stadtmitte, 1 km vom Meer, mit Blick auf einen Teil der Brester Reede. Hundert Rasenplätze. Auch Vermietung von Wohnwagen und Wohnmobilen.

▪ **Gemeindezeltplatz Lokournan:** in Saint-Renan, zehn Kilometer vor Brest, an der D5. T. 98 84 37 67. Für alle, die lieber außerhalb von Brest zelten. Vom 1. Juni bis zum 15. September geöffnet. Angenehmer Platz im Grünen.

● ***Mittlere Kategorie***

▪ **Hôtel Le Régent:** 22, rue Algésiras. T. 98 44 29 77. Fax: 98 44 13 44. Neue, helle Zimmer ab 220 F, Doppelzimmer mit Dusche und WC. Im Erdgeschoß tolle Salonbar im Stil der Jahrhundertwende. Man darf auch spät am Abend eintreffen. Freundlicher Empfang, gleich nebenan der Insider-Pub *Tudor Inn.*

▪ **Hôtel Saint-Louis:** 6, rue Algésiras, neben der Place de la Liberté. T. 98 44 23 91. Täglich geöffnet, freundlicher Empfang. Saubere Zimmer mit Einrichtung aus den sechziger Jahren, ab 140 F.

▪ **Hôtel de la Rade:** 6, rue de Siam, unweit des Pont de Recouvrance. T. 98 44 47 76. Zimmer unterschiedlicher Ausstattung; ein neueres verlangen. Nach Komfort gestaffelte Preise ab 140 F.

## Festes & Flüssiges

● ***Bei Ebbe in der Reisekasse***

♦ **Crêperie Moderne:** 34, rue Algésiras. T. 98 44 44 36. Samstags und sonntags mittags geschlossen. Ganz schlichte Gaststube, die sich aber sowohl durch Beschaffenheit und geringen Preis der Crêpes, als auch durch eine freundliche Bedienung auszeichnet. Durchgehende Bedienung von 10.30-21h!

♦ **Cigogne-Express:** 34, rue Jean-Macé. T. 98 80 52 17. Nur über Mittag geöffnet, bleibt sonntags zu. Netter, kleiner *Salon de thé;* originelle Einrichtung, vielversprechende Speisekarte und netter Wirt. Für jeden Geschmack ist etwas dabei. Bei den Tellergerichten handelt es sich um vollständige Mahlzeiten. Wein auch glasweise. Das Tellergericht mit Beilagen für 65 F wird auch frei Haus geliefert.

♦ **L'Espérance:** 6, place de la Liberté; unter den Arkaden des lebendigsten Platzes in Brest, in der Nachbarschaft des Rathauses. T. 98 44 25 29. Sonntags abends und montags geschlossen. Verdankt seinen Ruf sowohl gepflegter Hausmannskost als auch der Persönlichkeit des Wirtes. Gediegene Ausstattung, unter der Woche ein Menü für 65 F. Leckerer Kalbskopf, große Auswahl an Fischgerichten, hervorragende Weinkarte. Der Wirt kauft selbst beim Erzeuger ein.

♦ **Le Vauban:** 17, av. Clemenceau. T. 98 46 06 88. Sonntags abends und montags geschlossen. Nostalgisches Restaurant mit großem Speisesaal und Jazzkeller. Regionale, reichlich bemessene Hausmannskost. Menü ab 60 F, wochenends 80 F. Hier erlebt man Brest wie es leibt und lebt; ideale Einstimmung für den Aufenthalt.

♦ **Le Col Buissonier:** 33, rue Navarin, Ecke Rue Massillon. T. 98 43 61 55. Nüchtern eingerichteter Saal mit zwei Dutzend Plätzen, wo Wein im Glas (Auswahl unter hundert Sorten) und Gerichte der Nouvelle Cuisine auf den Tisch kommen. Marinierter Lachs mit Fenchel 40 F, gedünsteter Schellfisch mit passierten Langustinen 70 F; Mittagsmenü ab 60 F.

● ***Mittelklasse***

♦ **Le Tire-Bouchon:** 20, rue de l'Observatoire, ganz zentral neben dem Lycée de l'Harteloire. T. 98 44 15 18. Pforten geöffnet mittags und abends bis 22.15h. Samstags abends und sonntags sowie im August geschlossen. Heimelige Atmosphäre. Der allgegenwärtige Wirt Bernard begrüßt seine Gäste persönlich und nimmt für einen Augenblick an jedem Tisch Platz. Für lumpige 60-70 F wird man hier seinen Hunger los. In dieser Preisklasse unsere Vorzeigeadresse.

♦ **Les Tables Savantes:** 33, rue Navarin. T. 98 80 22 88. Sonntags und montags geschlossen. Der Name des Lokals spielt auf eine Komödie von Molière an. Das Viertel um die Saint-Martin-Kirche im Norden Brests ist urgemütlich. Tischreservierung ist ratsam, denn der Speisesaal füllt sich im Nu. Auf der Speisekarte stehen Fleischgerichte und Salate. Tagesgericht ab 50 F, für eine komplette Mahlzeit rund 80 F einplanen. Süffige Weinchen.

♦ **La Chaumière:** 25, rue Émile-Zola. T. 98 44 18 60. Samstags über Mittag, sonntags sowie im August geschlossen. Eine Adresse, die wir ungern preisgeben, mit rustikaler Einrichtung, gepflegter Küche und zivilen Preisen: erstes Menü 60 F, weiteres 90 F. Warme Speisen bis 21h. Der Kaninchenrücken mit exotischen Gewürzen tat es uns besonders an. Dabei gedachten wir der ersten thailändischen Botschafter, die 1686 auf Einladung Ludwigs XIV. in Brest landeten. Daher auch die *Rue de Siam.*

♦ **L'Osso-Bucco:** place Joseph-Goëz, hinter dem Pont de la Recouvrance, unweit des Rotlichtviertels. T. 98 45 97 87. Nur abends geöffnet, dienstags Ruhetag. Zwei Freunde betreiben das einladende Restaurant, dessen Einrichtung aus der Zeit um 1900 stammt: romantische Ölgemälde, Kupferlampen, gedämpftes Licht. Trotz der Namens servieren sie nicht nur Spaghetti. Osso-Bucco mit Safranreis ab 75 F.

♦ **Maison de l'Océan:** 2, quai de la Douane, am Handelshafen. T. 98 80 44 84. Täglich mittags und abends geöffnet. Moderne Einrichtung in den Farben des Meeres. *Der* Spezialist für Meeresfrüchte in Brest. Lahme Bedienung, Menüs ab 80 F.

● *Vornehmer*

♦ **Le Ruffé:** 1 bis, rue Yves-Collet. T. 98 46 07 70. Flotte Bedienung bis 22h. Sonntags abends zu. Hübsche Einrichtung, liegt günstig neben dem Kongreßzentrum *Le Quartz*. Menüs ab 70 F, aber man sollte lieber etwas mehr springen lassen, da nicht übel.

## Lokale im Umkreis

♦ **Crêperie Blé Noir:** einmal in der Talmulde von Stangalard, T. 98 41 84 66; und noch einmal in Guilers, Wald von Keroual, T. 98 07 57 40. Zwei ganz entzückende Häuschen im schönsten Brester Naherholungsgebiet. Täglich von 12.30-22.30h geöffnet, maßvolle Preise.
♦ **Don Quichotte:** an der Straße von Conquet nach Locmaria-Plouzané, 13 km von Brest. T. 98 48 42 17. Nur unter der Woche mittags geöffnet. Menü ab 120 F, am Wochenende abends mindestens 180 F. Mit großem Versammlungsraum, der oft für unterhaltsames Treiben genutzt wird. Neben einer guten Küche bietet dieses Lokal noch ein Tanz-Kaberett-Abendprogramm. Lachen, Tanzen, Trinken bis spät in die Nacht ...
♦ **Auberge du Douvez:** in Le Douvez, Chapelle St. Yves, Guipavas. An der *Départementale* Guipavas - Landerneau. T. 98 28 12 84. Mittags und abends geöffnet. Sonntags abends, montags und samstags mittags geschlossen. Unbedingt einen Tisch reservieren, da nur zwanzig Plätze vorhanden sind. Schließlich handelt es sich um eines der reputiertesten Gasthäuser weit und breit. Freundlicher Empfang. Gerichte vom Holzkohlengrill und Leckerbissen wie *Magret de Canard* mit Preiselbeeren, gegrilltes Lachssteak mit Minze und Pfeffer usw. Einige Gerichte sind 24 Stunden vorher zu bestellen. Unter der Woche Menüs ab 70 F, sonst ab 140 F. Auf Wunsch darf man selbstverständlich auch à la Carte ordern. Seine Geschmacksnerven auf besondere kulinarische Genüsse einstellen. Unterhalb des Restaurants ein Ministrand.

## Ausgehen, einen heben, Musik hören und tanzen

### *IM ST.-MARTIN-VIERTEL*

♦ **Café Le Triskel:** 31, rue Massillon. T. 98 44 56 65. Geführt von vierzehn Freunden, die das *Musée des horreurs de vacances* ausstellen, um die Unterhaltung zu beleben (möglichst auf Bretonisch). Einmal im Monat Konzert.
♦ **Le Café de la Plage:** 32, rue Massillon. T. 98 43 03 30. Unserer Meinung nach - es gibt keine bessere - ist die Kneipe Spitze! *Das* bewährte Hausmittel gegen üble Laune. Nur hereinspaziert, das Lokalkolorit geschnuppert und unbeschwert mit den Tischnachbarn geklönt - alle Alters- und Gesellschaftsklassen sind vertreten: Arbeiter, Studenten, Arbeitslose, Künstler und Ausgeflippte - also Leute

**Traumferien ...**

wie du und ich. Ab und an dienstags abends Kabarett. Eine Adresse, die wir nur ungern rausrücken.

♦ **Les Dubliners:** 28, rue Mathieu-Donart. T. 98 80 22 99. Täglich ab 15h, sonntags ab 17h geöffnet. Echter Pub, wo die in Brest ansässigen Iren zusammenhocken, um an Donnerstag- und Sonntagabenden ihr Heimweg bei irischer und bretonischer Musik zu hinunterzuspülen.

♦ **La Convention:** 56, rue Saint-Marc. T. 98 80 69 35. Große Auswahl an Biersorten, Pub-Ambiente. Im ersten Stock Gelegenheit zum Schach- und Damespielen. Viele Studenten.

*IN KÉRINOU*

Altes Viertel im Umbruch, auch was die soziale Zusammensetzung der Bewohner angeht. Abends ziemlich ausgestorben, doch bringen einige Kneipen Licht in die Dunkelheit.

♦ **L'Étoile:** 53, rue Auguste Kervern. T. 98 80 26 97. Das Theatercafé öffnet um 18h und schließt seine Pforten erst um 4h morgens. Schauplatz von Rock-, Jazz- und Blueskonzerten, den attraktivsten Veranstaltungen in der Stadt. Zugleich ein ausgezeichneter Treffpunkt. Um das Programm in Erfahrung zu bringen, genügt ein Anruf. Mittwoch ist einer der besten Tage. Unter der Woche freier Eintritt, am Wochenende 20 F.

♦ **Le petit Bistrot Montmartre:** 136, rue Robespierre (Verlängerung der Rue Auguste-Kervern). T. 98 03 05 43. Im Juli/August Betriebsruhe. Schließt um 1h. Auch hier herrscht meist Hochbetrieb; überwiegend ein junges, unkonventionelles Völkchen. Das Auge darf sich an ausgestellten Aquarellen erfreuen. Alle zwei Wochen Jazzkonzerte.

*HANDELSHAFEN UND ARSENAL*

♦ **Les Quatre Vents:** 18, quai de la Douane. T. 98 44 42 84. Montags Ruhetag. Wirt Fifi hält dieses Bistrot für Segler und Grüne – die in Frankreich übrigens *Écolos* heißen – in Schwung, das atmosphärisch an Krimis der »Schwarzen Serie« erinnert. Mac Orlan und der *Quai des brumes* lassen grüßen ...

## Discos

Sagen wir mal so: drei Monate auf See und dann Landgang in Brest – da geht das inner Disco man tau wie auf der Reeperbahn nachts um halb eins – Landratten, seid gewarnt!

♦ **Le Melody:** pont Olivier, in Guipavas, T. 98 84 63 63. Die Jugend aus der ganzen Gegend und Studenten strömen in diesem Nachttreff mit Rockmusik zusammen. Und tatsächlich: die Stimmung ist dermaßen ausgelassen, daß jeder auf seine Kosten kommt.
♦ **Le Sinclair:** 14, rue Kéréon, T. 98 43 43 63. Fax: 98 43 30 95 (schon mal vor dem Eintrudeln an 'ne Kneipe gefaxt?). Täglich ab 22.30h geöffnet. Mittwochs haben Damen freien Eintritt und bekommen noch dazu einen Cocktail auf Kosten des Hauses spendiert. Warum bloß? Im *Sinclair* treffen alle Jahrgänge aufeinander; manchen steht der Sinn nur danach, in einem gemütlichen, elegantem Rahmen in Ruhe der Musik zu lauschen. Krawallbrüder und Störenfriede, draußen bleiben!
♦ **Le Nautilus:** 82, rue de Siam, also mitten in der Innenstadt. T. 98 80 66 66. Fax: 98 80 65 50. Auch im Souterrain des Hotels *Océania* treffen sich jüngere und ältere Semester zum Nachtschwärmen.

Wir möchten unsere Ausführungen mit dem Hinweis beschließen, daß es in Brest nicht weniger als 454 Kneipen und dreißig Nachtschuppen gibt. Wir konnten nicht alle testen, irgendwann streikt die Leber ...

## Sehenswertes

Da Brest eher einer Betonwüste gleicht, lädt es nicht gerade zu einem ausgedehnten Streifzug zu Fuß ein, bietet jedoch einige charakteristische Viertel, die einen solchen lohnen, so beispielsweise den *Cours Dajot*, der den Handelshafen beherrscht, und die *Rue de Siam,* in deren Mitte inzwischen Springbrunnen sprudeln, von Prévert in seinem Lied »Il pleut sur Brest, Barbara« verewigt. Von den Rotlichtvierteln rund um die Recouvrance und den Altstadtbereich Saint-Martin herum ganz zu schweigen.

► **Océanopolis:** am Jachthafen Moulin Blanc, T. 98 34 40 40. Fax: 98 34 40 69. Ganzjährig geöffnet, vom 1. Mai bis zum 30. September täglich von 9.30-18h, vom 1. Oktober bis zum 30. April montags von 14-17h, dienstags bis freitags 9.30-17h, samstags, sonn- und feiertags von 9.30-18h.
Unter der futuristischen Pyramide, die den Spitznamen »die Krabbe« trägt, präsentiert Océanopolis auf 2.700 $m^2$ die neuesten Errungenschaften aus Wissenschaft, Technik und Industrie, die alle irgendwo mit dem Meer in Verbindung stehen. Die Ausstellung verändert sich ständig und kann pädagogische Hintergedanken nicht verhehlen: so wechselt das Hauptthema jedes Jahr in Einklang mit der Aktualität oder der grundsätzlichen Bedeutung. Das neue zylindrische *Aquarium* mit einem Durchmesser von zwei Metern erlaubt es, den Bewegungen Hunderter von Fischen zu folgen. Auf Videowänden lernen wir die Reede von Brest kennen. Zu finden ist alles, was die mit dem Meer verbundenen Berufe veranschaulichen kann: ein Wasserbecken, das als Modell eines Fischerhafens angelegt ist, Riesenaquarien, Schautafeln, Seehundstrand, Mediathek usw. Ein Tempel der Naturwissenschaft und Technik also, dem Science-Park La Vilette in Paris oder dem Futuroscope in Poitiers durchaus ebenbürtig.

► **Schloß von Brest** (Plan A3): zwischen der *Pont de Recouvrance* und der Promenadenstraße *Cours Dajot* (im 18. Jh. von Zuchthäuslern errichtet). T. 98 22 12 39. Die mittelalterlichen Befestigungsanlagen gehen auf das 15. und 16. Jh. zurück. Vauban ergänzte sie im 17. Jh. Die Außenmauern wurden nach dem letzten Krieg ausgebessert. In den Fundamenten sind noch Mauerreste des römischen Castrums auszumachen.
Im Inneren die Marinepräfektur – Besuchern ist der Zutritt allerdings verwehrt – und das *Marinemuseum*. Letzteres gewährt von 9-12h und 14-18h Einlaß; dienstags geschlossen. Besuch nur mit gültiger Eintrittskarte. Schiffsmodelle, Andenken an die Seefahrt, Tafeln, Gemälde, Navigationsinstrumente und tausenderlei andere Dinge.

► **Tour de la Motte-Tanguy:** im Quartier de la Recouvrance, links der Brücke (Plan A2). T. 98 00 88 60. Einlaß täglich im Juni und September von 14-19h. Im Juli/August: 10-12h und 14-19h. Oktober bis Mai: mittwochs und donnerstags von 14-17h, samstags und sonntags bis 18h. Eintritt frei. In diesem Turm aus dem 14. Jh., der die Mündung des Penfeld bewachte, ist das *Stadtgeschichtliche Museum* Brests untergebracht. Anhand der Zeichnungen, Holzschnitte, Gravuren und Gemälde wird man erkennen, daß Brest nicht immer die Betonwüste war, als die sie sich heutzutage dem Auge des Betrachters darbietet.

► **Musée des Beaux-Arts** *(Musée municipal):* 22, rue Traverse (Plan A2). T. 98 44 66 27. Das Museum der Schönen Künste ist täglich außer dienstags von 10-11.45 und von 14-18.45h geöffnet, sonntags und feiertags von 14-18.45h. Im Inneren Gemälde der französischen, italienischen und flämischen Schulen des 17. und 18.

Jhs. Nur ein herausragendes Beispiel: die »Erleuchtung des Hl. Franziskus Borghia« von Pietro della Vecchia. Unendlich morbide: das Gesicht verwest und zerfällt, während sich die Umstehenden die Nase zuhalten. Ist ja auch ein unmögliches Verhalten! Auch einige Werke aus der bretonischen Schule von Pont-Aven verdienen unsere Aufmerksamkeit, ebenso wie die Wechselausstellungen.

► **Parc du Vallon de Stang-Alard:** route du Stang-Alard, auf der D 712 Richtung Flughafen Guipavas. Brests 35 ha große grüne Lunge erfreut sich bei Vögeln, Spaziergängern und erholungssuchenden Familien einiger Beliebtheit. Hier finden wir auch das *Blé noir*, eine der besten Crêperien der Stadt (täglich geöffnet). Zwanzig Hektar gehören zum *Conservatoire Botanique*, das bedrohte Pflanzen aus der ganzen Welt vor dem Aussterben zu bewahren versucht; 500 $m^2$ nehmen die Treibhäuser ein. Adresse des Conservatoires: 52, allée du Bot, T. 98 41 88 95. Die einzigartige Pflanzenwelt ist von 9-20h zu erkunden.

► **Jachthafen Moulin-Blanc:** hübsche Hafenanlage, die sich im hintersten Winkel der Reede versteckt.

► **Großes Schiffsfest:** findet generell alle vier Jahre statt, zuletzt 1993. Alles über das nächste Mal bei *Chasse-Marée*, T. 98 92 66 33.

► **Versuchsstrecke für Schnellsegeln:** seit 1980 versucht alles, was sich mithilfe des Windes auf dem Wasser fortbewegt, den Geschwindigkeitsrekord der Brester Reede zu brechen. Er liegt bei 34,30 Knoten für den Katamaran »Charente-Maritime«. Anmeldung: T. 98 00 87 10. Acht von vierundsechzig Mitgliedern der französischen Segelnationalmannschaft stammen übrigens aus Brest.

## *CHARAKTERISTISCHE BRESTER VIERTEL*

► **Place Guérin:** im oberen Bereich von Brest, unweit der Kirche St. Martin (Plan B1). Wie durch ein Wunder blieb dieses Viertel von Bomben verschont und verströmt auch weiterhin einen gewissen Zauber. Die Place Guérin dient bis heute beispielhaft als Ort des nachbarschaftlichen Zusammenlebens. Ruhige Gassen, gesäumt von kleineren Stadthäusern, Pavillons und Vorkriegskneipen. Unter die Alteingesessenen haben sich längst Künstler und Mitglieder der Bohème gemischt, angelockt von der besonderen Stimmung des Viertels. Nachmittags finden sich die Rentner zum Boulespiel ein, und die Mütter fahren ihre Babys im Kinderwagen spazieren. Abends füllen sich Kneipen und Restaurants, denn ein wenig menschliche Wärme kann nicht schaden.

► **Recouvrance:** jenseits der Drehbrücke (Plan A2). Der mythosumwehte Rotlichtbezirk von Brest: Matrosenmädchen, Bars, Spelunken, Seeleute auf Landgang entlang der Rue de la Porte, der Rue Vauban und deren Seitensträßchen wie der Rue »Borda« (Spitzname der Marineoffiziersschüler). Die Atmosphäre ist leider auch nicht mehr das, was sie in den Schilderungen des französischen, von seinen Erlebnissen bei der Fremdenlegion beeinflußten Schriftsteller *Mac Orlan* (1882-1970) mal war, so an der romantischen Verklärung derartiger Viertel denn überhaupt je etwas dran war. Unter der Woche können die Abende recht öde sein: »die Abende sind teuer, doch es gibt kein Abenteuer« reimte schon Udo L. Da bleibt nichts anderes, als an stürmischen Abenden die Granitstufen der *Escalier de la Madeleine* in der Rue de Saint-Malo zwischen zwei geschlossenen Fensterreihen emporzusteigen und von alten Zeiten zu träumen.

## Weiterfahrt ab Brest

– **Mit dem Bus:** Brest ist Ausgangspunkt zahlreicher Buslinien. *Cars du Kreisker* (T. 98 69 00 93) über Le Folguet, Lesneven, Plouescat, Cléder und Saint-Pol-de-Léon nach Roscoff. *Cars CAT* (T. 98 44 32 19) nach Portsall und Quimper. *Cars Saint-Mathieu* nach Le Conquet (T. 98 89 00 94). *Cars Bihan* (T. 98 83 45 80) nach Brignogan und Kerlouan. *Cars Leroux* (T. 98 84 23 23) nach Lampaul, Plouarzel. *Cars Douguet* (T. 98 27 02 02) nach Crozon, Morgat. Busse nach Lilia. Auskunft am Busbahnhof Brest: T. 98 44 46 73.
– **Auf dem Seeweg:** nach Ouessant und Molène (s. »Insel Ouessant«).

## TREZ-HIR-EN-PLOUGONVELIN (29217)

Rund 20 km westlich von Brest. Des günstigen Kleinklimas und der einladenden Strände wegen bevorzugter Badeort der Brester. Folgerichtig arg touristisch und an sonnigen Wochenenden hoffnungslos überfüllt. Ein netter Spazierweg führt hinauf zum 60 m hohen *Rocher de Bertheaume*. Ab hier noch neun Kilometer Fußweg zur *Pointe de St. Mathieu*, für den rund zwei Stunden zu veranschlagen sind. Atemberaubende Felsklippen, Panoramablick von den Landzungen Pointe de Créac'h Meur und Pointe de St. Mathieu bis zur Halbinsel Crozon, bei sehr klarem Wetter sogar Aussicht bis zur Ile de Sein und zur Pointe du Raz.
Nach Trez-Hir-en-Plougonvelin verkehren Busse des Unternehmens *Cars St. Mathieu*. Fünf bis sechs Abfahrten täglich von Brest, sonntags drei. T. 98 89 12 02.

– **Fremdenverkehrsverein:**
bd de la Mer. T. 98 48 30 18. Ganzjährig geöffnet.

## Ein Dach über dem Kopf

▪ **Camping de la Bertheaume:** geschützte Anlage in einer Bucht unweit vom Strand. T. 98 48 32 37. Vom 1. Juni bis Ende August geöffnet.
▪ **Camping St. Yves:** in der Ortsmitte Trez-Hirs, 400 m vom Strand. T. 98 48 32 11. Selbe Öffnungszeiten.

▪ **Hôtel Le Marianna:** am Strand von Trez-Hir. T. 98 48 30 02. Fax: 98 48 30 02. Vom 1. Oktober bis zum 1. April geschlossen. Sympathisches Touristenhotel am Strand, das einzige in Trez-Hir; gemütliche Zimmer ab 250 F fürs Doppelbett. Restaurant im Hause, Menü ab 80 F.

♦ **Bar des Sports:** in der Innenstadt von Plougonvelin. T. 98 48 23 41. Außerhalb der Saison montags geschlossen. Die lustige Wandmalerei am Eingang ist unübersehbar. Nichts Besonderes, aber der nette Wirt sorgt in der kleinen Dorfbeiz für gemütliche Stimmung. Unter der Woche Menü ab 55 F.

### *IN DER UMGEBUNG*

▪ **Gästezimmer:** bei Marie Perrot, 29280 Plouzané, zwischen Brest und Trez-Hir. T. 98 48 49 79. Bauernhof ohne Besonderheiten, auf dem wir aber die gute Landluft und Familienatmosphäre schnuppern dürfen. Urige bretonische Betten und vor allem sehr vernünftige Preise. Für zwei Personen einschließlich Frühstück Übernachtung ab 220 F.

### Zum Anschauen in der Umgebung

► **Fort Bertheaume:** in Plougonvelin, in der Nähe von Trez-Hir. Die Insel war bis 1935 nur per Boot zugänglich. Vaubans Befestigungswerk erlitt im letzten Krieg schwere Schäden, weshalb die französische Marine es kurzerhand an die Gemeinde losgeschlagen hat. Nun ist es zu besichtigen und dient nach Restaurierung kulturellen und künstlerischen Veranstaltungen als Kulisse.

## POINTE DE SAINT-MATHIEU (29217)

Im Mittelalter zählte die damals bedeutende Stadt stolze 36 Gassen. Heute ist Pointe de Saint-Mathieu nurmehr ein winziges Dörflein am Ende der Welt, überragt vom 60 km weit scheinenden *Leuchtturm*. Besichtigung nach Anmeldung beim Wärter, T. 98 89 00 17. Der Chor der in Trümmern liegenden *Abteikirche* blieb fast unversehrt. An stürmischen Abenden in den Ruinen umherzuwandeln, über die alle paar Minuten der Lichtstrahl des Leuchtturms huscht: das versetzt uns in eine surrealistische, erhabene, pathetische oder wie auch immer geartete Stimmung.

### Vornehm logieren und tafeln

▪ **Hôtel-Restaurant de la Pointe de Saint-Mathieu:** gegenüber von Leuchtturm und Abteiruine. T. 98 89 00 19. Fax: 98 89 15 68. Dienstags und außerhalb der Ferienzeit sonntags geschlossen. Schöne neue Zimmer mit rustikaler Ausstattung ab 320 F. Das Haus stammt aus dem 13.-14. Jh. Gediegener Speisesaal; Menüs ab 70 F in der Brasserie. Weitere Schlemmer-Menüs zu 110, 200 und 240 F. Netter Empfang.

## LE CONQUET (29217)

Betulicher Fischerhafen mit bezauberndem natürlichen Charme. Einige alte Gemäuer mit gotischen Pforten: das Haus Nr. 1 in der Rue Aristide Briand, genannt *Maison des Anglais* (»Engländerhaus«; 15. Jh.) ist das älteste am Platz. In Le Conquet schifft sich ein, wer zur *Insel Ouessant* und zur *Insel Molène* übersetzen will. An der Straße zur Pointe de St. Mathieu verlockt der *Strand von Porzliogan* zum Pausieren. Schulbauernhof *Keringar,* 2 km außerhalb, T. 98 89 13 44.
Eine malerische Wanderstrecke: über einen Küstenpfad um die Halbinsel von Kermovan herum. Zugang für Fußgänger über die Passerelle du Croaë. Am Ende winkt als Belohnung der herrliche Strand *Blancs Sablons.*

– **Verkehrsamt:**
Beauséjour-Park. T. 98 89 11 31. Ganzjährig geöffnet.

### Unterkunft und Verpflegung

▪ **Camping Le Theven:** les Blancs-Sablons. T. 98 89 06 90. Fax: 98 89 12 17. Über Ostern und vom 15. Juni bis 15. September in Betrieb.

▪ **Le Relais du Vieux Port:** 1, quai du Drellach. T. 98 89 15 91. Geschmackvoll im Marinestil eingerichtete Crêperie. Auf der herkömmlichen Speisekarte leckere Crêpes. Im ersten Stock individuelle Gästezimmer à 200 F ohne Frühstück. Blick auf den Hafen, netter Empfang.

▪ **Hôtel de Bretagne:** mitten im Ortskern. T. 98 89 00 02. Von Mitte März bis Mitte November geöffnet. Außerhalb der Urlaubszeit freitags abends und samstags geschlossen. Heimeliges Hotel, teilweise renovierte Zimmer ab 180 F. Gute Küche; Menüs ab 75 F. A la Carte übersteigt die Rechnung 150 F.

♦ **La Taverne du Port:** 18, rue Saint Christophe, T. 98 89 10 90. In diesem Bar-Restaurant speist man mit Blick auf den Hafen, doch auch die Einrichtung läßt niemanden das nahe Meer vergessen. Das 75 F-Menü setzt sich aus Fischpastete mit grüner Sauce, Seehechtfilet in Nantaiser Butter und Hausgebackenem zusammen. Wer Kontakt zu Fischern knüpfen möchte, findet hier sicher Gelegenheit dazu.

♦ **Crêperie des Boucaniers:** 3, rue Poncelin. T. 98 89 06 25. Dienstag Ruhetag. Altes Gemäuer, gemütliche Einrichtung, junge, nette Mannschaft, das ganze Jahr über Konzerte – diese Crêperie gefiel uns auf den ersten Blick.

● ***Nobler***

♦ **La Pointe Sainte-Barbe:** unweit vom Hafen. T. 98 89 00 26. Fax: 98 89 14 81. Außerhalb der Saison und einen Monat im Winter geschlossen. Toller Panorama-Speisesaal in vorgeschobener Lage auf einem Felsen. Die Essenspreise: 100 F (unter der Woche) bis 450 F. Achtzehn neue Zimmer wurden derart abenteuerlich auf einem Felsvorsprung angebaut, daß man das Meer noch vom Bett aus sieht: 320-650 F, es gibt aber auch noch ein paar kleinere Zimmer im Altbau für rund 200 F, Meeresrauschen inbegriffen.

## Anschauen

► **Anse des Blancs-Sablons:** wildromantische seichte Bucht, in der Ferne erahnt man die Insel Molène. Bietet ausreichend Platz für die »friedliche Koexistenz« von Nudisten und bekleideten Badegästen.

## In der Umgebung

► **Pointe de Corsen:** die 30 m hohe Klippe in Plouarzel, westlichster Punkt der Bretagne (abgesehen von den Inseln natürlich), markiert sozusagen die Grenze zwischen Ärmelkanal und Atlantischem Ozean. In diesem natürlichen, hügeligen Landstrich am »Ende des Landes« (nichts anderes bedeutet ja *Finistère)* stoßen wir auf überraschend hübsche Weiler. Etliche Bauernhäuser entpuppen sich bei näherem Hinsehen nur noch als Ruinen und zeugen von der Landflucht. Die Landsträßchen außerhalb der Hochsaison gemächlich abzuklappern, vermittelt unwillkürlich das Gefühl, weit von zu Hause fort zu sein. Wir erreichen *Porsmorger*, dann die kleine *Bucht von Porsmorger* mit ihrem windgeschützten Badestrand. Hier nimmt auch der Küstenpfad an den Klippen entlang seinen Anfang. Eine Dreiviertelstunde Fußmarsch einplanen, bis die Landzunge von Corsen wieder erreicht ist. Hie und da verleiten feinsandige Buchten zum Verschnaufen. *Cross-Corsen:* höchste aller bretonischen Signalstationen; bewacht den Schiffsverkehr in der Fahrrinne und ist leider in der Hand der Militärs. Allen Vorsichtsmaßnahmen zum Trotz ereignete sich an diesem Küstenabschnitt schon mehr als ein Tankerunfall. Setzen wir unseren Weg fort bis zum *Grève de Trézien,* einem großen Kieselstrand für Naturisten.

► **Leuchtturm Trézien:** in Plouarzel, vom 14. Juli bis zum 30. August von 14-18h zu besichtigen. Wenn man erst einmal die 182 Stufen emporgekeucht ist, tut sich ein wundervoller Rundblick auf. Anmeldung beim Wärter, T. 98 89 60 16.

► Auf dem Rückweg über St. Rénan, nach rund 10 km, auf den **Menhir von Kerloas** achten, mit zwölf Metern der höchste seiner Art in der Bretagne. Gebieterisch ragt er über seine strenge, öde Umgebung hinaus. Leicht zu finden, da ab der Hauptstraße (D 5) ausgeschildert.

► **Saint-Renan:** eigenwillige Kleinstadt mit 7.000 Einwohnern und altehrwürdigen Häusern aus dem 15. Jh., deren Straßen und Plätze sich vor allem am Samstag, dem Markttag, mit Leben füllen.
– **Verkehrsamt:** les Halles, rue Saint-Yves. T. 98 84 23 78.

► **Kerambleau-Gärten:** bei M. und Mme Gourmelon in *Guipronvel*, drei Kilometer vor Milizac. T. 98 07 94 10. Außer montags täglich nachmittags geöffnet. Botanisch-poetischer »Lehrpfad«, der Fingerhut und Rosen nahebringt. Um die Wasserflächen längs des Bachlaufs gedeiht eine Fülle wilder Pflanzen. Der Gärtner markiert sein Revier mit selbstverfertigten Gedichten. Im Juli und Augst kommt dienstags mittags und freitags abends ein *Kig ar farz* (bretonischer Speckkuchen) auf den Tisch. Vorbestellung erbeten.

► **Lampaul-Plouarzel** (29810): sehr hübsch, der weiße Sandstrand von Lampaul-Plouarzel, gefolgt von *Porspol*, dem dazugehörigen kleinen Hafen. Im Sommer stellen sich reichlich Touristen ein, und Wohnwagen erobern den Campingplatz. Dabei ist es im Mai so friedlich und nett, daß man sich das Chaos im Juli kaum vorzustellen vermag. Den Sandstrand namens *Grève de Gouérou* aufsuchen.

### Unterkunft und Gastronomie

▪ **Camping Municipal Lokournan:** in Saint-Renan, Anfahrt über die D 27 und die Straße nach Lanildut. T. 98 84 37 67. Fax: 98 32 43 20. Mit allen Annehmlichkeiten; zivile Gebühren.
▪ **Camping auf dem Bauernhof:** in *Anniouarn*, drei Kilometer von Lampaul-Plouarzel, bei M. Joseph L'Hostis. T. 98 89 60 44. Gut ausgeschildert ab der Straße St. Renan – Plouarzel. Zwei Ferienhäuser *(Gîtes)* einschließlich Frühstück zu rund 220 F.

♦ **La Chaloupe:** am Hafen von Lampaul-Plouarzel. T. 98 84 01 19. Täglich geöffnet. Kleines sympathisches Restaurant mit gewöhnlichem Speisesaal. Die Küche bietet ein löbliches Preis-Leistungsverhältnis. Unter der Woche ein preiswertes Menü *(menu ouvirer)* à 55 F; auch die übrigen Menüs zu 70, 110 und 140 fallen üppig aus.

## INSEL MOLENE (29259)

Gerade mal 1,2 km lang und 800 m breit. Tellereben, kein einziger Baum wächst auf den Kieseln: der Name Molène kommt schließlich von *moal enez,* dem bretonischen Wort für »kahlköpfig«. Dreihundert Menschen fristen hier ihr Dasein, die sich übrigens mit den Ouessantern gar nicht vertragen sollen. Hummerfischen und Tangsammeln sind die Haupterwerbszweige. Fischer gibt es mehr als in Ouessant. Die Erklärung dafür liefert der geschützte Hafen.

► Das Inseldorf gruppiert sich um *Kirche* und **Leuchturm,** der einen schönen Blick über das Archipel beschert (Zutritt von 11-13h und von 15-17h). Bei Ebbe tauchen ungewöhnlich viele Inselchen und Algenfelder auf.

► Hinter dem Rathaus versteckt sich das **Musée Drummond Castle,** das von 10.30-12 und von 13.30-17h die Erinnerung an den Schiffbruch eines englischen Potts im letzten Jahrhundert wachhält.

– **Auskunft zu Schiffsverbindungen:** T. 98 07 39 47.

### Unterkunft

▪ **Privatzimmer** bei den Inselbewohnern. Auskünfte im Rathaus, T. 98 07 39 05.
▪ **Hôtel-Restaurant Kastell An Doal:** T. 98 07 39 11. Zehn neue Zimmer mit Meeresblick ab 190 F. Cécile und Robert Masson heißen Neuankömmlinge herzlich willkommen. Achtung: auf Molène gilt die Greenwichzeit (GMT), die im Sommer zwei Stunden hinter dem Festland herhinkt.

## INSEL OUESSANT (29242)

*Qui voit Molène, voit sa peine, qui voit Ouessant, voit son sang, qui voit Sein, voit sa fin.*
»Wer Molène sieht, sieht Kummer und Mühe, wer Ouessant sieht, sieht sein Blut und wer Sein sieht, sieht auch sein Ende.«
Soweit ein eindringliches Sprichwort zu diesen drei bretonischen Inseln. Auf Ouessant hätte man den »Hund von Baskerville« drehen können: unbändige Stürme, undurchdringliche Nebel, mörderische Strömungen, zerklüftete Küsten ... diese Insel umgarnt ein ganzes Netz der Fantasterei. Ouessant blickt ebenso hochmütig auf den »Kontinent« herab wie Großbritannien, die stolzen Insulaner haben die Bande zum Festland geistig längst abgestreift. Schließlich heißt *Enez Eussa* auf bretonisch ja auch »die höchste Insel«.
Am 16. Juni 1896 sank die »Drummond Castle« vor Ouessant; man zählte 243 Tote. Sind heute bei Schiffsunglücken weniger Tote zu beklagen, so allein deswegen, weil die Supertanker nur wenig (zu wenig?) Personal benötigen. Ihre Namen sind übrigens allgegenwärtig: »Torrey Canyon«, »Tanio«, »Olympic Bravery«, »Amoco Cadiz« usw.
Ouessant ist 7 km lang und 4 km breit, zählt rund tausend ständige Bewohner und ebensoviele Schafe. Wer hätte das gedacht? Die Inselbewohner arbeiteten ebenso als Fischer wie als Bauern und es gab nicht weniger als hundertzwanzig Bauernhöfe. Heute ist nur noch ein einziger Landwirt übriggeblieben, aber es gibt 58.000 Parzellen und fünf Fischer. Während die Männer monatelang zur See fuhren und kein müder Franken in der Haushaltskasse klimperte, oblag den Frauen der Unterhalt der Familie. Damals hieß es: »die Männer bringen das Brot nach Hause, aber die Frauen streichen Butter drauf.« Sie waren es auch, welche die wichtigen Ämter bekleideten, und obwohl es immer noch eine Bürgermeisterin und Feldhüterin ist, die sich um das Wohl der Allgemeinheit kümmert, ist Ouessant nicht mehr die »Insel der Frauen«: der Fremdenverkehr gewinnt als Einnahmequelle zunehmend an Bedeutung. Während

der besondere Charakter Ouessants und seiner Bewohner so peu à peu verloren ging, blieb die Insel wenigstens von Bausünden im Gefolge des Fremdenverkehrs verschont. Eingebettet in den Armorikanischen Regionalpark, wußte sich die Insel ihr Gepräge zu erhalten. Trotz Jahrmillionen intensiver Abtragung mißt die höchste Erhebung immer noch 60 m. Jetzt ist's aber an der Zeit, die müden Beine zu bewegen. Vor allzu langen, anstrengenden Märschen oder Fahrradtouren braucht ja niemandem bang zu sein.

– **Fremdenverkehrsverein:**
place de l'Église in Lampaul. T. 98 48 85 83. Ganzjährig geöffnet.

## Fauna und Klima

Naturgemäß erfreut sich Ouessant eines das ganze Jahr über milden Klimas, was natürlich an der ausgleichenden Wirkung des Golfstroms liegt. Die jahreszeitlichen Temperaturunterschiede zwischen Sommer und Winter sind also gering, und der Regen hält sich in Grenzen. Allein die Winde stürmen wie eh und je und der Nebel hält sich bisweilen hartnäckig: Ouessant scheint dann tagelang von der Außenwelt abgeschlossen.
Maulwürfe scheinen keinen Gefallen am Eiland zu finden; eine kleine Fledermausart hingegen fühlt sich hier pudelwohl und setzt der unheimlichen Stimmung noch eins obenauf. Vögel gibt's eh en masse. Nun braucht aber niemand gleich an Hitchcocks gleichnamigen Film zu denken. Zug-, See- und ortsfeste Vögel beherrschen die Lüfte, auch akustisch, was aber keineswegs unangenehm ist. Die Namen der Nestbauer allein sind schon Musik in unseren Ohren: Schwarzdrossel, Singdrossel, Turteltaube, Kohlmeise, Rauchschwalbe, Schilfsänger, Steinschmätzer, Grasmücken, Wiesenpiper, Schafstelzen usw. Ein einziger Greifvogel »stört« die Idylle: der Turmfalke. Und einen seltenen Rabenvogel, die Rotschnabelkrähe, bekommt man vielleicht auch zu Gesicht. Unter den Seevögeln haben wir Seemöwen, Haubenkormorane, Austernfischer, Sturmvögel usw. ausmachen können. Auf manchen Felsen tummeln sich sogar pinguinähnliche Alke und Papageientaucher. Um die See- und Zugvögel zu beobachten – am vorteilhaftesten im September – begebe man sich zur *Pointe de Pern* oder zur *Pointe de Penn ar Roch:* Schwärme von Sturmtauchern, Baßtölpeln, Dreizehenmöwen, Eissturmvögel, Sumpfläufern, Wasser- und Strandläufern, Seeregenpfeifern und Steinwälzern. Eine kleine Kolonie Seehunde, sofern zwischenzeitlich noch nicht von Umweltgiften dahingerafft, ist ebenfalls zu beobachten.
Das Schaf von Ouessant ist mit seinen 42-48 cm »Höhe« und einem Gewicht von 13-18 kg wahrscheinlich das kleinste der Welt. Als wirklich reinrassige *Moutons d'Ouessant* dürfen nur noch ungefähr sieben Tiere gelten, die ununterbrochen im Freien leben können und die Heide abgrasen. Ihre dunkelbraune Wolle fand ungefärbt zur Herstellung des »Berlingue-Stoffes« Verwendung, aus dem die dunkle Tracht der Frauen von Ouessant angefertigt wurde.

## Altes Brauchtum

Erst seit kurzem in Vergessenheit geraten, zeugen alte Bräuche vom besonderen Charakter der Insel, z.B. die seit knapp zwanzig Jahren verschwundenen *Proëlla-Kreuze*. Ließ ein Matrose auf hoher See sein Leben, so fertigte die Familie ein Wachskreuz, legte es zusammen mit Weihwasser und einem Foto des Verstorbenen auf eine weiße Tischdecke und betete die ganze Nacht. Das alles, um wenigstens die Seele des Unglücklichen wieder nach Hause zu bringen. Am nächsten Morgen folgte eine lange Prozession zur Kirche und schließlich zum Friedhof. Das Kreuz wurde in einem Mausoleum aufbewahrt, dessen heute noch lesbare Inschrift lautet: »Hier legen wir nieder, die Kreuze der Proëlla, im Gedanken an unsere Seeleute, die weit weg von uns starben, in Krieg, Krankheit und Unglück.«

## Anreise

– **Fähren:** die »Enez-Eussa III« schafft mit 16 Knoten in gut einer Stunde 313 Passagiere von Le Conquet zur Insel oder umgekehrt. Die genauen Zeiten ändern sich mit der Jahreszeit und dem Wochentag. Auskunft im Verkehrsamt oder bei der Schiffahrtsgesellschaft, T. 98 80 24 68, Fax: 98 44 75 43. Einschiffung im Handelshafen Brest: Hin- und Rückfahrt rund 170 F, ab Le Conquet ca. 140 F. Zahlung ist bei der Buchung fällig. Die erste Fähre legt vom Festland um 8.30h ab.
– **Luftweg:** täglich zwei Flüge mit *Finist'air* ab Brest-Guipavas. Auskunft: T. 98 84 64 87.

## Kost & Logis

Die meisten Besucher verbringen nur einen Tag auf Ouessant. Schade, denn die kleine Insel im Morgengrauen zu erkunden, ist ein besonderes Vergnügen! Außerdem sind die Hotels preiswert, und – abgesehen von den Sommermonaten – findet sich immer ein Plätzchen. Im Juli/August und an bestimmten Wochenenden – dann, wenn die Franzosen in Verbindung mit einem Feiertag gerne »eine Brücke bauen« – unbedingt vorausbuchen.

▪ **Hôtel de l'Océan:** im Inseldorf. T. 98 48 80 03. Sympathische Bleibe, frisch renovierte Zimmer mit Waschbecken ab 140 F. Die Zimmer Nummer 13, 14 und 15 blicken aufs Meer hinaus. Auf der Speisekarte des tadellosen Restaurants Menüs ab 95 F: Fischteller, Seeaalragout, Petersfisch in Sauerampfer usw. Des abends manchmal Musikgruppen, Folk oder Matrosenlieder.
▪ **Hôtel de Fromveur:** gleich nebenan. T. 98 48 81 30. Zimmer im Anno-dazumal-Stil mit Blumentapete und alten Möbeln. Obligatorische Halbpension für ein Zimmer und Dusche ca. 250 F. Die nostalgischen Möbel könnten vom Flohmarkt stammen. Nette Aufnahme, angenehmer Speisesaal. Lobenswerte Küche: Menüs ab 80 F. Jederzeit zu haben ist das würzige Hammelragout.

▪ **Hôtel Roc'h-Ar-Mor:** in derselben Straße wie das *Hôtel de l'Océan*. T. 98 48 80 19. Viel touristischer, Zimmer ab 150 F mit Dusche auf dem Flur; Menüs ab 100 F. Schöne Terrasse.
▪ **Camping Municipal Pen-ar-Bed:** am Ortseingang Lampauls, dem Hauptort auf Ouessant; T. 98 48 84 65, vergleichsweise niedrige Platzgebühren.
▪ Daneben auch **Privatzimmervermietung,** z.B. bei *Mme Avril,* unten im Dorf. T. 98 48 85 65. Komfortable Räumlichkeiten, Dusche und Frühstück. Weitere Zimmer bei *Dominique Moigne* in Lampaul (T. 98 48 84 77) ab 220 F.

♦ **Crêperie du Stang:** an der Straße nach Stiff, unweit des Hauptorts. T. 98 48 80 94. Nur während der Ferienzeit geöffnet. Die Inhaberin betrieb vormals das Restaurant *L'Océan.* Feine Crêpes und einfallsreich garnierte Galettes.

## Sehenswertes und Unternehmungen

– Über die **Fahrradvermietung** stolpert man gleich nach Anlegen der Fähre. Kostenpunkt: 60 F täglich. Das Fremdenverkehrsamt vertreibt nur im Juli/August eine detaillierte Inselkarte. Lesenswert auch die beiden Bücher über den Naturpark auf der Insel: *Enez Eussa*. Leider nicht ganz billig.

► **Lampaul:** »Inselhauptstadt«, 3 km vom Fährhafen. In Wahrheit freilich ein niedliches Nest. Farbenfrohe Häuser mit auffälligen blauen oder grünen Fensterläden; stimmungsvoller Matrosenfriedhof (doch, doch, wir haben eine Vorliebe für alles Morbide). Den Glockenturm stiftete Queen Viktoria zum Dank für die aufopfernde Haltung der Bewohner während des Untergangs der »Drummond Castle«.

► **Weberei Tia Dreuz:** in Lampaul. T. 98 48 83 01. In dem putzigen, abenteuerlich schiefen Haus dürfen wir dem Weber beim Weben über die Schulter schauen. Wobei auch sonst?

Für alle, die sich nur ein paar Stunden auf der Insel aufhalten, hier die Auflistung der wichtigsten Sehenswürdigkeiten:

► **Pointe de Pern:** gemütliches Sträßchen, vorbei an Weilern, Trockensteinmauern, Wiesen und den typischen *Gwaskedou,* Unterständen für Schafe aus Steinen und Grasmatten. Auf der Landzunge trotzen zerklüftete Felsen seit Urzeiten, tagein, tagaus, dem Ansturm der Wellen. An schönen Tagen plätschert die glatte, ruhige See sanft gegen das Gestade und es fällt schwer, sich den Spitznamen der Insel, »Insel des Grauens« nämlich, in Erinnerung zu rufen. Kaum zu glauben, aber alle Felsen sind registriert.
– **Reitverein Ticrenn:** in Stang-ar-Glan. T. 98 48 83 58. Reiten macht doch viel mehr Spaß als im Auto herumzukutschieren, das man eh nicht auf die Insel mitnehmen darf.

► **Pointe de Créac'h:** nur einen Katzensprung entfernt. Der Leuchtturm auf der Klippe geleitet täglich an die dreihundert Schiffe durch den Eingang des Ärmelkanals. 1862 wurde er errrichtet. Sein Leuchtfeuer hat eine Reichweite von 50 km.
– **Leuchturm- und Bojenmuseum** *(Musée des Phares et Balises):* T. 98 48 80 70. Während der Schulferien und vom 1. Juni bis zum 30. September zugänglich von 10.30-18.30h, vom 1. April bis zum 31. Mai von 14-18h, in der übrigen Zeit auf Voranmeldung. Besuchern wird, von der Antike ausgehend, die Geschichte der Seefahrtszeichen veranschaulicht. Im ehemaligen Maschinenraum eine beeindruckende Sammlung von Linsen, Laternen und Signalen.
Auf dem Rückweg kommen wir an der letzten Mühle der Insel vorbei, die vor dem Verfall gerettet wurde *(Karaes).*

► **Heimatmuseum Ouessant:** Haus Niou im Weiler Niou-Huella. T. 98 48 86 37. Selbe Öffnungszeiten wie das Leuchtturmmuseum. Zwei typische Wohngebäude, die zum Heimatmuseum umfunktioniert wurden. Das eine stammt vom Ende des 18. Jhs und besitzt noch sein ursprüngliches Mobiliar, makabrerweise aus dem Holz gestrandeter Schiffe und sonstigem Strandgut – auf Ouessant gibt's halt keine Bäume. Haushaltsgegenstände, Werkzeug und Alltagskleidung. Nicht nur lehrreich, sondern auf eine gewisse Weise auch rührend. Die lebhaften Farben (Weiß und Blau) der Möbel im Erdgeschoß stehen angeblich mit der Gottesmutter Maria in einem symbolischen Zusammenhang. Führung alle halbe Stunde, nette Fremdenführerinnen.

► **Phare du Stiff:** Leuchturm im Osten der Insel; eine Straße führt von Lampaul unmittelbar zu diesem höchstgelegenen Punkt des Eilands mit seinem weiten Rundblick. Die französische Marine unterhält hier einen 72 m hohen »Ausguck«: das fünfzig Meilen weit reichende Radar dient der Überwachung des regen Schiffsverkehrs vor der Küste Ouessants – dieser Teil des Ärmelkanals ist eine »Einbahnstraße«. Oder sollte gar die nicht offen eingestandene Furcht vor einer englischen Invasion bei Nacht und Nebel hinter der militärischen Präsenz stecken? Wie auch immer: der vielbeschäftigte Festungsbaumeister Vauban war Architekt dieses ersten Leuchturms auf der Insel. Ein Weg führt weiter zur *Halbinsel Cadoran*. Von hier aus bietet sich ebenfalls ein malerisches Panorama über die Bucht von Beninou.

► **Weitere Ausflüge:** zur *Pointe de Porz Yusin* im Norden Lampauls, für Vogelfreunde. Im Süden zur *Halbinsel Feunten Velen* und ihren Klippen. Schöner Blick auf die Pointe de Pern. Im Inneren der Insel entdecken archäologisch Interessierte die Überreste eines gallischen Dorfes aus der Eisenzeit, von dem noch hundert Fundamente und sechs Straßen zu erkennen sind. Von diesem Ort namens Mez-Notariou sieht man ausnahmsweise das Meer mal nicht.

▸ **Inselrundfahrt im Minibus:** kommentierte, rund zweistündige Rundfahrt, davon eine Dreiviertelstunde zu Fuß. 65 F pro Person. Auskunft und Buchung: T. 98 48 84 90 oder -81 47 bzw. -85 95.

### Weiterfahrt ab Ouessant

– **Nach Brest oder Le Conquet** (Zwischenhalt in Molène): täglich eine Abfahrt um 17h, außer freitags: 19.30h letzter Termin. Alle Auskünfte unter T. 98 80 24 68.

## ABER-KÜSTE

Die kleinen Fjorde, bretonisch *Aber* genannt, sind tief ausgeformte Trogtäler und Mündungstrichter, die kilometerweit ins Landesinnere hineinreichen und in denen sich Süß- und Salzwasser vermischen. Von Le Conquet bis Roscoff erstreckt sich eine abwechslungsreiche Küste mit etlichen Ortschaften, die der Massentourismus vielfach übergeht, was uns nur recht sein kann. Dieser Landstrich wird übrigens auch »Küste der Strandräuber« genannt: einige Bauern haben sich früher auf eine fiese Tour bereichert, nämlich indem sie durch irreführende Lichtsignale Schiffe zum Kentern brachten und die nach dem Schiffbruch angetriebenen Wertstücke einsammelten. Etwaige Überlebende wurden kurzerhand erschlagen. Derlei Geschichten kennt man ja auch von den Friesen, hinter deren gutmütigen Dickschädeln sich mancher Abgrund auftut.

### ● *VOM ABER ILDUT BIS PORTSALL* (über Trémazan)

Warum seine Zeit nicht damit zubringen, gemächlich die Küstenstraße D 27 – an entzückenden kleinen Häfen vorbei – entlangzuzuckeln? Die Sonnenuntergänge hier sind schöner als die Polizei erlaubt. Wir befinden uns im Land der Tangsammler – Porspoder und Portsall sind besonders reich an Tang. Doch heute wird mit modernsten Mitteln geerntet, nicht mehr auf die romantische Art und Weise wie einst. Die ehemalige »Handguillotine« wurde durch eine mechanische Sense *(Skoubidou)* ersetzt, welche die Algen am Grund abschneidet.

▸ **Aber Ildut:** kleinster der drei Fjorde, denen wir auf unserem Weg an der Küste entlang begegnen werden. Mit ein Grund, um ihn zu Fuß auszukundschaften (ca. 1,5 km), so z.B. über den Pfad ab Pont-Reur (an der D 28) nach Brélès (an der D 27). Wer ein Faible für ländliche Anwesen hat, wird einen kleinen Umweg in Kauf nehmen und *Kergroadès* besuchen, das weniger als 2 km entfernt liegt. Ein eleganter Bau, wenn auch etwas streng, da aus grauem Granit. Apropos, da nun schon mal bei diesem Thema: der hiesige rosa Granit ist der gefragteste der Bretagne und wurde schon für den Sockel des Obelisken auf der Pariser Place de la Concorde verwendet. Die Ortschaft *Brelès* besitzt eine hübsche Kirche aus dem 16.

Jh., auf deren Friedhof man durch einen eigentümlichen Bogen gelangt.
Ein kulinarischer Fund in dieser Gegend ist der mit Algen geräucherte Schinken. Die Zubereitung ist keine Hexerei: nachdem er eineinhalb Stunden in kochendem Wasser ohne Zutaten aushalten muß, gelangt er mit Salzkartoffeln und eventuell einer Vinaigrette auf den Tisch.

► **Lanildut:** schmuckes, an der Flanke eines Abers kauerndes Dörfchen. Blumen und Pflanzen schmücken die niedlichen Behausungen. Ein schmaler Weg führt zum *Rocher du Crapaud* (Krötenfelsen), einem schönen Aussichtspunkt. Sein Zelt für die Nacht kann der Ruhebedürftige auf dem öffentlichen Zeltplatz aufstellen, der einsam, aber ganz in Meeresnähe liegt. T. 98 04 43 13.

► **Melon und Porspoder:** Melon ist ein entzückender Naturhafen – zum Reinbeißen. Die Poesie geht mal wieder mit uns durch ... Pospoder hingegen ist vom Fremdenverkehr gezeichnet. Vor allem Familien zieht's hierher. Verständlich, bietet das Dorf doch eine reizvolle Mischung von Bucht, Felsenmeer, Küstenpfaden, Hotels und Zeltplatz.
Vielleicht entdeckt ja jemand einen der *Tangöfen* an der Küste, in denen in vergangenen Zeiten Tang zur Jodgewinnung verbrannt wurde. Es handelt sich um 6 m lange Gräben, mit flachen Steinen bestückt, um die Ausbreitung der Hitze zu mindern.

► **Trémazan:** von Argenton nach Trémazan gibt sich die Küste erst einmal lammfromm. Unserer Meinung nach der schönste Küstenabschnitt weit und breit. Vielleicht, weil fast jegliche Spuren menschlicher Besiedlung fehlen. Richtige Rasenflächen erstrecken sich bis ans Meer, gesäumt von einfachen Felsfransen. Eine entzückende kleine Kapelle und ein mächtiges Granitkreuz lassen aus einem Sonnenuntergang ein unvergeßliches Erlebnis werden. In Trémazan eine *mittelalterliche Burg*, gänzlich efeuumrankt. Der viereckige Hauptturm aus dem 12. Jh. steht noch – und gerade jetzt ist unser Film zu Ende! Die Flut lieferte das Wasser für die Gräben.

► **Portsall:** malerischer Fischerhafen, der sicher hätte darauf verzichten können, wegen des Tankerunglücks der »Amoco Cadiz« am 16. März 1978 traurige Berühmtheit zu erlangen. Einer der größten Ölteppiche aller Zeiten breitete sich damals aus und man brauchte lange, um die berühmten Felsen von Portsall von den 300.000 Tonnen Rohöl zu befreien. 1992 brach dann ein Geldsegen von 1,15 Milliarden Francs Entschädigung über das Dorf herein. Am Kai ruht der Anker des Tankers, als stummes Mahnmal für eine der größten Ölkatastrophen der letzten Jahrzehnte. Mit dem Geld mag mancher Bewohner entschädigt werden können, nicht aber die gebeutelte Natur ...

## Im Umkreis nächtigen und tafeln

▪ **Hôtel des Voyageurs:** vor der Kirche, in 29262 Ploudalmézeau, 3,5 km von Portsall. T. 98 48 10 13. Fax: 98 49 19 92. Sonntags abends und montags sowie vom 15.-30. März und vom 12. November bis zum 5. Dezember geschlossen. Genießt einen guten Ruf in der Gegend. Menüs ab 80 F, Zimmer 170-260 F.

♦ **Crêperie du Château d'Eau:** an der Route de Brest, ortsausgangs von Ploudalmézeau. T. 98 48 15 88, Fax: 98 48 03 67. Ende März bis Ende Oktober von 11.30-22.30h geöffnet. Tatsächlich in einem ehemaligen Wasserturm untergebracht, 112 m über dem Meeresspiegel. Das heißt, zum Panoramaspeisesaal entweder 278 Stufen zu erklimmen oder der Einfachheit halber den Aufzug zu benutzen. Die Sehenswürdigkeit und Touristenattraktion in der Region schlechthin.

♦ **La Salamandre:** place du Général de Gaulle, Ploudalmézeau. T. 98 48 14 00. Dienstags Ruhetag, außerhalb der Saison nur am Wochenende geöffnet. Bei diesen waschechten Bretonen kehrt jeder Genießer gern ein, um sich den Bauch vollzuschlagen. Eine der besten Crêperien weit und breit.

### ● *VON PLOUDALMEZEAU NACH BRIGNOGAN*

► Wir überqueren den **Aber Benoît** und den **Aber Vrac'h** mit den beiden wichtigsten Tanghäfen: **St. Pabu** und **Landéda**. Die Weiterverarbeitung der Algen erfolgt ganz in der Nähe, in **Lannilis**. Der Mündungsbereich des Aber Benoît bietet die aufregendsten Ausblicke. 2,5 km von Lannilis entfernt, am Südufer des Aber Vrac'h, erhebt sich das **Château de Kérouartz** aus dem 15. Jh., ein gelungenes Beispiel für die bretonische Renaissance. Besuchen kann man es zwar nicht – Schloß Kérouartz ist schon seit über dreihundert Jahren in Familienbesitz – aber allein die Außenmauern sollten uns einen Umweg wert sein.
Richtung Plougerneau: prächtiges Panorama über den Aber nach Passieren der Brücke von Paluden.

## Kost & Logis in der Umgebung

Die Entfernungen sind kurz; kein Problem also, ausgetretene Pfade zugunsten unserer außergewöhnlichen Adressen zu verlassen.

▪ **Hôtel La Baie des Anges:** 29870 Aber-Vrac'h. T. 98 04 90 04. Hotel in außergewöhnlicher Lage in Sichtweite des Aber. Was sich da um den Stein rankt, ist wilder Wein. Zimmer ab 200 F.

▪ **Gîte du Manoir de Trouzilit:** in Tréglonou, an der Straße nach Lannilis, unweit des Aber Benoît. T. 98 04 01 20. Das ausgedehnte Anwesen aus dem 16. Jh. dient heute als Gestüt. Familie Stephan hat einige *Gîtes* (Ferienwohnungen; 1.600 F pro Woche), Gästezimmer (ab 250 F) und eine Crêperie eingerichtet. Herzlicher, unkomplizierter Empfang.

▪ **Moulin de Garena:** im *Vallée des Moulins* (Tal der Mühlen), 3 km südlich von Lannilis. Nach Überqueren der D 13 sind's nur noch einige hundert Meter bis zu einem Wäldchen und dem netten Restaurant. T. 98 04 01 37. Täglich mittags und abends geöffnet, im Oktober geschlossen. Zum Abendessen raten wir dringend zu Tischreservierung. Wie der Name schon vermuten läßt (Mühle von Garena), handelt es sich hier um eine ehemalige Wassermühle, die zum Hotel mit Restaurant umfunktioniert wurde. Neuzeitliche Zimmer ab 210 F. Höchst beliebt bei den Einheimischen, hockt daher mittags immer rappelvoll. Unschlagbar das »Arbeitermenü« zu 60 F: zwei Vorspeisen, Hauptspeise, Nachtisch, Käseplatte und zu guter Letzt noch ein Kaffee. Vier weitere Menüs stehen zur Auswahl. Und noch was: Lust auf einen Kopfsprung ins kühle Naß? Sogar ein Schwimmbad ist vorhanden. Was will man mehr?

♦ **Restaurant des Abers:** 5, place Auditoire, in Lannilis. T. 98 04 00 29. Samstag- und Sonntagabend geschlossen. Mittags ein Menü zu 55 F: einfach, aber üppig, und daher beliebt bei der »werktätigen« Bevölkerung der Gegend. Das ist jedenfalls das Ergebnis einer kurzen Umfrage am Eingang des Lokals. Einige Zimmer ab 100 F.

♦ **Auberge du Pont de Paluden:** in Lannilis, unweit der Paluden-Brücke. T. 98 04 08 24. Mittwoch Ruhetag. Menüs ab 75 F. Bekannt für Meeresfrüchte, die in der Urlaubszeit von 11-23h auf den Tisch kommen. Gepflegte Küche, zuvorkommende, flinke Bedienung. Gediegene Einrichtung mit Anklang ans Meer. Aus dem Fenster weiter Blick über den Aber.

## PLOUGUERNEAU (29232)

Freundliches Städtchen mit mythisch angehauchter Vorgeschichte. Es soll nämlich auf den Fundamenten der verschwundenen Stadt Tolente, die ihre Blütezeit im 9. Jh. erlebte, später aber von den Normannen verwüstet wurde, errichtet worden sein. Plouguerneau ist Heimatstadt des Sängers *Yvon Étienne*. Vor dem Stadttor erstrecken sich die herrlichen Strände *Lilia* und *St. Michel* mit makellos weißem Sand, dazwischengestreut einige blankpolierte Steine. Wer Lust hat, besucht den Leuchturm der Jungferninsel, den *Phare de l'île Vierge.* Wie man hinkommt: täglich mit dem Bus Brest-Plouguerneau-Lilia. Auskunft: *Cars des Abers*, T. 98 04 70 02.

– **Verkehrsamt:** Place de l'Europe, T. 98 04 70 93. Ganzjährig.

### Wo unterkommen, wo den Magen besänftigen?

▪ **Gemeindeeigener Zeltplatz La Grève Blanche:** T. 98 04 70 35. Von Ostern bis Ende September geöffnet.

▪ **Hôtel-Restaurant Castel Ac'h:** am Strand von Lilia-Plouguerneau. T. 98 04 70 11. Fax: 98 04 58 43. An der zerklüfteten Lilia-Küste, gleich am Wasser. Zimmer 160-300 F. Das beliebte Restaurant bietet Menüs ab 70 F.

♦ **Le Lizen:** route St. Michel, in Plouguerneau. T. 98 04 62 23. Geöffnet von Ostern bis September, während der Ferien täglich, ansonsten jedes Wochenende. Wir wollten eigentlich nur eine Crêpe schnabulieren, aber dann gefiel's uns so gut, daß wir den ganzen Abend verweilten. Das renovierte Haus mit Strohdach vom Anfang des 19. Jhs sieht aus wie im Märchen. Gepflegte, gemütliche Atmosphäre.

♦ **Restaurant Trouz Armor:** le Correjou, in Richtung Saint-Michel. T. 98 04 71 61. Heller Speisesaal über dem Meer, keine außergewöhnliche Einrichtung, aber ausgezeichnetes Preis-Leistungs-Verhältnis. Vier üppige Menüs ab 72 F.

## Sehenswertes

► **Musée des Goémoniers** (Tangsammlermuseum): an der Route de Saint-Michel. T. 98 04 60 30. Einlaß von Ostern bis Ende September, täglich von 14-18h. Außerhalb der Ferienzeit nachmittags von 13.30-16.30h. Für alle, die das Land der Aber und Strandräuber verstehen und eingehender kennenlernen wollen, Pflicht. Bestens mit Material versehen: alles über die Tangsammler, einige Schiffwracks, Modellbauten, Ausstellung alter Tangsammlerkähne. Auch die illustrierte Geschichte des Leuchtturms von Plouguerneau und der Dünenlandschaft kommt nicht zu kurz. Videos über das Einsammeln und Verarbeiten des Tangs, ferner Seezeichen, Unterwasserarchäologie und Meeresökologie.

► **Ruinen von Iliz Koz:** von Plouguerneau zwei Kilometer in Richtung Saint-Michel, dann links ab. Stattliche Überreste der alten Pfarrkirche von Tremenec'h. Der Legende zufolge verschwand der Pfarrbezirk zu Beginn des 18. Jhs unter den Dünen, weil drei junge Leute eine schwarze Katze vom blinden Pfarrer taufen lassen wollten. Diese Lausbuben! Auch wir möchten gerne das ein oder andere verschwinden lassen: blinde Pfarrer, meldet euch!

# GUISSÉNY (29249)

Wir befinden uns nun im Herzen des *Pays Pagan*, des »heidnischen Landes«. Irische Missionare tauften den Landstrich zwischen Guissény und Brignogan im 5. Jh. so, weil hier vorwiegend die gefürchteten Stranddiebe hausten. Die brachten es fertig, in einer einzigen Nacht Schiffwracks gründlich auszuplündern und selbst die letzte Planke abzubauen. Schenkt man mündlichen Überlieferungen Glauben – die teilweise ganz sicher ins Reich der Legende gehören! – sollen ganz skrupellose Plünderer die Schiffsunglücke sogar heraufbeschworen haben, indem sie Laternen oder Fackeln an den Hörnern hinkender Kühe befestigten, um die üblichen Signalfeuer nachzuahmen. Als Entschuldigung machen wir geltend, daß die Menschen hier außerordentlich arm waren (im Gegensatz zu den meisten Missionaren). Eine geplünderte Schiffsladung sicherte das Überleben für Monate.

▸ Der gesamte Küstenabschnitt von Guissény bis Brignogan ist übersät mit Felsen und Dünen. Einige vom Massenansturm verschonte Plätzchen sind uns zum Glück geblieben – und das sollte auch so bleiben. Richtung Plouguerneau erreichen wir den **Grève de Zorn**, eine einladende Sandbank. In Guissény unbedingt die hübsche **Kirche** aus dem 17. Jh. aufsuchen. Bereits der Glockenturm ist vielversprechend. Vier Kreuze markieren den Friedhofseingang. Prächtiger *Altaraufsatz* in der Kapelle der Unbefleckten Empfängnis.

## Kost & Logis

▪ **Bauerngasthaus** (Ferme Auberge) von M. und Mme Le Gall: in Kéraloret, einige Kilometer von Guissény. Mustergültig ausgeschildert: man folge den kleinen rosa Wegweisern. T. 98 25 60 37. Fax: 98 25 69 88. Mittwochs mittags geschlossen sowie während der Ferien an Allerheiligen. Freundliche Aufnahme, gemütliche Zimmer, Campinggelegenheit auf dem Bauernhof, nur nicht während der Woche um Allerheiligen. Just das Richtige für Anhänger einer soliden Hausmannskost. Drei Menüs ab 70 F. Nichts wie ran an den gekochten Schinken, ans Lammfleisch oder die hausgemachte Suppe! Dazu ein ausgezeichneter Cidre. Zimmer ab 280 F, Frühstück inbegriffen. Die hiesige Spezialität, Speckkuchen namens *Kig a Farz*, gibt es dienstags und samstags abends. Schon am Vorabend oder früh morgens zu bestellen. Eine besonders sympathische Adresse, wie wir meinen.

## BRIGNOGAN (29890)

Überwiegend von Familien besuchter Badeort, expandiert jedoch zusehends. Berühmt wegen seiner *Chaos rocheux,* Felsenmeeren aus Granitblöcken, in der Umgebung. An dem einen Strand weisen sie die Form eines Frosches auf.

▸ Nicht die **Bucht am Leuchtturm von Pontusval** verpassen, die prächtige Sandbank dort und die liebreizende **Kapelle Pol**, rund 2,5 km nördlich von Brignogan in den Felsen errichtet.
▸ Am Weg zur Kapelle stößt man auf einen eigentümlichen »christianisierten« **Hinkelstein:** auf seinen knappen 8 m prangt doch tatsächlich ein Kreuz. Sieht diesen Schwarzröcken ähnlich, die noch jeden »heidnischen« Feiertag, jede Gottheit und jedes kultische Gemäuer für ihre Zwecke vereinnahmt haben. Wär ja alles halb so schlimm, wenn sie hinterher nicht hergingen und behaupteten, das alles sei auf ihrem Mist gewachsen ...
▸ Wasserratten empfehlen wir den noch recht natürlichen, feinsandigen Strand von **Ménéham,** 2 km in westlicher Richtung, schon auf der Gemarkung der Gemeinde Kerlouan. Malerisches Felsenmeer.

– **Fremdenverkehrsverein:** T. 98 83 41 08. In der Nachsaison dienstags und donnerstags nachmittags geöffnet, vom 1. Juli bis zum 15. September sogar täglich.

## Quartier machen und einkehren

▪ **Ar Reder Mor:** av. Général-de-Gaulle, mitten im Ort. T. 98 83 40 09. Fax: 98 83 56 11. Modern, ohne persönliche Note, aber anständig. Zimmer ab 290 F. Im August ist Halbpension Pflicht.

● ***Nobler***

▪ **Hostellerie Castel Régis:** am Hafen von Brignogan. T. 98 83 40 22. Fax: 98 83 44 71. Auf einem malerischen Kap, zwischen Hafen und Bucht, mitten in einem Park. Sehr ruhig. Beheiztes Meerwasserschwimmbad, Sauna, Tennis, Minigolf: alles, was das Herz des Touristen begehrt. Zimmer ab 270 F, zwei Menüs um die 120 F. Essen nach der Speisekarte entpuppt sich als verdammt teuer. Im Juli-August zwangsweise Halbpension.
▪ **Zeltplatz Kéravezan:** nördlich des Dorfs, in Richtung *Plage des Crapauds* (Krötenstrand). T. 98 83 41 65. Fax: 98 83 55 90. Aufnahme vom 1. Juni bis zum 30. September.
▪ **Gemeindezeltplatz Kérurus:** nebenan, Gemeinde Plouénour-Trez, unweit vom Meer. T. 98 83 41 87. Vom 15. Juni bis zum 15. September geöffnet.

## GOULVEN (29890)

Eingenistet im hintersten Winkel einer weiten Bucht. Zieht sich das Meer bei Ebbe zurück, fällt eine riesige Sandbank über mehrere Kilometer trocken. Garantiert stimmungsvolle Urlaubsfotos, wenn Sonne und Wolken mitspielen.

► Goulven besitzt eine der hübschesten **Kirchen** an der Küste – mit einem Glockenturm aus dem 16. Jh., ganz wie Notre-Dame-du-Kreisker zu St. Pol-de-Léon. Spätgotisches Portal rechter Hand der Renaissancevorhalle. Bemerkenswert auch der Altar aus grauem Granit. Davor ein kleinerer Altar mit gemeißelten, bemalten und naiv anmutenden Szenen. Der antike Lettner (16. Jh.) wird als Orgelempore genutzt.
► Richtung Plouescat erreichen wir die berühmten **Dünen von Keremma,** um deren Erhalt sich das Küstenschutzamt besonders kümmert. Das *Maison des Dunes* (T. 98 61 68 31) veranstaltet geführte Wanderungen durch die menschenleere, weite Landschaft, deren ökologisches Gleichgewicht sehr labil ist. Ganzjährig geöffnet.

## Unterkommen und einkehren

♦ **Crêperie de Saint-Goulven Ar Pitilig:** in der Ortschaft Goulven, Richtung Brigognan. T. 98 83 55 76. Ganzjährig geöffnet, unter der Woche auf Voranmeldung. Bauernhof mit viel Blumenschmuck; im Inneren Fotoausstellungen und ... zarte Crêpes. Nette Bedienung.

▪ **Camping O de Vras:** auf der Gemarkung von Plouvenez-Lochrist. T. 98 61 65 17. Das Meer ist ganz in der Nähe. Einladender Strand bei der Kapelle St. Guévroc.

▪ **Camping Keremma:** in Tréflez. T. 98 61 62 79. Aufnahme vom 15. Juni bis zum 15. September.

▪ **Gästezimmer:** bei Claudine Roué, Kersehen in Plouider. T. 98 25 40 41. Drei gemütliche Zimmer für zwei Personen ab 240 F. Modernes Haus mit gepflegter Einrichtung, nette Begrüßung. Serviert auf besonderen Wunsch hin auch Mahlzeiten.

## PLOUESCAT (29430)

Ackerbürgerstädtchen mit rund viertausend Einwohnern, das vom Tulpen-, Artischocken, Zwiebel- und Blumenkohlanbau lebt. Kulturell betrachtet ist nicht allzu viel geboten, auch nicht in der Umgebung. Dies macht sich natürlich auch positiv bemerkbar, z.B. durch fehlende Menschenmassen am Strand, nicht vorhandene Parkplatznöte und fehlendes Gedränge in den Geschäften zur Hauptferienzeit.

► Die fast fünfhundert Jahre alte **Markthalle**, Mittelpunkt des Städtchens gegenüber der Kirche, mit ihrem hübschem Holzgebälk wäre die einzige Sehenswürdigkeit, gäbe es da nicht die Geschichte des ... **Zizi de pépé,** »Opas Pimmel«. Dieser Felsen besaß in der Tat die unzweideutige Form eines Phallus und gibt seit Jahrhunderten Anlaß zu hämischem Grinsen und krassesten Witzen. Nebenbei bemerkt: die spielen sich in Frankreich ohnehin häufiger als bei uns unter der Gürtellinie ab. Dennoch: die Ortsverwaltung beschloß im Juli 1987, in einem Anflug von sittlicher Entrüstung, den Stein des Anstoßes sprengen zu lassen. Seitdem üben böse Geister Rache und beschmieren die rundlichsten und blankpoliertesten Felsen mit »Omis Popo«, und das in schönstem Rot. Bis jetzt ist nicht bekannt, ob dem Rathaus schon der Zuschuß für die Sprengung aller restlichen »obszönitätsgefährdeten« Felsen bewilligt wurde. Wie schrieb doch *Kurt Tucholsky* schon 1929: »die Bretagne ist das Bayern Frankreichs.«

Übrigens: Plouescat ist unübersehbar Partnerstadt der deutschen Gemeinde Wandfried (nur für den Fall, daß man einmal Feuerwehrleute deutschen Zungenschlags begegnen sollte ...)

► Pimmel hin, Popo her: erwähnen wollen wir noch die wunderschönen Strände. Jene von **Pors-Meur** und **Pors-Guen** breiten ihren weißen Feinsandstrand ins Unendliche aus. Ein Königreich für

Wellenreiter, Windsurfer oder Strandsegler. Harmonische Granitanordnungen sind ebenfalls zu bewundern.

## Sich betten und verköstigen

- **Hôtel Roc'h-ar-Mor:** in Porsmeur. T. 98 69 63 01. Von Oktober bis Ostern geschlossen. Das Hotel wurde ohne Genehmigung auf einer Düne erbaut. Junge, nette Mannschaft. Liebhaber von postkartenreifen Sonnenuntergängen kommen voll auf ihre Kosten. Zimmer mit WC ab 150 F. Helles, einfaches Restaurant, Menüs ab 90 F. Liebevoll zubereitete Fisch- und Meeresfrüchtespezialitäten.
- **Hôtel de la Baie du Kernic:** 100, rue de Brest. Am Ortsausgang von Plouescat, Route de Goulven. T. 98 69 63 41. Außerhalb der Saison montags und sonntags abends sowie im November geschlossen. Liegt zwar nicht unbedingt in der interessantesten Ecke, stellt jedoch eine angenehme Etappe dar, preiswert und piccobello. Unterkunft ab 150 F, im Anbau luxuriöse Zimmer zu 280 F. Das Lokal ist seit Jahr und Tag Anlaufstelle hungriger Einheimischer und Sommerfrischler. Vier Menüs, wobei für jeden Geldbeutel etwas dabei sein dürfte: 80-260 F.

♦ Zwei gut sortierte **Supermärkte** mit Fischabteilung für Selbstversorger.

## Mit dem Rad unterwegs

Die Gegend um Plouescat bis hinauf nach St. Pol de Léon und Roscoff ist ideal für zünftige Fahrradtouren, da man fast die gesamte Strecke am Meer zurücklegen kann. Zahlreiche Granitformationen, die teilweise erst bei Ebbe auftauchen und viel interessanter sind als die ewigen Sandstrände, die es hier aber auch zur Genüge gibt. Unterwegs bewahren uns Crêperien und Restaurants vor dem Verhungern. In guter Erinnerung haben wir das ...

♦ **Le Pacific:** in 29233 Cledern-Kerfissien, 6 km nordöstlich von Plouescat; unmittelbar am Meer, das der großen Fenster wegen ständig präsent ist. Mittagsmenü zu 60 F einschließlich Wein, jedenfalls in der Vorsaison. Ansprechend gedeckte Tische und freundliches Personal. Ab Anfang Juli drei leckere Menüs (70-150 F), ohne Wein.

# CLÉDER (29233)

Im Gegensatz zu seiner natürlichen Umgebung, von ländlicher Unverdorbenheit und reich an architektonischen Kostbarkeiten, erweist sich Cléder, im Léon, als gesichtslos. Dem Küstenweg folgend, sind in den Dünen immerhin ein Tangofen, einladende Kieselstrände, das Haus des Küstenwächters und bizarre Felsformationen zu entdecken. Die Gegend wimmelt nur so von Schlössern, Herrensitzen, Mühlen und überwucherten Ruinen.

– **Verkehrsamt:**
place Charles-de-Gaulle. T. 98 69 43 01. Ganzjährig geöffnet.

## Übernachtung und Verpflegung

▪ **Gemeindeeigener Zeltplatz von Poulennou:** in Cléder, am Meer. T. 98 69 48 37. Vom 15. Juni bis 15. September geöffnet.
▪ **Gemeindeeigener Zeltplatz Bois de la Palud:** in Plougouln. T. 98 29 81 82. Fax: 98 29 82 26. Vom 15. Juni bis 15. September geöffnet. Beneidenswerter Meeresblick.
▪ **Gästezimmer auf dem Bauernhof:** beim Ehepaar Grall in Kernevez. T. 98 69 41 14. In einem für das Pays Léon typischen Bauernhaus, neben dem Herrensitz von Tronjoly. Drei Zimmer mit zwei Gemeinschaftsbadezimmern ab 210 F für zwei. Sympathischer Empfang.
▪ **Hôtel-Restaurant La Marine:** Hafen Moguéric, 29250 Sibiril, zwischen Plouescat und Saint-Pol-de-Léon. T. 98 29 99 52. Nettes Hotel, das unmittelbar auf den Hafen blickt. Anständige Zimmer mit oder ohne Bad ab 180 F. Gesunde Diätküche und drei reichliche Menüs ab 105 F. Der Wirt fuhr früher als Fischer zur See, also versteht er sich besonders auf die Zubereitung von Meeresfrüchten. Große Auswahl an Weinen.

♦ **Crêperie La Galerne:** 50, rue d'Armorique, in Cléder. T. 98 69 41 34. Außerhalb der Saison geschlossen. Genießt einen guten Ruf; schlichte Einrichtung, aber einfallsreiche Speisekarte. Die Wirtin läßt niemanden gleichgültig ...

## Auf einen Schluck in der Umgebung

♦ **Le Cormoran Pub:** rue de Sieck, in Dossen, Santec, zehn Kilometer östlich von Cléder. T. 98 29 77 26. Heimeliger Pub mit vielen Biersorten, gutem Rock oder Blues, vis-à-vis der schönen Insel Sieck. Der Wirt weiß, was er seinen Gästen schuldet.

## Sehenswertes

▸ **Manoir de Tronjoly:** herrschaftliches Anwesen aus dem 16. Jh., das sich malerisch in eine Mulde duckt, ortsausgangs von Cléder in Richtung Parc des Amiets. Nur Park und Kapelle sind zugänglich. Mitten im Hof eine schöne Monolith-Vase.

▸ **Schloß Kerouzéré:** in Sibiril, Richtung Saint-Pol-de-Léon. Kostenlose Besichtigung der Außenanlage; das Innere ist vom 15. Juli bis 15. September zugänglich. Auskunft unter T. 98 29 96 05. Zwischen dem 15. Juli und 31. August nur nachmittags zu besichtigten. Imposante Festung aus dem 15. Jh. Wer Grund zum Feiern hat, miete sich die Räume im Erdgeschoß.

## BERVEN (29225)

Ruhige Kleinstadt im Besitz eines sehenswerten *Pfarrbezirks*. Hinein kommt man durch das große Triumphtor im Renaissancestil mit drei Rundbögen, die seltsamerweise einen halbfertigen Eindruck machen. Kirche aus dem 16. Jh., streng und erhaben, mit einem für die Bretagne typischen Glockenturm: durchbrochene Laternen, Balustraden usw. Einige Wasserspeier schauen auf die Besucher herunter. Im Inneren lenke man sein Augenmerk auf die Schnitzbalken und die Chorbrüstung aus Holz und Stein.

### Übernachtung

▪ **Bar-hôtel des Voyageurs** (Chez Simon): in der Altstadt. T. 98 69 98 17. Sonntags abends und montags geschlossen. Besonders schönes Haus; die Kneipe existiert seit 1851.

### Wenn der Magen knurrt

♦ **Crêperie du Château:** Kerfao in Saint-Vougay, 200 m bis zum Schloß Kerjean. T. 98 69 93 09. Von Oktober bis Ostern geschlossen. Hübsch hergerichteter Bauernhof und sympathische Wirtin. Crêpes mit Zutaten aus eigener Herstellung.
♦ **Moulin de Kerguiduff:** allée du Meunier, 29440 Tréflaouénan. T. 98 29 51 20. Montags Ruhetag. Der Müller ist einem Lokal gewichen, das zwei bodenständige Menüs mit Hausmannskost zu 70 bzw. 100 F anbietet.

### Sehenswertes im Umkreis

► **Château de Kerjean:** in Saint-Vougay, 5 km südwestlich von Berven. Sicher eines der Vorzeigeschlösser im Léon, inzwischen in den Besitz des Départements übergegangen. Besuch unbedingt vormerken. Öffnungszeiten: im Juli/August täglich von 10-19h, im Juni und September außer dienstags von 10-12 und 14-18h. Sich wegen der anderen Monate erkundigen.
1560 errichtet, mischt Schloß Kerjean munter Festungsarchitektur mit dem pompösen Gehabe der Renaissance. Es besteht aus einer Ummauerung, einem viereckigen Hof und drei Gebäudeteilen. Unübersehbar sind die gewaltigen Kamine. Im Inneren ansehnliches bretonisches Mobiliar: bretonische Schrankbetten mit verschließbaren Holzläden, Aussteuertruhen, Mehlkästen, Schränke usw. Und rund ums Schloß ein herrlicher Park mit Springbrunnen und einem Taubenschlag aus dem 16. Jh. Neben der Schloßbesichtigung werden meist noch Sonderausstellungen und andere Veranstaltungen geboten. Auskünfte: T. 98 69 93 69, Fax: 98 27 50 17.

► **Museumsbauernhof des Léon:** in Lanqueran, Tréflaouénan, nördlich von Berven. T. 98 29 53 07. Vom 1. Mai bis 30. September täglich, außerhalb der Ferienzeit nur am Wochenende geöffnet. Authentisches Museum, welches das Landleben um 1900 originalgetreu nachstellt. Im Sommer werden die damals auf einem Bauernhof anfallenden Arbeiten vorgeführt. Nette Begrüßung.

## LESNEVEN (29260)

Wichtiger Verkehrsknotenpunkt und Handelsstadt im Léon, bekannt für die Qualität seiner Backwaren. Wer hätte beim Anblick dieser friedlichen Kleinstadt gedacht, daß hier der bretonische König des Revolvers und des Argot das Licht der Welt erblickte: *Auguste Le Breton*, Autor unzähliger Krimis, neun davon verfilmt.

► Besitzt das Städtchen auch keinen umwerfenden Charme an sich, so doch einige historische Bauten in der Innenstadt und natürlich das **Musée du Léon** im ehemaligen Kloster der Ursulinen, 12, Rue de la Marne, dem heutigen »Maison d'Accueil«. Publikumsverkehr außer dienstags und freitags von 14-18h. Frühgeschichte, galloromanische Periode, religiöse Kunst, Möbel und traditionelle Gewänder, Gemäldegalerie usw. Großer Markt.

– Der **Strand von Treflez** lädt zum Baden ein, doch in Keremma ist Nacktbaden nicht gern gesehen.

### Übernachtung und leibliches Wohl

▪ **Hôtel Breizh-Izel:** rue du Four. T. 98 83 12 33. Blumengeschmücktes Bürgerhaus, freundlicher Empfang. Saubere Zimmer ab 120 F, einige erinnern an das Rokoko.

♦ **Restaurant Breton:** in Saint-Frégant, drei Kilometer westlich von Lesneven. T. 98 83 05 33. Sonntags sowie im August zu. Gegenüber von der Kirche. Von außen unscheinbar, aber wenn man erst einmal den geräumigen hinteren Saal gesehen hat, sagt man sich, daß es nicht bloß für zehn Gäste gebaut wurde. Gehaltvolle, großzügig bemessene Gerichte zu fairen Preisen. »Arbeiterteller« für 60 F. Donnerstags ißt man auf Vorbestellung echt bretonisch *(Kig ar farz)* oder exotisch (Kuskus). Wer sich rechtzeitig einen Platz sichern will, treffe gegen 11.55h ein. Netter Empfang und jede Menge gute Laune sind zugesichert. Wenig Touristen, zu denen wir ohnehin nicht zählen.

♦ **Restaurant-Pâtisserie G. Labbé:** 9, rue Notre-Dame. T. 98 83 00 25. Mittags ein Tagesgericht für rund 50 F. Nachtisch 20 F.

### Konditern gehen ...

♦ **Pâtisserie G. Labbé:** 9, rue Notre-Dame. T. 98 83 00 25. Der Ruf des Unternehmens hat sich schon in einem 50-km-Radius verbreitet, und das mit Fug und Recht.

## LE FOLGOET (29260)

Nur zwei Kilometer von Lesneven entfernt, lockt einer der größten bretonischen Wallfahrtsorte am nächstgelegenen Sonntag zum 8. September Tausende von Gläubigen und Schaulustigen an. Schon ein wenig befremdlich, ein so kleines Dörfchen mit so einer Riesenkirche, beinahe einer Kathedrale ... Übrigens eine der stattlichsten Basiliken in der Bretagne.

### Ein wenig Geschichte und viele Legenden

Um 1315 hauste ein armer Teufel im Baumstamm einer Eiche. Sein Name war *Salaün* und er betete den ganzen lieben langen Tag ein Ave Maria nach dem anderen. Den Rest der Zeit ging er zur Kirche oder bettelte sich das Lebensnotwendigste zusammen. Die Dorfleute nannten ihn *»Fol Goat«*, den Irren vom Wald. Eines Tages starb er, und wurde statt auf dem nahegelegenen Friedhof wie ein Hund neben seinem Baum verscharrt; weder eine Messe, noch der Besuch eines Priesters wurden ihm gewährt. Gott muß diese Ungerechtigkeit arg mißfallen haben, denn er ließ eine schneeweiße Lilie auf seinem Grab erblühen. Auf ihren Blättern trug sie die Inschrift »Ave Maria« in goldenen Lettern. Das Wunder dauerte mehrere Wochen an. Drum strömte die halbe Bretagne zusammen und beschloß, eine Kapelle zu errichten. Johann IV., Herzog der Bretagne, der eh schon den Bau einer Basilika zu Ehren der heiligen Maria gelobt hatte, faßte den Entschluß, dies in Folgoët zu erledigen. Er legte auch noch den Grundstein, doch befiel ihn dann ein merkwürdiger Gedächtnisverlust. Vierundfünfzig Jahre mußten verstreichen, bis sich Johannes V. an das Gelübde seines Vaters erinnerte und die Bauarbeiten in Angriff nehmen ließ.
Zum ersten Mal wurde hier ein Baumaterial benutzt, das später in der bretonischen Architektur heiß begehrt wurde: Granit aus Kersanton. Gegen 1460 schloß man die Arbeiten an der Basilika ab. Ludwig XIV., der die Bretonen nicht ausstehen konnte, stufte die Basilika in den Rang einer simplen Kapelle zurück. Brände, Exzesse revolutionärer Eiferer – die Apostel der Vorhalle wurden guillotiniert – und Säkularisierung der Kirche – sie diente erst als Schweinestall, dann als Kaserne (in dieser Reihenfolge) – beschleunigten den Zerfall der Basilika. Erst *Prosper Mérimée*, seinerzeit französischer Generalinspekteur für historische Bauwerke (und in seiner Freizeit Autor der schwülstigen Novelle »Carmen«) rettete 1835 als Beauftragter in Sachen Denkmalschutz die Kapelle und trug einiges zu ihrer Wiederherstellung bei.

### Sehenswertes

► **Basilika:** flankiert von zwei Türmen. Einer davon mißt 56 m und sucht mit seiner zartgliedrigen Architektur in der ganzen Bretagne seinesgleichen. Einmalig schönes Südportal im spätgotischen Stil, gleich dem Kalvarienberg gegenüber.

Le Folgoët

Im Inneren ein Meisterwerk mittelalterlicher Skulptur: der *Lettner,* aus Kersantoner Granit gemeißelt, mit bewundernswert harmonischen Proportionen. Drei elegante Säulen stützen drei Bögen, die wiederum mit Spitzbögen versehen sind. Rosette über dem Chor und mehrere Granitaltäre aus dem 15. Jh.

► **Doyenné:** vis-à-vis der Basilika. Derzeitiges Pfarrhaus in einem türmchenbewehrten Herrenhaus aus dem 16. Jh.

► **Maison du Patrimoine:** T. 98 40 21 18; während der Hauptsaison täglich geöffnet, von Mitte September bis Mitte Juni geschlossen. Beherbergt Statuen aus verschiedenen Epochen und mittelalterliches Mobiliar. Untergebracht in der Pilgerherberge, *Hôtel des Pélerins,* das vor fünfzig Jahren im neugotischen Stil errichtet wurde. So blieb die stilistische Einheit Folgoëts erfreulicherweise gewahrt.

– **Grand Pardon de Notre-Dame-du-Folgët:** alljährlich an jenem Sonntag, der dem 8. September am nächsten liegt. Die Wallfahrt spiegelt bretonische Wesenszüge in beeindruckender Weise wider.

## *CROZON UND UMGEBUNG*

## HALBINSEL PLOUGASTEL

Der Weg zur Halbinsel Plougastel führt über die Brücke *Pont Albert-Louppe,* ein mächtiges Bauwerk des Architekten *André Freyssinet* aus dem Jahre 1930. Links und rechts der Straße ergibt sich ein schönes Panorama mit der Reede von Brest und dem Elorn. Da die schmale Brücke den Ansprüchen unserer automobilen Zeit nicht mehr genügt, wird sie wohl bald durch eine von 114 m hohen Tragmasten gehaltene Schrägseilbrücke entlastet werden. Die Halbinsel ragt ins Meer hinein wie die fünf Finger einer Hand. Die meisten Urlauber hasten jedoch nach Süden – die hiesigen Badestrände verlieren wohl durch die Nähe von Brest oder sind eben nicht in Mode – bis *Crozon*, dem bekanntesten Strand. Damit liegen sie gewiß nicht falsch: Crozon ist tatsächlich unerreicht! Sollte jemand indes über ausreichend Zeit und Sinn für Zwischentöne verfügen, so gilt es, auch den Rest der Halbinsel erkunden! Putzige Hafenorte und ein Netz schmaler Sträßchen, gerade breit genug für zwei Fahrräder oder ein Auto, erwarten Entdeckungsfreudige. Die Halbinsel Plougastel ist übrigens bekannt für ihre Erdbeerkulturen, die seit dem 18. Jh. einen festen Platz im Landschaftsbild innehaben. Nicht weniger berühmt ist Plougastel für seine Kapellen, Zeugen vergangenen Reichtums.

► **Chapelle de la Fontaine Blanche** (16. Jh.): Wallfahrt am 15. August, bekannt für ihre Volkstrachten. Doppelportal mit Rundbogen und Glockenturm mit Oberlicht. Das majestätische Pfarrhaus gegenüber fällt leider allmählich in sich zusammen.

► **Chapelle Saint-Claude:** besitzt einen windschiefen Glockenturm. Ob's wirklich am bretonischen Wind liegt, oder doch vielmehr an einer Fehleinschätzung des Baumeisters?

► In **Sainte-Christine** trifft man eine schmucke *Kapelle* aus dem 15. Jh. an. Die Heilige trägt einen Mühlstein um den Hals. Die Crêperie *An Digarez,* T. 98 40 55 06, hat nur freitags bis sonntags von 17-24h geöffnet. Nachdem wir zum zehnten Mal nach dem Weg gefragt haben, erreichen wir endlich den winzigen, hübschen Hafen von **Lauberlac'h**.

► **St. Adrien** erfreut sich einer uralten Kapellen mit Kalvarienberg. Feierliche Wallfahrt am zweiten Sonntag im Mai.

► **St. Guénolé**, am Ende einer schmalen Bucht, bietet eine nicht minder entzückende Kapelle aus dem 16. Jh. Anschließend den *Aussichtspunkt von Keramenez* besteigen, der ein wundervolles Panorama über einen Großteil der Halbinsel, die Brester Reede und Crozon beschert. Eine nette Straße führt hinab zum Hafen von **Tinduff**.

► Am Ende der *Pointe de l'Armorique,* in der Ortschaft **L'Armor**, lebte einst im Haus Nr. 1 links von der Dorfeinfahrt eine bekannte bretonische Persönlichkeit, nämlich *Job l'Armor*. Der französische Chansonnier George Brassens verewigte ihn in einem seiner Lieder. Armor besaß dort ein Café, in dem noch die alten Veranstaltungsplakate von vor dreißig Jahren zu sehen sind. Was bleibt, ist der von ihm ersonnene diabolische Cocktail: *Franch-per* (drei Viertel weiße Minze auf einem Viertel braunen Rum). Natürlich auf nüchternen Magen zu genießen. Und hübsch die verheerende Wirkung abwarten, ja?

## PLOUGASTEL-DAOULAS (29470)

Größerer Marktflecken, dessen Entwicklung von der nahegelegenen Metropole Brest behindert wurde. Nach dem verheerenden Bombardement im Krieg litt dann der Reiz des Städtchens unter dem schnellen Wiederaufbau. Plougastel ist hauptsächlich bekannt für seinen mit zahlreichen Persönlichkeiten ausstaffierten Kalvarienberg mit über hundertfünfzig Figuren. Auch er mußte nach den Schäden aus dem letzten Krieg erst wiederhergestellt werden. Die verantwortlichen amerikanischen Bomberpiloten spendeten das dafür nötige Geld. Die deutschen Soldaten dagegen spendeten nichts, taten sie doch nur ihre Pflicht, indem sie in Plougastel-Daoulas ihr Vaterland verteidigten.

► **Kalvarienberg:** datiert aus dem Jahre 1602 und wurde nach dem Vorbild Guimiliaus errichtet, zum Dank dafür, daß nicht alle in der Gegend an der um sich greifenden Pest verreckten. Es handelt sich also um ein *Kroaziou ar vossen* (Pestkreuz), erkennbar an den Kugeln am Kreuzschaft, die Pestbeulen versinnbildlichen sollen. Die hundertachtzig Gestalten wirken leider etwas starr, doch finden wir hier die Legende der armen *Katell Gollet* wieder (s. Kapitel über Guimiliau). Kurios, die Zweifarbigkeit des verwendeten Steins: Granit aus Kersanton und Ockerstein, vermutlich seit der Restaurierung.
Als ob der Kalvarienberg nicht schon genug unter seiner Umgebung zu leiden hätte, sollte sich ein paar Meter weiter ein großer Einkaufsmarkt ansiedeln; tatsächlich ist der Bau Ende 1988 begonnen worden! Umweltschützer, Einwohner mit einem Rest kulturellen Gespürs sowie ein kluges Urteil des Gerichts in Quimper haben gegen den Widerstand interessierter Geschäftsleute das Schlimmste verhütet. Die Verantworlichen verzichteten auf den architektonischen Sündenfall!

Brel, Ferré, Brassens

– **Verkehrsamt:**
place du Calvaire. T. 98 40 34 98. Ganzjährig besetzt.

## Tisch & Bett

▪ **Hôtel Kervella:** 1, rue Mathurin-Thomas, im Dorf. T. 98 40 36 50. Altes Gemäuer, das so auch in Irland stehen könnte. Halbpension ab 180 F, Menü ab 60 F.

♦ **Crêperie de Kertanguy:** Croix de Kertanguy, 80 m vom Dorf. T. 98 40 33 48. Ganzjährig geöffnet. Außerhalb der Urlaubszeit montags geschlossen. Rustikale Einrichtung und über hundert Sorten Crêpes.

♦ **Le Chevalier de L'Auberlac'h:** 5, rue Mathurin-Thomas. Etwa 400 m vom Kalvarienberg. T. 98 40 54 56. Täglich, außer sonntags abends, über Mmittag und abends bis 21.15h geöffnet. Geräumiger Speisesaal, Einrichtung rustikalo-schicki-micki – offener Kamin, Sprossenfenster und Holzvertäfelung – aber nicht ungemütlich. Menü ab 115 F, günstiges Preis-/Leistungsverhältnis. Verführerische hausgemachte Desserts. Unter der Woche preiswerteres Menü ab 85 F.

## Sehenswertes

► **Musée du Patrimoine:** 14, rue de l'Église, T. 98 40 21 18. Zutritt in der Zeit vom 1. Juli bis zum 15. September von 10.30-19h. Ab dem 15. September bis zum 15. Oktober nur noch von 14-19h, wobei montags ganz geschlossen bleibt. Das Museum trägt den Namen der hier beheimateten Familie Louis-Marie Bodenes. Thema ist das Kulturerbe der Halbinsel: Geschichte, Hausformen, Trachten, Wirtschaft etc.

# DAOULAS (29460)

Der Marktflecken 20 km südlich von Brest genoß während des Mittelalters dank des *Daoulas,* einem in ganz Europa begehrten Leinenstoff von hoher Qualität, großes Ansehen. Regelmäßiger Kunde war übrigens der Vater Shakespeares, von Beruf Stoffhändler. Heute besucht man Daoulas der Überreste seiner im Jahre 500 gegründeten Abtei und des romanischen Kreuzgangs wegen, die in der Bretagne ihresgleichen suchen. Zeitweise Ausstellungen im *Kulturzentrum*, T. 98 25 84 39: vom 15. Juni bis 6. Oktober von 9-20h; außerhalb der Saison von 10-12h und von 13.30-17.30h.

– **Point d'information:** 2, route de la Gare; erteilt im Juli/August Auskünfte.

## Zum Hungerstillen

♦ **Ferme du Cloître:** im Weiler Cras. T. 98 25 80 56. Dienstag Ruhetag. Crêperie, bretonischer Imbiß.
♦ **L'Écoute:** 1, route de Quimper. T. 98 25 85 41. Restaurant nur im Juli-August auf. Das Café mit Gemischtwarenladen hat seine Einrichtung seit 1920 kaum verändert, auch wenn die neuen Eigentümer hier und da renoviert haben.
♦ **Crêperie de l'Abbaye:** 2, rue Valy. T. 98 25 85 50. Schmackhafte »Seemannscrêpe«: in Cidre zubereitete Jakobsmuschelstücke. Schlichter äußerer Rahmen.

## Sehenswertes

► **Portalvorbau des Friedhofs:** gotisches Triumphtor, wie man es nicht alle Tage zu Gesicht bekommt. Es handelt sich um die ehemalige Vorhalle des Südportals der Kirche aus dem 16. Jh. Einfach bewundernswert, dieser Formenreichtum, die Feinheit der Skulpturen. Im hinteren Teil des Friedhofs erhebt sich ein Methusalem unter den Kalvarienbergen. Dies alles, zusammen mit den umliegenden Gebäuden aus dem 15. und 16. Jh., ergibt ein Bild voller Harmonie.

► **Kirche:** im 12. Jh. entstanden. Langes Kirchenschiff ohne Transept im bretonisch-romanischen Stil. Der ockerfarbene Stein verleiht dem Ganzen eine ungewöhnliche Wärme. Bemerkenswert auch die harmonischen Maße der gewölbten Säulen, die Kraft und Grazie

**Daoulas, Weihwasserbecken**

miteinander versöhnen. Das ehemalige Beinhaus am Kopf der Kirche dient heute als Sakristei. Die *Renaissancekapelle Sainte-Anne* weiter unten ist nicht zu besichtigten.

► **Kreuzgang:** einziges vollendetes Werk romanischen Baustils im Finistère. 32 von kleinen Säulen gestützte Bögen, die Kapitelle mit filigranen Laubwerkverzierungen. In der Mitte ein mit geometrischen Motiven und Köpfen bestücktes Becken.

► **Markt von Daoulas:** sonntags vormittags, Nähe Rivière de Daoulas. Zu Schleuderpreisen finden sich hier Trockenblumensträuße und Heilpflanzen, die aus einem Garten mit über fünfhundert verschiedenen Arten stammen.

## IRVILLAC (29460)

Irvillac, 4 km von Daoulas entfernt, wartet mit einer gotischen Kirche auf, an der auch einige Renaissanceelemente zu erkennen sind. Wenn das Innere auch nichts Außergewöhnliches zu bieten hat – abgesehen von einer anrührenden Pietà aus dem 15. Jh. – so präsentiert sich doch als Ausgleich ein eigentümlicher Glockenturm mit Strebepfeiler samt Barocktürmchen. Im 18. Jh. vom Blitz getroffen, wurde der Turm von Italienern wiedererrichtet, was gewiß seine Extravaganz erklärt.

► Drei Kilometer südöstlich die Kapelle **Notre-Dame-de-Lorette**. Auch hier fällt ein ungewöhnliches Detail ins Auge: der Kalvarienberg besitzt die Form eines Ankers – andere vermuten eher einen Baum aus Stein. Unter dem Kalvarienberg ein Brunnen: die Gottesmutter mit Kind zertritt eine (offensichtlich weibliche) Schlange. Anfahrt über die Straße nach Hanvec bis zur Kreuzung von Malenty (ca. 2 km). Von dort aus führt ein schmaler Weg zur Kapelle.

### Leibliches Wohl

♦ **Ti Lannig:** an der Hauptstraße durch Irvillac. T. 98 25 83 62. Von montags bis samstags nur über Mittag geöffnet; in der ersten Augusthälfte auch dienstags nachmittags geschlossen. Wer sich gerade in der Gegend von Plougastel aufhält und über einen fahrbaren Untersatz verfügt, wird es nicht bereuen, um die Mittagszeit hier einzukehren. Abseits der ausgetretenen Pfade, dafür urbretonisch. Sicher das beste und populärste »Restau« im Finistère. Menüs in der Woche schon ab 60 F *(Ménu ouvrier)*, ansonsten 80-270 F auf Bestellung. Man kann sich aber auch ans Buffet halten. Unter der Leitung eines jungen Paares, das eine gemütliche Atmosphäre geschaffen hat. Die reichliche, gesunde und billige Kost ist ein weiterer Pluspunkt. Ein oder zweimal im Jahr Kabarettabende. Einfach anrufen, um das Programm in Erfahrung zu bringen. Sollten Yvon Étienne und sein Spezi Gégé auftreten, dann nichts wie hin!

## L'HOPITAL-CAMFROUT (29460)

Auf halbem Weg zwischen Daoulas und Le Faou. Seinen seltsamen Namen verdankt die Ortschaft einem Aussätzigenheim, das hier im Mittelalter die Siechen und Kranken aufnahm. Jedenfalls erzählen das die Einheimischen.

### Kost & Logis

▪ **Le Moulin de Poulhanol:** an der Straße nach Le Faou (D 770), unmittelbar hinter Hôpital-Camfrout, taucht rechter Hand, unmittelbar am Rand der Bucht, die alte Mühle von Kérouse auf. T. 98 20 02 10. Montag Ruhetag. Tischreservierung ratsam. In einem der bezauberndsten Winkel der Gegend, geschmackvoll modernisiert. Die Inhaber, ganz nette Zeitgenossen übrigens, bieten acht schnuckelige, ganz im bretonischen Stil gehaltene Zimmer, die meisten mit Bad. Niedrige Übernachtungspreise: 120-180 F. Im gemütlichen Speisesaal läßt man sich köstliche Crêpes schmecken. Was erzählen wir denn noch lange: hinfahren und sich selbst überzeugen!

♦ **Les Routiers:** 68, rue Émile-Salaun. T. 98 20 01 21. Täglich über Mittag, am Wochenende auch abends geöffnet. Klassisches Fernfahrerlokal: freundlich, ungezwungen und drei solide Menüs ab 70 F.

## LE FAOU (29580; »lefu« aussprechen)

Geschichtsträchtige Stadt, deren Straßen und Plätze die schönsten mittelalterlichen Gebäude in der ganzen Region säumen. Hoch her geht's in Le Faou in Sachen Fremdenverkehr, handelt es sich doch um das Tor zur Halbinsel Crozon. Lassen wir uns also im Strom der Touristen an schmucken Erkerhäusern und schieferverkleideten Fassaden vorübertreiben. Besonders die *Charcuterie Lennon* (Metzgerei am Hauptplatz) besticht mit außenliegenden Schnitzbalken und – auf kulinarischer Ebene – hervorragenden Fleisch- und Wurstwaren. Die Kirche nahe beim Fluß vervollständigt das malerische Gesamtbild Le Faous. Im Umkreis, 2 km weiter, lohnt ein Abstecher zur *Église de Roumengol*. Portalvorbau im spätgotischen Stil, ein anderer in bretonischer Renaissance.

### Tisch & Bett

- **Le Relais de la Place:** in der Ortsmitte. T. 98 81 91 19. Fax: 98 81 92 58. Ausgezeichnete Bleibe. Zimmer mit Balkon 260-300 F. Sechs Menüs ab 85 F.
- **La Vieille Renommée:** 11, place de la Mairie. T. 98 81 90 31. Fax: 98 81 92 93. Montag Ruhetag, außer im Juli/August; im November ist der Laden dicht. Adrette Zimmer mit Waschbecken zu 170 F, mit Dusche 260, mit Bad 290 F. Mittags und abends bis 21.30h: Menüs ab 75 F. Kein Problem jedoch, 150 F für Austern und Fischfilets hinzublättern.
- **Gästezimmer in Rosnoen:** in der Imkerei in Térénez, an der Straße nach Crozon, gegenüber von Landévennec. T. 98 81 06 90. Sechs Zimmer für zwei oder vier Personen ab 200 F. Auch Gästetisch. Tolles Drumherum, freundlicher Empfang. Der Inhaber ist Imker und veredelt seinen Honig zu interessanten Produkten wie Lebkuchen, Bonbons oder Kerzen.
- **Gästezimmer in Kéronezou:** bei M. Joyaux; an der Straße von Lanvoy nach Hanvec, zwei Kilometer vor Faou. T. 98 81 93 00 und 98 81 08 29. Während der Ferienzeit Vermietung nur wochenweise, außerhalb der Saison 220 F für zwei Personen. Freundlicher Empfang.

♦ **Crêperie Ty Bihan:** 9, place de la Mairie. T. 98 81 05 44. Ganzjährig geöffnet. Zwei alte Motorräder flankieren die Terrasse dieser kulinarischen Stätte, wo wir uns zu volkstümlichen Klängen und vernünftigen Preisen den Bauch mit Galettes und Crêpes vollschlagen.

### Sehenswertes und Ausflüge

– **Großer Pardon von Rumengol:** am 15. August.

– **Wanderung mit Packesel:** mit der *Association Bretâne,* Coat Forest, F-29460 Hanvec. T. 98 21 91 04. In Begleitung eines Esels als Packtier und Weggefährte die bretonische Landschaft entdecken. 220 F pro Tag, am Wochenende 370 F. Unterbringung auf dem

Zeltplatz, im Gästezimmer oder in Wanderherbergen an Ort und Stelle. Für Verpflegung ist gesorgt.

## HALBINSEL CROZON (29160)

Die langgestreckte Presqu'île de Crozon hat die Form eines Kreuzes – wen wundert's in dieser stockkatholischen Gegend? Ein Kap aus Granit mit mühsam zu beackerndem Boden, das wie andere Landstriche auch einen menschlichen Aderlaß ohnegleichen über sich ergehen lassen mußte: die Hälfte der landwirtschaftlichen Betriebe verschwanden innerhalb von zwanzig Jahren. Die Halbinsel entging dank ihrer Lage »weitab vom Schuß« jahrelang dem Heißhunger der Investoren und bietet daher verliebten Paaren noch versteckte Klippen, einsames Heideland und geheime Strände, gesäumt von einem (fast) immer blauen Meer. Eines der ungeschminktesten Gesichter der Bretagne.

### • *VON LE FAOU NACH CROZON*

Wo man feststellen wird, daß dieses karg und unerbittlich anmutende Land doch seine Schokoladenseiten besitzt ... Westlich von Le Faou schließt sich der malerische Aulne-Fjord an. Eine gewundene Küstenstraße *(Corniche,* D 791) liefert unerwartete Panoramen, Landschaften von unglaublicher Anmut und Sanftheit tun sich auf. Wir passieren die berühmte *Brücke von Trévénez* und erblicken im Hintergrund schon die rundliche Bergsilhouette des *Menez Horn.*

## LANDÉVENNEC (29560)

Nach der Brücke von Trévénez, die zur Freude aller Autofahrer endlich verbreitert und neu befestigt worden ist, geht's nach rechts. Dann, nach Durchquerung eines lauschigen Waldes, erreichen wir einen Ort, der an ein exotisches Postkartenmotiv erinnert: auf dem Hügel – immerwährender Augenzeuge der sich liebend vereinigenden Mündungstrichter von Aulne und Faou – gedeihen, dank eines besonders milden Kleinklimas, die unglaublichsten südlichen Pflanzen. Wir halten Einzug in eine malerische Küstenortschaft mit romantischem Matrosenfriedhof. Die friedliche Atmosphäre ist wie geschaffen für innere Einkehr und Meditation. Kein Wunder, daß sich die Benediktiner hier häuslich niederließen.

### Müde? Hungrig?

▪ **Le Saint-Patrick:** kurz vor der Kirche. T. 98 27 70 83. Kleines Hotel, wie man es am Mittelmeer finden könnte, mit grünen Fensterläden, hellen, anmutigen Zimmern, Terrasse und vielen vielen Blumen. Doppelzimmer ab 190 F mit Bad und WC auf der Etage.

- **Hôtel Beauséjour:** an der Hauptstraße. T. 98 27 35 36. Ganzjährig geöffnet. Kleines Hotel mit Palmen drumherum. Anständige Zimmer ab 220 F, manche mit Sicht auf die Aulne-Bucht. Hoteleigenes Restaurant mit Tagesgericht zu 55 F; Menü 90 F.
- **Gîte** (Ferienwohnung): im Rathaus nachfragen, T. 98 27 72 65. Dem Neubau fehlt natürlich der Reiz eines altertümlichen Gemäuers, dafür aber sehr sauber. Drei Vierbettzimmer und ein Schlafsaal.

## Sehenswertes

► **Alte Abtei** *(Musée de l'Ancienne Abbaye):* T. 98 27 35 90. Einlaß ganzjährig, vom 1. Mai bis zum 30. September von 10-19h, vom 1. Oktober bis zum 30. April von 14-18h. Dienstags geschlossen. Hochmodernes, nüchternes Museum. Zeigt Funde von einer außergewöhnlich ergiebigen Ausgrabungsstätte: ein Eichensarkophag aus dem 9. Jh., römische Grabsteine, Vasen und Kelche aus der Merowingerzeit. Querschnitte durch die verschiedenen archäologischen Schichten zeigen anschaulich, wie sich die Kulturen überlagerten, die in dieser Hochburg des christlichen Glaubens aufeinander folgten.

– *Benediktinerabtei:* Teil des Museums. Eher eine Ruine, schon wahr, doch die Renovierungsarbeiten haben aus den Mauerresten das Beste gemacht. Im 5. Jh. von Guénolé, dem heiligen Gwendolin, in irischer Tradition gegründet und von da an kräftig an der Propagierung des christlichen Glaubens in Westeuropa beteiligt. Im 10. Jh. von den Normannen zerstört, wurde die Abtei ein Jahrhundert später wiedererrichtet. Die Klosterkirche stammt noch aus dieser Zeit. Die Französische Revolution gab Landévennec dann vorerst den Rest. Nur wenige in alle Himmelsrichtungen verstreute Mönche blieben übrig. Die Gebäude mußten versteigert werden und endeten letztlich als Steinbruch. Ende des letzten Jahrhunderts wurde das ganze Gelände dann von einem reichen Adligen aufgekauft, der beinahe sein ganzes Vermögen in den Wiederaufbau steckte.

► **Neue Abtei** *(Nouvelle Abbaye):* unweit des Museums in der alten Abtei. T. 98 27 73 34. Ganzjährig geöffnet. Wurde 1958 eingeweiht und beherbergt heute 35 Benediktinermönche. Die Abteikirche ist zu besichtigen. Die frommen Brüder beten nicht nur, sondern verkaufen auch klösterliche und bretonische Erzeugnisse.

► Für den Rückweg empfiehlt sich die an der Aulne-Mündung entlangführende Straße. Von einem Aussichtspunkt eindrucksvolles Panorama mit der Ile de Térénez, den Windungen der Aulne und dem Schiffsfriedhof, wo die ausgemusterten Pötte der könglichen Marine vor sich hin rosten bzw. faulen: hier ein verblichen-grauer Farbanstrich zwischen blauem Wasser und grünen Pflanzen, dort in die Höhe ragende Bootskräne, namenlose, abgehalfterte Boote usw. Trotzdem steht alles unter ständiger Bewachung zweier Marineoffiziere, die darauf achten, daß auch ja keines der Messingbullaugen entwendet oder anderes glänzendes Metallzeug geklaut wird. Eines Tages wird ein Schrotthändler sich vielleicht dafür interessieren, diese letzten »Überlebenden« der großen Kriege aufkaufen und dann in aller Ruhe in ihre Einzelteile zerlegen.

► In Trégarvan dient die alte Schule von anno 1907 heute als **Dorfschul-Museum** *(Musée de l'École rurale):* lange, alte Holztische, ein Ofen, an den Wänden alte Landkarten. T. 98 26 04 72.

## CROZON (29160)

Der wichtige Verkehrsknotenpunkt bietet eigentlich nichts Außergewöhnliches, lieh aber der ganzen Halbinsel seinen Namen. *Louis Jouvet*, Schauspieler, Regisseur und Theaterdirektor, wurde 1887 hier geboren, ist aber nicht mal ein waschechter Bretone. Im Sommer ist Crozon hoffnungslos überlaufen. Das einzige wirklich sehenswerte ist der Altaraufsatz in der Kirche: mit 29 geschnitzen und bemalten Holztafeln aus dem frühen 17. Jh. Vierhundert Personen stellen auf ziemlich naive, dafür aber um so dekorativere Art und Weise das Martyrium jener zehntausend Soldaten dar, die sich unter Kaiser Hadrian zum Christentum bekannten und dafür gekreuzigt wurden. Kommt davon, wenn man sich eingehend erkundigt ...

– **Maison du Tourisme de la Presqu'île de Crozon:** im alten Bahnhof von Crozon. T. 98 26 17 18. Fax: 98 26 21 63. Auskünfte sowie Vermittlung von Unterkünften.
– **Verkehrsamt Crozon-Morgat:** ortseingangs von Morgat. T. 98 27 07 92. Von Juni bis Ende September besetzt.
– **Golfplatz Kersiguenou:** in Crozon, T. 98 27 10 28.

### Übernachten

▪ **Hôtel Moderne:** 61, rue Alsace-Lorraine. T. 98 27 00 10. Fax: 98 26 19 21. Gewisse Anzeichen verraten das tatsächliche Alter des modern wirkenden Hotels. 37 Zimmer, davon 26 mit Bad ab 160 F. Im Juli/August nur mit Halbpension. Ausstellung von Mineralien aus aller Welt.
▪ **Hôtel-Restaurant Le Fret:** vier Kilometer nördlich von Crozon, am Hafen von Le Fret. T. 98 27 61 90. Im Januar geschlossen. Klassische, aber ganz nette Zimmer ab 240 F. Das Restaurant mit seiner altbretonischen Einrichtung bietet eine gepflegte Küche auf der Basis von Meeresfrüchten. Menüs ab 110 F. Netter Empfang.

### Speis & Trank

♦ **La Pergola:** 25, rue Poulpatré. T. 98 27 04 01. Außerhalb der Urlaubszeit Montag Ruhetag. Unweit der Kirche. Gediegener äußerer Rahmen: hübscher Garten, gepflegte und innovative Küche. Erstes Menü ca. 80 F. Freundliche Begrüßung.
♦ **Le Mutin Gourmand:** 1, rue Graveran. T. 98 27 06 51. Sonntags abends und montags geschlossen. Bodenständige, gemütliche Einrichtung. Die ausgezeichnete Küche lockt jede Menge Stammgäste

an, darunter unter der Woche viele Geschäftsreisende und Angestellte. Sympathisches Ambiente; Schnellmenü für 70 F, aber auch teurere Menüs.

## MORGAT (29160)

Bekannter Badestrand, und das seit etlichen Jahren, so daß der Fremdenverkehr hier fest etabliert ist. Morgat war schon in den dreißiger Jahren ein populärer Badeort. Er ist aber auch zu schön gelegen, in einer malerischen Bucht. Der Jachthafen kann mehrere hundert Boote aufnehmen und schmückt sich mit dem Etikett »Segelstation« (Station Voile). Erholsam geht's freilich eher außerhalb der Hochsaison zu. Aber auch sonst eignet sich Morgat vorzüglich als Standquartier für Abstecher ins Umland.

– **Reitzentrum Morgat:** 90, bd de la France-Libre. Fax: 98 27 03 99. Wanderungen zu Pferd und Rundritte.

### Unterkunft

▪ **Camping les Pins:** 3 km von Morgat, an der Straße zur Pointe de Dinan. T. 98 27 21 95. Aufnahme von Anfang Juni bis zum 20. September. Am Busen der Natur, umgeben von Strandkiefern. Komfortabel ausgestattet. Eine Abkürzung führt zum Strand. Ohne Vorausbuchung läuft im August freilich gar nichts.
▪ **Hôtel de la Baie:** am Hafen. T. 98 27 07 51. In Betrieb von April bis Oktober und während der Schulferien. Putzige, gut ausgestattete Zimmerchen für zwei Personen ab 160 F.
▪ **Hôtel Le Julia:** 43, rue de Tréflez. T. 98 27 05 89. Geschlossen vom 15. November bis zum 15. Februar. Hübsche Zimmer ab 170 F. Nicht besonders komfortabel in Anbetracht der Preise, aber das kleine Hotel ganz in Weiß, 400 m vom Strand, verströmt die friedliche Atmosphäre eines Landhauses. Mit Garten und »Ruhegarantie«. Menüs ab 85 F im englisch anmutenden Speisesaal.
▪ **Hôtel-Restaurant de la Ville d'Ys:** rechter Hand des Hafens, etwas über den Dächern der Stadt. T. 98 27 06 49, Fax: 98 26 21 88. Geöffnet vom 1. April bis 30. September. Großes Hotel mit Panoramaspeisesaal. Zimmer zum Verlieben, einige mit separater Terrasse und Seeblick. Obligatorische Halbpension ab 260 F pro Person. Menü mit zwei Vorspeisen, Hauptgericht und Nachtisch.

### Einkehren

♦ **Les Échoppes:** 24, quai Kador, in Hafennähe. T. 98 26 12 63. Während der Ferien mittags und abends geöffnet, außerhalb der Ferienzeit nur abends. Winziges Häuschen, dem man das Restaurant gar nicht ansieht. Mme Blaise bewirtet nur handverlesene Stammgäste. Der kleine Raum ist schnell gefüllt, aber mit etwas Glück können wir in die lebhafte Stimmung reinschmecken und die grundehrliche Küche kennenlernen. In der von bunten Gewürz-

fläschchen und Aromen erfüllten Küche schmurgelt Mme Blaise ihre Lieblingsgerichte, je nachdem, was der letzte Fang hergegeben hat. Für einen netten Abend hier sollten 100 F nicht zuviel sein.
♦ **La Flambée:** 22, quai Kador, in Hafennähe. T. 98 27 12 24. Speisesaal mit Blick auf die Bucht. Leckere Crêpes, mit einem freundlichen Lächeln aufgetischt. Zuckercrêpes um die 28 F. Unser Traum sind die gerollten Crêpes mit Erdbeersoße. Guten Kunden sagt der Hauspapagei Alfred sogar »au revoir«. Daß er noch kein Deutsch oder Englisch beherrscht, ist ein gutes Zeichen.

### Sehenswertes

► **Grotten von Morgat:** Besuch der in ihrer Form ganz unterschiedlichen, schönen Höhlen mit kleinen Booten. Die *Grotte de l'Autel* ist 90 m tief und besticht durch wundervolle Farben. Kartenverkauf im Büro der *Vedettes Rosmeur* am Hafen. T. 98 27 10 71. Dauer: 45 Minuten. Täglich von Mai bis September. Sich andernfalls die *Vedettes Tertu* wenden, T. 98 26 26 90.

► **Küstenweg zum Cap de la Chèvre:** Aufbruch bei den Klippen der Pointe de Morgat, am Ende des Hafens. Acht Kilometer langer Fußmarsch über Landspitzen. Dolmen auf der linken Seite, vor der Wegkreuzung von Kerroux. Der schmale Pfad hangelt sich hoch über Klippen und Meer dahin. Wer den Nervenkitzel liebt und nicht schwindelfrei ist, kommt voll auf seine Kosten. Rückweg an der Küste entlang, über Ménesguen und St. Hernot.

## CAP DE LA CHEVRE

Das »Ziegenkap« erweist sich als wilde, karge Heidelandschaft mit einigen Weilern, die bisher von geschmacklosen Neubauten verschont geblieben sind. Ganz im Gegenteil: hier wird man typisch bretonische Häuschen vorfinden, hauptsächlich in *Ménesguen* und *Rostudel,* dem letzten Weiler vor dem Leuchtturm. Ist es wirklich nötig, unsern Lesern die Beschreibung des Panoramas der Bucht von Douarnenez und der Pointe de Raz zu liefern? Beide muß man einfach gesehen haben. Die Klippen überschreiten sogar die Hundert-Meter-Marke. Nach rechts führt ein schmaler Weg, 500 m vor dem Leuchtturm, bis zum Aussichtspunkt. Außerhalb der Saison oder ganz früh am Morgen hat der Ort etwas Magisches ...

► **Plage de la Palue:** einer der schönsten im Département, ein prächtiger, 2 km langer Strand im Westen.
► **Plage de Lost-Marc'h:** einträchtig neben FKK-Freunden wagen sich bekleidete Schwimmer ins kühle Naß, obwohl hier allerlei Gefahren drohen.
► **Mineralienhaus** *(Maison des Minéraux):* in Saint-Hernot, route du Cap de la Chèvre. T. 98 27 19 73. Gewährt Steinesammlern und Feierabendgeologen während der Saison in der Zeit von 10.30-19h

Einlaß, außerhalb der Ferienzeit auf Voranmeldung. Die Klamotten stammen aus aller Herren Länder.

### Quartiere und Restaurants

▪ **Gîte d'étape de Saint-Hernot:** an der Straße zum Cap de la Chèvre, gegenüber der Kapelle. Nimmt auch Reiter auf, denn ein Stall ist vorhanden. Übernachtung im Schlafsaal ca. 50 F. Darüber drei einfache Gästezimmer mit Gemeinschaftsdusche, pro Nacht 170 F. Auch wochenweise Vermietung eines *Studio*, also eines kleinen Appartements. Im Sommer backen Herr und Frau Guillout Crêpes, Snacks gibt es das ganze Jahr über. Ihr kleiner Lebensmittelladen hat schon manchen vor dem Hungertod gerettet. Natur pur.

## POINTE DE DINAN

Die Landspitze von Dinan, auch wegen ihrer massigen, einer Ruinen ähnlichen Erscheinung das »Schloß von Dinan« genannt, steht dem Cap de la Chèvre (wörtlich »Ziegenkap«) in nichts nach. Der Felsvorsprung bietet Aussicht über Felspartien und zerklüftete Klippen. Bescheidener Kieselstrand in einer Bucht, am Fuße des Observatoriums, und Felsenmeer im Wasser. Am Horizont grüßt der schier unendliche Sandstrand in der Bucht von Dinan und die vorgelagerte *Insel Tas de Pois* (wörtlich »Erbsenhaufen«) auf der Pointe de Penhir.

▪ Badennixen winkt ein hübscher Strand, *Plage du Goulien,* mit **Zeltplatz,** 200 m vom Wasser, der vom 10. Juni bis zum 20. September geöffnet hat. T. 98 27 17 10.

♦ **Crêperie Parc Yan Aod:** Plage du Goulien, 29160 Crozon. T. 98 27 13 34. Größeres, im Januar und Februar geschlossenes Haus am Meer, unter der Leitung freundlicher Wirtsleute. Montag Ruhetag. Speisesaal zum Wohlfühlen, wo köstliche Crêpes und ebensolche Eisbecher auf den Tisch kommen. Menü ab 85 F. Fürs Abendessen im Sommer einen Tisch vorbestellen.

## CAMARET (29570)

Ehemaliger Langustenfischereihafen, der nach dramatisch rückläufigen Fängen fast schon die Segel gestrichen hat. Rund um den Hafen herrscht deshalb eine eigenartige Weltuntergangsstimmung: die Schiffe modern im Sand vor sich hin, wenn auch mit Würde. Gleichwohl ein angenehmer Aufenthaltsort in einer herrlichen Bucht, was auch die ehemaligen Fischer von Camaret längst kapiert haben. Im Sommer darum auch überlaufen; während der übrigen Jahreszeit besteht jedoch kein Mangel an Unterkünften.
In Camaret experimentierte der Amerikaner *Robert Fulton* 1801 mit seinen Mini-U-Booten, die eigentlich Bomben an der Bordwand englischer Schiffe absetzen sollten. Bonaparte schenkte ihm keine

Beachtung, Fulton kehrte nach Amerika zurück und machte eben dort seine aufsehenerregenden Erfindungen. Mehr Erfolg hätte er wohl beim französischen Geheimdienst gehabt, der sich solcher Techniken in neuseeländischen Häfen bisweilen heute noch bedient – vergleiche den hinterhältigen Anschlag auf das Greenpeaceschiff »Rainbow-Warrior«. Die Spezialeinheiten des französischen Auslandsgeheimdienstes DGSE *(Direction générale de la sécurité extérieure)* üben unweit von hier in Roscavel, an der Reede von Brest.

– **Verkehrsamt:** quai Kléber. T. 98 27 93 60. Fax: 98 27 87 22. Am Hafen. Vom 15. Juni bis zum 15. September täglich geöffnet, außerhalb der Urlaubszeit wechseln die Bürostunden.
– **Segnung des Meeres:** am ersten Sonntag im September.

## Tafeln und schlummern

▪ **Hôtel Vauban:** 4, quai du Styvel. T. 98 27 91 36. Zimmer für zwei ab 150 F. Rückwärtiger Garten. Im Hotel nebenan übrigens Zimmer ab 160 F.
▪ **Hôtel Thalassa:** immer noch am Quai Styvel. T. 98 27 86 44. Fax: 98 27 88 14. Es lebe die freie Marktwirtschaft und die Konkurrenz: das große, stattliche Hotel hat sich den beiden anderen beigesellt und bietet hübsche Zimmer mit allen Schikanen und Terrasse ab 300 F. Teures Frühstück für 50 F. Mit Meerwasserschwimmbad, türkisches Bad, Solarium, Fitnessraum usw. Haben wir zum Glück alles nicht nötig.
▪ **Hôtel de France:** am Hafen. T. 98 27 93 06. Fax: 98 27 88 14. Außerhalb der Saison freitags und den ganzen Winter über geschlossen. Freundliche Zimmer ab 280 F. Im Restaurant mit Hafenblick werden leckere Menüs ab 80 F aufgetischt. Für Gourmands ist wohl der riesige Meeresfrüchteteller zu 200 F gedacht.
▪ **Camping de Lambezen:** Richtung *Pointe des Espagnols* fahren und der Beschilderung folgen. T. 98 27 91 41. Fax: 98 27 93 72. Vom 1. April bis zum 12. Oktober geöffnet. Campingplatz auf einer Anhöhe über dem Meer mit einem schönem Blick.
▪ **Camping du Lannic:** T. 98 27 91 31. Aufnahme vom 1. Mai bis 15. September. Etwas weniger Komfort, dafür nur halb so hohe Platzgebühren.

♦ **Crêperie Rocamadour:** am Hafen. T. 98 27 93 17. Öffnet über Mittag, außerhalb der Ferienzeit montags und im Januar geschlossen. Wie schön, daß in diesem von Urlauberscharen heimgesuchten Hafen noch vernünftige Preise und eine familiäre Atmosphäre zu finden sind. Hafenblick Ehrensache.

## Sehenswertes und Unternehmungen

► **Tour Vauban:** am Ende des Naturdeichs von Camaret. Den Turm entwarf Vauban, der emsige Festungsbaumeister Ludwigs XIV. Vom 15. Juni bis zum 30. September von 10-12 und 14-19h geöffnet; im Juli-August ohne Unterbrechung von 10-19h. Hübsche Stiche und

Drucke, Handschriften und Bücher des großen bretonischen Dichters *Saint-Pol-Roux*. Schiffsmodelle, Holzstatuen und einige Waffen. Als Dreingabe noch das Namensschild vom Kiel des 1967 vor der Küste havarierten Öltankers »Torrey Canyon«.

► **Kapelle Notre-Dame-de-Roc'h-Amadour** aus dem 16. Jh.: ihren Namen hat sie den zahlreichen Pilgern aus Skandinavien zu verdanken, die auf dem Weg zum berühmten Wallfahrtsort Quercy in Camaret an Land gingen.

► **Toulinguet** und **Very'ach,** zwei Traumstrände rund um die Pointe de Pen-Hir. Beide Namen stehen für eine wilde, unberührte Küstenlandschaft. Also die leeren Contrexflaschen und das alte Butterbrotpapier hübsch wieder im Rucksack verschwinden lassen!

– **Club de Loisirs und Centre Nautique Léo Lagrange:** Freizeitclub und Wassersportverein in Camaret. T. 98 27 92 20 und 98 27 90 49. Günstige Kurse im Tiefseetauchen, Segeln und Windsurfen. Ausrüstung und Atmosphäre lassen keine Wünsche offen. Vollpension oder Unterbringung außerhalb der Innenstadt. Zusätzliche Aktivitäten: Kajak, Tennis, Angel- und Reitsport. Wochenendkreuzfahrten auf traditionell getakelten Booten mit Tauchgelegenheit.

### Weiterfahrt ab Camaret

– Im Sommer haben wir Gelegenheit, **Le Fret** mit dem **Bus** über Morgat und Crozon zu erreichen, wo ein Schiff nach Brest ablegt. Auskunft im Verkehrsamt oder unter T. 98 44 44 04.
– **Nach Brest:** mit der *Société Douguet*. T. 98 27 02 02. Bus nach Crozon, Telgruc und zum Bahnhof Argol.
– **Busverbindung nach Quimper:**
mit Bussen im Auftrag der SNCF, T. 98 27 02 02.

## POINTE DE PEN-HIR

Die am nachhaltigsten vom Fremdenverkehr geprägte Landzunge auf der Halbinsel Crozon. In Spitzenzeiten, wenn ein Touristenbus nach dem anderen anrauscht, tönt es in einem fort »Aaaaah«, »Ooooh« und »Looovely«. Aber auch hier gilt: wer sich etwas abseits von den Hauptverkehrs(wander)wegen hält, findet sich so gut wie alleine in der Natur wieder. Ein Ehrenmal gemahnt an die von den Bretonen tatkräftig miterkämpfte Befreiung Frankreichs.

► Zwischen Camaret und der Pointe de Toulinguet stoßen wir auf die kleinen **Alignements von Lagat Jar** – 143 in Reih' und Glied aufgestellte Menhire aus weißem Quarzit – die an Carnac erinnern. Die alte Ruine auf der Düne, mit der Front zum Meer, war einst das Wohnhaus des Dichters *Saint-Pol-Roux* und seiner Tochter Divine. Beider Leben nahm eine tragische Wendung: in der Nacht vom 23. auf den 24. Juni 1940 drang ein deutscher Soldat in ihr Haus ein, verwundete Vater und Tochter durch einen Pistolenschuß, tötete die

Hausangestellte und verging sich anschließend an Divine. Der Besitz wurde geplündert. Ob dem Kerl oder seinen vorgesetzten Offizieren dafür eine Tapferkeitsmedaille verliehen wurde, wissen wir nicht, aber ihre Pflicht taten sie aus späterer Sicht allemal, oder etwa nicht? Saint-Pol-Roux nahm dies alles so sehr mit, daß er kurz darauf, am 18. Oktober, starb. Das Herrenhaus ist 1944 endgültig zerstört worden. Divine überlebte diese Schrecken und starb 1985 eines »natürlichen« Todes, nachdem sie dem Verein »Künste, Meer und Kultur« wertvolle Dokumente ihres Vaters überlassen hatte.

► Wer über ausreichend Zeit verfügt, sollte die **Pointe des Espagnols** zu Fuß umrunden. Ist jedoch nicht so malerisch, und man begegnet zahlreichen Militärangehörigen, da sich auf der Insel Longue gleich nebenan eine U-Boot-Basis befindet.

## ARGOL (29560)

Dörfchen abseits ausgetretener Touristenpfade, an der D 60, kurz nach Telgruc-sur-Mer. Ein lohnender Abstecher, dank eines außerordentlichen Triumphtors in der Einfriedung des Pfarrbezirks. Überrascht entdeckt man in dem eigentlich bescheidenen Örtchen grandiose Zeugnisse regionaler Baukunst: überall vor den seitlichen Durchgängen z.B. die traditionellen *Échaliers,* Steine, die das Vieh am Eindringen hindern sollten. Zurück zum Pfarrbezirk und der dortigen Kirche: das laternenbestückte Hauptportal besticht durch seine barocke Ausgestaltung. In der Mitte die – mit Ausnahme jener in Quimper – einzige noch erhaltene Darstellung des legendären Königs *Gradlon* (5. Jh.). Der Gaul klein und klapprig, der Reiter dagegen stolz und elegant wie Don Quichotte. So gehört's.

### Was tun?

► In der Umgebung ein paar von der Bauwut noch weitgehend unbehelligte **Strände:** der größere, die *Plage de Trez-Bellec,* und der in einer geschützten Bucht liegende *Plage de Trez-Bihan.* Ein Pfad führt an der vom *Guern* zerklüfteten Felsküste entlang.

► **Musée des Vieux Métiers vivants:** am Ortsausgang kann man sich in vergangene Zeiten zurückversetzen lassen. Vorgestellt werden die früher alltäglichen Berufe wie der des Holzschuhmachers, des Korbflechters, des Scherenschleifers, des Seilers, des Holzdrechslers, des Schafscherers und des Holzlöffelschnitzers. Es besteht sogar Gelegenheit, an von der *Association Micheriou-Koz-Ar-Vro* organisierten Kursen teilzunehmen; T. 98 27 07 92. Während der Saison montags geschlossen.

*Für Hinweise, die wir in späteren Auflagen verwerten, bedanken wir uns mit einem Buch aus unserem Programm*

► **Cidre-Museum:** T. 98 27 73 26. Cidre frisch vom Faß.

► **Musée Rural du Porzay:** landwirtschaftliches Museum in Saint-Nic, zwischen der *Auberge Ti Glaz* (s. unten) und dem Dolmen von Menez Lie. Stellt das Leben und Arbeiten der Landbevölkerung in der ersten Hälfte unseres Jahrhunderts anschaulich dar. Während der Urlaubszeit von 11-13 und von 15-18h geöffnet.

## Kost & Logis in Argol und Umgebung

▪ **Camping Ar-Menez** (Toull-An-An-Ken, VVF): 1,5 km von Argol, in Ar-Menez. T. 98 27 33 02. Komfortabler Zeltplatz und Ferienhäuschen ab 1.300 F pro Woche in der Nachsaison. Ansonsten mindestens 1.900 F pro Woche einplanen.

♦ **Le Relais de la Presqu'île:** an der Hauptstraße von Argol, zwei Schritte von der Kirche. T. 98 27 34 02. In der Ferienzeit täglich geöffnet; unter der Woche steht ein ergiebiges Einfachmenü zu 55 F auf dem Programm, am Wochenende Zusammenstellung der Mahlzeit nach der Speisekarte. Die alten Inhaber waren zu großzügig und mußten das Handtuch werfen. Nun sind die Portionen geschrumpft. Schade.

♦ **Crêperie Pen Ar Bed:** ab Argol ausgeschildert. T. 98 27 74 02. Bevor man den Bauernhof mit Crêperie erreicht, der kleinen Landstraße folgen. Im Juli/August täglich mittags und abends geöffnet; außerhalb der Saison samstags abends ab 18.30h. Leckere, preiswerte Crêpes zwischen 10 und 30 F. Sonntags mittags auf Wunsch *Kig ar farz* (Speckkuchen).

● ***Vornehmer***

♦ **Auberge de Gerdann:** an der Straße nach Châteaulin (D 887), Bahnhof Argol. Immer nur den Hinweisschildern folgen. T. 98 27 78 67. Montags abends außer zur Hochsaison geschlossen. Reservierung angeraten. Hübsches Landgasthaus, wo eine schmackhafte, kreative Küche praktiziert wird – wenn auch die Portionen etwas ergiebiger ausfallen dürften! Menüs ab 85 F: Räucherlachs, Forelle, Meeresfrüchte usw. Und erst die Gerichte à la Carte ...

♦ **Auberge Ti Glaz:** in St. Nic, 7 km von Argol, vis-à-vis der Kirche. T. 98 26 50 45. Wochentags über Mittag sowie am Freitag- und Samstagabend geöffnet. Montags Betriebsruhe. Das *Ti Glaz* ist bekannt für seine üppigen Portionen. »Pantagruélique« würde der Franzose dazu sagen, nach den beiden Riesen und Vielfraßen Gargantua und Pantagruel von Rabelais. Das Menü zu 200 F fährt auf: Wurstplatte, Lachsterrine, diverse Vorspeisen, Gegrilltes vom Schwein – die Spezialität des Hauses – Ziegenkäse, Waffelröllchen, Kaffee und Wein, soviel man begehrt und verträgt. Musik und Tanz bis 3h morgens ist keine Seltenheit. Und bei solchen Gelegenheiten birst das Lokal fast aus allen Nähten. Obacht also: hier herrscht eher Familienfeieratmosphäre, so daß Liebespärchen, die ein ruhiges Plätzchen zum Turteln suchen, fehl am Platz sind. Viele rücken in ganzen Gruppen an, darum telefonisch reservieren!

## DER MENEZ HOM

Der 330 m hohe »Berg« (wahrscheinlich ein vor Urzeiten erloschener Vulkan) bietet einen atemberaubenden Rundumblick, drei Kilometer von der Kapelle des Menez-Hom. Parkplatz sowie Orientierungstafel am Gipfel. An klaren Tagen erkennt man die Pointe du Van unweit der Pointe du Raz, das Cap de la Chèvre, die Reede von Brest und die ins Landesinnere führenden Täler. Die einsamste, wildeste Gegend der Bretagne und genau das Richtige für Zivilisationsmüde. Einen Tag, nachdem sich de Gaulle zur Ruhe gesetzt hatte, im Jahr 1969, soll er hier umherspaziert sein. Vermutlich unbehelligt von Gleitfliegern, die die Ecke auch für sich entdeckt haben.

– 15. August: **Menez-Hom-Festival** auf dem Gipfel. Ideal, um den Klängen der bretonischen Instrumente zu lauschen, die sich im Wind verlieren.
– **Drachenflug:** *Deltabretagne,* Ronan Corbel. T. 98 81 54 17.
– **Gleitfliegen:**
*Club Celtique de Vol Libre,* Loïc Ollivier, T. 98 81 50 27.
▪ **Camping Menez Hom:** rund drei Kilometer von der Kapelle Sainte-Marie entfernt. 1 km auf der D 887 in Richtung Crozon, dann dem Wegweiser nach links folgen. Von April bis Ende September geöffnet. Auch außerhalb der Betriebszeit darf man hier sein Zelt aufschlagen; dann zahlt man nur fürs warme Wasser (ca. 25 F).

## SAINTE-MARIE-DU-MENEZ-HOM

Wer hätte in diesem winzigen Weiler auf einem der letzten Ausläufer der Monts d'Arrée schon einen der beeindruckendsten Pfarrbezirke im südlichen Finistère erwartet? Man lasse sich bei Sonnenaufgang von der tiefen Ruhe, die dieser ausstrahlt, überwältigen. Wer für den *genius loci* empfänglich ist, wird nicht erstaunt darüber sein, daß es sich bei dieser Stätte wahrscheinlich um den Schauplatz eines heidnischen Sonnenkultes handelte. Rundbogentor, Kalvarienberg und die schmucke Kirche integrieren sich auf das harmonischste in die natürliche Umgebung mit ihrem stattlichen Baumbestand.
Über dem Portal thront die Muttergottes in ihrer Nische. Der *Kalvarienberg* aus dem 16. Jh. läßt niemanden kalt, wenn er auch nicht mehr ganz komplett ist: die beiden Schächer fehlen und einer der Begleiter Jesu, der den Todeskampf Christi auf die Dauer wohl nicht ausgehalten hat. Das Kapellenäußere besticht durch seinen eleganten Kuppelturm mit Balustraden und eine schmucke Renaissancefassade. Im Inneren dann dekorative Schnitzbalken und ein ganzer Reigen schöner Heiligenfiguren.

## CHATEAULIN UND PORT-LAUNAY (29150)

Verkehrsknotenpunkt in einer Biegung der *Aulne*, die schon ganze Schwärme von Radrennfahrern vorüberflitzen sah. Daß es sich um einen alten Flußhafen handelt, wird an den beiden schattigen Kais deutlich. Wenn die Stadt auch nichts Weltbewegendes zu bieten hat, so werden doch Kunstliebhaber die sehenswerte *Chapelle Notre-Dame* ansteuern, einst Hofkapelle am Schloß von Châteaulin. Ein entzückendes architektonisches Ensemble mitten im Grünen: alte verschachtelte Häuschen, ein gotisches Tor mit niedrigen Stufen, eine Kirche mit balustradengeschmücktem Kuppelturm im Renaissancestil, Beinhaus und Kalvarienberg.
*Port-Launay* an einer Flußkrümmung wirkt wie ein Postkartenmotiv aus dem Souvenirladen: niedrige Häuschen, die den Kurven des Flußbettes folgen, im Hintergrund die sanften grünenden Hügel. Heute legt nur noch das Schnellboot »Rosmeur« von den Quais ab, wo früher einmal bauchige Schiffe anlegten, um die Passagiere aulneabwärts bis zum Schiffsfriedhof in Landévennec zu befördern.

► Anschließend noch der **Chapelle St. Sébastien,** einige Kilometer nordwestlich von Port-Launey, einen Besuch abstatten, einer jener Kirchen, die nicht prahlerisch wirken, aber dennoch wahre Kostbarkeiten bergen. Wie viele andere wurde auch sie »gegen die Pest« errichtet. Zunächst fällt der Blick auf das mäcvhtige Tor und den Kalvarienberg aus dem 16. Jh. Im Inneren kontrastieren die strengen, einfachen Bodenplatten mit farbenprächtigen, verschwenderisch gestalteten Altaraufsätzen – darunter ein herrlich vergoldeter Schnitzretabel aus dem 17. Jh. – die den Chor schmücken. Sehenswerter Triumphbalken zwischen Chor und Langhaus.

– **Verkehrsamt:** quai Cosmao. T. 98 86 02 11.

### Nächtigen und einkehren

▪ **Hôtel-Restaurant Le Chrismas:** 33, Grand-Rue. T. 98 86 01 24. Fax: 98 86 37 09. Wer etwas Ruhe sucht, ist hier an der richtigen Adresse und wird freundlich empfangen. Zimmer mit Dusche 140-320 F, Mahlzeiten ab 80 F.
▪ **Gemeindezeltplatz Rodaven:** T. 98 86 32 93, nur während des Sommers offen. Am Ufer der Aulne gelegen, mit erfreulich schönen Dusch- und Toilettenräumen ausgestattet, deshalb eher teuer.

♦ **Crêperie des Collines bleues:** 33, quai Cosmao. T. 98 86 07 06. Leckere Crêpes, rustikale Einrichtung.

### Vornehm tafeln in der Umgebung

♦ **Auberge Bretonne:** in Lopérec, Place de l'Église, 13,5 km nördlich von Châteaulin an der D 170. T. 98 81 11 11. Montag Ruhetag. Menüs ab 80 F. Heimische Erzeugnisse, deren Zubereitung ihren Geschmack und Nährwert voll zur Geltung bringt. Dies ist übrigens in der Gegend kein Geheimnis! Auch die Weinkarte mit den Bordeaux-Gewächsen liest sich vielversprechend.

### Ein Glas und ein paar Takte Musik

♦ **Run Ar Puns:** an der Ortsausfahrt von Châteaulin nach Pleyben. T. 98 86 27 95. Fax: 98 86 50 92. Montags und während der Schulferien dienstags geschlossen. In dem alten Bauernhof steigen Kabarettabende, Jazz- und Folkkonzerte, ja sogar indische Musik wird geboten. Große Auswahl an Bieren, Holzspiele aus aller Herren Länder, frischgepreßte Fruchtcocktails. Anrufen und das Programm erfragen.

## *SÜDLICH DER HALBINSEL CROZON*

## CAST (29150)

Marktflecken zwischen Châteaulin und Locronan. Ist die Kirche wegen ihres ehrwürdigen Portalvorbaus und des Kalvarienbergs schon außerordentlich sehenswert, so ist es die in der Bretagne einzigartige Figurengruppe davor – *Chasse de St. Hubert* (Hubertusjagd) – erst recht. Die Skulpturengruppe wurde unglaublich fein gearbeitet, wobei die Kostüme auf die Zeit um 1525 verweisen. St. Hubertus kniet, die beiden Bassethunde und seinen Knappen um sich, vor einem Hirschen, der nach alter christlicher Tradition ein Jesuskreuz in seinem Geweih trägt.

### Kost & Logis

▪ **Le Relais de St. Gildas:** 13, rue du Kreisker. T. 98 73 54 76. Bedienung bis 22h. Samstags außerhalb der Saison und an Allerheiligen geschlossen. Unweit der Kirche in der Hauptstraße. Netter Empfang, passable Zimmer ab 140 F. Ausgehungerte Weltenbummler steuern gleich den gemütlichen Speisesaal an, wo es schon nach leckeren, üppigen Gerichten duftet. Menüs ab 60 F (außer sonntags) und 80 F in drei Gängen. Weitere Menüs mit Meeresfrüchten für jeden Geldbeutel.

### Kuchen gefällig?

♦ **Konditorei:** rue du Kreisker, unweit des Sankt-Hubertus-Denkmals, dem Rathaus gegenüber. Feinschmecker unter sich! Köstliche *Galettes* aus dem hundertjährigen großen Ofen, serviert im Hinterzimmer des Ladens.

## QUILINEN

Für alle »Sammler« bretonischer Kalvarienberge ein unumgänglicher Zwischenhalt auf der Strecke Châteaulin – Quimper. Der hiesige aus dem 16. Jh. ist nämlich einer der seltenen Exemplare mit dreieckigem Sockel. Jede Seite mißt 3,90 m; macht zwölf Fuß in der damaligen Streckenmessung, ein Hinweis auf die zwölf Apostel. Ein ganz offensichtlicher Symbolismus, wie wir meinen, und sicherlich vom anonymen Künstler, der mit El Greco verglichen wird, so gewollt. Der *Kalvarienberg* mit seinen harmonisch angeordneten Personen scheint bis in den Himmel zu streben und den Betrachter gleich mitzunehmen. Einige Apostel sind an ihren Attributen zu erkennen, z.B. Petrus mit dem riesigen Schlüssel. Die Schächer erkennt man an ihren wilden Verrenkungen am Kreuz.
In *St. Vennec,* einige Kilometer nördlich von Quilinen, und in *St. Gouézec*, Notre-Dame-des-Trois-Fontaines bei Briec, treffen wir vergleichbare Kalvarienberge an.

## PLOGONNEC (29180)

An der Straße von Quimper nach Locronan. Plogonnec hat Kunstbegeisterten eine *Kirche* aus dem 16. Jh. zu bieten. Vom Hauptplatz aus erschließt sich ein idyllisches Ensemble: Fassade mit gezackten Giebeln, Triumphtor, durchbrochener Glockenturm mit Balustraden und Türmchen. Im Inneren schöne Kirchenfenster aus dem 16. Jh. und die Kapellen St. Pierre und St. Théleau.

## LOCRONAN (29180)

Sicher eines der hübschesten Städtchen Frankreichs ... und der Bretagne sowieso. Mehrere Filme wurden hier gedreht, so z.B.: »Tess« von Polanski – mit Nastasja Kinski – der wegen juristischer Zwistigkeiten nicht am Originalschauplatz des Romans in England realisiert werden konnte. Logisch, es geht in diesem Streifen ja auch um Ausbeutung und Heuchelei in der viktorianischen Gesellschaft, an denen ein unschuldiges Mädchen zerbricht. Seitdem verlaufen übrigens alle elektrischen Leitungen unterirdisch. Auch einige Passagen des De Broca-Films »Les Chouans«, unter anderem mit Sophie Marceau und Philippe Noiret, wurden hier in Szene gesetzt. Locronan weist eine gänzlich homogene Architektur auf, was auch in Frankreich eher selten ist. Um den Dorfplatz und seinen nicht weiter bemerkenswerten Brunnen gruppieren sich prächtige Bürgerhäuser aus dem 17. und 18. Jh.

– **Verkehrsamt:** place de la Mairie. T. 98 91 70 14. In der Hochsaison ohne Unterlaß von 10-19h geöffnet. Ansonsten erteilt das **Rathaus** Auskunft, T. 98 91 70 05.

## Abstecher in die Geschichte

Es war einmal ein Mönch irischen Ursprungs mit Namen *Ronan,* der auf diesem zurückgezogenen Fleckchen Erde den nötigen Frieden fand, um ein Leben als meditierender Eremit zu führen. Verewigt wurde sein allmorgendlicher Rundgang um den Hügel in Gestalt der *Troménie,* einer jährlich wiederkehrenden Prozession. Vom wirtschaftlichen Aufschwung ab dem 14. Jh. – die bretonischen Segeltuchweber hatten Hochkonjunktur – zeugen die vielen Renaissancebauten. Das Ende der Windjammer und die industrielle Revolution im 19. Jh. waren das Todesurteil für die lokale Tuchherstellung. Gab es im 17. Jh. noch über dreihundert Weber, so sank deren Zahl 1836 auf 77 und 1872 auf 23. In unseren Tagen hört man übrigens wieder einige Webstühle klappern.

## Günstigste Zeit für einen Besuch

Locronan kann sich über ausbleibende Besucher nicht beklagen, was sich bei seinem Zauber von selbst versteht. Zu den üblichen Touristen kommen täglich um die zehn Reisebusse hinzu, die erwartungsfrohe Rentner und ganze Firmenbelegschaften ausspucken. Da ist die Sättigungsgrenze im Sommer rasch erreicht und für verträumtes Schauen kein Platz mehr. Nur in den frühen Morgenstunden herrschen noch Ruhe und Friedfertigkeit. Man hat dann den Ort ganz für sich alleine, erlebt ihn im goldenden Licht der aufgehenden Sonne, in der sich Fassaden und alte Steine wärmen. Eine Bleibe zu finden, gestaltet sich schwierig; dazu ist Locronan allzu sehr überlaufen. Wir empfehlen dringend, Locronan nicht ausgerechnet während des Hochsommers anzusteuern.

## Unterkunft und Verpflegung

▪ **Hôtel-Restaurant du Prieuré:** ortseingangs von Locronan. T. 98 91 70 89. Fax: 98 91 77 60. Großer Rokoko-Speisesaal. Vorteil: man braucht sich zum Essen nicht außerhalb umzusehen und wird nicht allzu dreist übers Ohr gehauen. Zwei anständige Menüs ab 75 F. Zimmer ab 290 F.

▪ **Camping Municipal:** rue de la Troménie, nach 700 m über die Route de la Chapelle zu erreichen. T. 98 91 87 76. Vom 1. Juni bis zum 30. September in Betrieb. Kiefern spenden Schatten.

▪ **Hôtel-Relais de Tréfuntec:** einige Kilometer außerhalb von Locronan, in Plonévez-Porzay (29550). T. 98 92 50 03. Von Oktober bis Ostern geschlossen. Verhältnismäßig preiswert, Zimmer ab 220 F.

♦ **Les Galettes de Locronan:** auf dem Platz. Bretonischer Butterkuchen und *Kouign-amann*. Da wurden wir wieder schwach – ein Genuß ohne Reue.

● *Edel*

▪ **Manoir de Moëllien:** 2 km von Locronan, auf der Gemarkung Plonévez-Porzay (29550). T. 98 92 50 40. Mittwochs und über Mittag geschlossen, außer an Sonn- und Feiertagen, und zwar etwa vom 15. September bis zum 15. Juni. Gut ausgeschildert. Bezauberndes Herrenhaus aus dem 17. Jh., das besonders von seiner Lage profitiert. Die Architektur mit ihren mächtigen Granitblöcken und verzierten Dachluken atmet Eleganz. Im Inneren erwarten den Gast authentische Einrichtungsgegenstände, die zur nostalgischen Atmosphäre ohne jeden Kitsch beitragen. Auch der Empfang läßt nichts zu wünschen übrig. Zehn komfortable, geschmackvoll eingerichtete Zimmer ab 350 F in einem neueren Seitenflügel des Hauses. Renommierte Küche und stilvoller Speisesaal. Tischvorbestellung empfohlen! Menü zu 130 F mit Fischterrine oder Austern, gefolgt von Meeresforelle und Hechtfilets in Butter.

## Und nun zur Bildung

► **Kirche St. Ronan:** 1420 mit Hilfe der bretonischen Herzöge errichtet. Im Juli/August täglich außer sonntags zu betreten, um 21h Besichtigung im Kerzenlicht. Ein Meisterwerk im Flamboyantstil, an dem seit seiner Errichtung nichts geändert oder hinzugefügt wurde. Lediglich die Spitze des viereckigen Turms mußte 1808 dran glauben, als sie der Blitz traf. Beim Bau des Portalvorbaus stand die Kathedrale zu Quimper Modell. Rechts die *Chapelle du Penity,* die zwischen 1504 und 1515 an der Stelle der ursprünglichen Kirche und der Grabstätte des heiligen Ronan errichtet wurde und den Reliquiar des Stadtheiligen birgt.
Im Inneren ein kunsthistorischer Leckerbissen nach dem anderen. Rechts vom Eingang die Ruhestätte des heiligen Ronan aus Kersantoner Granit (1430) und eine *Kreuzabnahme Christi*, farbig bemalter Stein aus derselben Epoche. Weiter unten zwei märchenhafte Flachreliefs mit einer Darstellung des auferstandenen Jesus. Im massiv und zugleich harmonisch proportionierten Kirchenschiff trägt die schräge Pflasterung zur vorherrschenden Perspektive bei. Verweilen wir vor der *Kanzel* mit einer Darstellung in zehn Bildern des Lebens und Wirkens St. Ronans, 1707 gemeißelt. Prächtiger *Rosenkranzaltar* aus dem 17. Jh. In einer Nische neben dem Hauptaltar noch einmal der heilige Ronan, diesmal wie ein Bischof gekleidet. Das *Buntglasfenster* aus dem 15. Jh. in der Apsis mit achtzehn Passionsszenen läßt Gläubige in andächtige Verzückung und Heiden in ehrfürchtigen Respekt versinken.
Anschließend raten wir unseren Lesern zu einem Gang zum hinteren Teil des Friedhofs, um die herrliche *Chorhaube* nebst Kalvarienberg zu bewundern.

► **Chapelle Bonne-Nouvelle:** am unteren Ende der Rue Moal. Im Nachhinein baulich veränderte Kapelle aus dem 15. Jh. Nahebei auch ein kleiner Kalvarienberg und ein alter Brunnen. Die Straße war einst die der Weber und vor Zeiten die belebteste in ganz Locronan.

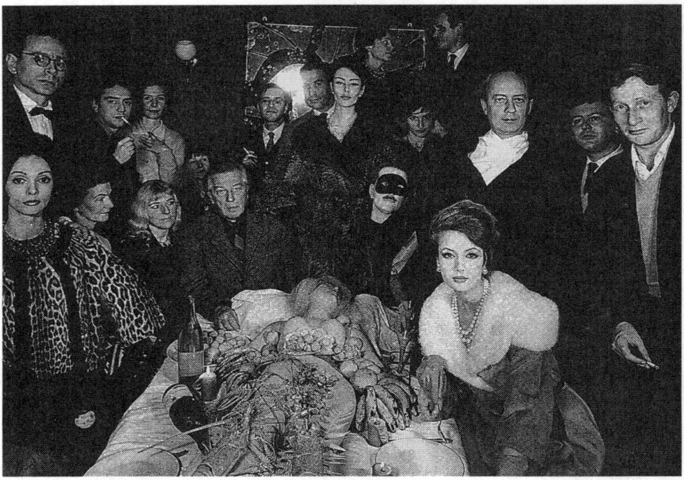

**André Breton**

► **Musée Municipal** (Städtisches Museum): neben dem Verkehrsamt. T. 98 91 70 05. Öffnungszeiten während der Hochsaison: täglich 10-19h. Kleines, aber feines Museum über Volkskunst und Brauchtum. Zu den Exponaten zählen alte Webstühle aus dem 18. Jh., Kostüme, Mobiliar, Hausgeräte und Werkzeuge. Dazwischen die Werke lokaler Maler.

► **Conservatoire Régional de l'Affiche:** Manoir de Kër-Gwenolé, auf der Anhöhe, gut ausgeschildert. T. 98 51 80 59. Von Juni bis September geöffnet. Zeigt über 200.000 Plakate, davon die ältesten aus dem 17. Jh. Zum Vergleich: das *Musée d'histoire contemporaine* in Paris besitzt gerade mal 100.000 Plakate.

► In der Rue Lann steht das Elternhaus des surrealistischen Künstlers **Yves Tanguy**. Wenn er während der Ferien hier weilte, schauten unter anderen Jacques Prévert, André Breton und Paul Eluard vorbei. Leider nicht zu besichtigen, da noch bewohnt.

► **»Stadtberg« von Locronan:** der Rue du Four bis zur Kreuzung der Route de Châteaulin und der Straße zum Zeltplatz folgen. Danach fehlen nur noch zwei Kilometer. Vom *Plas Ar C'horn,* in 289 m Seehöhe, bietet sich eine spektakuläre Aussicht auf die Bucht von Douarnenez und die *Montagnes Noires*. Vor Ort stoßen wir auf eine Kapelle neueren Datums. Ob ihre Existenz damit zusammenhängt, daß wir uns hier auf einem der bretonischen »heiligen Hügel« befinden?

## Lokale Feste

– **Petite Troménie:** wird alljährlich am zweiten Sonntag im Juli gefeiert – es sei denn, es ist die Zeit der alle sechs Jahre stattfindenden *Großen Troménie*. Dieser besondere *Pardon* von Locronan soll an jenen Fußweg erinnern, den St. Ronan jeden Morgen barfuß und nüchtern zurückgelegt haben soll. Ihm zu Gedenken also die vier Kilometer lange Prozession mit den Reliquien des bekannten Heiligen.
– **Grande Troménie:** diese 12 km lange Überlandprozession findet nur alle sechs Jahre statt. Dann werden prächtige Kostüme und Banner hervorgeholt und mehrere Dutzend blumengeschmückte Betkapellchen entlang des Weges postiert. Der Weg führt an der Grenze eines ehemaligen Benediktinerpriorats entlang und geht vermutlich sogar auf heidnische Bräuche in keltischer Zeit zurück. Hier die Daten: 1995, dann also 2001 usw.
– **Festival de Musique Classique:** das Festival der klassischen Musik findet normalerweise im Juli statt, und zwar in der Kirche und der Kapelle Notre-Dame-de-Bonne-Nouvelle. Auskünfte im Verkehrsamt.

## Im Umkreis

► **Sainte-Anne-la-Palud**: am Meer, bei einer kleinen Kapelle, spielt sich am letzten Sonntag im August der wichtigste *Pardon* im Finistère ab.

► Unweit von hier der **Wald von Nevet**. Das Verkehrsamt kann schöne Wanderrouten im Umkreis empfehlen.

► **Kerlaz:** Dörfchen an der Straße nach Douarnenez. Wir erwähnen Kerlaz besonders wegen seines idyllischen Pfarrbezirks. Dieser ist ausnahmsweise den Proportionen des Dorfes einmal angemessen und kann durch ein aufwendiges Renaissancetriumphtor betreten werden. Das Beinhaus stammt aus der gleichen Epoche, während das Kreuz auf 1645 datiert wird. Eine gewisse Eleganz läßt sich auch dem durchbrochenen Kirchturm nicht absprechen.

# DOUARNENEZ (29100)

Bedeutender Fischereihafen und viertgrößte Stadt im Finistère. Als typischer Arbeiterstadt geht Douarnenez eine besondere Anziehungskraft ab, und doch hält es Trümpfe in der Hinterhand, mit denen die meisten der »hübschen« Städte nicht dienen können. So atmet man hier beispielsweise eine geschichtsträchtige bretonische Luft. Die Helden sind zur Abwechslung einmal keine Heiligen, keine schönen Damen, Prinzen oder Könige: es sind die Matrosen, die Hafenarbeiter, die kleinen Leute. 1921 wählten sie den ersten kommunistischen Bürgermeister Frankreichs. Wichtiger noch, ja majestätsbeleidigend: in Douarnenez zog 1924 eine Frau als Stadtverordnete in die Gemeindevertretung ein, und das, obwohl die Frauen

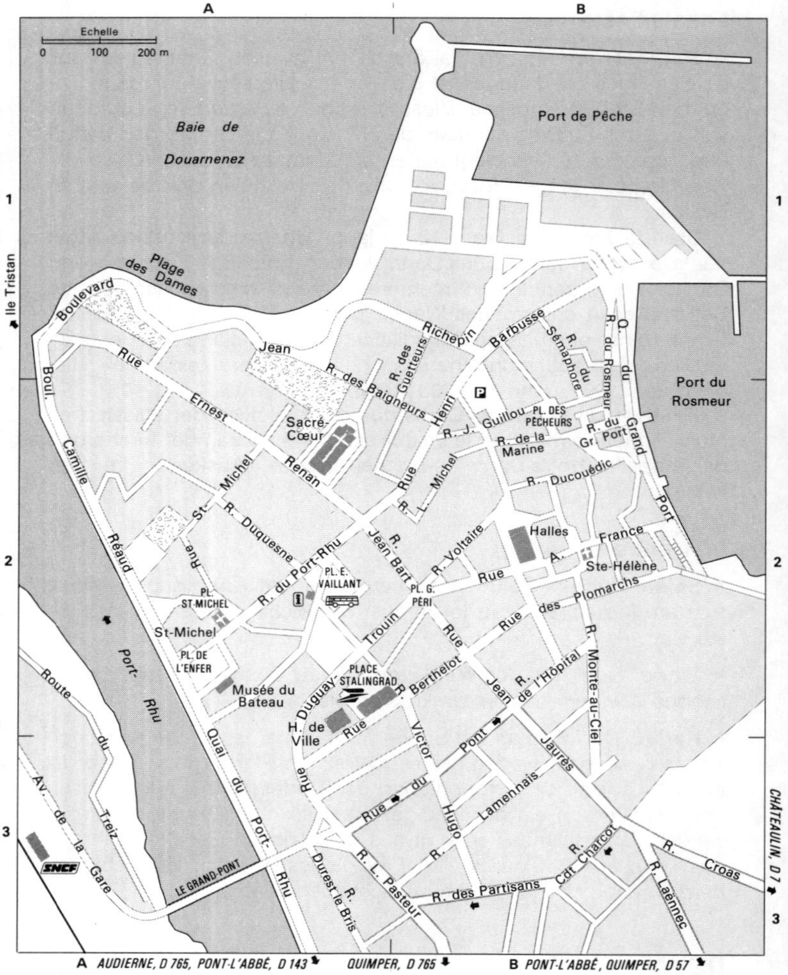


*Douarnenez*

zu der Zeit noch gar kein Wahlrecht besaßen. Die Wahl wurde selbstverständlich von den zuständigen Herren schleunigst für ungültig erklärt, und die Frauen mußten weitere zweiundzwanzig Jahre warten, bevor sie als politisch mündig anerkannt wurden. Es besteht übrigens keinerlei Grund zu überheblichem Grinsen: in einem Schweizer Kanton gestand man den Frauen erst 1989 das aktive Wahlrecht zu. Später stieg Douarnenez zu einem Brennpunkt

der bretonischen *Résistance* auf, und parallel dazu zum größten heimlichen Einschiffungshafen nach England. Schließlich erlebte hier, wie könnte es anders sein, die kulturelle Eigenständigkeit der Bretonen ihre erste nachhaltige und einflußreiche »Renaissance« mit den Zeitschriften *Chasse-Marée* und *D'Armen.* Douarnenez ist darüberhinaus ein Zentrum für den Erhalt alter französischer Schiffe, daher auch das in Frankreich einzigartige Schiffahrtsmuseum.
Willkommen also in einer leidenschaftlichen und lebendigen Stadt mit sympathischen Eigenheiten. Abgesehen vom alten, zum Meer hin abfallenden Fischerviertel am Hafen, verkauft ein Fischgeschäft ausgezeichnete Garnelen und Fischsuppe in Gläsern. Mit Rezepten rückt man hier bereitwillig heraus. Douarnenez besitzt ferner eine spätgotische Kirche und einen überdachten Markt, auf dem Kunstliebhaber sogar auf werkelnde Maler stoßen können und noch einiges mehr. Sind nun alle überzeugt, daß diese Stadt einen Umweg lohnt?

## Bretonisches Sodom und Gomorrha

Hier, in der Bucht von Douarnenez, soll der Sage nach die Stadt *Ys* gelegen haben. Eine römische Uferstraße bestärkte viele in dem Glauben, daß es sich um Deiche und Mauerfundamente einer versunkenen Stadt handele. Tatsächlich wird der Untergang von Ys einem geöffneten Schleusentor zugeschrieben. Aber erzählen wir hübsch der Reihe nach:
*Ys,* zur Zeit des Königs Gradlon Hauptstadt der Cornouaille, genoß den denkbar schlechten Ruf eines Sündenbabels. Ahès, Tochter des Königs Gradlon, verlor ihr Herz an einen stattlichen jungen Mann, hinter dem sich in Wahrheit der Satan verbarg, und stibitzte seiner schönen blauen Augen wegen den goldenen Schlüssel zum Schleusentor, welches ein Ablaufen des Flußwassers ins Meer ermöglichte, um diesen ihrem Schwarm zu überreichen. Beelzebub, heimtückisch wie er nun mal ist, öffnete bei Flut kurzerhand die Schleusen und die Wassermassen überfluteten die Stadt. Allein dem König gelang die Flucht, mit seiner Tochter auf dem Rücken. Um selbst nicht unterzugehen, sah er sich jedoch gezwungen, das vermaledeite Mädel den steigenden Fluten zu überlassen. Ys war im Meer versunken und König Gradlon errichtete seine neue Residenz in Quimper. Glaubt man der Legende, so hört man bei starkem Wellengang noch die untergegangenen Glocken läuten.

## Rettet die alten Pötte!

Ziemlich platt waren wir schon, als wir erfuhren, daß wir das Museum, in dem mehrere hundert Schiffe – darunter einige sehr selten gewordene Exemplare – einer Handvoll idealistischer Frauen und Männer zu verdanken haben. Als Ansporn diente ihnen allein die Liebe zum Meer und eine leidenschaftliche Begeisterung für die Geschichte der Seefahrt. In weniger als zehn Jahren, beginnend mit einem verschwindend geringen Anfangskapital, haben sie alle Küs-

ten und Flüsse sorgfältig nach den letzten alten Pötten abgeklappert. Gerade noch rechtzeitig, bevor diese ganz von der Bildfläche verschwunden waren. In anderen Ländern sind solche Museen gang und gäbe; in Frankreich nicht. Ein Stück Geschichte wäre für Frankreich unwiederbringlich verlorengegangen, hätte es nicht diese Leute gegeben, die motiviert und geistesgegenwärtig gegen den Verfall und das Vergessen eingeschritten sind. Hut ab!
Zollen wir also der erfolgreichen Teamarbeit der *Association Treizour,* der Zeitschrift *Chasse-Marée,* der *Fédération régionale pour la culture maritime*, den Forschern von *Ar Vag* und der Stadt Douarnenez unsere Anerkennung. Diese lassen jedermann an ihrer Leidenschaft teilhaben, indem sie über des Schiffahrtsmuseum Kurse in allen Bereichen des Bootsbaus anbieten; sogar das Singen bretonischer Seemannslieder wird vermittelt.

## Nützliche Anschriften

– **Fremdenverkehrsamt:** 2, rue du Docteur-Mével. T. 98 92 13 35. Fax: 98 74 46 09. Täglich ganzjährig geöffnet. Führungen und Bootsausflüge aufs Meer nach Vereinbarung.
– **Führungen im Fischereihafen:** vormittags mit den *Vedettes Rosmeur,* die auch Rundfahrten auf dem Meer und Hochseeangeln an bieten. T. 98 92 83 83.
– **Fahrradvermietung:**
*La Bécane,* 42, av. de la Gare. T. 98 74 20 07.
– **SNCF-Büro:** 10, rue Jean-Barré. T. 98 92 14 80.

## Ein Königreich für ein Bett!

### ● *Preiswert*

▪ **Hôtel de la Rade:** 31, quai du Grand-Port. T. 98 92 01 81. Nicht mehr ganz taufrisches, aber sympathisches Hotel mit Sicht auf den Hafen von Rosmeur und die See. Einfache, aber gepflegte Zimmer mit Waschbecken ab 170 F. Mit etwas Glück gerät man an ein Zimmer mit Balkendecke, himmelblauer Tapete und Schleiergardinen. Neuankömmlinge werden freundlich aufgenommen. Eine Spitzenadresse für schmale Portemonnaies.
▪ **Hôtel des Halles:** in der Stadtmitte, neben der Markthalle. T. 98 92 02 75. Sonntags und den ganzen Januar über geschlossen. Korrekte Doppelzimmer mit Waschbecken ab 160 F.
▪ **Boulangerie-hôtel:** 70, rue Laennec. T. 98 92 13 96. Der Bäcker versucht sich im Hotelleriegewerbe und vermietet seine Zimmer ab 130 F. In der Bäckerstube dürfen Schleckermäuler die Croissants ganz heiß und frisch aus dem Ofen genießen.

### ● *Zeltplätze*

▪ **Camping Municipal le Bois d'Isis:** im Bois d'Isis, bei Tréboul, einem Wohnviertel auf der anderen Seite des Port-Rhu. T. 98 74 05 67. Von Ostern bis zum 15. September geöffnet. 400 m vom Strand

*Plage des Sables Blancs.* Schattige, angenehme Anlage, die vom Strand aus allerdings nur nach einiger Kletterei zu erreichen ist. Verlangt die niedrigsten Gebühren in der ganzen Gegend.

- **Camping Kerleyou:** im Wald von Kerleyou, 800 m von vorgenanntem Strand. Privater Zwei-Sterne-Zeltplatz. T. 98 74 03 52 oder 98 74 13 03. Aufnahme vom 1. Mai bis zum 30. September.
- **Camping Croas-Men:** in Tréboul, zehn Minuten vom Jachthafen entfernt. T. 98 74 00 18. Von Anfang Mai bis Ende Oktober bewirtschaftet. Mitten in einem Obstgarten mit vielen Apfelsorten. Also im Herbst das Zelt nicht unter den Bäume aufstellen, sonst droht ein Apfelbombardement.
- **Hôtel Le Bretagne:** 23, rue Duguay-Trouin. In der Stadtmitte, neben der Hauptpost. T. 98 92 30 44. Hotel im Stil der siebziger Jahre, das gottlob modernisiert wurde. Freundlicher Empfang, Zimmer ab 120 F.

### ● *Anspruchsvoller*

- **Hôtel de France:** 4, rue Jean-Jaurès, in der Innenstadt. T. 98 92 00 02. Fax: 98 92 27 05. Glänzt nach seiner Auffrischung in modern-rustikalen Mischstil. Na, wenigstens die Zimmer sind gemütlich, für zwei Personen ab 270 F. Eine gastliche Bleibe.
- **Auberge de Kervéoc'h:** route de Kervéoc'h. 5 km hinter Douarnenez, an der Straße nach Quimper. Die Anfahrt ist problemlos ausgeschildert. T. 98 92 07 58. Von Ostern bis Ende September geöffnet. Der frühere Bauernhof, hübsch herausgeputzt, ist herrlich gelegen und verfügt über luxuriös eingerichtete Zimmer ab 255 F. Getafelt wird im stilvollen Speisesaal mit großem Kamin und Gemälden einheimischer Künstler. Einwandfreie Küche, Menüs ab 110 F. Im Sommer nur Halbpension möglich.

## Wenn der Bauch sein Recht fordert

♦ **Crêperie Au Goûter Breton:** 36, rue Jean-Jaurès. T. 98 92 02 74. Kindliches Wirtshausschild, bretonische Einrichtung und ein Rocker als Wirt, der sich nur auf der Harley oder im Cadillac fortbewegt. Anstelle bretonischer *Binious* erklingen Jazz-Saxophone und E-Gitarren. Hinten heraus eine Blumenterrasse.

♦ **Le Pourquoi-Pas?:** 15, quai du Port-Rhû. T. 98 92 76 13. Resto-Pub Mitten im Museumshafen. Hübsche an die See angelehnte Einrichtung, würzige Fischsuppe für 50 F. Das ganze Jahr über findet hier wöchentlich ein Musikereignis statt.

♦ **La Cotriade:** 46, rue Anatole-France. T. 98 92 06 45. Kleine brave Fischerkneipe, 50 m vom Hafen Rosmeur. Witziges Lokal, Menüs ab 80 F.

♦ **Le Tristan:**. 25 bis, rue du Rosmeur. In der Straße oberhalb des Hafens. T. 98 92 20 17. Bedienung bis 21h. In der Nachsaison mittwochs und sonntags abends geschlossen. Menüs ab 100 F. Gut beleumundete Küche mit frischen Zutaten, aber die meisten Gerichte kosten Aufpreis.

♦ **Hostellerie des Arcades:** 67, rue du Commandant-Fernand. T. 98 74 00 64. Sonntags abends geschlossen. Oben auf der Anhöhe von Tréboul. Gastronomischer Klassiker in Douarnenez mit ländlichem Speisesaal. Werfen wir einen Blick auf das Menü zu 100 F: Räucherlachs und Gemüse; zum Preis von 170 F gibt's schon Jakobsmuscheln. Zimmerpreise zwischen 160 und 200 F. Samstags abends häufig geschlossene Gesellschaften.

## Sehenswertes

Douarnenez wurde mit den Gemeinden Tréboul und Ploaré zu einer einzigen Stadt zusammengelegt. So kommt es zu seinen vier Häfen: dem Jachthafen Tréboul, dem alten Küstenschiffahrtshafen Port-Rhu, dem modernen Hafen für Langustenfischer und dem alten Hafen von Rosmeur, der noch von Küstenfischern angelaufen wird. Port-Rhu vorgelagert ist das *Tristan-Eiland,* wo im 17. Jh. der berühmte Seeräuber La Fontenelle Unterschlupf fand. Privatgelände, daher der Öffentlichkeit nicht zugänglich.

► **Schiffahrtsmuseum** *(Port musée):* Quai du Port-Rhu. T. 98 92 65 20. Hält seine Pforten im Hochsommer täglich von 10-19h offen und nutzt die Räumlichkeiten einer ehemaligen Konservenfabrik aus dem 19. Jh. In seiner Art ganz in Europa einmalig. Das Museum präsentiert nicht nur zweihundert französische und ausländische Schiffe so umfassend und präzise wie möglich, sondern bemüht sich auch, einen Küstenschiffahrtshafen aus dem 19. Jh. am Leben zu erhalten. Das steinerne Quai und die hölzernen Pontons bzw. Hafenwehre wurden originalgetreu nachgebaut.
– Im zwei Kilometer langen *Schwimmdock* sind rund zwanzig Fischkutter zu besichtigen: Langusten-, Thunfisch- und Sardinenboote sowie sechs Ausstellungsboote (Feuerschiff, Schlepper, Sandkahn, Küstenschiff).
– An den *Kais* die traditionell bretonischen Küstengewerbe wie Seilmacher, Tangsammler, Austernzucht usw.
– Wir sehen bei *Bau und Restaurierung von Holzschiffen* zu und erleben das geschäftige Treiben in der Werkstatt, die Gesten der Segelmacher und Zimmerleute, die schon einen Dreimaster aus dem 19. Jh. mit 53 m Länge fertiggestellt haben. Der diente in besseren Zeiten der Handelsschiffahrt.

– Ergänzend werden *Filme* gezeigt, und unter freiem Himmel finden immer wieder *Sonderveranstaltungen* statt, an denen Besucher – und dies ist das Besondere an diesem Museum – aktiv teilnehmen können. Hier nur die wichtigsten:
– *Les Ateliers de l'Enfer:* unzufrieden damit, nur alte Schiffe aufzumöbeln, konstruieren die Schiffsbauer anhand von Gemälden oder Fotos längst verschwundene Schiffe nach. Interessenten, ob Anfänger oder Fortgeschritte, haben die Möglichkeit, verschiedene Kurse *(Stages)* zu besuchen. Auskunft: T. 98 92 14 20.
– *Schiffsvermietung:* wer möchte, kann einen ganzen Tag lang mit einem *Treizours* (bretonisch für »Fährmann«) auf die Bucht raus-

schippern, um in der Sardinenschaluppe »Telenn Mor« oder der hundert Jahre alten norwegischen Galeasse »Anna Rosa« die alte Kunst der verschiedenen Manöver und Handgriffe eines Matrosen zu erlernen.
– *Les Voiles d'Iroise:* 19, quai du Port-Rhu. Die traditionellen Segelschiffe »Solveig«, »Manureva« und »Ariane« sind die meiste Zeit des Jahres auf großer Fahrt. Für ernsthaft interessierte Seebären stechen sie auch mal kürzer in See und veranstalten Ausbildungsgänge an Bord. Auskunft: *FRCM,* quai du Port-Rhu, BP 34, F-29172 Douarnenez. T. 98 92 76 25.

♦ Seeluft macht bekanntlich durstig: wie wär's mit einem alten *Kro*, am besten **Chez Léo** – was sich auch noch reimt – Quai de Port-Rhu, neben dem Museum? Erstens ist das die billigste Pinte; und zweitens ist Léo, der bärtige stadtbekannte Wirt, ein netter Zeitgenosse und vermittelt in seinem leicht angestaubten Lokal eine rauhe, aber herzliche Atmosphäre.
♦ Oberhalb von Leos Keipe lockt das **Pourquoi-Pas?,** T. 98 92 76 13. Auch wenn es bei Tag mit seinem falschen Glanz eher kundenfängerisch wirkt, so verdient es doch, nach 22h angelaufen zu werden. In der Seemannskneipe fließt das Guiness jedenfalls in Strömen. Mehrmals pro Woche heißt es Bühne frei für Seemannlieder, irische Musik, etc.

► Zwei Schritte vom Museum wird für Musterknaben und züchtige Pflanzen unter unseren Lesern und Leserinnen Weihwasser ausgeschenkt: in der **Chapelle St. Michel** aus dem 17. Jh., wo es außerdem einige bemalte Tafeln zu bestaunen gilt.

► **Kirche von Ploaré:** route de Quimper. Anschauliches Beispiel für bretonische Renaissance des 16. Jhs. Bemerkenswert sicherlich nicht nur der Glockenturm im Flamboyantstil mit seiner 60 m hoch gen Himmel strebenden Lanternonspitze. Der schmucke Portalvorbau ist leider sämtlicher Statuen verlustig gegangen. Im Inneren ein Altarretabel.
Auf dem nahen *Friedhof* ruhen die sterblichen Überreste eines gewissen *Laënnec*, Erfinder des Stethoskops.

► **Port du Rosmeur:** Hafen am alten Fischerviertel, wo auch die Versteigerung des Fangs stattfand. Enge verwinkelte Gäßchen voller Lokalkolorit, alter Seemannskneipen und auch Touristenlokale.

► **Fischereihafen:** ein Fünftel des weltweit gefangenen Thunfisches wird hier angelandet. Douarnenez besitzt ja auch die größte Konservenfabrik Frankreichs. Der Fisch wird von 23h bis zum Morgengrauen ausgeladen; um 6h beginnt auch schon die Versteigerung, außer an Sonn- und Feiertagen.

► **Librairie du Chasse-Marée:** rue Henri-Barbusse, oberhalb vom Hafen, im früheren Seemannsheim. T. 98 92 66 33. Geschäftszeiten von 9-12 und 13.30-18h, während der Schulferien auch samstags geöffnet. Es handelt sich um eine Buchhandlung, in die Französischkundige ruhig mal einen Blick werfen sollten. Hier wird auch die bereits erwähnte historisch-ethnologische Zeitschrift *Chasse-Marée* verkauft. Erscheint zweimal im Jahr, wurde 1981 ins Leben gerufen und genießt dank ihrer seriösen Berichte über Schiffahrt und Brauchtum in der Vergangenheit bereits einen ausgezeichneten Ruf. Ohne Übertreibung kann man behaupten, daß die Zeitschrift *Chasse-Marée* die Bretonen aufgeweckt und für ihre eigene Geschichte sensibilisiert hat. Auch die Publikation *Armen*, die sich allen keltischen Ländern widmet, liegt hier aus: Berufe, Traditionen, Sitten und Gebräuche in der Geschichte; aber auch hervorragende Reportagen über die moderne Bretagne. Besser vorher das Scheckheft einstecken: angesichts dieser Auswahl an Lesefutter wird man sich wohl kaum zurückhalten können. Die Buchhandlung bietet nämlich noch einiges mehr: z.B. Schallplatten mit Matrosenliedern, Kassetten, Werke übers Segeln und Navigation im allgemeinen, umfassende Beschreibungen über alles, was mit dem Meer zu tun hat, den damit verbundenen Berufen usw.

► **Küstenpfade:** *Plomarc'hs* und *Sentier des Roches-Blanches.*

– **Hinweis für Baderatten:** der Strand namens *Sables Blancs* in Tréboul ist der beliebteste. Östlich vom Hafen von Rosmeur, über den Küstenpfad *Sentier des Ploumarc'hs,* erreicht man nach einer halben Stunde Fußmarsch den *Plage du Ris.* Von hier reizvoller Überblick. Das Fischerdorf **Plomarc'hs** mit Herberge wurde gründlich herausgeputzt.

## Festivitäten

– **Grande Fête des Bateaux:** das »Große Fest der Schiffe« steigt normalerweise alle zwei Jahre. Mehrere hundert Segelboote, Jachten, Schoner, Schaluppen, Thunfischboote und Küstenschiffe geben sich ein Stelldichein. Gleichzeitig dazu laufen Ausstellungen und Konzerte. Tolle Atmosphäre. Im Verkehrsamt oder bei *Chasse-Marée* erfährt man den nächsten Termin. T. 98 92 66 33.
– **Festival Cinéma des Minorités Nationales** (Filmfestival der nationalen Minderheiten): Ende August/Anfang September. T. 98 92 97 23.
– **Carnaval des Gras:** an Fasching ist in Douarnenez der Bär los.

## Drumherum

► **Notre-Dame-de-Kérinec:** an der D 7, kurz vor Confort, Gemeinde Poullan. Liebliche Kapelle inmitten einer saftig grünen Landschaft, in die sich nur selten ein Tourist verirrt. Die Bauarbeiten zogen sich vom 12. bis ins 17. Jh. hin. Ergebnis: ein Vorbild an architektonischer Harmonie. Ausgelagert finden sich eine ungewöhnliche Kanzel und ein Kalvarienberg.

– **Küstenweg:** ab Tréboul in Richtung Pointe du Raz.

## CONFORT

Confort klammert sich auf halbem Wege zwischen Douarnez und der Pointe du Raz in die rauhe bretonische Erde. Dieser Landstrich am Rande Europas beschert einen einzigartigen Blick auf die vorgelagerten Inseln. Bei Sturm, wenn die aufgewühlten Strömungen des Atlantiks und des Ärmelkanals aufeinandertreffen, ein doppelt aufregendes Erlebnis.

► Gleich bei der Ankunft in Confort ein ungewöhnlicher runder Platz und ein ansehnlicher **Kalvarienberg.** Letzterer sieht leider etwas mitgenommen aus: kein Wunder, litt er doch sowohl unter den bilderstürmenden Revolutionären, als auch unter den mit Gischt angereicherten Seewinden. Die fehlenden Apostel wurden 1870 ersetzt.
► Nebenan erhebt sich eine gotische **Kirche**. Ihr vierhundert Jahre altes Glockenspiel soll Kinder mit Sprachstörungen schon zum Reden gebracht haben. Lenken wir unsere Aufmerksamkeit auch auf die bemalten Schnitzbalken und die prächtigen Kirchenfenster aus dem 16. Jh. Wie uns der herbeigeeilte Pfarrer bereitwillig erläutert, handelt es sich um Episoden aus der Bibel. Hätten wir uns fast gedacht ...

♦ Unweit bieten einige **Restaurants** Menüs zu vernünftigen Preisen an – ab 60 F pro Person ist man dabei – die der bretonischen und französischen Gastronomie zur Ehre gereichen.

## PONT-CROIX (29790)

Ortschaft mit Charakter. Ein Muß für Liebhaber religiöser Architektur: die Kirche **Notre-Dame-de-Roscudon** aus dem 13. Jh. Ihr Südportal, ein Jahrhundert später angefügt, ist ein Kleinod wie aus dem Bilderbuch, ein Feuerwerk in Stein gemeißelter Rosetten. Die Turmspitzen am Glockenturm aus dem 15. Jh. dienten als Vorbild für die Kathedrale in Quimper. Pfeiler und filigran gearbeitete Säulen stützen romanische Arkaden und erwecken beim Betrachter den Eindruck von Leichtigkeit und Eleganz. Retabel und Kanzel aus dem 17. Jh. runden das Bild ab. Das kleine Seminar ist als Museum für religiöse Kunst vorgesehen.
Alte Gassen umgeben die Kirche, z.B. die Grande-Rue-Chère mit ihren historischen Gebäuden und Treppenstufen, die zum Fluß hinunterführen. Beispiele für eine besonders einheitliche Architektur finden sich auch an der Place de la République. In Höhe der Hausnummer 13 zweigt eine gepflasterte Straße ab: rechter Hand ein bemerkenswertes mittelalterliches Gemäuer.

– **Grand Pardon de Notre-Dame-de-Rescudon:** am 15. August; Lichterprozession am zweiten Samstag im August. Am 1. September zusätzlich ein kleiner *Pardon*.
– **Verkehrsamt:** place de l'Église. T. 98 70 46 88. Vom 15. Juni bis zum 15. September besetzt.

## VOGELSCHUTZGEBIET KAP SIZUN

Drei Kilometer nördlich von Goulien, rund um die *Pointe de Castel ar Roc'h,* erstreckt sich eines der bekanntesten Vogelschutzgebiete Europas, Rastplatz und Lebensraum wichtiger Zugvogelkolonien und ortsfester Vogelarten. Zutritt täglich von 10-12h und zwischen 14 und 18h (im Sommer von 10-18h), in der Zeit vom 15. März bis zum 31. August. T. 98 70 13 53. Führungen im Juli/August, jeweils montags und donnerstags von 9-12h, erlauben es, Brutkolonien und Lebensbedingungen unserer gefiederten Freunde aus nächster Nähe kennenzulernen.
Auf 70 m hohen Klippen und 2 km »Ödland« tummeln sich Sturmvögel, Silbermöwen, rund 1.200 Paare Dreizehenmöwen, rotschnäbelige Alpenkrähen, Steinschmätzer, Haubenkormorane, Alken, Lummen und Papageientaucher. Damit man den öl- und schadstoffgestreßten Vögeln nicht zu nahe kommt, darf man die für Besucher ausgewiesenen Pfade natürlich nicht verlassen. Der für Beobachtungen beste Zeitraum: 15. April bis 15. Juni.

### Kost & Logis

▪ **Gemeindezeltplatz Kerros:** in Goulien, auf halber Strecke zwischen Poullan-sur-Mer und der Pointe du Van, an der D 7. T. 98 70 06 04. Nur im Juli/August; einfach, aber ruhig.
♦ **L'Embuscade:** in Goulien. T. 98 70 12 15. Anständige Küche, ordentliche Bedienung. Unter der Woche außerhalb der Ferienzeit »Arbeiterteller« für 55 F. Im Juli/August Menüs ab 90 F. Ordentliche Zimmer ab 200 F.

## CLÉDEN-CAP SIZUN (29770) UND POINTE DE BRÉZELLEC

Der Marktflecken bietet unter anderem eine Kirche aus dem 16. Jh., deren Elemente nicht so recht zusammenzupassen scheinen: der durchbrochene Glockenturm mit Türmchen an der Seite und Außentreppe, das faszinierende Südportal, die spätgotischen Balustraden über dem Spitzbogen und die gemeißelten Schiffe. Ausgefallen wirkt auch das *Ehrenmal* in Form eines Kalvarienberges: auf der einen Seite ein Soldat, auf der anderen ein Matrose. Es gibt schon zu denken, daß ein so kleiner Ort im Ersten Weltkrieg über hundert Gefallene zu beklagen hatte! Ihre Namen finden sich fein säuberlich im Stein der Gedenkstätte verewigt. Wieder wird man daran erinnert, welch hohen Blutzoll die Bretagne in dieser Zeit gezahlt hat.

► Unweit von hier lädt die **Pointe de Brézellec** zum Beinevertreten ein. Verhältnismäßig ungestört kann man sich hier in ein Naturschauspiel vertiefen, wenn Meer und Felsen miteinander ringen. Aus diesem Kräftemessen resultieren auch die wild zerklüfteten Klippen. Dem unbefestigten Weg rechter Hand nach dem Parkplatz etwa 300 m weit bis zu einem runden Felsen auf einer vorstehenden Felsnase folgen. Und dann heißt es nur noch, die Aussicht auf den gesamten Küstenabschnitt auf sich einwirken zu lassen.

### Sich stärken

♦ **L'Étrave:** an der Straße zur Pointe du Van. T. 98 70 66 87. Mittwochs und von Oktober bis April geschlossen. Spezialität des Hauses ist armorikanischer Hummer – wofür das Restaurant weit und breit bekannt ist. Die Hälfte der Klientel kehrt sicher nur seinetwegen hier ein. 200-250 F pro Person sind schon zu veranschlagen. Zum Trost für weniger üppig gefüllte Schatullen werden auch bescheidenere Menüs zu 95 F gereicht. Dafür entpuppt sich das Menü zu 160 F als ausgesprochen langweilig, fad und einfallslos. Seeblick.

## POINTE DU VAN

Merklich weniger Touristenrummel als auf der Pointe du Raz. Nicht mal Souvenirshops stören das Bild. Darüber freut sich sicher auch die herzige *Kapelle St. They* am Rand der Klippe. Erfolglos versucht der Wind, sie aus den Fundamenten zu heben. Marschiert man den Küstenpfad entlang, so stößt man auf Schritt und Tritt auf die unterschiedlichsten Felsanhäufungen und Felsspalten (Vorsicht ist geboten!), an denen sich die unbelehrbaren Wellen endlich brechen.
Eine schmale Straße führt schließlich an der berühmten *Baie des Trépassés* (»Bucht der Verstorbenen«) entlang zur Pointe du Raz.

### Tisch & Bett

▪ **Hôtel de la Baie des Trépassés:** gediegenes Hotel in Plogoff, unmittelbar am Meeresufer; T. 98 70 61 34. Bietet in einer atemberaubend schönen, wilden Gegend vorbildliche Zimmer ab 180 F und Menüs ab 100 F. Während der Urlaubszeit ist Halbpension Pflicht; wo soll man in dieser Gegend auch sonst essen? Aber wie das mit schönen Ecken auf dieser Welt so ist: die Touristen kommen immer zahlreicher und zerstören das, was sie eigentlich suchen, worunter auch die Gastronomie leidet.

## POINTE DU RAZ

Seeleute früherer Zeiten fürchteten an dieser Stelle ins Nichts zu stürzen. »Hilf mir, oh Gott, an der Pointe du Raz, mein Schiff ist so winzig und das Meer so groß!« Der französische Literat und Historiker *Jules Michelet* meinte gar: »Dieses Pfeifen, von dem man meint, es sei das Pfeifen des Sturmes, ist das Stöhnen, der Schatten der Schiffsbrüchigen, die ihre letzte Ruhestätte begehren ...«
Vorneweg erwartete vor wenigen Jahren die 500.000 Besucher noch ein riesiger Parkplatz mit Dutzenden von Läden, die unter ihren

geschmackvollen Souvenirs fast zusammenbrachen und dem Ort jenes Quentchen Poesie verliehen, an dem es ihm ansonsten sicher gemangelt hätte. Seit 1989 ist Schluß damit: es wurde mit eisernem ökologischen Besen gekehrt und der ganze Bereich zur Schutzzone erklärt. Krämer und Geldwechsler im Tempel mußten umziehen, der ganze Komplex, auch in der Nähe stehende Gebäude, wurden abgerissen und weiter im Hinterland wieder aufgebaut. Die Natur sollte sich der Landzunge wieder bemächtigen.
An schönen Tagen erkennt man von der Statue *Notre-Dame des Trépassés* (»Muttergottes der Schiffbrüchigen«) aus die Insel Sein und den Leuchtturm Ar-Men. 20 km trennen ihn vom Festland, was für die französische Atlantikküste Rekord bedeutet. Der zernagte Felssporn wagt sich weit ins Meer vor: zerzauste Gesteinsbrocken, die von der Brandung langsam aber sicher zu Kies und Sand zermahlen werden. Ein Weg führt um die Spitze der Landzunge und ermöglicht es uns, so nahe wie möglich an Amerika heranzukommen. Außerhalb der Hochsaison, wenn es hier wieder menschenleer ist, ein ergreifendes Naturschauspiel. Schwindelerregende Pfade hangeln sich über die Klippen, Abgründe tun sich auf, vor allem in Höhe der *Enfer de Plogoff* (»Hölle von Plogoff«). Hierbei handelt es sich um ein tiefes Becken, das die Wellen selbst bei ruhigem Wetter mit tosender Gischt füllen.

## Übernachtung

▪ **Hôtel de l'Iroise:** Pointe du Raz. T. 98 70 64 65. Das abrißgefährdete kleine Hotel gehört der unvergleichlichen Mme Le Coz. Kein großer Luxus, aber man fühlt sich wohl. Zimmer ab 170 F.

## Einkehren

♦ **Relais de l'Ille de Sein:** 29770 Plogoff. T. 98 70 60 67. Mittwochs und im November geschlossen. Der gemütlichen Veranda ist ein Raum mit an das Meer erinnernder Einrichtung vorgelagert. Gute Menüs ab 90 F.

♦ **Crêperie du Cap:** im Dorf Plogoff. T. 98 70 60 52. Nur im Sommer geöffnet. Schlichte, rustikale Einrichtung. Erfreut sich zu Recht am Kap großen Zuspruchs.

## INSEL SEIN (29990)

*Qui voit Sein, voit sa fin ...*, »Wer Sein sieht, sieht auch sein Ende« besagt ein Sprichwort in der Gegend. Die Umrisse der Insel – 1,5 km lang, an ihrer weitesten Stelle 800 m und an den engsten Abschnitten nur 100 m breit – erinnern an die schmale Schere eines Krebses. Es handelt sich geologisch um die 8 km vom Festland entfernte Verlängerung der Pointe de Raz. Ihr höchster Punkt liegt ganze sechs Meter über dem Meeresspiegel. Kaum Sträucher, geschweige denn Bäume. Rund fünfhundert Seelen zählt das Dorf.

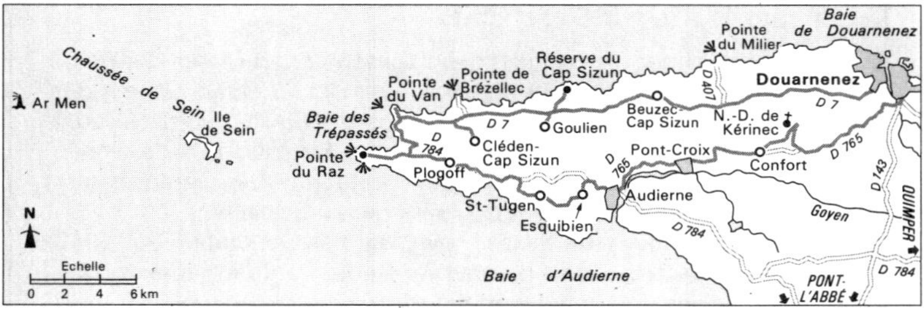


## Pointe du Raz und Kap Sizun

Schon 1858 waren es soviele. Die Fischerei sorgt wie damals für ein Auskommen der Bewohner. Wovon sollten sie auch sonst leben? Ein Haus lehnt sich an das andere, bisweilen getrennt durch ein schmales Gäßchen, das genau die Breite hat, um die Durchfahrt eines Wagens zu gestatten. Die Insel wurde mehrmals überflutet. Bei einer solchen Gelegenheit flohen Frauen und Kinder 1868 auf die Dächer und in den Glockenturm. Der Pfarrer erteilte allen schon mal vorsichtshalber die Absolution, doch das Meer zog sich wieder zurück. Die älteren Frauen tragen noch die traditionelle schwarze Kopfbedeckung der Witwen, die sie nach der Choleraepidemie 1886 endgültig als ihre Tracht annahmen.

Auf Sein wächst einfach gar nichts, außer ein paar einsamen Kartöffelchen im Schutz ummauerter Parzellen. Die meiste Zeit verbringen die Männer auf der Suche nach Arbeit unter anderen Himmeln. Tapfere Weiber schleppten Anfang des Jahrhunderts beim Bau der Kirche die Steine vom Hafen auf dem Kopf herbei, einen nach dem anderen. Im Inneren ein 1918 von englischen Seeleuten gestiftetes Exvoto, als Dank für die Errettung aus Seenot. Noch eine Kuriosität: seit einem Dekret Colberts zahlen die Einwohner keine kommunalen Abgaben mehr. Die Glücklichen!

Zwölf Kilometer vor der Insel sorgt der *Leuchturm Ar-Men,* dessen Bau sich über vierzehn Jahre (!) hinzog, für die nötige Orientierung. Ständig sah man sich mit Schwierigkeiten konfrontiert. Schon im ersten Jahr machte es das Wetter unmöglich, insgesamt mehr als acht Stunden zu arbeiten. Nur siebenmal gelang es dem Bauschiff, an der vorhergesehenen Stelle festzumachen. Der Wärter bekommt einmal in der Woche seine Essensration, unter erschwerten Wetterbedingungen nur alle zwei Wochen. Da lautet die Devise dann: Gürtel enger schnallen und auf besseres Wetter warten!

## Ein paar Worte zur Geschichte

Die Inselbewohner stellten sich geschlossen in den Dienst der *Résistance* gegen die deutschen Besatzer und der *Libération*. Nach der historischen Rundfunkansprache Charles de Gaulles vom 18. Juni verließen alle Männer die Insel in Richtung England (wo de Gaulle eine Art Exilregierung gebildet hatte). Hundertfünfzig waren es insgesamt, die Greise, Frauen und 145 Kinder zurückließen.
Hundertvierzehn kehrten wieder heim. Als der General im Juli 1940 seine ersten sechshundert Männer musterte, fragte er jeden einzelnen nach seiner Herkunft. Hundertfünfzig antworteten: von der Insel Sein. De Gaulle wunderte sich: »Ist denn Sein so groß wie ein Viertel von ganz Frankreich?« Den übrigen Franzosen muß man gerechterweise zugute halten, daß es von der Westspitze Frankreichs nur ein Katzensprung nach England ist.

## Anreise und Übernachtung

– **Vedette Biniou-II:** legt vom Hafen Sainte-Évette in Audierne ab. Auskunft und Buchung: T. 98 70 21 15 und -13 78. Fax: 98 70 20 21. Im Prinzip verkehrt täglich vom 7. Juni bis zum 7. Juli ein Schiff, vom 8. Juli bis 28. August täglich drei, vom 29. bis 31. August täglich zwei und eines vom 1. bis 6. September. Rückfahrt noch am Abend des selben Tages.
– **Compagnie Maritime Penn Ar Bed:** Quai Jean-Jaurès. Gewährleistet das ganze Jahr über außer mittwochs eine tägliche Verbindung. Im Juli/August drei Überfahrten von einer Stunde Dauer. T. 98 70 02 37 und -02 38.

▪ Unterschlupf bieten einige **Privatzimmer**.
♦ **Restaurants** und **Crêperien** sorgen für das leibliche Wohl.

## PLOGOFF (29770)

Die überwiegende Mehrheit der Franzosen hätte wohl nie etwas von Plogoff gehört, wäre da nicht von 1976-1981 der Aufstand gegen das auf der Pointe du Raz geplante Atomkraftwerk gewesen. Ähnlich wie in Wackersdorf demonstrierten, beteten, kämpften Abertausende und ließen sich nicht durch Polizei – vor allem die für ihr hartes Vorgehen bekannte mobile Bereitschaftspolizei CRS – und Gendarmen einschüchtern. Die ausgeprägte Einigkeit in der bretonischen Bevölkerung, eine einmalige Taktik, ein unbeugsamer Wille, die große Solidarität und Unterstützung aus allen vier Ecken des Landes – hunderttausend Menschen strömten während einer Zusammenkunft nach Plogoff – trugen entscheidend zum Baustopp bei. Mitterrand versprach damals, das Vorhaben zu streichen, sollte er ins Präsidentenamt gewählt werden. Er wurde es und hielt Wort (im von Überkapazitäten geplagten Paradies der »Kernenergie« kommt es auf einen Atommeiler mehr oder weniger ja auch nicht an). Heute sind die Slogans an den Wänden verblaßt, ist wie im badischen Wyhl schon fast alles in Vergessenheit geraten. Geblieben sind die typischen Steinmäuerchen um die altersschwachen Häuschen aus Granit.

## PRIMELIN (29770)

In einem kleinen Weiler in der Nachbarschaft Primelins, 8 km von Plogoff, steht die hübscheste Kirche auf der Halbinsel. Also nicht achtlos vorüberrauschen!

► **Kapelle St. Tugen:** 1535 erbaut und im 17. Jh. erweitert. Es heißt, St. Tugen habe die Fähigkeit besessen, Menschen von Zahnschmerzen und Tollwut zu erlösen. Massiger viereckiger Turm im spätgotischen Stil. Davor plätschert Wasser in einem Brunnen. Ein besonderer Augenschmaus ist der Pfarrbezirk, mit spitzbogigem Triumphtor und Kalvarienberg mit sehenswerter Pietà. Auffallend auch das Südportal mit durchbrochenem Giebelfeld, bestückt mit den Apostelstatuen. Im Inneren der Kapelle finden wir wieder ein Kirchenschiff in Form eines umgedrehten Schiffskiels und prächtige Schnitzbalken. Auch die Spitzbogen- und romanischen Arkaden mit grob behauenen Kapitellen werten die Kapelle auf. Der Raum, in den man früher, lang ist's her, die Tollwütigen einschloß, jagt uns heute ein gelindes Schaudern über den Rücken. Den Retabel des Hauptaltars und des rechten Seitenaltars sollte man genauer studieren; ebenso die Exvoto-Schiffe und die anmutigen Malereien aus dem 17. Jh. auf der Seitenwandung des Taufbeckens.

– **Pardon** an einem Sonntag Mitte Juni. Prozession am Vorabend um die Kapelle herum.

## AUDIERNE (29770)

Audierne ist, im Gegensatz zu Camaret, ein noch recht munterer Hafen. Alle möglichen Boote und Schiffe ankern in der Mündungsbucht des Goyen, gesäumt von harmonisch aneinandergereihten Häuschen. Ein farbenfrohes Bild! Das kleine Privatmuseum *(La Chaumière)* an der Straße zum Strand stellt bretonische Möbel aus dem 17. und 18. Jh. aus. Um die moderne Kirche laden Gassen und Treppchen zu einem romantischen Bummel ein. Auch Sonnenanbeter kommen in Audierne nicht zu kurz: breiter Strand mit feinem Sand 1,5 km westlich. Von dort aus kann man sich zur Ile de Sein einschiffen.

– **Fremdenverkehrsamt:** place de la Liberté. T. 98 70 12 20.
– **Les Viviers d'Audierne:** Richtung Strand. T. 98 70 10 04. Fax: 98 70 08 87. Fischteich mit lebenden Krebsen und Krabben.

## Wo unterkommen? Wo einkehren?

▪ **Hôtel-Restaurant L'Horizon:** 40, rue Jean-Jacques Rousseau. T. 98 70 09 91. Fax: 98 70 01 49. Zwischen Stadt und Strand, 50 m bis zu letzterem. Nagelneues Hotel, tadellose Zimmer ab 1450 F. Drei Menüs ab 70 F.

▪ **Hôtel Au Roi Gradlon:** am Strand. T. 98 70 04 51. Fax: 98 70 14 73. Sonntags abends und montags vom 1. Oktober bis zum 1. Juni geschlossen. Modernes Gebäude mit Zimmern ab 240 F. Menüs im Restaurant mit Panoramablick um die 120 F. Spezialität sind Meeresfrüchte.

▪ **Hôtel le Cabestan:** in Esquibien, auf dem Weg zur Pointe du Raz. T. 98 70 08 82. Komfortables Zwei-Sterne-Hotel mit Zimmern ab 170 F. Vollverpflegung oder auch Halbpension möglich. Dahinter ein Garten.

▪ **Camping du Kerhuon:** 14, rue de Verdun. Etwa 1 km vom Strand, aber nicht ganz so leicht zu finden. T. 98 70 10 91. Aufnahme vom 15. April bis zum 15. September.

▪ **Ferme de Kersiviant:** in Esquibien, 2 km vom Zentrum Audiernes, T. 98 70 08 95. Die Straße zur Pointe du Raz einschlagen, dann rechts hinter dem Supermarkt Leclerc abbiegen. Großes, ruhiges Haus mit Gästezimmern ab 150 F für zwei oder 180 F für drei Personen. Frühstück nicht inbegriffen.

♦ **Crêperie Les Géraniums:** 22, rue Danton neben der Kirche. T. 98 70 27 57. Von Blumen umgebenes Haus, gemütliche Einrichtung und süffiger Cidre.

## *IM PAYS BIGOUDEN*

Das Pays Bigouden, von Plozévet bis Sainte-Marine an der Odet-Mündung, beschert uns ganz gegensätzliche Landschaftsbilder: hier die öde, kaum bewohnte Westküste, dort die geschütze, dicht besiedelte Küste im Süden. Einsame Moorlandschaften wechseln mit *Bocage*-Fluren und Gehölzen. Im Bigoudenland findet man angeblich die stolzesten Bretonen, die ihre Identität zu bewahren suchen und mit den anderen Bretonen nicht in einen Topf geworfen werden möchten. Am Hafen von Poulhan signalisiert eine weibliche Statue: »Hier endet das Land der Bigoudin«.
Mehr noch als anderswo fordern wir unsere Leser auf, die ausgetretenen Pfade zu verlassen, sich im labyrinthartigen Netz der Landsträßchen zu verlieren, um die herzigen, in ihrer Einfachheit ergreifenden Kapellen zu besichtigen, die Wegekreuze, die alten Bauernkaten, von denen manche, wo schützende Gehölze und Baumstreifen fehlen, vom stürmischen Wind wie zerzaust wirken.

Pointe du Raz

– **Maison du Tourisme du Pays Bigouden:** rond-point de Kermaria, BP 41, F-29120 Pont-l'Abbé. T. 98 82 30 30. Fax: 98 82 32 18. Ganzjährig geöffnet. Alles Wissenswerte über das ganze Pays Bigouden.

## VON AUDIERNE ZUR POINTE DE PENMARC'H

– **Maison de la Baie d'Audierne:** im Norden von Notre-Dame-de-Tronoën in Saint-Vio. T. 98 82 61 76. Geführte Wanderungen für Naturliebhaber, Vogelfreude und Botaniker.

Wir meinen, einer der verlockendsten Küstenabschnitte in der Bretagne. Eine geringe Siedlungsdichte läßt genügend Raum für die wildromantische Natur. Die Handlung des Romans »Cheval d'orgueuil« von Pierre-Jakez Helias ist denn auch in dieser Gegend angesiedelt. Dabei gibt es ausnahmsweise keine steil abfallenden Klippen, keine spektakulär zergliederte Landschaft und keine zerklüfteten Küsten. Vielmehr flache, zum Teil ärmliche Landstriche. Hie und da eingestreute Felsen trennen die riesigen, menschenleeren Sandstrände voneinander. Ein Stück ungeschminkter Bretagne, ohne wenn und aber; manchmal erdrückend, oft melancholisch und immer wieder

ergreifend. Tausenderlei winzige Details in der Architektur oder im Wesen der Menschen eröffnen sich dem unvoreingenommenen Blick sensibler Beobachter. Ideale Bedingungen, um in abgeschiedenen Dörfchen, zwischen Flurgehölzen und von der Geschichte vergessenen Kapellen Kraft zu schöpfen.
Dennoch haben wir es keineswegs mit einem weißen Fleck im Geschichtsatlas zu schaffen: so erwies sich das Dreieck Quimper-Plozévet-Penmarc'h 1675 während des Bauernaufstands gegen die Steuerpolitik des Sonnenkönigs als Hochburg der *Bonnets Rouges*. Entsprechend unbarmherzig wütete daraufhin die Repression. Aber das war längst noch nicht alles! Auf geht's also zum Hafenstädtchen Porz-Poulhan, zur bezaubernden Kapelle von Languidou und dem Kalvarienberg von Notre-Dame-de-Tronoën.

♦ **La Goëlette:** das gemütliche Restaurant mit der raffinierten Küche ist auch bei den Einheimischen beliebt. Die beiden Betreiberinnen köcheln Menüs ab 100 F.

## PLOZÉVET (29710)

Erholsamer Zwischenhalt westlich von Quimper.

► **Église St. Thémet:** massig wirkende Kirche mit einem Portalvorbau aus dem 12. Jh. und einem noch älteren Kirchenschiff mit romanischem Gewölbe. Sie ist über einer Quelle errichtet, die ab und an aus der südlichen Vorhalle hervorsprudelt. Das spitzbogige Tor aus dem 15. Jh. weist an seinen kleinen Säulen Verzierungen in Form von Bienenwaben auf. Zum Evangelium hin bemerkt der Betrachter, daß die Bündel der kleinen Säulen Pfeiler bilden, auf deren Mitte ein mächtiger Bogen lastet. Sie stammen aus dem 13. Jh. und sind im Stil der Schule von Pont-Croix gestaltet.
► Verweilen wir einen Augenblick am eigentümlichen, ergreifenden **Ehrenmal** für die Gefallenen des Ersten Weltkriegs: ein einfaches Bäuerlein lehnt gegen einen Menhir mitten in einem Meer von Felsbrocken. Dieser Bauer aus Plozévet verlor seine vier Söhne im Ersten Weltkrieg. Das gab den Anstoß zu jenem Gesetz, das denjenigen vom Kriegsdienst befreite, der schon einen Bruder an der Front hatte. Einfacher, aber gleichwohl hübsch anzusehender **Kalvarienberg.** Zwei Schritte davon entfernt das Gesicht eines **Bigouden** mit sanften, stolzen Zügen aus der Werkstatt des Bildhauers Quillivic. Vom selben Künstler stammt die **Skulptur der beiden Glöckner** in unmittelbarer Nähe.

### Kost & Logis

▪ **Hôtel des Voyageurs:** 31, route de Quimper. T. 98 91 30 39. Sympathisches, traditionelles Hotel mit vielen Pflanzen und Blumen; Parkgelegenheit für Reisende mit fahrbarem Untersatz. Angenehme Doppelzimmer mit Bad und Sicht auf den Garten ab 120 F. Menü zu

70 F mit Kaninchenpastete, bretonischen *Tripes* (Kutteln) und einem Gebäckstück. Apfelwein *(Cidre bouché)* zu 25 F.

▪ **Les Bruyères:** 41, route de Quimper. T. 98 91 31 41. Etwas neuzeitlicher eingerichtet als das *Hôtel des Voyageurs,* aber ohne persönliche Note. Freundlicher Empfang. Doppelzimmer mit Dusche ab 140 F.

♦ **L'Océane:** zwischen Plozévet und Plouhénec (Wegweiser Nähe Kirche in Plozévet); familiäre Atmosphäre und ein sehr empfehlenswertes Menü zu 120 F.

● ***Schicker***

▪ **Le Moulin de Brenizenec:** route de Pont-l'Abbé, T. 98 91 30 33. Ab Plozévet 4 km. Vom 20. September bis zum 30. Oktober geschlossen. Ehemalige Wassermühle aus dem 19. Jh. Der Müllersberuf wurde in der Familie Le Guellec meist vom Vater an den Sohn weitergegeben, bis der heutige Stammhalter das Anwesen 1974 zu einem Hotel mit zehn Zimmern umbaute. Übernachtung in einem der zwölf Doppelzimmer ab 400 F.

## Im Umkreis

► **Menhir des Droits de l'Homme:** am einladenden Strand von Canté südlich von Plozévet, kurz vor Keristenvet. In den Stein wurde eine Inschrift gemeißelt, welche an die über einhundert Opfer des nach einem Seegefecht gegen die Engländer 1796 gesunkenen Schiffes »Droits de l'Homme« (zu deutsch: Menschenrechte) gemahnt. Das französische Kriegsschiff befand sich auf der Rückfahrt von einer Expedition unter *General Hoche*, der den aufständischen Iren zu Hilfe geeilt war. Es handelt sich übrigens um denselben Haudegen, der zuvor bereits in Kaiserslautern, Landau, Speyer und später in Neuwied den Säbel geschwungen hatte. Aber zurück zu unserer Seeschlacht: einer der Überlebenden kehrte nach 43 Jahren britischer Gefangenschaft heim und ließ das Denkmal errichten. Da soll noch mal einer behaupten, die Franzosen seien vergeßlich!

● ***Pouldreuzic:*** Geburtsort des Schriftstellers *Per-Jakez Hélias*, 7 km weiter südöstlich. Hier wurde 1907 auch jene berühmte Pastete erfunden, die bis heute in den Läden zu finden ist. Ihr Schöpfer *Jean Henaff* kreierte auch den Slogan: *Seul un Breton s'entête à faire si bon* (»Nur ein Bretone versteift sich darauf, es so gut zu machen«). Die Pastetenfabrik kann übrigens in Augenschein genommen werden. Drei Rundwege führen um die Gemeinde.

▪ **Hôtel-Restaurant Le Capricorne:** in der Hauptstraße. T. 98 54 40 06. Fax: 98 54 42 92. Gemütlicher Speisesaal; unter der Woche ein reichliches *Menu ouvrier*, aber auch die Menüs am Wochenende sind nicht zu verachten. Zimmer ab 220 F.

▪ **Hôtel Ker Ansquer:** in Lababan, Richtung Plage de Penhors. T. 98 54 41 83. Von Ostern bis Ende September geöffnet. Nach alten Plänen erbauter bretonischer Herrensitz, dessen Luxus von gutem

Geschmack zeugt. Zimmer mit Bad und WC ab 350 F. Zwar unterhält die Besitzerin kein Restaurant, aber verhungern läßt sie niemanden: Menüs ab 110 F, u.a. mit Meeresfrüchten.

● ***Penhors:*** urwüchsiger Strand, von dem aus sich die Aussicht auf die Landspitzen von Raz und Penmarc'h genießen läßt. Im Innern der *Chapelle Notre-Dame-de-Penhors* – mit dem Glockenturm in der Mitte der Kapelle – ein schöner Marienaltar. Am ersten Sonntag im September Schauplatz des bedeutendsten *Pardons* im Bigouden-Land.

▪ **Hôtel-Restaurant Breiz-Armor:** am Strand von Penhors, Pouldreuzic. T. 98 51 52 53. Fax: 98 51 52 30. Bedienung bis 21h. Montags sowie im Januar und Februar geschlossen. Bessere Bleibe in beneidenswerter Lage am Strand, deren moderne Architektur traditionelle bretonische Formen aufgreift. Zimmer mit Seeblick ab 320 F für zwei Personen. Wirt kocht selbst, zahlreiche Menüs von 100-250 F. Panorama-Speisesaal; im Juli/August zwangsweise Halbpension.

► **Plovan:** das gedrungene Kirchlein scheint jeden Windstoß abwehren zu wollen und besitzt einen durchbrochenen, runden Glockenturm. Daneben erhebt sich ein hübscher Kalvarienberg, dessen Gottesmutter eine volkstümlich bretonische Kopfbedeckung trägt.

► **Kapelle von Languidou:** rund einen Kilometer von Plovan. Genau genommen ist nur noch das äußere Gerippe der entzückenden Kapelle aus dem 13. Jh. erhalten, und das steht »einfach so« mitten in der Landschaft. Natur und romanische Arkaden, kannelierte Säulen und die üppige Rosette im spätgotischen Stil spielen harmonisch ineinander.

► **Plogastel-St. Germain:** knappe 10 km westlich Pouldreuzics, 2½ km von Plogastel, an der D 240 nach Pont-l'Abbé. Einen Abstecher zur weniger bekannten *Kapelle St. Germain* aus dem Jahre 1510 am Rand einer einsamen Landstraße wird niemand bereuen. Gotisches Triumphtor und Portalvorbau der Kirche ergänzen einander in idealer Weise. Die Kapelle selbst ist schlank und elegant. Zeugen die auffälligen Lilien im Fensterbereich, die auch im Wappen der französischen Könige vorkommen, womöglich von der Kompromißheirat zwischen Anne de Bretagne und dem König Frankreichs? Bescheidener Kalvarienberg am Wegesrand. Doch verabschieden wir uns nun von diesem friedlichen Bilderbuchdörfchen!

● ***Plonéour-Lanvern:*** keine besonderen Vorkommnisse, trügen die Einwohner während der Sonntagsmesse nicht ihre traditionelle Kopfbedeckung.

---

*Für Hinweise, die wir in späteren Auflagen verwerten, bedanken wir uns mit einem Buch aus unserem Programm*

---

▪ **Hôtel-Restaurant des Voyageurs:** 1, rue Jean Jaurès; T. 98 87 61 35, Fax: 98 82 62 82. Im Winter freitags abends und samstags mittags geschlossen. Preiswertes, renoviertes *Logis de France.* Geschmackvoll eingerichtete, neuzeitliche Doppelzimmer ab 265 F nur für zwei Personen. Die dreigängige, sättigende Mahlzeit kostet 75 F.

♦ **M. Le Berre:** 10, place Victor-Hugo. T. 98 87 61 21. Bäcker und Konditormeister, der einen hervorragenden *Gateau breton* herzustellen weiß. Und wir sind eine strenge, verwöhnte Jury!

▪ **Manoir de Kerhuel:** 29700 Plonénour-Lanvern. T. 98 82 60 57, Fax: 98 82 61 79. Vornehm geht die Welt zugrunde: vornehmer bretonischer Herrensitz, inmitten eines Waldstücks, mit allen Annehmlichkeiten – wie z.B. Schwimmbecken, Tennisplatz – und einem wundervollen Speisesaal. Neben allerlei Leckerbissen ein bezahlbares Menü zu ca. 130 F. In Anbetracht der gebotenen Leistung ist der happige Preis von 560 F fürs Doppelzimmer mit Dusche noch annehmbar.

► **Kapelle von Languivoa:** 1½ km nördlich von Plonéour-Lanvern. Eine jener sechs Kapellen, die im Zuge der Repressalien des Sonnenkönigs nach dem Aufstand der *Bonnets Rouges* völlig verwüstet wurden. Auch wenn die Kapelle nach gründlicher Restaurierung etwas zu neu ausschaut, lohnt ein Blick auf die bemerkenswerten Arkaden und die Kapitelle mit ihren Pflanzenmotiven. Im Umkreis uralte Bauernhöhe und Anwesen.

## NOTRE-DAME-DE-TRONOEN

Von Norden Anreisende passieren eine tellerebene, kleinräumig parzellierte Landschaft, über die der Seewind ungehindert hinwegstreicht. Die weit zerstreuten Bauernhäuser ducken sich hinter Baumreihen, greisenhafte, vom Winde gekrümmte Gehölzstreifen. Unzählige Sträßchen führen ins Nichts, zu vergessenen Weilern, zu Bauernhausruinen oder zu weltabgeschiedenen Kapellen – besonders im Umkreis von Saint-Vio und Kerbascol. Gerade an vernebelten, grauen Tagen geht von diesem Landstrich eine Melancholie aus, der man sich kaum entziehen kann.

► **Kalvarienberg von Notre-Dame-de-Tronoën:** dem Vernehmen nach der älteste der Bretagne – schon wieder! – auf jeden Fall aber der faszinierendste. Mitte des 15. Jhs erbaut, thront er auf einer einsamen Kuppe in einer strengen Dünenlandschaft mit Hecken und Brachland. In Blickrichtung Meer bieten die in Stein verewigten Figuren, vom salzigen Atlantikwind zerfressen, nurmehr geisterhafte Konturen. Alle Einzelheiten sind praktisch ausradiert. Auf den windabgewandten Seiten erkennt man dagegen einige Szenen noch sehr deutlich. Zur Kapelle hin beispielsweise eine *Geburt Christi:* die Flechten verstärken noch die reliefartige Struktur. Einer der drei Weisen aus dem Morgenland trägt ein mittelalterliches Gewand. Zur

Straße hin entdeckt man unten links die Szene der Fußwaschung. Rührende Pietà.
Die Kapelle selbst weist zwei kunstgeschichtlich wertvolle Portale, ein strahlendes Kirchenfenster und ein sehenswertes Altarblatt auf.

► Im Norden der Pointe de la Torche, in Richtung Prat-Ar-Hastel, Gemarkung Trégennec, heißt der mit Kieselsteinen umsäumte wundervolle Sandstrand **Plage de St.-Vio** Anhänger der Freikörperkultur willkommen.

## Im Umkreis

► **Pointe de la Torche:** ein Weg führt um die wildromantische kleine Halbinsel. Tolle Aussicht auf die Felsen von Saint-Guénolé und den Strand von Pors-Carn. Baden ist nicht ungefährlich, aber dafür hat sich hier ein wahres Surferparadies herausgebildet. Bei schlechtem Wetter erlebt man eine wie von Sinnen tosende, wütend gegen die Felsen anrennende Brandung. Der Boden erzittert, wenn die Wellen auf den 30 km langen Strand zwischen Saint-Guénonolé und Audierne prallen. Achtung Surfer: mit die besten *Spots* an der französischen Atlantikküste!

## Absteigen und einkehren in der Umgebung

▪ **Camping de la Crêpe:** in Bezeuc, 29120 Plomeur. Hinter dem Strand de la Torche, ein Kilometer vor Notre-Dame-de-Tronoën. Buchung: T. 98 82 00 75. Von Juni bis September geöffnet. Weitläufiger Zeltplatz mit 120 Stellplätzen.

♦ **Crêperie-restaurant Les Champs des Sirènes:** in Plomeur, Richtung Pointe de la Torche. T. 98 82 09 31. Entzückend buntes Haus, originelle Einrichtung und eine junge, dynamische Mannschaft, die leckere Crêpes und sonstige Gerichte um die 50 F serviert. Kein schlechter Tip.

♦ **Restaurant-Bar le Refuge:** in St. Jean-Trolimon. T. 98 82 01 34. 5 km bis zur Kapelle von Tronoën. Arbeiterrestaurant mit vielen Stammkunden. Über Mittag geöffnet. Menü mit Vorspeisenbüffet, an dem man sich schon sattfuttern kann (Salate, Wurstwaren, warme Happen); Tagesessen mit Nachschlag. Und das alles – Nachtisch, Käse und Getränke inbegriffen, soviel man vertragen kann – für 60 F! Weitere Menüs ab 80 F, Obergrenze 250 F. Einfache Einrichtung.

# SAINT-GUÉNOLÉ-EN-PENMARC'H (29760)

Der bedeutende Fischereihafen hat sich ganz auf Thunfisch, Sardinen- und Kaisergranatkonserven verlegt. Operettenhaftes Treiben sucht man hier vergebens; im Gegenteil: es riecht ein wenig nach Wirtschaftskrise, doch der menschlich warmen Atmosphäre tut das keinen Abbruch. Im Gegenteil!

## Sehenswertes

► **Musée Préhistorique:** frühgeschichtliches Museum nördlich des Städtchens, Nähe Strand von Pors-Carn. T. 98 58 60 35. In den Monaten Juni bis September von 10-12h und von 14-18h offen. Draußen: Hinkelsteine, Dolmen und Langkistengräber *(Allées couvertes);* im Inneren eine umfassende Ausstellung zur Vor- und Frühgeschichte der Bretagne.

► Ein großer viereckiger **Turm** *(Tour carrée)* aus dem 15. Jh., auf halbem Weg nach Penmarch, erinnert an eine frühere Kirche.

► **Chapelle de la Joie:** Richtung Eckmühl-Leuchtturm; ebenfalls aus dem 15. Jh. Wenig aufwendige Architektur, aber immerhin Schauplatz einer wichtigen Wallfahrt am 15. August. Wer bisher noch keine bigoudiner Trachten zu Gesicht bekommen hat, kann dies bei der Gelegenheit nachholen. Die Kapelle besitzt übrigens eine fensterlose Fassade in Richtung Meer, damit die Gläubigen nicht mit Schnorchel und Flossen antreten müssen ... Den Kalvarienberg hat der letzte Sturm auf dem Gewissen.

► **Phare d'Eckmühl:** der 65 m hohe Leuchturm ist mit über 70 km Reichweite einer der lichtstärksten im Lande und nach Absprache mit dem Wärter zu besichtigen: T. 98 58 61 17. Er wurde 1897 eingeweiht und auf den Namen des Prinzen von Eckmühl, eines napoleonischen Generals, dessen Tochter übrigens den Bau finanzierte, getauft. Bevor man oben einen fantastischen Rundblick auf die gesamte Gegend von der Pointe du Raz bis zu den Glénan-Inseln serviert bekommt, heißt's allerdings erst mal, über dreihunert Stufen hinaufzukraxeln. Oben empfängt uns eine Statue des Generals. Der Innenraum ist aus Milchglas, das Treppengeländer aus Bronze gefertigt. Ein Führer erklärt die Funktionsweise des Leuchtturms.

## PENMARC'H (29760)

Besteht aus den vier Ortsteilen Saint-Guénolé, Saint-Pierre, Kerity und Penmarc'h. Keine Diskussion gibt es über den kunsthistorischen und touristischen Wert der spätgotischen **Saint-Nonna-Kirche** aus dem 16. Jh. Reinster Flamboyantstil! Für die kleine Ortschaft wirkt sie ein paar Nummern zu groß; ihre Proportionen sind auch für das Auge des geübten Betrachters ungewohnt. Nach zwei Seiten hin weit ausladendes Dach; ebenso große wie flache, dreieckige Chorhaube hinter dem Hochaltar. Wir ersparen uns eine Auflistung der unzähligen Einzelheiten wie Glockengiebel, Türmchen mit und ohne Glocken, Spitzen usw. Erwähnen möchten wir immerhin das Portal, wo in Stein gehauene Karavellen vom vergangenen Reichtum der Schiffsausrüster zeugen.

– **Verkehrsamt:** place du Maréchal-Davout, Nähe Eckmühl-Leuchtturm. T. 98 58 81 44. Netter Empfang.

Fischer

– **Coopérative de Penmarc'h:** am Hafen von Saint-Guénolé. T. 98 58 66 24. Montags bis samstags von 8-12 und 14-18.30h geöffnet.

## Kost & Logis in der Umgebung

Mehrere Zeltplätze und nicht gerade billige Hotels. Sollte jemand Lust auf ein Festessen verspüren, dann lieber den Katzensprung nach Guilvinec oder Treffiagat in Kauf nehmen. Zwei gute Restaurants dort.

### ● *Zeltplätze*

- **Camping de la Joie:** in St. Guénolé, an der Straße zum Leuchturm, kurz vor der *Chapelle de la Joie*. T. 98 58 63 24. Vom 1. April bis zum 15. Oktober geöffnet.
- Ein **Zeltplatz** auch am endlosen Strand *Plage du Steir* südlich von Penmarch: *Camping Municipal Toul-Ar-Steir,* Aufnahme vom 1. Juli bis 12. September, Auskunft T. 98 58 86 88.
- **Camping de la Torche:** T. 98 58 62 82, an der Straße von Plomeur zur Pointe de la Torche, 2 km bis zum Meer.

### ● *Mittelklasse bis gehobener*

▪ **Hôtel-Restaurant de la Mer:** 184, rue F.-Péron, Penmarc'h. T. 98 58 62 22. Sonntags- und montags abends außerhalb der Saison geschlossen sowie vom 5. Januar bis zum 20. Februar. Hinter der modernen einfallslosen Fassade verbirgt sich ein wirklich nettes Familienhotel mit bieder eingerichteten Zimmern. Doppelzimmer ab 300 F mit Seeblick. Im Restaurant wird man schnell 120 F los.
▪ **Hôtel du Stérenn:** in Penmarc'h, in der Nähe des Eckmühl-Leuchtturms. T. 98 58 60 36, Fax: 98 58 71 28. Vom 1. April bis Ende Oktober geöffnet. Außerhalb der Ferienzeit mittwochs geschlossen. Bis zum Horizont schweift der schönheitstrunkene Blick. Vier Menüs zu 90, 140, 160 und 250 F. Die Wirtin führt ein straffes Regiment: wir sind doch nicht auf dem Kasernenhof! Zimmer ab 280 F. Im Sommer ist Halbpension Pflicht.
▪ **Le Doris:** in Kérity, dem Meer gegenüber am Hafenquai. T. 98 58 60 92. Weltenbummler werden hier von Weltenbummlern aufgenommen. Sympathische Snack-Bar, in der man mit »echten« Seebären zusammentreffen kann, die Emma, der Inhaberin, selbst mit einem Hochseefischer liiert, ihr Seemannsgarn vorspinnen. Im ersten Stock drei Doppelzimmer mit Bad und WC ab 170 F. Von hier oben ist das tobende Meer immer noch eindrucksvoll. Erstes Menü ca. 75 F. Die Landjugend übt sich eifrig im Videospiel oder trinkt etwas auf der Terrasse.

♦ **La Tour Carré:** ortseingangs von Saint-Guénolé, hinter dem viereckigen Turm, wenn man aus Penmarc'h kommt. T. 98 58 87 11. Mittwoch Ruhetag. Unter der Woche mittags reichlich bemessene Gerichte für rund 65 F, weitere Menüs ab 105 F. Halten wir uns an die kleineren Gerichte.

## LE GUILVINEC (29730)

Viertwichtigster und zugleich malerischster Fischereihafen in der Bretagne, der diesen Namen noch verdient und nicht auf Fremdenverkehr umgestellt hat. Wir haben sie deshalb ins Herz geschlossen, diese mit der kleinen Gemeinde **Léchiagat**, auf der gegenüberliegenden Seite der Flußmündung, eine Einheit bildende, lebendige Stadt. Von den weißen Hauswänden heben sich die farbigen Schiffbugs der Fischkutter ab. Guilvinec verfügt auch über kleinere Reparaturwerften. Gegen 16h kehren die Fischerboote zurück; ein Anblick, den gerade Landratten nicht versäumen sollten. Ein stimmungsvoller Ort also mit unverwechselbarem Flair ... aber dennoch kein Paradies, wie die Unruhen 1994 beweisen.
Die 2.500 Fischer von Guilvinec kämpfen nämlich verzweifelt gegen die Konkurrenz durch Billigeinfuhren aus dem Osten und der Dritten Welt. Im Februar 1994 demolierten sie die Kühltheken von Supermärkten und lieferten sich in Paris Straßenschlachten mit der Polizei. An der Spitze der Protestbewegung steht die dynamische Fischerin *Scarlett Lecor*, die mit neuen Marketingstrategien die Krise meistern

will: Qualität statt Quantität ist die neue Devise. Das würde auch die ruinöse Überfischung der Fanggründe beenden, mit der die Fischer sich gegenwärtig ihr eigenes Grab schaufeln. In Guilvinec ist übrigens auch der größte Fischgroßhändler Europas ansässig: *Alain Furic*. Er beliefert selbst die Bundeswehr!

## Kost & Logis

▪ **Hôtel-Restaurant du Port:** 53, av. du Port, in Guilvinec-Léchiagat. T. 98 58 10 10. Fax: 98 58 29 89. Ganzjähriger Betrieb. Korrekte Zimmer mit Minibar und Video ab 260 F. Großer Speisesaal in unverkennbar provinziellem Stil mit dem dazugehörigen Ambiente. Hier verkehrten früher Stammkunden, urige Bretonen, Vertreter in leicht angestoßenen Anzügen, ausgelassene Touristen usw. Jetzt braucht man das nötige Kleingeld, die Klientel beginnt bei vierzig Jahren aufwärts und das Drumherum ist eher steif. Auf den Tischen Blumen und Stofftischdecken. Freundliche Bedienung. Die Menüs ab 100 F werden jedem in angenehmer Erinnerung bleiben. Zum Preis von 600 F, alles inklusive, darf man den Tag eines Fischers auf dem Boot »La Torche« miterleben.

### *IM UMKREIS*

♦ **Auberge de la Rose des Vents:** in der Ortsmitte von Treffiagat, einige Kilometer nordöstlich von Guilvinec. T. 98 58 10 56. Täglich über Mittag geöffnet; abends nur samstags. Montags gibt's ausschließlich das »Arbeitermenü« zu 55 F mit zwei Vorspeisen. An allen anderen Tagen noch ausgezeichnete Menüs zu 100 F – Fisch-Panaché, Entenbraten und hausgemachter Nachtisch – sowie ein Schlemmermenü (Jakobsmuscheln, Langusten, Miesmuscheln, frischer Lachs usw.). Also eine erlesene Adresse für alle, die ihr Reisebudget noch nicht ausgeschöpft haben.

♦ **Crêperie Men-Lann-Du:** an der Straße von Penmarc'h nach Plomeur, T. 98 82 01 06. Ehemaliges Bauernhaus, das sein Mobiliar aufbewahrt hat. Um den Kamin herum vergilbte Familienfotos von Fischern, ferner Steingut aus Quimper. Die einfachste Crêpe (mit Butter) kostete zuletzt 10 F, ein Speckbrot 31 F, die Fischsuppe 40 F und eine große Tasse gebutterter Milch 12 F.

♦ **Le Relais Bigouden:** in Plomeur. T. 98 82 04 79. Fax: 98 82 09 62. Im Januar geschlossen. Netter, umgänglicher Wirt. Bei den kleineren Menüs zu 70-90 F hervorragendes Preis-/Leistungsverhältnis.

## ● *KÜSTE VON GUILVINEC BIS PONT-L'ABBÉ: LESCONIL*

Hübscher, makellos weißer Fischerhafen 8 km von Pont-l'Abbé. Rückkehr der Fischerboote um 17h. Der Fang wird auf dem Markt versteigert. Wallfahrt am dritten Sonntag im August. Der Strand von Treffragat bietet noch ausreichend Ruhe.

– **Verkehrsamt:** place de la Résistance. T. 98 87 86 99.

▪ **Hôtel de la Plage:** am Hafen. T. 98 87 80 05. Ordentliche Doppelzimmer ab 250 F. Hier wird die gleiche Fahrt auf der »Torche« angeboten wie im *Hôtel du Port* in Le Guilvinec.
▪ **Camping des Dunes:** in Kerloc'h, T. 98 87 81 78. Nur 100 m vom Strand. 120 großzügige Stellplätze, windgeschützt hinter den Dünen. Allerei Annehmlichkeiten, direkter Zugang zum Strand.
▪ **Camping de la Grande Plage:** rue Paul-Langevin. T. 98 87 83 64 oder 98 87 88 27. Vom 1. April bis zum 30. September geöffnet. Komfortabler, strategisch günstig gelegener Zeltplatz 250 m vom Strand. Neben dem *Camping des Dunes*.

## LOCTUDY (29750)

Siebtgrößter französischer Hafen für Langustenfischer und Seebad an der Mündung des Flüßchens Pont-l'Abbé. Täglich ab 17h außer am Wochenende nimmt die Fischversteigerung ihren Lauf, die jeder einmal miterleben sollte. Die stark zerklüftete Küste ermöglicht es uns, jeweils einen windgeschützten Strand zu wählen. Ein Besuch der Kirche lohnt wegen deren außerordentlich gut erhaltenem romanischen Kirchenschiff. Befremdliche Skulpturen an den Säulenbasen und üppig verzierte Kapitelle.

– **Verkehrsamt:** gegenüber vom Rathaus. T. 98 87 53 78.

### Übernachtung

▪ **Camping de Kergall:** T. 98 87 45 93. Ganz brauchbar: 50 m bis zum Meer, 800 m bis zur Stadt.

### Sehenswertes in der näheren Umgebung

► **Schloß Kerazan:** *Manoir* an der D 2 zwischen Loctudy und Pont-l'Abbé, inmitten eines weitläufigen Parks mit hohen, alten Bäumen. T. 98 87 40 40. Publikumsverkehr von Juni bis Mitte September zwischen 10-12 sowie 14-18h. Dienstags kein Zutritt. Vom ursprünglichen Schlößchen des 16. Jhs blieb nur ein Flügel erhalten. Das Hauptgebäude stammt nun aus dem 18. Jh., sein oberer Teil trägt die Zeichen des *Second Empire*. In den Sälen überall repräsentative Louis-XV-Möbel. Kleines Kunstmuseum mit Werken von Maurice Denis, Charles Cottet usw.

## PONT-L'ABBÉ (29120)

Gilt als Hauptort des Pays Bigouden. Die gutbürgerliche, ruhige Stadt träumt an ihrem See und einem kleinen Flußhafen am hinteren Ende des Mündungstrichters. Das Brauchtum hält sich hier hartnäckig: zur Sonntagsmesse tragen immer noch zahlreiche Kirchgänger eine hohe, spitze Haube als Kopfbedeckung. Über eine hübsche Promenade kann man an der Pont-l'Abbé-Mündung flanieren.

– **Verkehrsamt:** im Schloß; T. 98 82 37 99 oder 98 87 24 44.

## Wo seine Zelte aufschlagen?

▪ **Hôtel-Restaurant Le Bretagne:** 24, place de la République. T. 98 87 17 22. Fax: 98 82 39 31. Außerhalb der Saison täglich außer montags geöffnet. Häuschen mit unverputzten Steinen, gemütliche, hübsche Zimmer für zwei Personen (250-380 F). Eine ideale Familienunterkunft ist das Zimmer für vier Personen zu 470 F.

● ***Vornehmer***

▪ **Chateau de Kernuz:** einen Kilometer südlich von Pont-l'Abbé. Anfahrt über die D 785 in Richtung Plomeur, dann über die Straße nach Penmarc'h. T. 98 87 01 59. Fax: 98 66 02 36. Aufnahme vom 1. April bis zum 30. September. Herrensitz aus dem 15. Jh. in einem fünfzehn Hektar großen Park. Für lumpige 370 F schlummert man sehr ruhig in einem geräumigen, schönen Gemach mit Bad und Telefon. Und wer kurz im Swimmingpool untertauchen möchte, bitte schön ... Menü zu 160 F.

## Einen Besuch wert

► **Schloß und Musée Bigoudin:** rue Jean-Jaurès, am See. T. 98 87 24 44. Am Ufer des Teichs. Öffnungszeiten: Juni bis September von 9-12h und 14-18.30h. Sonn- und feiertags geschlossen. Das Museum im Hauptturm widmet sich regionaler Folklore: Mobiliar, Kostüme, Kopfbedeckungen, Haushaltsgegenstände, Werkzeuge der Bauern und Fischer, Schiffsmodelle usw.

► **Maison du Pays Bigouden:** nach zwei Kilometern in Richtung Loctudy, im *Bauernhof Kervazégan*. Ergänzt den Besuch im Schloßmuseum auf ideale Weise. Rekonstruktion einer Wohnung von anno Tobak, dazu Werkzeuge und Haushaltsgegenstände aus dem Alltag.

► **Kirche Notre-Dame-des-Carmes:** ehemalige Kapelle des Karmeliterklosters aus dem 14. Jh., dreihundert Jahre später umgebaut. Zwei Rosetten fallen sofort auf: jene über dem Hauptaltar mißt über 7 m im Durchmesser. Ein schillerndes, flammendes Farbenspiel, das seit fünf Jahrhunderten nichts von seiner Intensität eingebüßt hat.

## Veranstaltungen und Feste in Pont-l'Abbé

– **Fête des Brodeuses:** Fest der Stickerinnen am zweiten Sonntag im Juli.
– **Pardon des Carmes:** Wallfahrt am dritten Sonntag im Juli.
– **Fête de la Tréminou:** am vierten Sonntag im September.
– **Markt:** immer donnerstags.

## Wo man leckere Crêpes bekommt

♦ **Crêperie Bigoudin:** 33, rue du Général-de-Gaulle. T. 98 87 20 41. Den Sommer über und während der Schulferien kann man sich hier täglich verwöhnen lassen ... Große Granitsteine verleihen der Crêperie ihr uriges Äußeres, Tische und Bänke weisen schon ein beachtliches Alter auf. Die Küche kultiviert eine Liebe zu *Crêpes* (süß) und *Galettes* (salzig), die schon an Perfektionismus grenzt. Außerdem hält man sich hier haargenau an das »Reinheitsgebot« für Crêpes. Buchweizen kommt hinein, und sonst gar nichts. Wir raten zu einer Crêpe mit Apfel und Ziegenkäse im Salatbett. Oder doch lieber mit Caramel? Ach ja, dazu den Cidre aus Plovan nicht vergessen!

## Shopping

– **Le Minor:** 5, quai Saint-Laurent. T. 98 87 07 22. Fax: 98 82 39 30. Montags bis freitags von 9-12h und 14-19h. Führt die traditionellen Wetterjacken der Matrosen aus schwerem Tuch in den üblichen Farben des Landes (bigoudiner Rot und Weiß). Außerdem Souvenirs, traditionelle Puppen *(Kabigs)* und bretonische Stickereien, z.B.: Tischdecken, Sets usw.

## Im Umkreis

► **Chapelle de Notre-Dame-de-Tréminou:** 2 km westlich. Kapelle aus dem 15. Jh. mit durchbrochenem Turm. Im Inneren dekorative Schnitzbalken. Die Kapelle war ein wichtiger – heute würde man wohl sagen »konspirativer« – Treffpunkt der »Rotmützen« *(Bonnets Rouges)* während ihrer Steuerrevolte. Tatsächlich wurde auf der Kalvarienkanzel von vierzehn aufständischen Pfarreimitgliedern letzte Hand an den sogenannten *Code Paysan* gelegt, voller Forderungen des Volkes, vergleichbar den *Cahiers de doléances* (wörtlich: »Beschwerdebüchern«) der Generalstände von 1789. Die Rebellen verlangten unter anderem die Abschaffung der Frondienste, der überteuerten Gebühren auf Stempelpapier *(Papier timbré)* – 1675 hatte Colbert ein Dekret erlassen, demzufolge alle notariellen Akte auf Stempelpapier auszufertigen seien – und des Heiratsverbots zwischen Angehörigen des Adels und Bürgerlichen. Wir lernen daraus, daß die Mächtigen schon damals ihren Ehrgeiz in das Erfinden neuer Steuern setzten. Ein Trost?

► Richtung Quimper, am Ufer des Odet, haben wir noch Gelegenheit, **Schloß Pérennou** zu besuchen. Mittwochs und sonntags um 15h, 16h und 17h. T. 98 94 22 72 (s. »Übernachten in der Umgebung von Quimper«).

► **Musée de la Musique Mécanique:** in Combrit, an der CD 44 zwischen Pont-l'Abbé und Bénodet. T. 98 56 36 03. In der Urlaubszeit täglich von 14-19h geöffnet, zusätzlich an Sonn- und Feiertagen und während der Schulferien. Zu sehen und zu hören gibt es Jahrmarktsorgeln, Pianolas (bekannte Marke mechanischer Klaviere), verschiedene Ausführungen von Organetten und Windharfen, ganz zu schweigen von den sonstigen Klangautomaten und Tonaufnahmen aus Großmutters Zeiten.

● ***Ile-Tudy:*** Dörflein mit weißen Häusern, die sich an der Mündung des Pont-l'Abbé auf einer Halbinsel entlangziehen. Behausungen und schmale Gassen erinnern an die Ile de Sein. Der Strand erstreckt sich über vier Kilometer bis zur Pointe de Combrit. Den Rundgang haben wir schnell hinter uns. Also auf zu einem abendlichen Glas im Hafen: mischen wir uns unter die jungen, sportlichen Gestalten aus der Segelschule, die dann Cafés und Terrassen stürmen!

– **Verkehrsamt:** T. 98 56 30 14.
▪ Vier **Zeltplätze.**
♦ **Chez Pierrette:** T. 98 56 41 04. Bis 1h geöffnet. Eher für die älteren Semester gedacht, dennoch muntere Stimmung. Tische im Freien.
♦ **Au Malamok** *(Café du Port):* T. 98 56 43 34. Außerhalb der Ferienzeit samstags sowie im Oktober und November geschlossen. Echte Hafenkneipe mit Holzdiele, Neonröhren und alten Plakaten. Im Hinterzimmer findet ein Kino im Stil der sechziger Jahre mit hundertfünfzig Sitzen Platz, das die großen Erfolgsfilme der Saison abspult.

## *QUIMPER UND UMGEBUNG*

## QUIMPER (29000)

Die Römer gründeten *Kemper* am Zusammenfluß des Steir und des Odet. Seither zieht sich die historische Hauptstadt der Cornouaille längs des Odet hin und weist noch immer eine besonderes Gepräge, mittelalterliche Pflasterstraßen und lauschige Plätze auf. Berühmte Söhne der Stadt, von denen einige auch hier wohnten, waren: Laënnec, der Erfinder des Stethoskops; Fréron, Polemiker und Intimfeind Voltaires; René Madec, Abenteuerer und »Pascha« in Indien sowie Max Jacob, Maler und Dichter. Aber genug der Vorrede: *Kemper* ruft! Heute läßt die Präfektur mit 60.000 Einwohnern ihr Licht über den ganzen Süden des Finistère leuchten und tritt in Konkurrenz zur nördlichen Küstenpräfektur Brest.

### Hilfreiche Adressen

– **Fremdenverkehrsamt:** place de la Résistance. T. 98 53 04 05. Besetzt von 9-12h und 14-18h; im Juli/August ununterbrochen von 8.30-20h. Sonn- und feiertags: 9.30-12.30h, vom 15. Juni bis zum 15. September. Informationsmaterial, liebenswürdiger Empfang; veranstaltet während der Hochsaison Altstadtführungen.

– **Comité Départementale du Tourisme:** 11, rue Théodore-Le-Hars. T. 98 53 09 00.
– **Flughafen Quimper:** in Pluguffan. T. 98 94 30 30. In der Saison Flüge nach Paris und London.
– **Taxis:** T. 98 90 16 45 und 98 90 21 21.
– **SNCF-Bahnhof:** T. 98 90 50 50. TGV nach Paris über Rennes oder Nantes.
– **Busbahnhof:** 2, place Louis Armand (unweit vom Bahnhof). T. 98 90 88 89.
– **Union des Syndicats d'initiative** (Verband der Verkehrsvereine): 1, rue Théodore-Le-Hars. T. 98 52 01 52.
– **Postamt:** in der Rue de Junéville. Schalterstunden: montags bis freitags von 8-19h, samstags bis 12h.
– **Keltia-Musique:** place au Beurre. Bretonische, irische und französische Schallplatten; Aufnahmen von *Bagadous;* Lehrbücher zum Erlernen bretonischer Musikinstrumente wie der *Uillean pipes, Tin whistles* usw.
– **Ar Bed Keltiek:** 2, rue du Roi-Gradlon. T. 98 95 42 82, Fax: 98 95 59 28. Am Ende der Rue Kéréon, gleich rechts vom Verkehrsamt. Inhaber ist der bretonische Nationalsänger *Gweltaz Ar Fur,* der sich in den siebziger Jahren, zur Zeit des Streiks der »Joint Français« in St. Brieuc, einen Namen gemacht hat. Also eine ganz besondere bretonisch-keltische Buchhandlung, wo man so gut wie alles über Geschichte, Politik, Tradition, Lebensart usw. der Bretonen und ihrer keltischen Vettern findet. Im ersten Stock eine Schmuck- und Instrumentenausstellung: Bombarden, irische *Bohdrans* usw.
– **Librairie Calligrammes:** 18, rue Élie-Fréron. T. 98 95 94 54. Eine der besten Buchhandlungen in der Bretagne. Schier unerschöpfliches Sortiment an Büchern zu Philosophie, Soziologie, bildenden Künsten, Geschichte, Poesie usw. Hier wurden auch die letzten rührend schönen Gedichte von *Xavier Grall* (»Supplique des maisons anciennes« oder das ergreifende »Tombeau pour Bobby Sands«) verlegt.
– **Vermittlung von »Gîtes ruraux«:** *Stang Vihan,* BP 504, T. 98 52 48 00. Besorgt Ferienwohnungen und -häuser auf dem Lande.
– **Nautisme en Finistère:** 11, rue Théodore-le-Hars. T. 98 53 23 27.
– **Große Wallfahrt von Ty Mann Doué:** am ersten Julisonntag.

## Ausruhen

### ● *Für alle Geizigen und Abgebrannten*

▪ **Jugendherberge:** 6, av. des Oiseaux. T. 98 55 41 67. Von Mai bis Oktober geöffnet. Es ist ratsam, rechtzeitig zu buchen. Übernachtung ab 50 F. Die Herbergsmutter erteilt gerne alle möglichen Auskünfte, bemüht sich sehr um ihre Gäste und sorgt für eine familiäre Atmosphäre.
▪ **Hôtel de l'Ouest:** 63, rue Le Déant, im Bahnhofsviertel. T. 98 90 28 35. Im Winter sonntags sowie vom 24. Dezember bis zum 3. Januar geschlossen. Vierzehn Zimmer ab 120 F. Kein Restaurant,

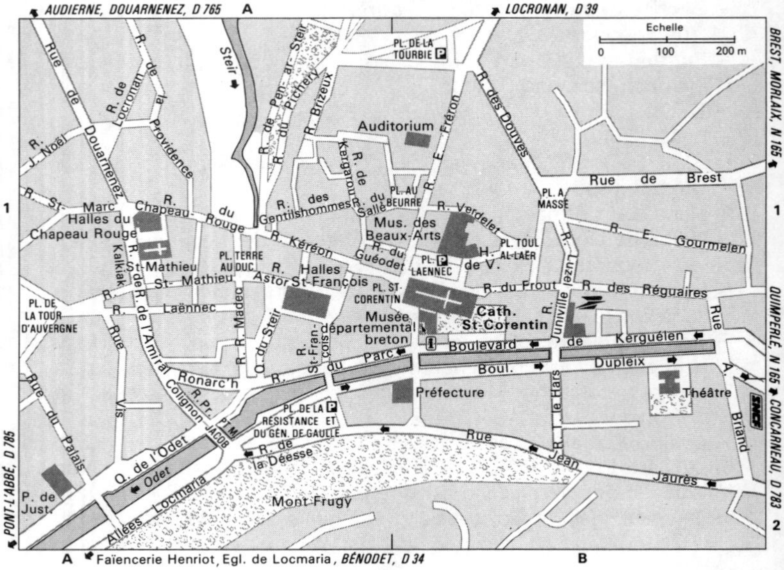


*Quimper*

aber die Betreiberin kennt alle guten gastronomischen Adressen in der Stadt.

## ● *Zeltplätze*

▪ **Camping Municipal:** av. des Oiseaux. Im Park des ehemaligen Priesterseminars, T. 98 55 61 09.

▪ **Orangerie de Lanniron:** route de Bénodet. T. 98 90 62 02. Fax: 98 90 84 31. Zeltplatz mit Schwimmbad und Tennisplatz im Schloßpark, vom 1. Mai bis 15. September in Betrieb. Hat sich seine vier Sterne redlich verdient.

## ● *Mittelprächtig*

▪ **Hôtel-Restaurant A l'Orée du Bois L'Odet:** in Ergué-Gaberic. T. 98 59 53 81. Fax: 98 59 58 83. Ganzjährig geöffnet. Von der Innenstadt aus dem Zubringer RN 165 und der Route de Coray folgen. Zwölf Zimmer ab 175 F in ruhiger Gartenlage, für eine Übernachtung auf der Durchreise hervorragend geeignet. Mittagessen im Restaurant ab 60 F.

▪ **Hôtel TGV:** 4, rue de Concarneau, gegenüber vom Bahnhof. T. 98 90 05 55. Zimmer ab 270 F. Im vierten Stock sind die Zimmer billiger, leiser und genauso gemütlich – weil der Aufzug nur bis zum dritten fährt. Voilà.

● *Nicht übel*

▪ **Hôtel Gradlon:** 30, rue de Brest (Plan B1). T. 98 95 04 39. Fax: 98 95 61 25. Günstig gelegen, da nahe der Stadtmitte. Hübsch hergerichtete Zimmer mit Sicht auf den Innengarten. Auch Lärmempfindliche werden sich hier wohlfühlen. Die Wirtin ist obendrein die Liebenswürdigkeit in Person. Doppelzimmer mit Telefon ab 410 F (Amtsleitung). Bietet sicher das beste Preis-/Leistungsverhältnis im ganzen Städtle.

▪ **Hôtel-Restaurant La Tour d'Auvergne:** 13, rue des Réguaires (Plan B2). T. 98 95 08 70. Ebenfalls mitten in der Stadt. Freundliche Zimmer ab 250 F. Im behäbigen, altbretonischen Restaurant schmaust man ab 200 F.

▪ **Le Dupleix:** 34, bd Dupleix. T. 98 90 53 35. Fax: 98 52 05 31. In der Innenstadt, modern und tadellos in Schuß. Großzügige, ruhige Zimmer, allerdings erst ab 350 F. Sie gestatten einen schönen Ausblick auf den Odet und die Türme der Kathedrale. Der behindertengerechte Fahrstuhl, die kostenpflichtige Garage und der Parkplatz verdienen auch noch Erwähnung.

## Speis & Trank

● *Preiswert*

♦ **Au Vieux Quimper:** 20, rue Verdelet (Plan B1). T. 98 95 31 34. Von 11.30-14.30 und von 18.30-22.30h geöffnet. Dienstag Ruhetag. Rustikale Einrichtung mit bretonischen Möbeln, gemütliches Ambiente. Hervorragend Crêpes nach altem Rezpet.

♦ **La Krampouzerie:** 9, rue du Sallé (Plan B1). T. 98 95 13 08. Geöffnet mittags und abends bis 22h. Sonntags und im Winter auch montags geschlossen. Leckere traditionelle Crêpes. Frischer, nüchterner Rahmen.

♦ **Le Saint-Co:** 20, rue du Front, hinter der Kathedrale. T. 98 95 11 47. Hervorragendes Grillfleisch in riesigen Portionen zu vernünftigen Preisen. Billigstes Menü um die 65 F. Während der Ferienzeit sollte man einen Tisch vorbestellen.

● *Vornehmer*

♦ **Auberge Ti Coz:** in Ty Sanquer, an der D 770 nach Brest. T. 98 94 50 02. Sonntags abends und montags geschlossen. *Ti Coz* bedeutet »altes Haus«; der erfahrene Wirt haut niemanden übers Ohr. Festtagsmenü mit amerikanischem Hummer, Gänseleberpastete usw. ab 230 F, billigstes Menü ab 100 F.

♦ **L'Ambroisie:** 49, rue Élie-Fréron (Plan B1). T. 98 95 00 02. Montags abends geschlossen. In der Straße von der Kathedrale nach Locronan. Der junge Besitzer stellt seine raffinierten Gerichte mit einem Schuß Kühnheit her, wie z.B. das Filet Saint-Pierre mit Lauchfondue, das seine Frau anschließend in dem gutbürgerlichen Speisesaal serviert. Fürs »Menü vom Markt« zahlt man um die 110 F. Weiter geht's mit 130 und 200 F.

♦ **La Fleur de Sel:** 1, quai Neuf, am rechten Odet-Ufer. T. 98 55 04 71. Die Menüpreise beginnen bei 110 F. Einrichtung, Küche und Inhaber sind jung und modern, genau wie wir!

## Übernachten und Einkehren in der Umgebung

▪ **Gîte de Kervreyen:** in Ergué-Gabéric, fünf Kilometer vor Quimper, an der Straße nach Coray. T. 98 59 55 52. Renovierter Bauernhof, der das ganze Jahr über Fußgängern wie Reitern Unterkunft bietet. Dreißig Betten und Boxen für die Reittiere. Auf Wunsch auch Mahlzeiten.
▪ **La Coudraie:** in Pluguffan. T. 98 94 03 69. Im Winter samstags und sonntags geschlossen. Schönes bretonisches Granithaus, das ein weiter Garten umgibt. Zimmer ab 250 F. Ein ruhiger, beschaulicher Zufluchtsort.

## Kneipenbummel

♦ **Chez Paul:** 52, bd de la Libération. T. 98 90 04 31. Montag Ruhetag. Dem zum Bahnhof führenden großen Boulevard folgen, bis wir schließlich am Jazz-Café anlangen. Mittwochs und sonntags ab 20h. Den Sänger Serge Cabon sollte man sich nicht entgehen lassen. Kunterbunte Einrichtung, nettes, lebhaftes Ambiente. Getränkepreise im Rahmen des Erträglichen. Rund um die Uhr sind preiswerte kleine Gerichte wie Paella, Burgunderbraten oder Cassoulet erhältlich.
♦ **Le Ceili:** 4, rue Aristide-Briand. T. 98 95 17 61. Von 11-1h geöffnet. Neben dem *Pub des Deux Cournouailles.* Man spricht bretonisch. Bretonische und irische Musiker geben sich hier ein Stelldichein. Auf der Speisekarte mittags ein Imbiß und *Coreff.* Von Zeit zu Zeit kleinere Konzerte.
♦ **La Cavinière:** rue St. Marc. T. 98 55 52 86. Täglich geöffnet, unter der Woche von 9-23h, samstags ab 14h und sonntags ab 16h. Neueröffnetes Pub über drei Etagen mit überwiegend jungen Leuten. Zwischen Anbaggern und feuchtfröhlicher Wiedersehensfeier oder einem Kartenspielchen ist alles drin. Musik, Billard und Videospiele im Untergeschoß.
♦ **Jean-la-Crêpe:** 15, rue Sainte-Catherine. T. 98 90 19 51. Zwei Mädels führen hier das Regiment. Chantal sorgt täglich außer sonntags von 12-14h für Crêpes-Nachschub. Als musikalischen Hintergrund gibt's Jazz oder keltische Musik.
♦ **Café des Arts:** 4, rue Sainte-Catherine, gegenüber vom *Musée Breton.* T. 98 90 32 06. Nette Einrichtung und Stimmung, Menü ab 65 F, Tagesgerichte ab 50 F.
♦ **Discothèque-Club Les Naïades:** bd Creac'h-Gwen, T. 98 53 32 22. Quirliger Schuppen, bunt und lustig; Musik im SWF 3-Stil, wo man die Hitpararde rauf- und runterdudelt.

## Trinken und tanzen in der Umgebung

♦ **Ker-Opus-Bar:** in Langolen. T. 98 59 30 24. Mehrzwecksaal, wo gute Katholiken sich nach der Messe ein Täßchen Kaffee genehmigen. Samstags abends aber regiert der Rock (nicht der heilige!).

## Sehenswertes

► **Kathedrale Saint-Corentin** (Plan B1-2): Baubeginn war 1239, Fertigstellung unter Napoleon III. Da hat man sich mal wieder Zeit gelassen. Dennoch ist sie eine der drei ältesten gotischen Kathedralen der Bretagne. Die Fassade, schlicht, elegant und wohlproportioniert, wird seit 1856 von zwei Turmspitzen (76 m) überragt. Dabei stand übrigens die Kirche von Pont-Croix Pate. Die rauhe Seeluft hat sich erfolgreich darum bemüht, den Altersunterschied farblich zu verwischen. Zwischen den beiden Türmen erhebt sich ein Reiterstandbild des Königs Gradlon. Betreten wir nun durch das fein gearbeitete Portal das Innere der Kathedrale.
Dort erwartet uns etwas Außergewöhnliches: nach dem Kirchenschiff weicht der Chor in einem Winkel von fünfzehn Grad von der Mittelachse ab. Man sollte meinen, der Architekt habe im letzten Moment eine Kollision mit bereits vorhandenen Bauwerken vermeiden wollen; oder mußte er nur noch das Grab Alain Caniard, Bezwinger der Normannen 913, unterbringen? Dieser Lapsus dürfte ihm einen saftigen Rüffel vom Auftraggeber eingebracht haben! Dazu kommt noch, daß nun der vom Einsturz bedrohte Chorraum verstärkt werden muß. Druck und Gewicht der Bögen werden zwar durch Seitenstreben aufgefangen, die wiederum von Außenpfeilern abgestützt sind, aber letztere stehen nur auf einem flachen Mäuerchen, also auf denkbar unsicherem Fundament. Dieser für die Gotik typische Konstruktionsfehler ist auch der Grund für die Anbringung der Stützträger und Halteseile.
In den oberen Galerien des Kirchenschiffs beeindrucken etwa 10 prachtvolle *Kirchenfenster* aus dem 15. Jh. Nicht zu verachten ist auch die gemeißelte *Kanzel* aus dem 17. Jh., mit Szenen aus dem Leben des heiligen Corentin. Eine genaue Beschreibung aller Reliefs, Grabmäler, Fresken, Altäre und Skulpturen ersparen wir uns und unseren geplagten Lesern.

► **Musée des Beaux-Arts** (Kunstmuseum): 40, place St. Corentin (Plan B2, gegenüber der Kathedrale). T. 98 95 45 20. Täglich außer dienstags von 9.30-12h und 14-18.30h, neusten Meldungen zufolge 10-19h. Alle hier ausgestellten Werke aufzuzählen – die reichen Sammlungen profitierten von nichr minder reichen Erblassern – wäre ein Ding der Unmöglichkeit. Daher nur die markantesten: Gemälde aus der Französischen Schule des 18. Jhs (Van Loo, Coypel, Oudry, Boucher); prächtige Boudins: »Nature morte aux Fruits« (Stilleben mit Früchten), »La Côte de la Hève« (Die Küste von La Hève), »Vue de Quimper« (Ansicht von Quimper); Corot ist mit seinem Werk »Pierrefonds« vertreten. Auch die regionale bretonische Kunst kommt zum Zuge. Realistisch stellt sie Alltagsszenen nach: so

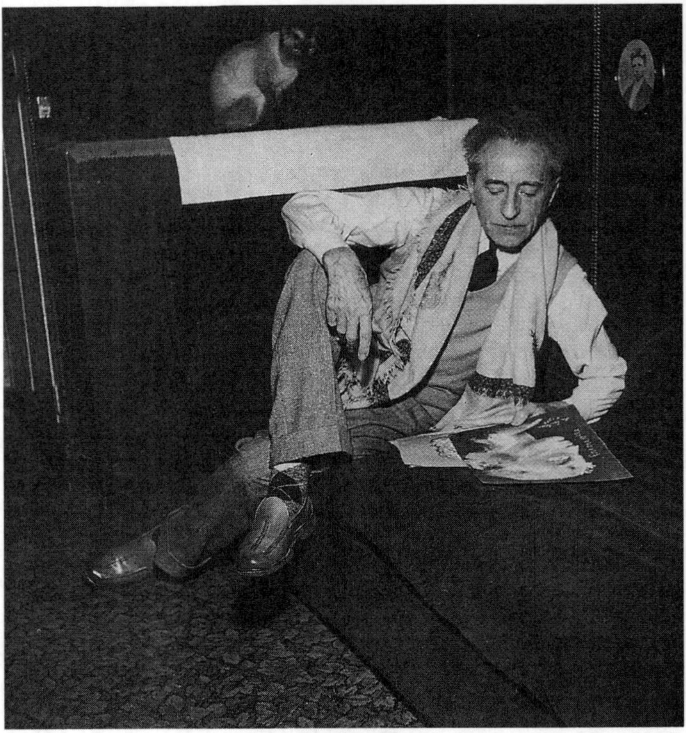

**Jean Cocteau**

in den Werken »Rue de Morlaix« (Straße in Morlaix) von Jules Noël, »Noce en Bretagne« (Hochzeit in der Bretagne), »Retour du Pardon de Ste Anne-la-Palude« (Rückkehr von der Wallfahrt der Ste Anne-la-Palude) von Leleu. Und dann das Gemälde »Noces« (Hochzeit) von Corentin Le Guerveur: voller Leben, Sinn fürs Detail, ausgefeilte Technik. Von P.E. Clarin stammt die »Chapelle de la Joie à Penmarch«, ein Bild voller Bewegung und dramatischer Atmosphäre. Schließlich sei noch J.J. Lemordant mit dem Werk »Les Bigoudens marchent sur la Plage« (Die Bigoudiner gehen am Strand) erwähnt, das einmal für das *Hôtel de l'Épée* in Quimper gedacht war. Die Witterung ist so treffend wiedergegeben, daß es uns richtig fröstelt.
Bemerkenswert auch die Retrospektive des Dichters *Max Jacob* anhand von Bildern, Büchern, diversen Schriften sowie Portraits des Künstlers von der Hand Jean Cocteaus und Pierre de Belays.
In stets verschiedenen Stilrichtungen kehrt die Darstellung des gesellschaftlichen Lebens der Bretonen wieder, so wie es von Pierre

de Belay gesehen wurde. Eine reich bestückte Abteilung ist auch der Malschule von Pont-Aven gewidmet: »Petite Quimpéroise« (Kleines Mädchen aus Quimper) von Paul Sérusier, »Bretonne dans une Barque« (Bretonin im Boot) von M. Denis, »Paysage de Pont-Aven« (Landschaft um Pont-Aven) von M. Maufra usw.

► **Musée Départemental Breton:** in der Rue du Roi-Gradlon; grenzt unmittelbar an die Kathedrale. T. 98 95 21 60. Während der Hochsaison dienstags bis sonntags (neuesten Meldungen zufolge täglich) von 9-19h, in der Nachsaison mittwochs bis sonntags von 9-12h und 14-17h geöffnet. In den Räumen des ehemaligen Bischofspalasts (16. bis 18. Jh.). Eleganter Turm mit gotischer Wendeltreppe. Die Renovierungsarbeiten sind nunmehr beendet, und das Ergebnis ist, schlicht gesagt, ein Riesenerfolg. Der Palast hat sich zu einem archäologischen, historischen und ethnographischen Museum gemausert. Thematisch gegliederte Ausstellungen, z.B. zu mittelalterlichen Holzfiguren. Vitrinen veranschaulichen das kulturelle Erbe der Bretagne.

► **Faïencerie H.-B. Henriot:** am Ende der Allée de Locmaria, auf dem linken Odet-Ufer. T. 98 90 09 36. Besichtigung der Werkstätten montags bis freitags von 9.30-11.30h und 13.30-16.30h. Am Wochenende geschlossen. Die berühmten bretonischen Fayencen haben ihren Ursprung im 17. Jh., als ein Südfranzose sie hier einführte. Seit 1984 befindet sich die Fayencemanufaktur im Besitz des amerikanischen Ehepaars Janssens, die traditionelles Kunsthandwerk erfolgreich jenseits des großen Teichs an den Mann und die Frau bringen.

► **Les Halles:** den ultramodernen Markthallen in der Innenstadt, die alle erdenklichen Früchte und Gemüse in Hülle und Fülle präsentieren, sollten alle Feinschmecker einen Besuch abstatten.

## Streifzug durch die Altstadt

► **Rue Kéréon:** nimmt vor der Kathedrale ihren Anfang. Ehemals die *Rue des Cordonniers* (Straße der Schuhmacher), auf bretonisch *Kéréon*. Gesäumt von mittelalterlichen Erkern, Fachwerk- oder Schieferfassaden. An der Ecke zur Rue des Boucheries das fotogenste aller Gebäude. Kamera zücken und das beste Urlaubsfoto mit der Kathedrale im Hintergrund schießen! In der Rue du Guéodet schließlich das bekannte *Maison des Cariatides* (Haus der Karyatiden).

► **Rue Fréron** und **Place au Beurre:** besitzen jeweils viel Lokalkolorit. Besonders die Nr. 26 in der Rue Fréron, das *Hôtel de Boisouvray.* Die Place au Beurre beherbergte seinerzeit die ersten Druckereien und Buchhandlungen der Stadt. Weiter geht's entlang der Rue du Sallé – ihr verleihen wir drei Sterne. Bitte Hausnummer 10 besonders beachten. Und natürlich die *Kapelle des Jesuitenkollegs* in der Rue du Lycée.

► **Place Terre-au-Duc und Place Médard:** mehrere Fachwerkgiebel- und Erkerhäuser; desgleichen am Ufer des Flüßchens Steir mit seinem Wachtturm. Auch die *Rue St. Mathieu* lohnt einen Bummel mit ihren kleinen lauschigen Plätzen und anderen romantischen Gassen, Passagen und Bauten im Umkreis.

– **Festival der Cornouaille:** existiert seit 1923 und dauert sieben Tage, meist Ende Juli. Insgesamt hundertvierzig Vorstellungen, Konzerte, Ausstellungen, Festivitäten mit Tausenden von Trachtenträgern, bretonische Sportarten, ein Feuerwerk in der Altstadt, *Festou-Noz,* Straßenmusik und sonntags ein Umzug *(Défilé)* aller bretonischen und keltischen Folkloregruppen. Ein abwechslungsreiches Programm also und eine mitreißende Atmosphäre. Eine Übersicht über alle Veranstaltungen ist im Fremdenverkehrsamt erhältlich.

## Sehenswertes rund um Quimper

► Die **Stangala-Schluchten** liegen 7 km nordöstlich von Quimper. Aussichtspunkt über dem 70 m tief eingeschnittenen und bewaldeten Flußtal des Odet. Der Abstieg ist nichts für Stöckelschuhe und Strandlatschen!

► **Crêpes-Museum:** in Plomelin. Feinschmecker pilgern zu Ehren Katell Cornics hierher, der Erfinderin der »Spitzen-Crêpes« *(Crêpe dentelle)*. Verkauf »ab Werk« im Laden der Alizé-Fabrik.

► **Kapelle Notre-Dame-de-Kerdévot:** rund 8 km östlich von Quimper, in einer bukolischen Gegend. Nahebei ein stark angeschlagener Kalvarienberg, der während der Revolutionswirren sämtliche Figuren auf seinen Sockeln einbüßte. Geblieben sind nurmehr die Gekreuzigten. Man lasse sich die verzweifelte Positur des bösen Schächers, dem das Leiden ins Gesicht geschrieben steht, eine Warnung sein! Die *Kapelle* ist ein typisches Beispiel für den Cornouaille-Stil des 15. Jhs und verfügt über einen durchbrochenen Glockenturm und eine Sakristei aus dem 17. Jh. Im Inneren stellt ein prachtvolles flämisches Retabel aus Antwerpener Ateliers in sechs Bildern Szenen aus dem Leben der Gottesmutter Maria dar (Anfang 16. Jh.).

## **BÉNODET** (29950)

Bénodet zählt zu den bekanntesten Badeorten in der Bretagne und wird daher im Sommer von Feriengästen überschwemmt. Obendrein ist Bénodet einer der beliebtesten Jachthäfen. Einen Besuch des pyramidenförmigen Leuchturms legen wir allen nahe, die sich nicht scheuen, fast zweihundert Stufen zu erklimmen. T. 98 57 00 41. Ohne Fleiß kein Preis; hier in Gestalt eines herrlichen Rundblicks. Aber auch von der Pont de Cornouaille nach Sainte-Marine schaut man ungehindert auf den Odet und seine Umgebung.

## Nützliche Adressen

– **Verkehrsamt:**
place de la Mairie. T. 98 57 00 14. Ganzjährig geöffnet.
– **Segelbootvermietung:** ganz- und halbtags bei *Duck Jibe,* 50 bis, av. de la Plage. T. 98 57 24 01.
– **Bénodet Boutique:** 21, av. de la Plage. T. 98 55 13 81. Von Ostern bis September geöffnet. Wenigstens für einen Tag kann man sich hier dem Gefühl hingeben, Motorbootbesitzer zu sein. Das nautische Grundwissen vermittelt der Besitzer in verständlicher Weise, sofern man Französisch spricht. Selbst für Petrijünger ist gesorgt. Sie finden eine Ausrüstung an Bord vor. Vorausbuchung angeraten.
– **Öffentlicher Golfplatz:** route de Fouesnant, T. 98 54 87 88.
– **Jacht-Club:** veranstaltet Regatten, T. 98 57 26 09.
– **Fahrradvermietung:** *Cycletty*. T. 98 57 26 09.

## Schlafgelegenheiten

▪ **Camping du Port de Plaisance:** T. 98 57 02 38, Fax: 98 57 25 25; zeichnet sich durch ein hohes Niveau aus. Vom 15. April bis zum 30. April geöffnet. Beheiztes Schwimmbecken, Tennisplatz und Wohnwagenvermietung.
▪ **Hôtel L'Hermitage:** 11, rue Laennec. T. 98 57 00 37. Vom 15. Mai bis 20. September geöffnet. Nur 300 m bis zum Strand, in der Innenstadt auf der Anhöhe gelegen. Inhaberin Mme Le Moigne hält das große weiße Haus mit den blauen Fensterläden und dem Hortensiengarten mit viel guter Laune in Schuß. Geeignet für die ganze Familie, wird aber auch alle Rucksacktouristen begeistern. Zimmer ab 160 F.
▪ **Hôtel-Restaurant Le Minaret:** s. »Gastronomisches«.

## Gastronomisches

♦ **Hôtel Gwell-Kaër:** av. de la Plage. T. 98 57 04 38. Fax: 98 57 14 15. Teures Restaurant mit gehobener Küche; Menüs ab 100 F.
♦ **Crêperie La Boulange:** 11, rue de l'Église. T. 98 57 17 71. Vom 1. Oktober bis zum 31. März geschlossen. In der geschichtsträchtigen Crêperie mit ihrem alten Backofen hocken Feriengäste und Einheimische einträchtig nebeneinander. Der über neunzigjährige Bäcker in seinen unverwüstlichen Holzpantinen hat die geliebte Backstube nunmehr seiner Enkelin anvertraut, die aus ihr eine nicht minder renommierte Crêperie gemacht hat.
♦ **L'Alhambra** (Bar des *Hôtel-Restaurants Le Minaret):* corniche de l'Estuaire. T. 98 57 03 13. Der Stil des gut erhaltenen Vorkriegshauses, begünstigt durch die Umgebung und den Blick auf den Odet, hat uns erst verwundert und dann bezaubert. So gemütlich wie die Bar ist auch das Restaurant mit seinen Menüs ab 100 F. Mittags Brasserie-Teller ab 70 F. Zimmer ab 280 F. Hübscher Garten mitten in der Stadt.
♦ **Le Casino:** Spielkasino, wo man in nahezu jeder beliebigen Aufmachung antanzen kann (aber man soll ja nichts übertreiben). Min-

desteinsatz sind 2 F; den können sogar arme Schlucker wie wir uns leisten.

♦ **Le Yannick-Club:** route de Fouesnant. T. 98 57 18 32. Altgediente Diskothek mit Kultstatus, die schon mehrere Modewellen und Generationen kommen und gehen sah.

## Übernachten und einkehren in der Umgebung

### *IN CLOHARS-FOUESNANT*

♦ **La Forge d'Antan:** drei Kilometer außerhalb Bénodets, in Richtung Quimper. T. 98 54 84 00. Montags geschlossen, ebenso sonntags außerhalb der Urlaubszeit. Mitten auf dem Land und mit passendem rustikalen Dekor. Netter Empfang. Einfallsreiche Küche, die Menüs ab 150 F »schmiedet«. Es lohnt sich, der mit Champagner veredelte Krabbenpfanne zuzusprechen. Wie es sich für ein so vornehmes Lokal gehört.

♦ **Lady Anne Pub:** auf dem Kirchplatz. T. 98 54 85 39. Im Sommer täglich von 19h bis 3h geöffnet; außerhalb der Saison freitags, samstags, sonntags und während der Schulferien. Im Sommer sorgt Wirt André Sausset mittwochs für Seemannslieder, freitags für verschiedene Konzerte und sonntags für französische Chansons von Brel und Brassens.

### *IN SAINTE-MARINE*

Kleiner, in Jachtbesitzerkreisen jedoch wohlbekannter Hafen gegenüber von Bénodet. Ein feinsandiger Strand garantiert Badefreuden.

▪ **Restaurant-Hôtel de Sainte-Marine:** vis-à-vis vom Hafen. T. 98 56 34 79. Fax: 98 51 94 09. Außerhalb der Ferienzeit mittwochs sowie im November geschlossen. Stammgast ist u.a. der französische Regisseur Pierre Schoendorffer (nein, nicht Schlöndorff!). Doppelzimmer ab 250 F, im Juli/August Halbpension verpflichtend. Mittagsmenü an die 100 F. Verschiedene Fischgerichte, Kapern, Jakobsmuscheln, fritierte Krabben usw.

♦ **Crêperie La Misaine:** quai Jacques-Le-Thézoc, am Hafen neben der Kapelle. T. 98 51 90 45. Rustikales Häuschen, hell und lebendig. Eine Familie empfängt Gäste mit Schwung und bretonische Herzlichkeit. Hier legt noch jeder Hand an den Kochtopf. Veranda über dem Hafen mit tausend Farben. Rechtzeitig einen Tisch bestellen, sonst ist die Enttäuschund groß.

## Ausflüge

► **Odet-Tal:** der Odet, gewiß einer der malerischsten französischen Flußläufe, entspringt in den Montagnes Noires. Er markiert die Grenze zwischen dem Pays Bigoudin und der Region Fouesnant. An seinen Ufern, wo eine Vielzahl stolzer Schlösser die Aufmerksamkeit auf sich lenken, gewann man lange Zeit Ton für die Keramikmanufakturen in Quimper. Den besten Überblick bekommt, wer

die 16 km lange Strecke flußabwärts zwischen grünenden Ufern und herrschaftlichen Anwesen per Boot zurücklegt. Der Odet ändert dabei immerfort sein Gesicht: mal tritt er als seeartige Bucht in Erscheinung, dann wiederum als kleiner Fjord. Und die abwechslungsreiche Landschaft tut es ihm gleich. In *Vire-Court* vollführt er die wildesten Zickzacks zwischen fotogenen Klippen, bevor er in die Bucht von Penfoul zwischen Sainte-Marine und Bénodet mündet.
Je nach Gezeiten Einschiffung im Hafen Corniguel südlich von Quimper (Buslinie 3 ab Stadtmitte) oder von den Kais am Cap Horn, 500 m von der Innenstadt.

### *VEDETTES DE L'ODET*

– **Ab Quimper:** von März bis April nur nach Vorausbuchung; Mai bis Juni zwei bis drei Fahrten täglich. Im Juli/August vier bis fünf und im September zwei Rundfahrten. Dauer ungefähr 1¼ Stunden (nur ein Weg).
– **Ab Bénodet:** regelmäßigerer Schiffsverkehr.
– **Ab Loctudy:** ab und an ein Boot im Juni und September. Im Juli-August mindestens ein Boot täglich. Dauer etwa drei Stunden hin und zurück.
– **Mittag- oder Abendkreuzfahrt** (mit Verköstigung): ab Bénodet, ausschließlich nach vorheriger Absprache. T. 98 57 00 58. Fax: 98 57 11 03.

## GLÉNAN-INSELN

Inselgruppe neun Seemeilen vor der Küste, in der schönsten aller bretonischen Buchten. Die sieben Inseln sind vornehmlich für die Segelschule bekannt, die sich inzwischen auf vier Eilande ausgedehnt hat (Penfret, Cigogne, Bananec und Drennec). Geboten werden ausgezeichnete Segelreviere, so daß angehende Leichtmatrosen die Kunst des Segelns im Handumdrehn erlernen. Untergebracht wird man im *Fort Cigogne* aus dem 18. Jh, dessen Turm einst als Ausguck diente, um die Geschwindigkeit der Frachter zwischen Croix und Penmarc'h zu überwachen. Wenn die Lebensbedingungen auch spartanisch sein mögen, so machen die wunderbar frische Meeresluft und die Sicht in alle vier Himmelsrichtungen das wieder wett. Auskünfte im *Centre Nautique des Glénans* unter T. 98 97 14 84.

– **Insel Saint-Nicolas:** 22 ha; besitzt sogar eine Außenstelle des Rathauses in Fouesnant, die sechs Zimmer vermietet.
– **Insel Penfret:** 39 ha; Semaphor der französischen Marine und ein Leuchtturm.
– **Insel Drennec:** 13 ha; beherbert die Segelschüler.
– **Insel Loc'h:** 58 ha; mit Ruinen einer alten Jodfabrik.

Zwischen den einzigartigen Narzissen von Glénan wimmelt es von Mauereidechsen, die Fachleute schon als eine neue Unterart zu klassifizieren versuchen! Darwin und die Evolution lassen grüßen. Die lange Reise auf die Galapagos-Inseln können wir uns also schenken.

## Bootsverbindungen

Der Tagesgast bekommt nur die Insel Saint-Nicolas zu sehen, die – neben den im Mai und April blühenden berühmten Narzissen – zwei *Bar-Restaurants* zu bieten hat: das *Castric* (T. 98 50 68 90) und das *Marchadour* (T. 98 97 21 19). Ferner der internationale Tauchsportclub (T. 98 97 21 19) und drei Privathäuser. Noch Ende des letzten Jahrhunderts war das Eiland von 85 Insulanern bewohnt, heutzutage harren nur noch ganze drei Personen den über Winter dort aus, um die Signalfeuer instand zu halten.

– **Ab Bénodet:** mit den *Vedettes de l'Odet.* Auskünfte: T. 98 57 00 58. Im Juli/August zwei Überfahrten täglich. Im April, Mai, Juni und September verkehren die Boote etwas unregelmäßiger. Sich vorher erkundigen.
– **Ab Concarneau:** vom Jachthafen aus in einer knappen halben Stunde mit dem *Hydro-Jet.* T. 98 57 00 58. Anderere Lösung: *Vedettes Glenn,* T. 98 97 10 31.
– **Ab Loctudy** verkehren die bereits erwähnten Fährunternehmen.
– Weitere Verbindungen ab **Port-la-Forêt** und **Beg-Meil.**

## FOUESNANT (29170)

Größerer, für seinen Cidre bekannter Ort, den besten Frankreichs, sagt man (daher auch in den Läden der umliegenden Orte günstiger zu erwerben, so ist das nun einmal). Ein Orkan vernichtete am 15. Oktober, zum Kummer der gesamten Nation, zwei Drittel der Obstgärten. Berühmt ist das Nest auch für seine eleganten Trachten und graziösen Hauben, wenn manche auch die schönsten in Pont-Aven gesehen zu haben meinen. Soll ein jeder selbst urteilen.

► Ein Wunderwerk der romanischen Architektur ist jedenfalls die **Église Saint Pierre.** Doppelwalmdach, im Inneren hohe Rundbogenarkaden und Schießscharten-Fenster, schöne Kapitelle in der Vierung, mit Akanthusblättern, Voluten, Sternen und Figuren verziert.
► 2 km nördlich die **Chapelle Sainte-Anne** in einem hübsch anzusehenden Pfarrbezirk. Von zwei Rundtürmchen eingerahmte gotische Turmspitze. Pardon am 28. Juli.
► Richtung Bénodet, über die D 44, passieren wir noch die entzückende **Chapelle de Campagne du Perguet.** Raus aus der Kiste und den bildschönen Portalvorbau aus dem 15. Jh. samt elegantem Glockenturm im Cornouaille-Stil bewundern. Kleiner Kalvarienberg.

– **Fremdenverkehrsamt:** T. 98 56 00 93.
– **Fêtes des Pommiers:** das Apfelbaumfest dauert drei Tage und beginnt am dritten Sonntag im Juli. Regionaler Cidre-Wettbewerb.

– **Markt:** allwöchentlich freitags auf dem Marktplatz sowie in den umliegenden Straßen. Lebende Tiere wie Hunde, Katzen, Hühner und Kaninchen, Lebensmittel, Keramik- und Lederwaren, Schmuck, CDs und MCs ... Das Schauspiel lasse sich niemand entgehen.
– **Exkursion mit dem Hydro-Jet zu den Glenan-Inseln:** T. 98 50 72 12; zum Einsatz kommt auch ein Schiff mit durchsichtigem Rumpf.
– **Pêche au Requin Bleu:** an Bord der »Bigorne-II«. Angelfahrten mit Louis Le Moellic auf hoher See zwecks Jagd auf den Blauhai. Anmeldung unter T. 98 97 40 31.

## Kost & Logis

▪ **A l'Orée du Bois:** 4, rue de Kergoadic. T. 98 56 00 06. Fax: 98 56 14 17. Klassisches Familienhotel mit geräumigen Zimmern mit Dusche ab 210 F.
▪ **L'Armorique:** 33, rue de Cornouaille, an der Ortsausfahrt von Fouesnant nach Concarneau. T. 98 56 00 19. Die ganze Familie betreibt diese Unterkunft der Kette *Logis de France.* Zimmer zwischen 150 und 290 F, Halbpension ab 315 F. Wir empfehlen die neueren Zimmer im Garten. Achtbare Küche, Wirt kocht selbst.

## Nächtigen und einkehren in der Umgebung

▪ **Gîte de Kerguilavant:** in Pleuven, 8, route de Saint-Tudy. T. 98 54 61 99. Kleines Haus mit zwei Zimmern. Beschaulicher Weiler, wo auch drei *Privatzimmer* zu finden sind. Kostenpunkt: 220 F für zwei Personen.

♦ **Crêperie Chez Mimi:** in Pleuven, Moulin du Pont. T. 98 54 62 02. Sonntags über Mittag geschlossen. Unglaublich große Auswahl zu vernünftigen Preisen; für 60-80 F geht man rundum zufrieden und gesättigt nach Hause. Netter Empfang, gute Bedienung. Sich unbedingt rechtzeitig einen Tisch sichern. Die Gäste kommen nämlich von weit her ...
♦ **Crêperie Kanell'e:** 4, place de l'Église, in Saint-Evarzec. Sechs Kilometer nördlich Fouesnants. T. 98 56 28 97. Farbenfrohe Einrichtung, leckere Crêpes nach guter alter Sitte. Pro Person mit rund 75 F rechnen.

## Sehenswertes in der Umgebung

● ***Beg Meil:*** beliebtes Seebad mit prächtiger Strandpartie an der felsigen *Baie de la Forêt*. Marcel Proust, der König von Ägypten und Sarah Bernardt badeten bereits hier. Strandkiefern und Zypressen haben allerdings unter dem verheerenden Sturm von 1987 gelitten; wenigstens rieselt der Sand so fein wie eh und je. Richtung *Pointe de Mousterlin* weitere, schier unendliche weiße Sandstrände, bis jetzt wenig bebaut und deswegen gerne von FKK-Anhängern aufgesucht. Das gilt vor allem für den Strand von Kerler.

– **Verkehrsamt:**
place de l'Église. T. 98 94 97 47. Nur während der Saison geöffnet.
▪ **Le Thalamot:** le Chemin-Creux. Gastliches Hotel unweit vom Strand. T. 98 94 97 38. Fax: 98 94 49 92. Von Ende April bis zum 5. Oktober geöffnet. Zimmer 200-400 F. Im Juli/August nur Halbpension.
▪ Acht **Zeltplätze**.
▪ **Feriendorf »Renouveau«:** T. 98 94 98 47. Ausflüge zu den Mousterlin-Sümpfen, die eine Fläche von über 150 ha bedecken. In Penfoulic erläutert ein botanisches und zoologisches Museum das Ökosystem des Sumpfgebietes.

● ***Forêt Fouesnant:*** 3,5 km von Fouesnant, Richtung Concarneau. Malerisches Dörfchen mitten im Grünen, an der gleichnamigen kleinen Bucht. Inzwischen dicht bebauter *Jachthafen,* eine *Kirche*, deren Portalvorbau uralte Figuren aufweist und ein *Kalvarienberg* im Pfarrbezirk. Ausgangspunkt für Ausflüge zu den Glénan-Inseln und Bootsfahrten odetaufwärts bis Quimper.
– **Fremdenverkehrsverein:** 2, rue du Port. T. 98 56 94 09. Ganzjährig geöffnet, außerhalb der Urlaubszeit nur vormittags.
♦ **Café du Port:** 32, corniche de la Cale, gegenüber vom alten Hafen. T. 98 56 96 67. Kleines, anspruchsloses Restaurant, das frische Meeresfrüchte serviert. Die Fischerboote legen gleich auf der anderen Straßenseite an, daher günstige Preise. Freundlicher Empfang.

## CONCARNEAU (29900)

In erster Linie ein reger Fischereihafen: nach Boulogne und Lorient Frankreichs Nr. 3 im Schleppnetzfischen und die Nr. 1 im Thunfischfang. Concarneau rühmt sich auch einer in Frankreich einzigartigen *Ville Close,* wie die mauerumschlossene Altstadt genannt wird. Das Musée de la Pêche und das Fest der Filets Bleus am vorletzten Augustsonntag locken viele Feriengäste an. Dennoch: rund 1.800 Fischer auf dreihundert Kuttern und Schaluppen leben hier vom Fischfang.

### Nützliche Adressen

– **Verkehrsamt:** quai d'Aiguillon. T. 98 97 01 44. Während der Urlaubszeit Ausflüge aufs Meer für Hochseeangler.
– **SNCF:** in Rosporden, 12 km von Concarneau. T. 98 59 20 15. Linienbusverbindung nach Concarneau.
– **Hafenamt des Jachthafens** *(Capitainerie):* T. 98 97 57 96. An den Schwimmstegen können dreihundert Boote festgemacht werden; noch einmal sechzig Ankerplätze gibt es an Bojen.
– **Librairie Bretagne:** rue Saint-Guénolé, in der Altstadt; führt auch bretonische Druckwerke.

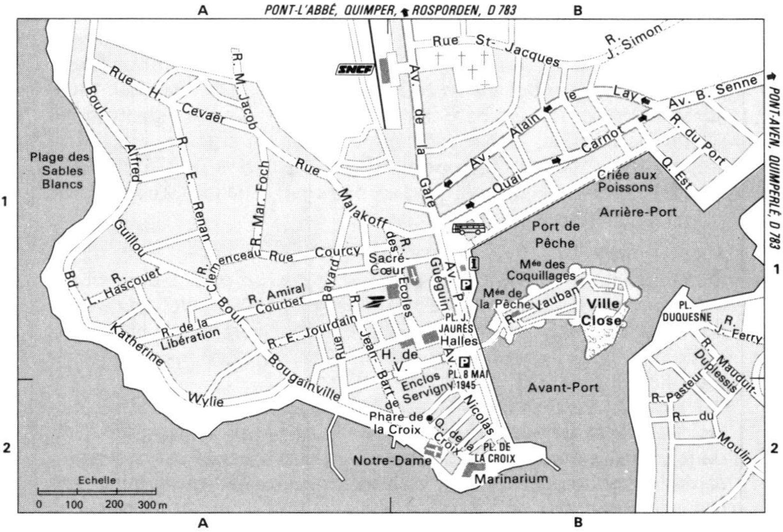


*Concarneau*

## Abhilfe für trockene Kehlen

♦ **La Taverne des Korrigans:** 2, av. du Docteur-Nicolas. T. 98 97 02 37. Ab 18.30h geöffnet. Dienstags und von Ende September bis Ende Oktober bleibt der Laden dicht. Gegenüber der Altstadt und für unsere Leser Teil des Pflichtbesuchs. Aufgeschlossenes Ambiente in einer fantastisch anmutenden Einrichtung: Mauerfresken des Malers Le Bacon stellen verschiedene Korrigan-Tänze auf der Heide dar. Gute Musik.

♦ **Le Petit Club:** in der Rue Malakoff. Ganzjährig geöffnet.

## Sich stärken und ausruhen

### ● *Preiswert*

▪ **Jugendherberge:** place de la Croix. T. 98 97 03 47. Fax: 98 50 87 57. Zugreisenden steht in Rosporden ein Zubringerbus der SNCF in Richtung Innenstadt zur Verfügung. Die JH befindet sich 800 m von der Stadtmitte und ist eigentlich nicht zu verfehlen. Uns gefällt das stattliche Gebäude in den Felsen mit seinen Schlafsälen à sechs bis zwölf Betten. Die Übernachtung beläuft sich auf rund 50 F, für nochmal 50 F bekommt man ein vernünftiges Fischessen. Eine Segelschule ist angegliedert.

▪ **Hôtel des Halles** (Inh. Jacques Peron): place de l'Hôtel de Ville. T. 98 97 11 41. Fax: 98 50 58 54. Außerhalb der Ferienzeit sonntags abends geschlossen; nachts läßt sich die Hoteltür per Code öffnen. Familienbetrieb in der Innenstadt, keine fünf Minuten von der befestigten Altstadt *(Ville close)* entfernt und trotzdem ruhig. Korrekte Bleibe, gemütliche, frisch renovierte Zimmer mit Telefon, Kabelfernsehen (und Canal+ ): Doppelzimmer mit Dusche und WC 270 F, Doppelzimmer mit WC 230 F. Die nette ältere Dame wechselt mit ihren Gästen gerne ein paar Worte.

♦ **Restaurant »Le Safran«:** 16, rue Dumont d'Urville, T. 98 97 23 25. Menü ab 60 F (Salat mit Schinken und Käse oder Meeresfrüchten; Seelachs in Safransauce mit Reis, Faux-Filet, oder Schweineschnitzel; Mousse au chocolat, Flan caramel oder Eis, Kaffee), das auch draußen eingenommen werden kann. Ein offener Viertelliter Wein kostet rund 20 F.

♦ **L'Écume:** 3, place Saint Guénolé. T. 98 97 33 27. Mittwoch Ruhetag. Vom 1. November bis zum 15. Februar geschlossen. Café, Crêperie und Bar unter einem Dach. In der *Ville Close*. Für Postkartensammler genau das Richtige: Vielzahl von Karten mit Schiffsmotiven (Passagierdampfer und Schiffahrt allgemein). Schöner Speisesaal, originelle Crêpes-Karte.

● ***Mittelklasse***

♦ **Chez Armande:** 15 bis, av. du Docteur-Nicolas. In Sichtweite des Jachthafens. T. 98 97 00 76. Von 12-13.30 und von 19.15-21.30h. Im Sommer mittwochs zu, im Winter dienstags abends und mittwochs sowie vom 15. November bis 15. Dezember. Ausgezeichnete Qualität zu angemessenen Preisen: frischer Fisch, Meeresfrüchte und Fleischgerichte. Die Diät vergessen: die himmlischen Desserts vom Dessertwagen darf einfach niemand auslassen! Drei Menüs ab 95 F. Wer einmal bei *Armande* gespeist hat, kehrt mit Sicherheit wieder!

♦ **Restaurant du Petit-Château:** 12, rue Théophile Louarn, in der *Ville close*, T. 98 97 49 98. Schönes Gartenlokal; abends um 19h auf der Matte stehen, sonst sind alle Tische im Garten schon besetzt! Menü ab 75 F, halber Liter Wein 20 F. Eine Jazz-Band sorgt für Unterhaltung.

♦ **L'Assiette du Pêcheur:** 12, rue Saint-Guénolé, am Ende der *Ville close*. T. 98 50 75 84. Für knapp 100 F bekommt man hier ein Menü aus Meeresfrüchten. Schicker, neu eingerichteter rustikaler Rahmen.

♦ **Restaurant à l'Ancre:** 22, rue Dumont d'Urville, T. 98 97 02 68. Etwas feineres Lokal, wo man seinen Tisch unbedingt reservieren muß. Täglich außer mittwochs mittags und abends geöffnet. Menüs ab 75 F (mit Langusten oder Muscheln). Täglich außer dienstags Meeresfrüche sowie Fisch- und Grillgerichte (60-300 F) in einem geschmackvoll eingerichteten Speisesaal. Großzügige Portionen, nette Bedienung.

♦ **Le Buccin:** 1, rue Duguay-Trouin, unweit des *Maison du Port*. T. 98 50 54 22. Fax: 98 50 70 37. Samstags mittags und montags außerhalb der Saison geschlossen. Unter der Woche Menü ab 90 F;

erlesene Küche und gediegener äußerer Rahmen, schließlich wurde das *Buccin* von einem Meister seines Fachs gegründet. Freundlicher Empfang.

● ***Gehobener***

▪ **Le Galion:** 15, rue St. Guénolé, in der *Ville close*. T. 98 97 30 16. Hinter den Mauern eines vornehmen Granitgebäudes, elegant eingerichtet und mit dem gewissen Etwas (großer Kamin und schwere Balken). Zählt zu den besten Adressen in der Gegend. Das Haus verfügt über fünf adrette Doppelzimmer ab 340 F. Menüs ab 165 F. Tadellose, aufmerksame Bedienung.

## Sehenswertes

► **Ville Close:** durch das Stadtor mit der Uhr, das beliebteste Postkartenmotiv im südlichen Finistère, gelangt man in die befestige Altstadt von Concarneau. Eine schmale Brücke verbindet die 400 m lange und 100 m breite Inselfestung mit dem Festland. Der Rundgang wird also niemanden über Gebühr strapazieren. Im Sommer drängen sich hier im Schnitt zehn Touristen pro Quadratmeter, wobei Straßenmusikanten immer wieder versuchen, den Touristenstrom zum Anhalten zu bewegen. Die Stadtmauern wurden im 14. Jh. hochgezogen. Nach Passieren des Portals des Gouverneurshauses erreicht man die von malerischen Behausungen gesäumte, in ursprünglicher Manier gepflasterte *Rue Vauban*. Kein geschmackloses Reklameschild stört den Gesamteindruck. Immer wieder ergeben sich malerische Ausblicke auf den Fischereihafen. In der *Kapelle* des Dreifaltigkeitshospitals aus dem 15. Jh. lehnt der heilige *Guénolé*, dem König Gradlon seine Errettung beim Untergang der Stadt Ys verdankte, ehrwürdig in seiner Nische. Hübscher *Brunnen* auf der Place St. Guénolé, im Herzen der *Ville close*. Gelegenheit zu einem Rundgang auf den Stadtmauern – gegen eine verhältnismäßig geringe Gebühr, versteht sich. Eine Fähre setzt uns in drei Minuten ans Ufer von Lanriec über.

► **Fischereimuseum** *(Musée de la Pêche):* rue Vauban, in der *Ville close*. T. 98 97 10 20. Von 9.30-12.30h und 14.30-18h; im Juli-August sogar von 9.30-20.30h. Die Geschichte der Stadt und des Hafens wird anschaulich und ausführlich dargestellt. Lehrreich auch die Ausstellung zu Fangtechniken der Fischer (Thunfischfang, Kabeljaufischerei, Schleppnetze, Schiffsbau, Navigationsinstrumente etc.). Sogar zwei Trawler gehören dem Museum und werden vorgeführt. Ergänzend dazu einige Aquarien mit Atlantikfischen. Der Besuch nimmt ungefähr eine Stunde in Anspruch; die Zeit sollte man sich aber nehmen. Eintritt: 33 F (Erwachsene).

– **Fête des Filets Bleus:** am vorletzten Sonntag im August; wurde ursprünglich aus Solidarität mit jenen Fischerfamilien, die Anfang des 20. Jhs nach dem Verschwinden der Sardinenbänke dem Ruin nahe waren, veranstaltet. Konzerte und Umzüge mit bretonischer Musik und typischen Trachten. Jubel, Trubel, Heiterkeit ...

► **Marinarium:** place de la Croix (Plan B2). T. 98 97 06 59. Im Sommer täglich von 10-18.30h zugänglich. Untersteht dem *Collège de France* und hat auch den entsprechend wissenschaftlich-ernsten Anspruch. Zehn Aquarien geben einen überblick über die örtliche Meeresfauna; zusätzlich audiovisuelle Darbietungen, Mikroskope usw. Auf Wunsch fahren die Forscher sogar mit den Besuchern aufs Meer hinaus, um vor Ort die Tier- und Pflanzenwelt in Augenschein zu nehmen. Dabei bekommt man dann kleine Vorträge folgender Art zu hören: die »Coquette« ist ein nicht eßbarer Fisch, der als Weibchen auf die Welt kommt, um im Laufe seines Lebens sein Geschlecht zu ändern, usw.

► **La Corniche:** die Küstenstraße lädt zu einem schönen Spaziergang ein: vom Marinarium schlendert man bis zur Plage des Sables-Blancs und nach Belieben noch weiter, z.B. bis nach La Forêt-Fouesnant! Wassernixen sollten ihr letztes Bad bis zum Sonnenuntergang hinauszögern, da der Strand nach Westen zeigt, so daß die untergehende Sonne das Meer und die ganze Umgebung in ihr rotes Licht taucht. FKK-Anhänger versammeln sich am Kerouini-Strand in Trégunc.

► **Kirche Sacré-Coeur-de-Marie** (Plan B1): vor sechzig Jahren hat ihr Erbauer, Charles Chaussepied, versucht, in einer orientalisch anmutenden Architektur, den romanischen mit dem byzantinischen Stil zu verbinden. Dieses ökumenische Bemühen hatte eigentlich nie eine Mehrheit auf seiner Seite, so daß die Kirche, nachdem ein Orkan auch ihr 1987 Schaden zugefügt hatte, erst mal geschlossen wurde. Niemand findet sich, der für die Reparaturen aufkommen möchte. Soll die Kirche abgerissen werden, damit an ihrem Platz eine kleinere wiederaufgebaut und insgesamt der Ort neu gestaltet werden kann? Die Streitereien dauern an!

– **Überquerung der Bucht:** von Juni bis September mit der Fähre »Jeanne-Yvonne« in einer halben Stunde Richtung Beg-Meil. Auskunft auf dem Verkehrsamt.

– **Bootsausflug:** ab Concarneau zum Odet oder den Glénan-Inseln an Bord der *Vedettes Glenn*, von Juni bis September, T. 98 97 10 31; oder mit den *Vedettes de l'Odet,* T. 98 50 72 12.

## PONT-AVEN (29930)

Liebenswürdige, in eines grünes Umland eingebettete Kleinstadt, genau an der Stelle, wo sich das Flüßchen Aven zu einer Art Mündungstrichter *(Estuaire)* erweitert. Der Aven trieb einst bis zu vierzehn Mühlen an. Das sprichwörtlich milde Klima, die außergewöhnlichen Lichtverhältnisse und die Poesie der Landschaft zogen Dichter, Schriftsteller und Maler in ihren Bann – nicht zuletzt aber auch Touristen, und die während der Urlaubsmonate gleich scharenweise ... Bisher ist es ihnen jedoch noch nicht gelungen, den unvergleichlichen Reiz Pont-Avens kaputtzubesichtigen.

## Die Malerschule von Pont-Aven

Wie St. Tropez und Barbizon (im Wald von Fontainebleau) besaß auch Pont-Aven seine Künstlerkolonie. Von 1886-1896 scharten sich zwei Dutzend Maler um Gauguin, verglichen und verfeinerten ihren Malstil und diskutierten die Formen. Der Kopf der Künstlergemeinde, eben jener *Paul Gauguin,* war vor der Großstadt geflüchtet. Hier konnte er aufatmen und hoffte darauf, in einer weitgehend natürlichen Umgebung neue Energie tanken und neue Vorstellungen entwickeln zu können; außerdem lagen die Lebenshaltungskosten um einiges niedriger. Gauguin war dabei, einen Schlußstrich unter Impressionismus und Pointillismus zu ziehen und neue Wege zu beschreiten. Im Kreise seiner Freunde entwickelte sich ein schöpferisches Kritisieren, Diskutieren und passioniertes Schaffen. Seinen Angehörigen schrieb er: »Ich male jeden Tag.« An der Seite Gauguins arbeiteten unter anderem *Émile Bernard,* der geistigen Einfluß auf Gauguin ausübte, *Paul Sérusier,* der anschließend die antinaturalistische Bewegung führte, Maxime Maufra, Henri Moret, Maurice Denis, Émile Schuffenecker, Charles Laval, der Ire Roderic O'Connor, die Holländer Meyer de Haan und Verkade, der Pole Wladislav Slewinski und andere. Um es kurz zu machen: Gauguin fand seinen neuen Stil, den Symbolismus. Er beschränkte sich auf seinen groben Spachtel, auf grobe Striche, eben auf das Wesentliche, das unbedingt Notwendige, um sie zu symbolhafter Verdichtung zu komprimieren. Der Bruch mit dem Mimesis-Prinzip (der Naturnachahmung) ist ja die Voraussetzung der modernen Kunst. Die Devise lautet: alles nicht unbedingt Notwendige beiseitelassen, das Wichtige dafür so stark wie möglich betonen. »Wie sehen Sie diesen Baum?« fragte einst der Meister »grün, nicht wahr? Dann nehmen Sie doch das schönste Grün Ihrer Palette. Sind die Schatten nicht eher bläulich? Scheuen Sie sich nicht, sie so blau wie möglich zu malen.«

– **Verkehrsamt:** 5, place de l'Hôtel de Ville. T. 98 06 04 70. Hier bekommt man fünf Routen genannt, auf denen sich die Cornouaille erkunden läßt, sozusagen auf den Spuren der Maler. Erwähnenswert ist auch, daß sich zwanzig Gemeinden zusammengetan und eine Charta zur Erhaltung von Baudenkmälern, Sehenswürdigkeiten, Museen, Kunstgalerien und Gasthöfen unterschrieben haben. Eine aussagekräftige Broschüre, bebildert und kommentiert, ist unter T. 98 90 75 05 anzufordern.

## Kost & Logis

▪ **Hôtel des Ajoncs d'Or:** 1, place de l'Hôtel de Ville. T. 98 06 02 06. Fax: 98 06 18 91. Sonntags abends und montags außerhalb der Saison ruht der Betrieb. Ordentliche Gästezimmer mit Dusche ab 280 F. Für eine Meeresfrüchteplatte sind pro Person 180 F hinzublättern.

▪ **Camping Le Spinnaker:** T. 98 06 01 77. Von November bis April geöffnet. In einem großen, schönen Park.

♦ **Le Talisman:** 4, rue Paul-Sérusier. T. 98 06 02 58. Montag Ruhetag. Marie-Françoise versteht sich auf Crêpes und sonstige Gerichte. Terrasse zum ruhigen Garten.

## Anschauen und Unternehmungen

► **Pension von Marie-Jeanne Gloanec:** place Paul-Gauguin. Bei der biederen Bretonin stiegen die Herren Maler ab. Leider fiel die Pension dem Baggerzahn zum Opfer, denn heute steht hier ein Pressehaus, das sich mit einer Gedenkplakette schmückt. Wir kennen das ja: erst wird abgerissen, und dann erinnert man sich wehmütig daran, wie's früher mal gewesen war ...

► **Musée Pont-Aven:** place de l'Hôtel-de-Ville. T. 98 06 14 43. Öffnungszeiten: von Ende März bis Anfang Januar täglich 10-12.30h und 14-19h. Die ständige Ausstellung zeigt Radierungen, Bilder und Zeichnungen von Émile Bernard und Maurice Denis; seltsamerweise nichts von Gauguin. Manchmal gelingt es der Museumsverwaltung jedoch, im Rahmen einer Wechselausstellung zwei, drei Exemplare nach Pont-Aven zu »entführen«; das kommt aber eher selten vor. Kein Grund, enttäuscht abzudrehen: jederzeit gibt's Ausstellungen über andere Künstler der Schule von Pont-Aven zu besichtigen, oder von Malern, die in der Bretagne gearbeitet haben; z.B. Constantin Kousnetzoff.

► **Bummel durch die Stadt und durchs »Liebeswäldchen«** *(Bois d'Amour):* das Verkehrsamt verfügt über eine Menge Broschüren und Prospekte, illustriert und anschaulich dokumentiert, zu Marschrouten und Wanderungen durch Pont-Aven und dessen Umgebung. Besonders die halbstündige *Promenade Xavier Grall* lohnt, da sie einige sehenswerte Punkte berührt. Der große Dichter verbrachte seinen Lebensabend in Pont-Aven.

► **Besichtigung der Biscuiterien »Les Délices de Pont-Aven«:** T. 98 06 05 87 und 98 06 00 49. Dienstags und donnerstags um 10.30h nach telefonischer Voranmeldung; vom 1.-14. Juli geschlossen. Pont-Aven ist nebenher auch noch die Hauptstadt der bretonischen *Galettes*, insbesondere der bekannten Marke *Traou-Mad.*

► **Chapelle de Trémalo:** Kapelle über den Dächern Pont-Avens, in Richtung Penanros. Im Inneren bezaubernde Schnitzbalken und ein hölzernes Kruzifix aus dem 17. Jh., der für Gauguins berühmten »Gelben Christus« Modell stand.

## Feste, Wallfahrten und sonstige Attraktionen

– **Fest der Ginsterblüten** *(Fête des Fleurs d'ajoncs):* am letzten Sonntag im August. Wurde 1905 vom Barden und Chansonnier *Théodore Botrel* – der selbst bei einigen Bretonen nicht allzu beliebt ist, hat er doch das Klischee von der rückständigen, provinziellen Bretagne populär gemacht – ins Leben gerufen.
– **Pardon von Trémalo:** Wallfahrt am letzten Julisonntag. Für alle, die sich an den landestypischen Trachten nicht sattsehen können.
– **Markt:** dienstags morgens am Hafen.

## Im Umkreis

► Landschaftlich reizvolle *Küstenstraße* von der **Pointe de Trévignon** bis zum Strand von Raguenès.

► Wanderweg von **Kerdruc,** im Osten von Névez, an der Küste entlang nach **Raguenès;** etwa 15 km lang, also von knapp vierstündiger Dauer. Einfach den gelben Markierungen folgen. Auf halber Strecke passieren wir die anmutige Sommerfrische *Port-Manec'h* und den kleinen Weiler *Kerascoët* mit seinen erneuerten, strohgedeckten Gehöften.
▪ **Gästezimmer** vermietet Mme Gourlaouen in Port-Manec'h, Kerambris, Gemeinde Nevez. T. 98 06 83 82. Zimmer mit Dusche und WC für zwei Personen einschließlich Frühstück rund 220 F.
♦ Wer abends in Kerascoët essen gehen möchte, sollte in der **Crêperie des Chaumières** einkehren, T. 98 06 75 79. Vom 1. Juli bis zum 31. August täglich ab 17h geöffnet.

► **Kirche von Nizon:** 2½ km von Pont-Aven. Meisterwerk bretonischer Sakralkunst. Naiv anmutende Statuen heben sich von den modernen Kirchenfenstern ab. Der Kalvarienberg mit der Pietà wurde von Gauguin auf einem seiner Gemälde verewigt.

– **Reiterhof** *(Centre équestre)* von Kertreguier: in Nevez, T. 98 06 86 80. Auf seinen 90 ha, am rechten Aven-Ufer, werden Reitsportarten in unterschiedlichen Leistungsgruppen praktiziert. Im Preis sind Unterbringung und Amüsement inbegriffen. Der ganze Ablauf erinnert an den *Club Méditerranée.*

# VON PONT-AVEN NACH LA LAITA

Beneidenswerter Landstrich, gegliedert von Mündungstrichtern, in denen winzige Fischereihäfen vor sich hin träumen. Dazwischen bezaubernde Dörfer von weitgehend unversehrter Architektur und romantische Küstenabschnitte, an denen bislang nur wenige Privilegierte das Glück haben, dort auch residieren zu dürfen. In Pouldu allerdings sollte man sich sputen, um noch ein Plätzchen an der Sonne zu ergattern. Bebaubare Grundstücke werden langsam rar!

## RIEC-SUR-BELON (29340)

Tor zu einem bezaubernden Labyrinth von Landsträßchen. Diese führen zu berückenden Katen und winzigen Häfen, die dem Lande Liliput entsprungen sein könnten. Riec verdankt seinen Namen dem Heiligen Rioch, einem bretonischen Mönch aus dem 4. Jh., der als Kind einen erschröcklichen Lindwurm, der die ganze Gegend in Angst und Schrecken versetzte, in den Abgrund bugsierte. Dann hauste er vierzig Jahre als Einsiedler fern aller »sündiger Weiber« (Protestschreiben bitte an die Autoren und Übersetzer der Bibel!), bevor ihn die Abtei Landevennec aufnahm.

In Frankreich ist Riec jedoch vor allem bekannt als Hauptlieferant einer besonders flachen Austernsorte namens *Bélon*. Sogar Nero soll zu seinen Orgien welche angefordert haben. Sieht ihm ganz ähnlich, dem alten Dekadenzpinsel! Heute verbringen die Austern ihre Kindheit und Jugend unter anderen bretonischen Himmeln und kehren erst nach drei Jahren wieder in ihre Heimatstadt Belon zurück, um ihren unnachahmlichen Haselnußgeschmack zu erhalten. Schuld daran ist übrigens das besondere Mischungsverhältnis von Süß- und Salzwasser, also das Brackwasser des Bélon.

– **Fremdenverkehrsverein:** place de l'Église, T. 98 06 97 65. Auskünfte von 10-12 und von 15-18h während der Hochsaison, außerhalb der Ferienzeit von 10.30-12h.

### Unterkunft

- **Hôtel-Restaurant Ty Rhu:** 10, rue F.-Cadoret, in der Ortsmitte. T. 98 06 94 61. Außerhalb der Urlaubszeit sonntags nachmittags geschlossen. Renovierte Zimmer ab 200 F. Auch im hoteleigenen Restaurant ist man gut aufgehoben: unter der Woche Menü ab 60 F.
- **Gästezimmer und Gästetisch:** bei Job und Nénette Tanguy, in Lesseye (ab Riec Richtung Bannalec). T. 98 06 98 00. Eine unserer besten Adressen. Bauernhof mit fünf gemütlichen Gästezimmern ab 220 F einschließlich Frühstück. Letzteres entpuppt sich als Festmahl aus Crêpes, bretonischem Kuchen, Marmelade und selbstgebackenem Brot. Abendessen ab 70 F. Die reichliche, schmackhafte Mahlzeit beweist, daß Nénette eine wahre *Maître de Cuisine* ist *(Maitresse* geht ja im Französischen nicht ...). Feinschmecker bestellen Fasan in Cidre-Sauce *(Faisan de la ferme avec sauce au Cidre)*. Sonntags veranstaltet Nénette in der Scheune ein besonderes Crêpes-Essen, bei dem jeder eine Crêpe in die Luft werfen muß. Ideal gelegen, lohnt also eine Ruhepause von zwei oder drei Tagen.
- **Gästezimmer:** bei Mme Guyader, 11, rue des Terre-Neuvas. T. 98 06 93 66. In einem Pavillon am Ende des Dorfes. Drei Zimmer ab 200 F, ordentliches Frühstück inbegriffen. Freundliche Aufnahme.
- **Camping Château de Bélon:** am Ufer des Bélon. T. 98 06 41 43 oder 98 06 45 09 (außerhalb der Saison). Vom 15. Oktober bis zum 1. April geschlossen. Komfort, Ruhe und reichlich Platz, nur schattiger dürfte es sein. Angeln und Meereskajak. Den Zeltplatz führt eine

Familie von Austernzüchtern, die Besichtigungen ihrer Austernzucht verantstaltet, mit Verkauf und Probeessen.

- **Gîte d'étape:** beliebt bei Motorradfahrern und Rucksacktouristen; biologische Erzeugnisse bei Jean-Bernard Huon in Pen-Prat. T. 98 06 46 89. Zwischen Riec und Pont-Aven. Übernachtung im Gemeinschaftszimmer ab 50 F, Schlafsaal für zehn Personen. Alter Bauernhof mit Reetdach; Naturfreunde werden den bretonischen Charme zu schätzen wissen. Bei so viel uriger Ländlichkeit darf man an die Sauberkeit keine übertriebenen Ansprüche stellen.
- **Ferienwohnungen und Gästezimmer:** bei Rémy Guillou, in Rest – vor Trévoux rechts ab, nördlich der RN 165. T. 98 06 92 98. Urgemütliche Zimmer ab 240 F einschließlich anständigem Frühstück. Abendessen ab 90 F. Vermietet auch zwei Ferienwohnungen für drei oder fünf Personen.

## Essen & Trinken

♦ **Chez Thérèse:** 4, rue Mélanie-Rouat (Straße nach Pont-Aven). T. 98 06 93 45. Sonntags mittags und montags außerhalb der Ferienzeit sowie von Mitte November bis Mitte Dezember geschlossen. Köstliche Crêpes erwarten unsere Leser – in gutbürgerlicher, familiärer Gesellschaft.

♦ **Chez Jeannot:** 4, rue de la Gare. T. 98 06 91 35. Samstag Ruhetag. Netter Empfang, schöner, getäfelter Speisesaal. Drei Menüs ab 65 F. Reichlich Meeresfrüchte, wie z.B. die gegrillten saftigen Venusmuscheln von den Glénan-Inseln.

♦ **Chez Angèle:** an der Straße nach Rosbras, in Kerriche. T. 98 06 92 07. Malerisches bretonisches Haus mit Reetdach, das noch aus der Zeit der Französischen Revolution stammt. Das Kaminfeuer hat die alten Holzbalken an der niederen Decke schwarz gefärbt; Stühle und Tische sind aus Holz geschnitzt. Von der blumenbestandenen Terrasse Blick auf den gepflegten Garten. Der Wirt ist ein angenehmer Zeitgenosse. Buttercrêpe für 10 F, Würstchen-Crêpe ab 17 F, Cidre vom Bauernhof.

### ● *Anspruchsvoller*

♦ **Chez Jacky:** Restaurant am schönen Westufer des Bélon (vom Meer aus gesehen rechts), 3 km vor Riec. T. 98 06 90 32. Bewirtung von Ostern bis Ende September, montags Ruhetag. Meeresfrüchte; Austern auch zum Mitnehmen. Mindestens 160 F sollte man schon erübrigen können.

### ● *Ausgesprochen nobel*

- **Le Domaine de Kerstinec:** an der Straße von Riec nach Moëlan. T. 98 06 42 98. Fax: 98 06 45 38. Schönes Bauernhaus aus dem vorigen Jahrhundert, renoviert und geschmackvoll eingerichtet. Vom Speisesaal aus Sicht auf den Belon. Die rund zwanzig Zimmer ab 420 F lassen keinerlei Annehmlichkeiten vermissen. Auch die Küche genießt in der Gegend einen guten Ruf; vier Menüs ab 110 F.

## Sehenswertes rund um Riec

► **Port-Bélon:** einer unserer kleinen Lieblingshäfen im Finistère. Fischerei- und Jachthafen zugleich, meist in ein besonderes Licht getaucht. Schon die neun Kilometer Küstenstraße dorthin sind ein Augenschmaus. Der zweieinhalbstündige Rundweg um das Fort von Belon ist großartig, denn endlich einmal verstellen kaum Bäume den Blick aufs Meer und man kann sich ungehindert der herrlichen Aussicht erfreuen.

– **Vedettes Tremalo:** Auskunft T. 98 71 14 59. Geführte Exkursionen zur Flußmündung des Belon und des Aven ab Port-Belon; Dauer eine Stunde, 45 F. Die beiden Rias bilden eine eigentümliche Mischung von Meer und Land, Wasser und Wäldern.
– Im Sommer besteht die Möglichkeit, mit der **Fähre** über die Moëlan-Mündung nach Port-Belon-Riec überzusetzen. Täglich von 10-12 und von 15-19h. Abfahrt alle halbe Stunde.

## MOELAN-SUR-MER (29350)

Die Einwohner des Städtchens finden ihr Auskommen vornehmlich in Handel und Wandel. Wir dagegen pilgern lieber zur *Renaissancekapelle Saint-Roch-et-Saint-Philibert* aus dem 16. Jh., vom 10. Juni bis 30. September täglich geöffnet von 10-12 und von 15.30-19h. Aussätzige hatten ihren angestammten Platz unter dem Portalvorbau, immerhin ... Der Kalvarienberg im Pfarrbezirk scheint irgendwann einmal arg gelitten zu haben. Nahebei der St.-Rochus-Brunnen: Bänke rundum laden zum Tagträumen ein. Im Gebälk des Nordflügels haben sich einige Schnitzereien erhalten. Dreihundert Meter weiter, in der architektonisch ansonsten wenig aufsehenerregenden Hauptkirche, kostbare *Beichtstühle* aus dem 18. Jh.
In dieser Region wurden übrigens viele *Wassermühlen* betrieben. Die von Damany verrichtete von 1554-1965 ihren Dienst!

– **Fremdenverkehrsamt:** rue des Moulins. T. 98 39 67 28. Ganzjährig von 9-12h geöffnet, außerhalb der Saison mittwochs zu; während der Pfingstferien und vom 1. Juni bis zum 30. September täglich Auskünfte von 9-12 und von 16-18h, sonn- und feiertags von 10-12h.
– **Verkehrsverbindungen:** das Busunternehmen *Cie Caoudal,* T. 98 56 96 72 und 98 97 35 31, fährt nach Quimper, Concarneau, Trégunc, Nevez, Pont-Aven, Riec-sur-Bélon, Moëlan und Quimperlé.
– **Pardon:** am vierten Sonntag im August. Gelegenheit zu schönen Trachtenfotos.
– **Pardon von Lanriot:** am 1. September. Sieben Kilometer lange Prozession von der Pfarrkirche bis zur Kapelle von Lanriot. Marienfeier und Segnung des Meeres im Hafen von Belon.
– **Markt:** am Dienstag.

## Tafeln und schlafen

▪ Mehrere **Zeltplätze,** unter anderem der *Camping de la Grande Lande* (T. 98 71 00 39) in der Luxusklasse, 1,5 km vom Strand, Aufnahme zwischen Ostern und Ende September. Weitläufige, schattige Anlage. Oder die *Aire Naturelle de Camping de Kerlasset* (T. 98 71 06 83) am Ufer des Belon. Ruhige Lage, vermietet auch Karavans.

▪ **Hôtel-Restaurant Kerfany:** links am Weg zum Hafen von Belon; in Blorimond-en-Moëlan. T. 98 71 00 46 oder -04. Fax: 98 71 16 08. Großes, neueres bretonisches Haus, in dem man sich unweit des Kerfany-Strands und des Hafens von Belon einquartieren kann. Zimmer ab 180 F, Halbpension pro Person 180-350 F. Vier Menüs ab 85 F.

♦ **La Cabane:** in Port-Belon, am linken Flußufer. T. 98 71 04 71. Außerhalb der Urlaubszeit dienstags geschlossen. Hübsches Haus mit Terrasse. Die Speisekarte beschränkt sich auf Austern »extra« oder mit Fischeintopf *(à la cotriade).* Mit Muscadet, Brot und Butter sind immerhin 160 F einzuplanen.

## Unternehmungslustig?

– Geführte **Wanderungen** an der Küste und im Hinterland von Moëlan veranstaltet das Verkehrsamt. Im Juli/August jeden Donnerstag, außerhalb der Ferienzeit jeden ersten Sonntag im Monat. Treffpunkt um 14h vor dem Verkehrsamt.

– **Mountainbike-Vermietung:** in der *Maison du Cyclisme,* von 9-16h. T. 98 39 67 69. Zahlreiche, gut markierte Strecken.

## Sehenswertes im Umkreis

► **Kerfany-les-Pins:** netter Badeort am Beginn der Trichtermündung. Die schattenspendenden Pimien im Umkreis der Villen sind beim letzten schweren Sturm leider schwer gebeutelt worden. Dafür sieht man die Ferienresidenzen jetzt besser. Dennoch wegen des Panoramablicks – auf den Mündungsbereich von Bélon und Aven, auf die Pointe de Penquernéo und auf die Ortschaft Port-Manec'h – bis zur *Pointe de Minbritz* marschieren. Der hübsche Strand liegt verhältnismäßig geschützt.

– **Küstenpfad von Kerfany:** von Port-Bélon führt ein Zollweg bis nach Porsguen, Kerdoualen und Blorimot, vorbei an kleinen Buchten und Austernbänken. Etwa drei Stunden Fußmarsch, vorausgesetzt, man folgt immer brav den gelben Markierungen. Nicht achtlos an der *Kapelle* und dem *Brunnen von Lanriot* vorüberlaufen.

► **Brigneau:** winziger Fischereihafen wie aus dem Bilderbuch, inmitten von kleinen Weilern und einem dichten Gitterwerk enger, gewundenen Sträßchen. Der abwechslungsreiche Landstrich wird seit langem von Künstlern und Dichtern aufgesucht. Zum Glück wurde die Mehrzahl der Gehöfte mustergültig restauriert; einige behielten ihre Reetdächer, soweit noch unbeschädigt. Vom winzigen Hafen in Brigneau aus führen zwei *Küstenwege* einerseits über den Deich von Malachappe längs des rechten Mündungsufers über Beg moc'h nach Kerglouanou und auf dem linken Ufer ostwärts bis Port-Merrien (ab Ortsausgang Brigneau, Richtung Moëlan). Am Wegrand stößt man bei *Kerouant* auf einen ehemaligen Signalturm aus dem 17. Jh., der vorbildlich restauriert wurde und an seinem treppenförmigen Granitdach zu erkennen ist. Der diensthabende Wärter konnte so in luftiger Höhe Nachrichten empfangen und weitergeben.

► **Pigeonnier de Kermoguer:** zwischen Moëlan und Brigneau. Hübsche Taubenschlag aus dem 11. Jh., einsam im Inneren eines Wäldchens und vollständig erhalten.

► **Port-Merrien:** an der Straße von Moëlan nach Pouldu, einen Kilometer vor Moëlan rechts abbiegen. Vielleicht der zwergenhafteste Hafenort an der finisterischen Küste, gewiß aber der verborgenste und anmutigste, wie hingetupft in eine Einbuchtung. Über 60 ha Wald und Heideland an den Ufern des Merrien stehen inzwischen unter Schutz. Man muß sich einmal vorstellen, daß in den fünfziger Jahren die Häfen von Merrien, Bélon, Doëlan und Brigneau noch sechshundert Fischern ein Auskommen sicherten. Zu einem Stück fast unberührter Küste dem Wegweiser »Kersécol-Port-Baly« folgen.

► Mehrere *Megalithe,* z.B. die **Allée Couverte von Kermeur-Bihan** westlich von Moëlan. Ein weiteres Steinkistengrab nach drei Kilometern auf der Straße nach Brigneau.

## LE POULDU UND DOELAN (29360)

Freundlicher Hafenplatz an der Laïta-Mündung und beliebter Ferienort, bekannt für seine fantastischen Strände. Le Pouldu ist Teil der Gemeinde **Clohars-Carnoët**.
Einen weiteren Ortsteil bildet der putzige Fischerhafen Doëlan, der sich über beide Ufer erstreckt.
Clohars-Carnoët ist Geburtsort des bretonischen Malers Tal Coat, der 1985 verstarb. In der nur von 10-11.30h zugänglichen Kirche ein Schrein mit den Reliquien des Heiligen Mauritius aus dem 17. Jh. Samstags morgens Markt.

– **Verkehrsamt:** bd des Plages, Le Pouldu. T. 98 39 93 42. Fax: 98 96 90 99. Während der Urlaubszeit besetzt von 10.30-12.30 und von 14.30-18.30; außerhalb der Saison von 14-18h.

### Kost & Logis

▪ **Hôtel Armen:** route du Port, zwei Schritte vom Hafen. T. 98 39 90 44. Fax: 98 39 98 69. Geöffnet von Mai bis September. Vormaliges *Hôtel des Quatre Chemins,* eines der ältesten Etablissements an der Küste und seit Menschengedenken in Familienbesitz. Nach seiner Renovierung erstrahlt es in neuer Pracht. Nur der herzliche Empfang bedurfte keiner Auffrischung. Die Zimmer ab 280 F lassen so schnell kein Heimweh aufkommen. Schöner Speisesaal für ein ausgiebiges Mahl. Bis 21h gilt's, eines von drei köstlichen Menüs ab 70 F auszuprobieren. Kinderteller. 145 F pro Person sind für die üppige Meeresfrüchteplatte fällig.

▪ **Hôtel du Pouldu:** am Hafen. T. 98 39 90 66. Von Oktober bis März geschlossen. Klassische Unterkunft, korrekt und preislich angemessen. Wie das vorige ein Familienbetrieb, wo Großmutter, Mutter und Enkelkind Hand in Hand arbeiten. Zimmer ab 220 F; am schönsten sind die mit Meeresblick, die nur unwesentlich teurer sind. Im Restaurant zwei anständige Menüs.

▪ **Hôtel des Bains:** bei den Stränden in Pouldu. T. 98 39 90 11. Von September bis April geschlossen. Ebenfalls eine klassische Herberge. Die Zimmerpreise beginnen bei rund 200 F. Im Restaurant drei Menüs ab 95 F.

▪ **Le Rive Gauche:** am Hafen von Doëlan. T. 98 71 62 87. Zimmer zum Wohlfühlen ab 210 F, prächtiger Hafenblick. Die Fischer beliefern die Küche frei Haus. Menüs ab 110 F.

▪ An **Zeltplätzen** herrscht entlang der Strände kein Mangel: *Le Kéranquernat,* an der Kreuzung der Straßen zum Hafen und zum Strand, T. 98 39 92 32; *Camping du Vieux-Four*, T. 98 39 94 34, unweit eines ehemaligen Bauernhofes zwischen Bäumen und Sträuchern. Eine gute Ecke von der Straße entfernt liegt der *Camping des Grands Sables,* einer der größten Anlagen.

♦ **Crêperie Ty Annick:** 8, rue du Philosophe-Alain. T. 98 39 93 04. Gleich neben dem Zeltplatz *Camping des Grands-Sables*. Kleines unscheinbares Restaurant, das leckere Crêpes zu Tiefstpreisen auf den Tisch zaubert. Rustikale Einrichtung, familiäre Atmosphäre. Im Inneren nur rund zehn Tische; macht nichts, denn draußen auf der großen Gartenterrasse hockt man eh' gemütlicher.

## Sehenswertes

► **Maison Marie Henry:** 10, rue des Grands-Sables. T. 98 39 98 51. Von Juli bis September täglich von 10.30-12.30 und von 15-19h geöffnet. Täglich sechs Führungen. Mehr als nur ein Museum, da es uns das Leben der Kunstmaler, die zwischen 1889 und 1893 in der von der bezaubernden Marie Henry geführten *Buvette de la Plage* logierten, vor Augen führt. Paul Gauguin wie auch Jacob Meyer de Haan stiegen hier ab und verbrachten ihre Zeit damit, Wände, Türen, Decken und Fenster vollzumalen (das sollten wir uns mal erlauben!). Auch andere Künstler wie Sérusier, Filiger, Maufra und Seguin beteiligten sich an der konzertierten Aktion »Kunst am Bau«. Ihre Werke sind in maßstabsgetreuer Replik zu bewundern, darunter das Fresko »Die Gans« von Gauguin und der »Engel mit Girlande« von Charles Filiger. Zeitgenössisches Mobiliar, Dokumente und Gegenstände aller Art – ein Absinthglas etwa und geschältes Gemüse – vermitteln hautnahen Kunstgenuß.

## In der Umgebung

► **Ehemalige Abtei Saint-Maurice:** wer über die D 224 von Moëlan aus Richtung Clohars-Carnoët anrückt, folge kurz vor der Brücke über den Laïta einer kleinen Straße links ab zur Abtei. Leider hat auch hier der Wald arg gelitten, doch findet man eine der bemerkenswertesten – und eigenartigerweise häufig verkannten – archäologischen Stätten der Region vor. Die Mönche haben wirklich einen untrüglichen Geschmack bewiesen, als sie diesen idyllischen Winkel für ihre Abtei aussuchten. Genau an dieser Stelle weitet sich der Fluß, hält sich vorübergehend für einen See oder das Meer und lockt Hunderte von Vögeln an. Ein besonderes Schauspiel bietet sich im Morgengrauen, wenn die Strahlen der aufgehenden Sonne auf den Wellen spielen. Von der Abtei aus dem 12. Jh. blieben nur die Grundmauern des Kapitelsaales übrig, die vor der romantischen Landschaft bescheiden zurücktreten.
Die Abtei ist Ausgangspunkt unvergeßlicher Wanderungen: am Laïta entlang oder über den Küstenweg, ausgehend von der Brücke Saint-Maurice.

## QUIMPERLÉ (29300)

Liebenswerte Kleinstadt am Zusammenfluß von Isole und Ellé, die hier das Flüßchen Laïta bilden. Idyllische mittelalterliche Gassen werden von alten Behausungen gesäumt und enden immer wieder vor schmucken Kirchen. Stadtführung täglich außer dienstags; Treffpunkt um 14.30h vor der *Maison des Archers.*

– **Verkehrsamt:** Le Bourg-Neuf. T. 98 96 04 32. Auskünfte von 8.30-12 und von 14-18h.

## Übernachtungsfragen

▪ **Zeltplatz-Freizeitzentrum Ty-Nadan:** route d'Arzano, in Locunolé. T. 98 71 75 47. Fax: 98 71 77 31. 40 ha großes Gelände mit viel Platz für Wohnwagen, einer Crêperie, Pizzeria und Schwimmbad, zwei Tennisplätzen, drei Boulebahnen, einer Rollschuhbahn und einer Fläche für Bogenschützen, wo schon mal eine französische Meisterschaft stattfand usw.
▪ **Gästezimmer:** bei Monique Moello in Petit Lichern, hinter dem Stadion von Kerstrado. T. 98 96 06 40. Zwei niedliche Zimmerchen ab 200 F und Garten, Frühstück inbegriffen. Netter Empfang. Monique erteilt bereitwillig Auskunft über Quimperlé und Umgebung.
– Das Verkehrsamt hält eine Liste mit **möblierten Ferienwohnungen** und **Gästezimmern** parat.

## Einkehr

♦ **Le Bistrot de la Tour:** 2, rue Dom-Morice. T. 98 39 29 58. Fax: 98 39 21 77. Samstags mittags, sonntags abends und montags geschlossen, außer vom 15. Juli bis zum 15. August. Erlesene Einrichtung, was in diesem Fall verständlich ist, betätigen sich die Inhaber doch gleichzeitig als Antiquitätenhändler und stellen Bilder aus der Schule von Pont-Aven aus. Die Küche ließe sich mit traditionell-gutbürgerlich umschreiben. Der nette Wirt kennt sich bei Weinen aus. Am Empfang jedenfalls ist nichts auszusetzen, ebensowenig wie an den frischen Fischgerichten (Steinbutt, Barsch, Seezunge usw.). Wer Fisch nicht besonders mögen sollte, versucht's mit Gänseleber, frischen Jakobsnüssen, Kalbsschnitzel in milden Kräutern oder einem Suppentopf. Vier Menüs ab 110 F. A la Carte kommen, ehe man sich's versieht, 270 F zusammen.
♦ **Crêperie des Archers:** 6, rue Dom-Morice. T. 98 39 09 54. Dienstags bis samstags bis 20h. Die Crêpes werden vor den Augen des Gastes zubereitet. Kleines Lokal mit Einheimischen aus dem Viertel.
♦ **Crêperie Ty-Gwechall:** 4, rue Mellac. T. 98 96 30 63. Fax: 98 96 25 09. Außerhalb der Ferienzeit mittwochs und im Januar geschlossen. Restauriertes Haus aus dem 17. Jh.; Riesenauswahl an Crêpes. Zwei Menüs ab 85 F.
♦ **Crêperie du Pont Fleuri:** 5, rue Ellé, gleich hinter Sainte-Croix. T. 98 96 19 35. Hübscher Speisesaal, Buchweizen- und Weizen-Crêpes, die einfach köstlich munden.
♦ **Le Wagner:** 10, place Saint-Michel, 29300 Quimperlé. T. 98 96 07 25. Das bayerisch-französische Ehepaar Peter-Le Lan bietet eine deutschsprachige Speisekarte und Menüs ab 75 F, die man sich auch frei nach Wahl zusammenstellen darf. Schmackhaft und reichlich.

## Sehenswert

► **Kirche Sainte-Croix:** aus dem 11. Jh.; wurde nach dem Einsturz des Glockenturms 1862 zum Großteil wiederrichtet. Es handelt sich um die einzige romanische Kirche in der Bretagne mit kreisförmigem Grundriß, nach dem Vorbild der Grabeskirche in Jerusalem. Zentrale, 18 m hohe Rotunde mit drei Apsiden. Die einzige ursprüngliche Apsis zählt mit ihren Säulen, Kapitellen und Fenstern zu den schönsten Beispielen romanischer Baukunst in der Bretagne. Ein prächtiger *Altaraufsatz* aus der Renaissance mit regelrechten Steinspitzen säumt die Eingangstür. Die Krypta gebietet auch gottlosen Plappermäulern Andacht. Sie stammt noch von der ursprünglichen Kirche und war unversehrt geblieben. Kapitelle mit hübschen stilisierten Darstellungen. Zwei *Grabmäler* aus dem 15. Jh. sind vor allem für kopfschmerzgeplagte Zeitgenossen wichtig: in einem davon ruht der heilige *Gurloës*, einst berühmt für seine Fähigkeit, Migräneanfälle zu kurieren. Ein Loch in der Grabplatte ermöglichte es dem Leidenden, seinen Kopf ins Grab hineinzustrecken.

► In der **Rue de Brémond-d'Ars** ließen sich dereinst Adlige und Marineoffiziere die schönsten Wohnhäuser errichten. Nr. 8 und 12 sind Fachwerkbauten. Gebäude Nr. 15 wegen der Doppeltreppe des früheren Gerichts *(Présidial)* ebenfalls nicht übersehen. Im Sommer dient es der Stadt als Ausstellungsraum für Retrospektiven über die »Malerstraße«. Vom 15. Juni bis zum 15. September von 10-12 und 14-19h geöffnet, außer dienstags. Unter Nr. 16 Überreste der *Sankt-Columban-Kirche:* ein romanisches Portal aus dem 9. Jh., darüber ein gotisches Fenster aus dem 13. Jh., einziger Zeuge der 878 von den Wikingern zerstörten ersten Siedlung.

► **Rue Dom-Morice:** gepflasterte Fußgängerzone, ein Stück 16. Jhs mitten im 20 Jh. Fehlen nur noch die Kostüme und die Pferde, und die Dreharbeiten könnten beginnen. Malerische Häuser mit Erkern und Fachwerk. Nr. 5 ist das *Haus der Bogenschützen* (Maison des Archers), T. 98 96 37 37. Zu besichtigen vom 15. Juni bis zum 15. September, 10-12h und 14.30-19h. Der vorkragende Bau aus dem 16. Jh. beherbergt heute ein kleines bretonisches Heimatmuseum.

► **Kirche Saint-Michel** (Notre-Dame-de-l'Assomption): mit den Bauarbeiten wurde im 13. Jh. begonnen. Im 15., 17. und 18. Jh. wurde die Kirche dann umgestaltet und schließlich fertiggestellt. Schon von weitem ist sie an ihrem viereckigen Turm zu erkennen. Am *Nordportal* feiert die bretonische Renaissance fröhliche Urständ. Der Eingang teilt sich in zwei gemeißelte Torbögen. Unglaublich, zu welchen Leistungen die Steinmetze damals fähig waren! Im Inneren beachte man die geschnitzte Eichenholzdecke und die Motive an den Schnitzbalken: Teufel, wilde Tiere, groteske Köpfe, Irre usw. Bei den Holzfiguren lenke man sein Augenmerk besonders auf die tragische *Pietà* und die Darstellung der *Muttergottes mit Kind*.

► **Ursulinenkloster:** das jetzige *Collège Jules-Ferry.* Schöner Garten und eine Kapelle aus dem 17. Jh. im barocken Jesuitenstil. Die Decke ist mit Blattgold überzogen.

## Ausflüge

– **Wanderungen:** unter Führung des Verkehrsamts und des örtlichen Wandervereins. Treffpunkt im Juli/August mittwochs um 14 h vor dem *Syndicat.* Ziele sind u.a. das Ellé-Ufer und der Staatsforst von Carnoët (Dauer zwei bis drei Stunden, 6-8 Kilometer).
– **Kanu oder Kajakfahrten:** auf dem Ellé oder dem Laïta; sich an den Wassersportclub von La Mothe (Mitglied im FFV) wenden. T. 98 96 32 67. Unter der Woche Lehrgänge oder auch nur Vermietung.

## Sehenswertes in der Umgebung

► **Teufelsfelsen** *(Roches du Diable):* an der hübschen Straße von Faouët nach Locunolé, auf halber Höhe am Abhang. Ein Wasserlauf sucht sich zwischen den Felsen mitten im Wald seinen Weg. Eine wildromantische Landschaft, die wagemutige Kanufahrer zu schätzen wissen.

# BRETONISCHES VON A – Z

**Aber** – breton. Bezeichnung für die tief ausgeschürfte, fjordähnliche Trichtermündung eines Flusses.

**ABRI** – »Association bretonne des relais et itinéraires«; bretonischer Fremdenverkehrsverband

**à la bretonne** – nach bretonischer Art: bei Fleischgerichten, Beilage weiße Bohnen, mit Kräutern, Knoblauch, Tomatenmark etc. zubereitet

**Alignement** – »Steinallee«; Gruppierung unförmiger Felsblöcke (Menhire) in geradlinig verlaufenden Reihen

**Allée couverte** – Langgrab oder »Steinkistengrab«; besteht aus einem langgestreckten unterirdischen Raum; Deckplatten von parallel angeordneten Tragsteinen gestützt

**Altarblatt** – Altaraufsatz, Retabel

**Ancien Régime** – Zeitalter des Absolutismus, das mit dem Sonnenkönig Ludwig XIV. begann und mit der Revolution 1789 endete.

**Anse** – kleine Bucht

**Antiklinale** – geologischer Sattel

**Apsis** – über einem halbkreisförmigen, oft auch vieleckigem Grundriß errichteter, mit einer Halbkuppel überwölbter Raum, der das Kirchenschiff abschließt

**Ankou** – breton. Gevatter Tod; meist mit Pfeil und Bogen oder Sense dargestellt

**Arboretum** – Baumschule; botan. Garten

**Artefakt** – vorgeschichtliches Werkzeug

**Barbakane** – hofartiges, von einem Wehrgang umzogenes Außenwerk zum Schutz einer mittelalterlichen Festung

**Barre** – Sandbank oder Untiefe vor einer Flußmündung

**BCBG** – *Bon chic, bon genre.* Yuppie, Schickimicki, Ausdruck für den Lebensstil der Reichen, Jungen, Schönen, bzw. derer, die sich dafür halten.

**Biniou** – bretonischer Dudelsack, kleiner als sein schottisches Gegenstück.

**Bombarde** – bretonische Oboe

**Breizh Atao** – »Bretagne für immer«! Name der bretonischen Autonomiebewegung in den dreißiger und vierziger Jahren, die während des Zweiten Weltkriegs teilweise mit den Deutschen zusammenarbeitete.

**BZH** – Plakette, häufig auf Fahrzeugen zu finden; gilt als Symbol des breton. Regionalismus (Bretagne erhebe dich!)

**Castrum** – römische Befestigungsanlage

**CAT** – »Compagnie Armoricaine de Transports«; bretonische Busgesellschaft

**CELIB** – »Comité d'étude et de Liaisons des Intérêts Bretons«; breton. Autonomiebewegung mit reformistischer Tendenz

**Chaos rocheux** – Felsenmeer

**Chouannerie** – bewaffnete, aufständische Königstreue (Royalisten), die in den Jahren nach der Französischen Revolution gegen die Republikaner kämpften. Einer der Anführer war der 1804 hingerichtete *Georges Cadoual*.

**Cidre** – franz. Apfelwein aus der Normandie oder der Bretagne

**Circuit** – Rundweg

**Corniche** – Küstenstraße

**Criée** – Fischauktion

**Crique** – kleine Bucht

**Cromlech** – im Kreis, halbkreisförmig oder oval angeordnete Steinreihen

**Dolmen** – Zusammensetzung aus bret. *taol* (Tisch) und *maen* (Stein); prähistorische Grabkammern aus senkrecht aufgestellten Steinen mit einer Deckplatte

**Départementale** – Départementsstraße, Abk. »D« plus Nummer; niederrangiger als eine Nationalstraße (Route Nationale, »N« plus Nummer) und die *Autoroute* (Autobahn, meist gebührenpflichtig, »A« plus Nummer)

**Emigranten** – bezeichnet zur Zeit der Französischen Revolution jene königstreuen Bretonen (Royalisten), die vor den republikanischen Truppen nach England auswanderten und 1795 auf der Insel Quiberon landeten, durch Verrat aber in die Hände der Republikaner fielen.

**Enclos Paroissial** – Pfarrbezirk in der Bretagne (15.-17. Jh.) mit Friedhof, Pfarrkirche, Beinhaus und Kalvarienberg

**Estuaire** – Trichtermündung eines Flusses

**Étang** – (Haff-)See

**Ferme-auberge** – meist bewirtschaftete Unterkünfte (Gästezimmer oder Ferienwohnungen) auf Bauernhöfen

**Flamboyantstil** – Baustil der Spätgotik (ab 1350), der sich durch die Neigung zu immer weiterer Verästelung und Verspieltheit auszeichnet, die zu wildwuchernder, pflanzenhafter Ornamentik führt.

**FLB** – »Front de Libération de Bretagne«, breton. Befreiungsfront; Autonomiebewegung

**Fries** – ornamentaler oder figürlicher Gesimsstreifen, Verzierung

**GR** – Abk. für »Grande Randonnée«, frz. Fernwanderweg

**Gîte d'Étape/Gîte Rural:** Wanderherberge oder ländliche Unterkunft, oft mit Schlafsälen; Ferienwohnung

**Kapitell** – plastisch unterschiedlich geformter oberer Teil einer Säule, eines Pfeilers oder Pilasters

**Kapitelsaal** – Saal, in dem das Kapitel, also die Körperschaft der zu einer Dom- oder Stiftskirche gehörenden Geistlichen bzw. die Versammlung eines geistlichen Ordens, zusammentritt.

**Karyatide** – als tragende Säule dienendes weibliches Standbild

**Kig ar farz** – bretonischer Speckkuchen.

**Kurtine** – Teil des Hauptwalles einer Festung, der zwei Bastionen miteinander verbindet.
**Landes** – typisch bretonische Heidelandschaft
**Lanternonspitze** – durchbrochene Kirchturmspitze
**Laterne** – mit Fenstern versehenes Türmchen auf dem durchbrochenen Scheitel einer Kuppel
**Lettner** – in mittelalterlichen Kirchen Trennwand zwischen Chor und Mittelschiff, meist plastisch ausgestaltet; auch Lesepult im Chor
**Libération** – bezeichnet die Gesamtheit aller militärischen Operationen zwischen der Landung der Alliierten in der Normandie (6.6.44) und dem endgültigen Abzug der dt. Streitkräfte aus Frankreich 1944 bzw. Anfang 1945
**Lichtgaden** – Fensterregion im Mittelschiff der Basilika
**Manoir** – Landsitz, Schloß, Herrensitz, vornehmes Anwesen
**Maskaron** – besonders im Barock ornamentale, fratzenhafte Maske
**Megalith** – von griech. »megas« (groß) und »lithos« (Stein): großer Steinblock, in vorgeschichtlicher Zeit als Monument oder für Grabanlagen verwendet; allg. für vorgeschichtliches Baudenkmal aus großen, unbehauenen Steinen.
**Menhir** – jungsteinzeitlicher hochragender Steinblock; keltische Steinsäule
**Menu gastronomique** – Menü mit mindestens fünf Gängen
**Menu touristique** – Menü mit drei bis vier Gängen (meist preiswerter)
**Nouvelle cuisine** – »Neue französische Küche«, propagiert leicht bekömmliche und kalorienarme Gerichte; Zutaten frisch vom Markt; schonende Zubereitung
**Oratorium** – zum Beten bestimmter Raum in Klöstern, Schlössern und Privathäusern mit Kruzifix und Altar
**-ou** – breton. Pluralendung, vgl. »bagad«, »bagadou«; »fest-noz«, »festou-noz«
**Paläolithikum** – Altsteinzeit
**Pardon** – traditionelle breton. Wallfahrtsprozession zu Ehren eines Schutzpatrons oder Ortsheiligen
**Pietà** – Darstellung Marias mit dem Leichnam Christi auf dem Schoß
**Pilaster** – Wandpfeiler
**PNRA** – »Parc naturel régional d' Armorique« (Regionaler armorikanischer Naturpark); in den über zwanzig frz. Naturparks spielen neben dem Naturschutz Freizeit und Erholung eine bedeutende Rolle.
**Pointe** – Landzunge, Landspitze
**Polder** (niederl.) – Koog, eingedeichtes Marschland
**Presbyterium** – von der Gemeinde gewählter Kirchenvorstand; Chorraum der Kirche; Pfarrhaus
**Priorat** – meist von einer Abtei abhängiges, kleineres Kloster
**Promontoire** – Vorgebirge, Felsvorsprung an der Küste
**Quatre-Quart** – bretonischer Butterkuchen

**Rade** – allg. Reede; in der Bretagne großer Naturhafen (z.B. in Brest)
**Rayonnantstil** – »strahlenförmiger« Baustil in Frankreich und England; zweite Hälfte des 13. Jh. bis 14. Jh.
**Refektorium** – Speisesaal der Mönche
**Réserve** – Schutzgebiet
**Restauration** – Zeitraum von 1814/15-1830, während dessen die Monarchie der Bourbonen wiederhergestellt wurde; Verfolgung der Anhänger der Revolution und Napoleons
**Retabel** – Altaraufsatz
**Ria** – ertrunkene Flußmündung; Haff, Nehrung
**RN** – Abk. für »Route Nationale« (Nationalstraße)
**Semaphor** – mehrflügeliger Signalmast für die Küstenschiffahrt
**SEPNB** – »Société pour l'étude et la protection de la nature de Bretagne«; bretonische Naturschutzorganisation
**SNCF** – »Société Nationale des Chemins de Fer«, französische Staatsbahnen
**Stele** – frei stehender Pfeiler als Grab- oder Gedenkstein, oft versehen mit einem Bildnis der Toten
**Syndicat d'initiative** – Fremdenverkehrsverein, örtl. Verkehrsamt
**TGV** – »Train à grande vitesse«, frz. Hochgeschwindigkeitszug
**Treidelpfad** – leicht befestigter Weg an Binnenwasserstraßen für das Treideln (also das Ziehen vom Ufer aus) von Binnenschiffen; Leinpfad
**Triforium** – von lat. »tri« (drei) und »foris« (Öffnung); in roman. und got. Kirchen Laufgang unter den Fenstern von Mittelschiff, Querschiff und Chor, der sich in Bogen zum Innern der Kirche hin öffnet
**Tumulus** – vorgeschichtliches Hügelgrab
**ULM** – »Ultra leger motorisé«, flugdrachenähnliches Leichtflugzeug
**Voie Express** – frz. für »Schnellstraße«
**VTT** – frz. für Moutainbike bzw. Geländefahrrad (»Vélo tout terrain«)
**VVF** – »Villages-Vacances-Familles«; von einer sozialen Einrichtung erstellte und betriebene Familienferiendörfer
**Z.I.** – »Zone industrielle«; Industriegebiet

*Für Hinweise, die wir in späteren Auflagen verwerten, bedanken wir uns mit einem Buch aus unserem Programm*

## Personenverzeichnis

## Index

# Reihe Jobs & Praktika

**BEWERBEN**

**IN**

**EUROPA**

**STIPENDIEN**

**UND**

**STUDIEN**

**WELTWEIT**

ab Herbst '94